敦煌与丝绸之路石窟艺术丛书编委会

主　编　　郑炳林

副主编　　魏迎春　张善庆

编　委　　马　德　王惠民　宁　强　孙晓峰
　　　　　张元林　张善庆
　　　　　罗世平　苗利辉　郑炳林　张景峰　沙武田　姚崇新
　　　　　徐永明　谢继胜　魏文斌　魏迎春

兰州大学人文社会科学类高水平著作出版经费资助

兰州大学中央高校基本科研业务费专项资金
重点研究基地项目『敦煌与丝绸之路历史文化』
（2023jbkyjd001）

兰州大学中央高校基本科研业务费专项资金
学科交叉创新团队建设项目
（2023lzujbkyjc002）

敦煌与丝绸之路石窟艺术丛书·第二辑

郑炳林　主编　　王胜泽　著

美术史背景下
敦煌西夏石窟绘画研究

读者出版传媒股份有限公司

甘肃教育出版社

图书在版编目（ＣＩＰ）数据

美术史背景下敦煌西夏石窟绘画研究 / 郑炳林主编；
王胜泽著. -- 兰州：甘肃教育出版社，2024.2
 （敦煌与丝绸之路石窟艺术丛书 / 郑炳林主编. 第
二辑）
 ISBN 978-7-5423-5762-5

Ⅰ．①美… Ⅱ．①郑… ②王… Ⅲ．①敦煌石窟－美
术考古－研究－西夏 Ⅳ．①K879.214

中国国家版本馆CIP数据核字(2023)第230554号

美术史背景下敦煌西夏石窟绘画研究
郑炳林　主编　王胜泽　著

策　　划　薛英昭　孙宝岩
项目负责　孙宝岩
责任编辑　王露莹　胡瑞华
封面设计　张小乐

出　版　甘肃教育出版社
社　址　兰州市读者大道 568 号　730030
电　话　0931-8436489（编辑部）　0931-8773056（发行部）
传　真　0931-8435009

发　行　甘肃教育出版社　印　刷　兰州新华印刷厂
开　本　787 毫米×1092 毫米　1/16　印 张 32.5 插 页 2 字 数 432 千
版　次　2024 年 2 月第 1 版
印　次　2024 年 2 月第 1 次印刷
书　号　ISBN 978-7-5423-5762-5　定 价　158.00 元

总　序

　　丝绸之路是中西文明交流的永恒通途,也是连接中外的一条艺术之路。西域地区的音乐舞蹈、佛教艺术都是通过这条道路传入中原的。隋代"九部乐"、唐代"十部乐"中的西凉、高昌、龟兹、疏勒、康国、安国、天竺等风格的乐舞都来自西域地区,也都是通过这条路线进入中原地区的,特别是"西凉乐",就是"龟兹乐"与传入河西的中原古乐融合之后形成的一种乐曲。佛教壁画艺术和雕塑艺术通过丝绸之路进入中原,形成自己的特色后又回传到河西及西域地区。丝绸之路石窟众多,各有特色,著名的有麦积山石窟、北石窟、南石窟、大像山石窟、水帘洞石窟、炳灵寺石窟、天梯山石窟、马蹄寺石窟、金塔寺石窟、文殊山石窟、榆林窟、臭高窟、西千佛洞等。祆教艺术通过粟特人的墓葬石刻被保留了下来,沿着丝绸之路和粟特人聚落分布于古代天水、长安等商贸城市。体现中原文化特色的墓葬壁画艺术,也分布于丝绸之路上的河西走廊沿线和吐鲁番地区。文化的交融和碰撞通过艺术内容和风格充分体现出来,所以将丝绸之路称为"艺术之路"一点也不为过,反而更能体现出它的特色。

　　丝绸之路沿线星罗棋布地分散着大大小小的石窟殿堂,让人叹为观止。丝绸之路把古代印度地区,中亚地区,我国的新疆地区、甘青宁地区、中原地区、东北地区乃至朝鲜半岛和日本,都串联了起来。如果说石窟殿堂是耀眼的珍珠,那么丝绸之路就像一条线,经过它的串接,亚欧大陆的颈项上出现了一副华美的璎珞,耀眼而又迷人。百年以来,丝绸之路及其沿线的石窟殿堂以其独特的气质和魅力,吸引着来自世界各地一代又一代的学者,前赴后继,投身于相关的研究领域。

敦煌与丝绸之路石窟艺术是教育部人文社科重点研究基地——兰州大学敦煌学研究所多年来研究的主要内容。30多年来,我们不但有一批专家持之以恒地进行石窟考古和石窟艺术研究,同时我们还培养了一批从事石窟艺术研究的博士、硕士研究生和留学生,他们在这个领域作出了卓越的贡献。1980年,我们创办了敦煌学专业刊物《敦煌学辑刊》,截至2015年年底已经发行了90期,石窟艺术研究专栏连同敦煌文献研究、敦煌历史地理研究等板块共同构成了刊物内容的主体,已然成为国内石窟艺术研究成果发布的重要平台。2008年,沙武田的博士学位论文《敦煌画稿研究》获得该年度全国百篇优秀博士学位论文提名奖;《吐蕃统治时期敦煌石窟研究》进入"国家哲学社会科学成果文库"。与此同时,为了进一步对敦煌与丝绸之路石窟艺术研究进行梳理和总结,兰州大学敦煌学研究所启动了"丝绸之路石窟研究文库"项目。其中《天水麦积山石窟研究论文集》《永靖炳灵寺石窟研究论文集》和《河西陇右石窟研究论文集》已经陆续出版,龟兹地区和陕西地区石窟研究论文集正在收集、整理过程之中。这种工作虽然耗费人力和物力,但若能对学界研究有所裨益,也是我们最大的荣光。

结合目前学术研究动态,兰州大学敦煌学研究所启动了"敦煌与丝绸之路石窟艺术"丛书项目,研究内容涵盖丝路沿线的大部分石窟,既有石窟群整体性研究,又有石窟个案研究;一方面多层次地透视丝绸之路石窟艺术文化的博大精深,另一方面紧抓学术研究前沿,集中体现了未来丝绸之路石窟艺术研究的方向。

一、石窟艺术专题研究

学界在过去 50 多年中进行了大量基础的测绘调查和壁画内容考释，这种研究基本上是以单个题材壁画为重点，按照时间顺序或者空间划分来对某种特定题材进行考察。这项研究是基础。无数前辈已经为我们做出了榜样。本套丛书中的《敦煌石窟彩塑艺术概论》则是一个新的案例。该书以敦煌石窟彩塑为主要研究对象，同时涉及中国其他石窟的雕塑。其结合洞窟建筑、壁画，以时代为线索，展示出了敦煌石窟彩塑独特的艺术魅力。此类研究还包括《敦煌石窟中的少数民族服饰研究》《敦煌藏经洞出土绘画品研究史》《敦煌隋代石窟壁画样式与题材研究》《北周石窟造像研究》等。

二、石窟艺术与社会历史研究

石窟艺术与社会历史研究丝丝相扣。对于敦煌石窟而言，藏经洞出土的敦煌遗书，包括记录敦煌社会开窟造像的功德记、敦煌历史人物的邈真赞等，都是不可或缺的研究材料。史苇湘先生《敦煌社会历史与莫高窟艺术》提出敦煌本土文化论和石窟皆史论，成功运用艺术社会学方法研究敦煌石窟，这种研究方法意在最大程度地把莫高窟考古资料和藏经洞遗书结合起来，还原敦煌社会历史。本套丛书中的《敦煌阴氏与莫高窟研究》就是运用石窟与文献相结合的方法，在石窟营建史的背景下对阴氏家族开凿或参与开凿的 7 个洞窟进行全面研究，从而分析阴家窟所反映出来的佛教思想、佛教功能以及社会和艺术功能。

三、佛教洞窟与寺院仪轨的综合研究

丝绸之路佛教寺院中的壁画造像题材，不同于博物馆藏品，它没有像藏品一样脱离原来的空间关系。这就为学者通过壁画造像所在的空间位置探索古代佛教仪轨提供了可能。本套丛书中的《麦积山石窟初期洞窟调查与研究》《马蹄寺石窟群汉传佛教图像研究》《陇东北朝佛教造像研究》等主要研究对象集中于甘肃北朝洞窟，其综合造像内容、佛教经典以及中古时期寺院仪轨，系统地阐释了图像与寺院生活的密切关系。这一研究方向是未来石窟艺术研究方向之一。

四、洞窟个案研究

专题性研究是基础，不过其弊端也清晰可见。这种研究割裂了一个洞窟之中壁画和壁画、壁画和塑像之间的互动关系。而实际上所有的造像题材都是一个有机的整体，它们共同诠释了主尊乃至整个洞窟的造像设计理念，同时也反映了洞窟背后的历史信息。因此，我们在过去数十年工作的基础上，将某一特定洞窟的诸种壁画造像题材作为一个整体进行研究，这也是未来丝绸之路佛教艺术研究的大势。本套丛书就包含了莫高窟第 61 窟、第 100 窟、第 454 窟、第 98 窟，麦积山石窟第 127 窟以及瓜州榆林窟第 25 窟的个案研究。这些成果选取特定历史时期极富代表性的洞窟作为研究对象，全面透视洞窟设计理念，深层次构建了石窟艺术发展史。

五、特定历史时期特定区域图像的普查与研究

随着新资料的不断公布以及学者对洞窟历史背景认识的加深，部分特定阶段的佛教洞窟研究有待再探讨。本套丛书中的《敦煌十六国至隋石窟艺术》《川北佛教石窟和摩崖造像研究》和《吐蕃统治时期敦煌密教研究》即属于此类。以敦煌为例，学者们认为，敦煌石窟的晚期，由于西藏后弘期佛教的兴起和广泛流传，敦煌石窟营造被推进到了一个崭新的时期。目前随着藏语文献的整理和藏学研究队伍的壮大，学界对敦煌中唐到元代的历史有了更深的认识，原来对敦煌藏传佛教艺术的认知需要重

新架构。如本套丛书中的《吐蕃统治时期敦煌密教研究》就对相关问题做了探讨，整理了与吐蕃统治敦煌时期密教有关的大量文献与图像资料，对汉藏文献以及图像做了初步的分类与对比；讨论了吐蕃占领时期敦煌密教与其他信仰的关系；总结了中唐密教在整个敦煌密教发展史上的里程碑意义。

　　本套丛书以丝路沿线石窟整体为研究对象，既注重梳理其内在的逻辑关系，又注重对个别石窟的重点探究，以开放的、广阔的研究视野，重新审视西到龟兹，东到天水、西安，西南到川北的石窟寺遗址，探索石窟艺术风格的发展演变。

　　本套丛书主要汇集了兰州大学敦煌学研究所近年在敦煌与丝绸之路研究方面的最新成果，希望借此出版机会倾听学界的批评和指正。

郑炳林

2015 年 12 月

目 录

绪 论

一、研究的对象与资料

（一）研究对象

敦煌西夏石窟主要包括敦煌莫高窟、瓜州榆林窟、东千佛洞以及肃北五个庙等西夏时期的洞窟，它们大多数为西夏人利用北朝、隋、唐、五代、北宋等前代洞窟抹壁重绘而成，只有少部分为西夏新开凿。西夏统治敦煌地区将近两个世纪，是莫高窟始建佛窟以来，统治这里时间最长的政权。因此，西夏在敦煌石窟中留有大量能够反映当时宗教信仰、生产生活等方面的绘画作品。20世纪60年代中期，敦煌文物研究所与中国科学院民族研究所组成西夏考察组，对敦煌莫高窟的西夏洞窟进行了一次专门调查，此后关于西夏石窟的新资料和研究的新成果不断推出。本文在前辈研究的基础之上，主要从美术史的角度对上述石窟绘画作进一步的探讨。除以上敦煌西夏石窟外，文章在论述中还兼及一些其他地区西夏时期的石窟，如酒泉文殊山石窟、张掖马蹄寺石窟、银川贺兰山山嘴沟石窟以及黑水城出土绘画遗存等。

（二）研究资料

西夏石窟绘画研究的文献资料主要依托西夏时期石窟遗留的题记、

发愿文,莫高窟北区洞窟中出土的西夏时期写经,另包括现藏于俄罗斯圣彼得堡艾尔米塔什博物馆科兹洛夫所获黑水城出土的西夏文、汉文文献,以及法藏、英藏、日藏、中国藏的各类西夏文、汉文文献,现遗存的西夏石碑及各类文物上的文献。主要包括近些年陆续出版的《俄藏黑水城文献》《法藏敦煌西夏文献》《英藏黑水城文献》《日本藏西夏文文献》《中国藏黑水城汉文文献》《中国藏西夏文献》《中国藏黑水城民族文字文献》等大型图书。另外,银川贺兰山山嘴沟石窟、贺兰县宏佛塔、拜寺口方塔和武威亥母洞等遗址出土的文献也多以考古报告的形式出版。这些材料和研究成果不仅有重要的文物、文献价值,也在研究同时期的绘画艺术方面具有重要价值。

西夏时期的石窟绘画题材丰富、特色鲜明,莫高窟、榆林窟、东千佛洞、肃北五个庙及河西诸地西夏洞窟绘画遗存为研究提供了大量的一手资料。尤其榆林窟第 2 窟、第 3 窟、第 29 窟,东千佛洞第 2 窟、第 5 窟、第 7 窟的独特内容,是研究西夏绘画的核心图像资料。此外,黑水城及宁夏宏佛塔、方塔等出土的绘画资料,也是研究的重要资料。

二、研究的价值与意义

(一)全面整体性

由于西夏被蒙古占领后遭到大肆破坏,加之后代没有为西夏修史,西夏一度淡出人们的视野,因此被称为是一个"神秘"的王朝。而大量的西夏遗存为解开谜底提供了必要的资料,尤其是西夏时期的石窟绘画,是最能够直接展示西夏社会原貌的一手资料。近年西夏石窟绘画的研究虽取得了一些成就,但主要着眼于某一点的突破,是一种散点式的研究现状。本文从整体入手,把西夏时期的石窟绘画放入一个大的历史背景下纵向考察、横向对比,通过石窟绘画整体性分析,结合现有西夏出土文献,全面系统地研究西夏石窟绘画的本体特征,它所反映的是西夏宗教和文化的艺术面貌,以及文化的多元、融合特征。

(二)应用性

西夏石窟绘画的研究,涉及多学科、多领域,对其进行系统研究具有现实意义。该研究不仅是石窟艺术研究的有益补充,也能为敦煌学、西夏学、佛教石窟考古、美术史、汉藏文化交流、丝路文化等众多学科提供相应的资料,同时通过对比分析绘画的线条、色彩、风格等,还能对西夏石窟的分期断代提供参照。此外,西夏石窟绘画研究对认识西夏及西夏在历史上的地位具有重要的启示意义。

(三)在美术史上的意义

"西夏艺术研究历程短暂,植根未深,属新兴学科之薄弱环节。"[1]西夏是历史上被忽视的王朝,因此西夏艺术在诸多美术史书上少有谈及。中国作为一个多民族的国家,历史上任何一个民族对美术史的发展都作出了贡献,西夏人创造的大量绘画也不例外。本文回归美术史本身,从花鸟画、人物画、山水画、建筑画以及装饰图案等五个方面对西夏石窟绘画进行全面论述,并与同一时期宋、辽、金、回鹘和吐蕃的绘画进行对比研究,挖掘西夏石窟绘画在美术题材创作、绘画表现以及中原绘画向周边少数民族地区的传播、融合等方面的意义。

(四)对研究丝路文化交流的意义

从敦煌西夏石窟绘画的多元混合风格中,人们能够清楚地看到来自丝路起点的中原绘画风格,如水墨山水、白描人物、蜀葵花卉、建筑界画、半边构图等,它们明显受到了中原文人画的影响,而丝路另一端的印度、尼泊尔等中亚风格绘画同样在西夏石窟中得到彰显,榆林窟、东千佛洞三屈式的供养菩萨就是一个很好的例证。本文从文化交流、融合的角度对西夏洞窟中大量带有浓厚中原绘画风格和西域中亚绘画风格等的绘画展开深入的研究,对新时代背景下中印文化、佛教文化和丝路文化交流具有重要的学术意义。

---

①陈育宁、汤晓芳《西夏艺术史》,上海:上海三联书店,2010年,第2页。

三、研究述评

对西夏艺术的研究,始见于 20 世纪初期,俄罗斯探险队科兹洛夫一行在内蒙古黑水城遗址发现并获取大批的西夏文献文物后, 俄罗斯及西欧的一些学者主要从藏传佛教、汉地风格、青铜像造型以及卷轴和唐卡的绘画风格、技法、母题、构图、色调等方面对黑水城出土艺术品进行了一些研究。对国内来说,西夏艺术长时间无人问津,直到 20 世纪 60 年代初,对西夏石窟的专题调查,才开启了学者们对西夏石窟艺术的关注。

(一)西夏石窟考古调查与分期营建研究

1964 年,"敦煌西夏资料工作组"的建立,开启了西夏石窟艺术研究的新篇章, 工作组由敦煌文物研究所联合中国社会科学院民族研究所组成,常书鸿、王静如主持,宿白做顾问,成员主要有李承仙、史金波、白滨、万庚育、刘玉权、李侦伯、陈炳应等。他们对敦煌莫高窟、瓜州榆林窟进行了历时三个多月的系统考察,从文字题记、壁画艺术到洞窟分期时代,对相关洞窟进行科学记录、比对和研究。因种种原因,他们的成果于 20 世

80年代才予以刊布。白滨、史金波的《莫高窟、榆林窟西夏资料概述》①是最早公布的调查成果,该文对西夏洞窟作了全面介绍,把西夏洞窟分为早中晚三个时期,划定的代表窟分别为莫高窟第65窟、第491窟与榆林窟第29窟,为西夏洞窟的分期断代提供了重要的尺度。同时,作者从供养人像、服饰、洞窟题记等方面提出了自己的观点。作为西夏洞窟考察资料的首次公布与初步研究,该资料具有重要的学术价值。

刘玉权作为考察工作组成员之一,随后撰文《瓜、沙西夏石窟概论》②。该文从西夏石窟的形制、题材布局、造像、壁画艺术、装饰图案等方面较为全面地介绍了西夏石窟,并提出了一系列问题。他以图表的形式对西夏石窟绘画的主要题材进行对比,得出西夏绘画除了早期大多延续了唐宋的题材布局外,还出现了新的题材,如十六罗汉、儒童本生、金刚手、释迦降魔塔、曼荼罗五方佛、水月观音及单绘的药师佛。他指出了西夏晚期壁画艺术的民族风格与特点以及盛行的两种画风,同时对敷色及晕染也有论述。

20世纪80年代,史苇湘整理的《关于莫高窟内容总录》③对西夏分期进行了系统的划分,具有指导意义。霍熙亮整理的《安西榆林窟内容总录》④和《榆林窟、西千佛洞内容总录》⑤为西夏石窟研究提供了重要的资料。刘玉权先后发表多篇文章,几经易稿对西夏石窟的分期问题展开深入探讨,

①白滨、史金波《莫高窟、榆林窟西夏资料概述》,《敦煌学辑刊》1980年第0期,第63—68页。

②敦煌文物研究所编《中国石窟·敦煌莫高窟(五)》,北京:文物出版社,1987年,第175—185页。

③敦煌文物研究所编《敦煌莫高窟内容总录》,北京:文物出版社,1982年,第184页;另载敦煌研究院编《敦煌石窟内容总录》,北京:文物出版社,1996年,第235页。

④霍熙亮整理《安西榆林窟内容总录》,载敦煌研究院编《敦煌石窟内容总录》,北京:文物出版社,1996年。

⑤霍熙亮编《榆林窟、西千佛洞内容总录》,载敦煌研究院编《中国石窟·安西榆林窟》,北京:文物出版社,1989年,第254—268页。

1982年撰文《敦煌莫高窟、安西榆林窟西夏洞窟分期》①,以公认的归义军曹氏时期的莫高窟第431窟(前室)、榆林窟第6窟和第35窟为上限,莫高窟第3窟和第465窟、榆林窟第4窟和第10窟元代洞窟为下限,同时以莫高窟第65窟和榆林窟第29窟作为衡量西夏时期洞窟的标尺,估定莫高窟西夏洞窟77个,榆林窟西夏洞窟11个。后刘先生在论文《关于沙州回鹘洞窟的划分》②和《敦煌西夏洞窟分期再议》③两次做了调整,最后认定的西夏窟,莫高窟有62个,榆林窟有10个,东千佛洞有2个,五个庙有3个,共计77个洞窟,并将这些窟分为前后两期,西夏前期有65个,后期有12个。另外,他在论文《榆林窟第29窟考察与研究》④和《榆林窟第29窟窟主及其营建年代考论》⑤中对榆林窟第29窟的窟主和建窟年代作了深入研究,他考定该窟系沙州监军司和瓜州监军司供职的赵麻玉、赵祖玉父子及其眷属出资,于西夏仁宗(李仁孝)乾祐二十四年(1193)营建的功德窟。文章对该窟的壁画内容、题材、艺术特点与风格作了详细的阐述,为研究敦煌西夏石窟作出了重要的贡献。

后陈炳应撰文《莫高窟、榆林窟西夏专题考察述论》⑥,对1964年西夏专题考察的研究成果进行回顾概括,归纳出此次考察发现的西夏时期汉、

①敦煌文物研究所编《敦煌研究文集》,兰州:甘肃人民出版社,1982年,第273—318页;又载敦煌研究院编《敦煌研究文集·敦煌石窟考古篇》,兰州:甘肃民族出版社,2000年,第317—359页。

②刘玉权《关于沙州回鹘洞窟的划分》,《敦煌研究》1988年第2期,第2—4页;又载《1987年敦煌石窟研究国际讨论会文集·石窟考古编》,沈阳:辽宁美术出版社,1990年,第1—29页。

③刘玉权《敦煌西夏洞窟分期再议》,《敦煌研究》1998年第3期,第1—4页。

④刘玉权《榆林窟第29窟考察与研究》,载敦煌研究院编《榆林窟研究论文集(上)》,上海:上海辞书出版社,2011年,第366—393页。

⑤刘玉权《榆林窟第29窟窟主及其营建年代考论》,载敦煌研究院编《段文杰敦煌研究五十年纪念文集》,北京:世界图书出版公司,1996年,第130—138页。

⑥陈炳应《莫高窟、榆林窟西夏专题考察述论》,《丝绸之路》2011年第18期,第91—94页。

夏文题记纪年 21 个,对考定其他西夏石窟提供了重要的参考意义。另外,陈先生对西夏石窟艺术之建筑、塑像、壁画的内容、题材、风格、技法、色彩和特征都作了简要的评述,对西夏唐僧取经图、舞乐图与天象图也进行了考释研究。

莫高窟第 3 窟备受学界关注,研究成果颇丰。对于该窟目前有两种观点,传统认为是元代窟,如敦煌文物研究所①、梁尉英②等;而霍熙亮③、关友惠④等认为是西夏窟。值得关注的是,2013 年沙武田、李国发表的论文《敦煌莫高窟第 3 窟为西夏洞窟考》⑤,用正、反两方面多视角对断代的主要证据、洞窟营建、观音信仰、供养人画像和壁画艺术特征等方面进行考察,最后认定该窟为西夏窟。而沙先生的另一篇文章《敦煌西夏石窟分期研究之思考》⑥针对学术界对西夏洞窟分期研究产生的歧误与混乱,梳理了各学者前期的研究成果,并结合自己长年对西夏洞窟分期的思考,得出了一个颠覆性的断代结论:他认定的莫高窟西夏洞窟从以前的 60 多个变为 25个,此外对榆林窟也做了较大的调整,认为西夏洞窟有 11 个,而东千佛洞、肃北五个庙基本不变,分别为 4 个和 3 个洞窟。沙先生的系列文章,为研究西夏洞窟提供了一个全新的思考。此外,王惠民《敦煌西夏洞窟分期及存在的问题》⑦,对以往的研究作了梳理和评述,对一些有争议的洞窟

①敦煌文物研究所编《敦煌莫高窟内容总录》,北京:文物出版社,1982 年,第 1 页。

②敦煌研究院编《敦煌石窟艺术·莫高窟第四六四、三、九五、一四九窟(元)》,南京:江苏美术出版社,1997 年。

③霍熙亮《莫高窟回鹘和西夏窟的新划分》,载敦煌研究院编《1994 年敦煌学国际学术研讨会论文提要》,1994 年,第 54 页。

④关友惠《敦煌宋西夏石窟壁画装饰风格及其相关的问题》,载敦煌研究院编《2004 年石窟研究国际学术会议论文集(下)》,上海:上海古籍出版社,2006 年,第 1110 页。

⑤沙武田、李国《敦煌莫高窟第 3 窟为西夏洞窟考》,《敦煌研究》2013 年第 4 期,第 1—11 页。

⑥沙武田《敦煌西夏石窟分期研究之思考》,《西夏研究》2011 年第 2 期,第 23—34 页。

⑦王惠民《敦煌西夏洞窟分期及存在的问题》,《西夏研究》2011 年第 1 期,第 59—65 页。

（如莫高窟第 130 窟、第 16 窟、第 65 窟、第 61 窟、第 3 窟、第 464 窟、第
465 窟）提出了自己的观点。

　　莫高窟北区第 465 窟比较特殊，该窟壁画是藏密题材，内容丰富，风
格独特。近年关于该窟的断代问题争议较大，传统观点认为是元代窟，①也
有学者认为是唐代吐蕃窟，②同时还兼有吐蕃、西夏、元三个时期洞窟的说
法，③但部分学者研究后认为是西夏窟。以谢继胜先生的研究为代表，先后
发表《关于敦煌第 465 窟断代的几个问题》④《关于敦煌第 465 窟断代的几
个问题(续)》⑤与《莫高窟第 465 窟壁画绘于西夏考》⑥三篇文章，从藏传佛
教的历史、壁画风格、藏文题记、装饰图案、上师冠帽样式以及供养人画像
等方面进行比较探讨，认为该窟为西夏洞窟。谢先生的研究结合了卫藏、
黑水城等资料，论证充分，是第 465 窟研究的重要成果。

　　①持此说者有：敦煌研究院编《敦煌石窟内容总录》将此窟定为元窟；宿白《敦煌莫高窟密教
遗迹札记（下）》(宿白《敦煌莫高窟密教遗迹札记（下）》，《文物》1989 年第 10 期，第 79—84
页。);杨雄《敦煌藏传密教艺术的珍贵遗存——莫高窟第四六五窟附榆林窟第四窟的内容与形
式》(《敦煌石窟艺术·莫高窟第 465 窟》，南京：江苏美术出版社，1996 年，第 11—30 页。)
　　②持此说者有：谢稚柳(谢稚柳《敦煌艺术叙录》，上海：上海出版公司，1955 年，第 415—417
页。)和金维诺(金维诺：《敦煌窟龛名数考补》，载《1987 年敦煌石窟研究国际讨论会文集·石窟考
古编》，沈阳：辽宁美术出版社，1990 年，第 32—39 页；金维诺：《吐蕃佛教图像与敦煌的藏传绘
画遗存》，《艺术史研究》2000 年第 2 辑；金维诺：《中国壁画全集·藏传佛院壁画》第 1 卷序言《古
代藏区寺院壁画》，天津：天津人民美术出版社，1989—1993 年。)。
　　③持此说者有：霍巍《敦煌莫高窟第 465 窟建窟史迹再探》(霍巍《敦煌莫高窟第 465 窟建窟
史迹再探》，《中国藏学》2009 年第 3 期，第 187—194 页。);黄英杰《从藏传佛教看敦煌莫高窟第
465 窟佛教艺术》(黄英杰《从藏传佛教看敦煌莫高窟第 465 窟佛教艺术》，载樊锦诗主编《敦煌吐
蕃统治时期石窟与藏传佛教艺术研究》，兰州：甘肃教育出版社，2012 年，第 420—448 页。)。
　　④谢继胜《关于敦煌第 465 窟断代的几个问题》，《中国藏学》2000 年第 3 期，第 75—92 页。
　　⑤谢继胜《关于敦煌第 465 窟断代的几个问题(续)》，《中国藏学》2000 年第 4 期，第 75—
90 页。
　　⑥谢继胜《莫高窟第 465 窟壁画绘于西夏考》，《中国藏学》2003 年第 2 期，第 69—79 页。

西夏晚期的代表性洞窟榆林窟第 3 窟被学界一致认为是西夏洞窟①，但刘永增提出了不同的意见，他在《瓜州榆林窟第 3 窟的年代问题》②一文中认为该窟开凿于西夏，元代续修，明代光复，清代再兴，自开凿到完成先后历经了四个朝代六百余年。

另外，西夏洞窟分期研究的成果有李浴《莫高窟各窟内容之调查》③《榆林窟佛教艺术内容调查》④和《安西万佛峡（榆林窟）石窟志》⑤、何正璜《敦煌莫高窟现存佛窟概况调查》⑥、谢稚柳《敦煌艺术叙录》⑦、阎文儒《安西榆林窟调查报告》⑧、贺世哲《从供养人题记看莫高窟部分洞窟的营建年代》⑨、张伯元《东千佛洞调查简记》⑩、马德《敦煌莫高窟史研究》⑪、王惠民《肃北五个庙石窟内容总录》⑫和《安西东千佛洞内容总录》⑬、张伯元《安西

---

①《安西榆林窟》《安西榆林窟内容总录》及《敦煌学大辞典》等学术成果均认为此窟开凿于西夏时期。

②刘永增《瓜州榆林窟第 3 窟的年代问题》，《2014 年敦煌石窟研究国际学术研讨会论文集（上）》未出版，第 49—56 页。

③李浴《莫高窟各窟内容之调查》（手抄稿），《中国西北文献丛书续编：敦煌学文献卷 19》，兰州：甘肃文化出版社，1999 年。

④李浴《榆林窟佛教艺术内容调查》，敦煌研究院藏手写稿，1946 年；另载敦煌研究院编《榆林窟研究论文集（上）》，上海：上海辞书出版社，2011 年，第 16—26 页。

⑤李浴《安西万佛峡（榆林窟）石窟志》，敦煌研究院藏手写稿；另载敦煌研究院编《榆林窟研究论文集（上）》，上海：上海辞书出版社，2011 年，第 3—15 页。

⑥何正璜《敦煌莫高窟现存佛窟概况调查》，《说文月刊》1943 年第 10 期。

⑦谢稚柳《敦煌艺术叙录》，上海：上海出版公司，1955 年。

⑧阎文儒《安西榆林窟调查报告》，《历史与考古》第 1 号 1946 年；另载敦煌研究院编《榆林窟研究论文集（上）》，上海：上海辞书出版社，2011 年，第 27—37 页。

⑨贺世哲《从供养人题记看莫高窟部分洞窟的营建年代》，载敦煌研究院编《敦煌莫高窟供养人题记》，北京：文物出版社，1986 年，第 232—234 页。

⑩张伯元《东千佛洞调查简记》，《敦煌研究》1983 年创刊号，第 108—118 页。

⑪马德《敦煌莫高窟史研究》，兰州：甘肃教育出版社，1996 年，第 154 页。

⑫王惠民《肃北五个庙石窟内容总录》，载敦煌研究院编《榆林窟研究论文集（上）》，上海：上海辞书出版社，2011 年，第 124—126 页。

⑬王惠民《安西东千佛洞内容总录》，《敦煌研究》1994 年第 1 期，第 126—129 页。

榆林窟》①等。

(二)西夏石窟绘画研究

首先对有关西夏石窟绘画的大型图集作一归纳介绍。由敦煌研究院编26册本《敦煌石窟全集》②,内容全面,图版刊载量大,以专题形式图文介绍,有尊像画卷、弥勒经画卷、密教画卷、图案卷、飞天画卷、音乐画卷、舞蹈画卷、山水画卷、动物画卷、建筑画卷、科学技术画卷、服饰画卷、民俗画卷、交通画卷等,其中各卷均有西夏石窟绘画。《中国敦煌壁画全集·敦煌西夏元》③同样以大量彩色图版和文字说明的形式对敦煌西夏绘画作了比较详细的梳理和介绍, 在画册开篇刊载了刘玉权的《民族艺术的奇葩——论敦煌西夏元时期的壁画》。此外,《中国石窟·敦煌莫高窟(五)》④《中国石窟·安西榆林窟》⑤《中国石窟艺术·榆林窟》⑥《瓜州东千佛洞西夏石窟艺术》⑦《河西石窟》⑧与《甘肃石窟志》⑨等画册均有大量西夏时期的石窟绘画,并配有图片说明,有些画册还有相关论文刊载。以单个洞窟的形式出版的22册本《敦煌石窟艺术》⑩,涉及的西夏洞窟有莫高窟第3窟、第464窟、第465窟等,这是目前出版的作为单窟资料最全的图册。

1. 花鸟画研究

对敦煌石窟花鸟画的研究,只有零星的文章,而对西夏石窟花鸟画的

---

①张伯元《安西榆林窟》,成都:四川教育出版社,1995年。

②敦煌研究院主编《敦煌石窟全集》,香港:香港商务印书馆,1999—2005年。

③段文杰《中国敦煌壁画全集·敦煌西夏元》,天津:天津人民美术出版社,1996年。

④敦煌文物研究所编《中国石窟·敦煌莫高窟》,北京:文物出版社,1987年。

⑤敦煌研究院编《中国石窟·安西榆林窟》,北京:文物出版社,1989年。

⑥敦煌研究院编《中国石窟艺术·榆林窟》,南京:江苏美术出版社,2014年。

⑦张宝玺《瓜州东千佛洞西夏石窟艺术》,北京:学苑出版社,2012年。

⑧甘肃省文物考古研究所编《河西石窟》,北京:文物出版社,1987年。

⑨敦煌研究院、甘肃省文物局《甘肃石窟志》,兰州:甘肃教育出版社,2011年。

⑩敦煌研究院编《敦煌石窟艺术》,南京:江苏美术出版社,1997年。

研究更是无人问津了。金维诺《早期花鸟画的发展》①梳理了从秦汉到唐代花鸟画的发展,并指出唐代花鸟画进入了一个新的历史时期,敦煌宋代石窟绘画花鸟,在表现技法和思想意趣等方面,都受到了唐代花鸟画的深远影响。香港学者高美庆《敦煌唐代花卉画初探》②从色彩、技法以及宗教意义等方面对敦煌石窟的莲花、牡丹花、竹子、萱草、百合等花卉进行了探讨,在文章的最后强调敦煌石窟丰富的花卉及其表现手法,为宋代绘画的发展确定了方向。俄罗斯学者鲁多娃《黑水城的汉式绘画》③中提到黑水城出土的水月观音中的牡丹花艺术水准高,她认为其直接仿自中原。

2. 人物画研究

西夏石窟人物画主要以佛教人物画为主,也出现了国师、供养人等世俗人物。石窟中人物画数量非常庞大,占据了绘画的绝大部分,在研究成果方面也较丰厚。

榆林窟第 3 窟的"千手经变"属于密宗系统,其内容丰富,象征着观音菩萨救苦救难的无边法力和智慧。刘玉权《榆林窟第 3 窟〈千手观音〉研究》④从《千手经》相传的历史开始,论述了《千手经变》的图式特点、法器内容、民族特征与艺术风格等,肯定了该经变画的重要社会价值。郑汝中以乐器为视角,在《榆林第 3 窟千手观音经变乐器图》⑤一文中探讨了这幅精美的乐器图,尤其是三件独特乐器:胡琴、凤首箜篌与扁鼓。王静如 1980

---

①金维诺《早期花鸟画的发展》,《美术研究》1983 年第 1 期,第 57 页。

②高美庆《敦煌唐代花卉画初探》,《敦煌研究》1988 年第 2 期,第 105 页。

③(俄)鲁多娃著,胡鸿雁译《黑水城的汉式绘画》,载景永时编《西夏语言与绘画研究论集》,银川:宁夏人民出版社,2008 年,第 268 页。

④刘玉权《榆林窟第 3 窟〈千手经变〉研究》,《敦煌研究》1987 年第 4 期,第 13—18 页。

⑤郑汝中《榆林第 3 窟千手观音经变乐器图》,载段文杰等编《1990 年敦煌学国际研讨会文集·石窟艺术编》,沈阳:辽宁美术出版社,1995 年,第 273—287 页。

年撰写的《敦煌莫高窟和安西榆林窟中的西夏壁画》①一文,根据五十一面千手观音中的《踏碓图》《犁耕图》《锻铁图》和《酿酒图》,探讨了西夏的农业和手工业状况;文中还通过绘画中的人物发式和服饰以及《国师像》和《唐僧取经图》,探讨了西夏的社会文化及宗教状况。王进玉《敦煌石窟西夏壁画"酿酒图"新解》②与《再论敦煌石窟西夏壁画"酿酒图"》③也同样从科技史的角度对千手观音中的酿酒图进行了讨论。

西夏是药师经变较为流行的一个历史时期,罗华庆《敦煌壁画中的〈东方药师净土变〉》④在梳理历代药师经变的基础上,对西夏的药师净土变作了简要的讨论。王艳云《西夏壁画中的药师经变与药师佛形象》⑤对西夏药师变的内容、艺术手法和艺术风格展开探讨,同时对西夏盛行药师信仰的原因进行了分析。

段文杰《玄奘取经图研究》⑥一文分别对现存西夏时期的取经图逐一介绍,进一步联系关于猴行者的三种说法,结合《大唐三藏取经诗话》《大唐西域记》和《大慈恩寺三藏法师传》等史料,得出玄奘西游取经的故事在其在世时已经流传于民间,并分析出玄奘取经图在瓜州榆林窟出现的历史原因,文章最后指出《西游记》中孙悟空形象与《诗话》中的演变渊源。杨

---

① 王静如《敦煌莫高窟和安西榆林窟中的西夏壁画》,《文物》1980 年第 9 期,第 49—55 页。
② 土进玉《敦煌石窟西夏壁画"酿酒图"新解》,《广西民族大学学报(自然科学版)》2010 第 3 期,第 9—15 页。
③ 王进玉《再论敦煌石窟西夏壁画"酿酒图"》,《广西民族大学学报(自然科学版)》2010 年第 4 期,第 41—43 页。
④ 罗华庆《敦煌壁画中的〈东方药师净土变〉》,《敦煌研究》1989 年第 2 期,第 5—18 页。
⑤ 王艳云《西夏壁画中的药师经变与药师佛形象》,《宁夏大学学报(人文社会科学版)》2003 年第 1 期,第 14—16 页。
⑥ 段文杰《玄奘取经图研究》,载段文杰等《1990 年敦煌学国际研讨会文集·石窟艺术编》,沈阳:辽宁美术出版社,1995 年,第 1—19 页;又载段文杰《敦煌石窟艺术研究》,兰州:甘肃人民出版社,2007 年,第 397—411 页。

国学在其论文《河西走廊三处取经图画与〈西游记〉故事演变的关系》[1]提出了自己的观点,认为榆林窟第2窟、第3窟、第29窟壁上绘的玄奘取经图的产生可能比《诗话》早一些,《诗话》是先在内地产生而后才传到河西被画到墙上的。杨先生的另一篇论文《安西东千佛洞取经壁画新探》[2],对段先生的高论提出了质疑,他认为东千佛洞中的玄奘取经图为《西游记》中取经的第一阶段,因为画面上玄奘、行者身上以及身后的马背上均无经卷包裹,而在榆林窟第3窟的画面上,玄奘已经是一个饱经磨难的中年和尚,不再是东千佛洞出现的眉目清秀的青年和尚,画中行者模样的人,也应是当年玄奘在瓜州时的向导胡僧石盘陀。郑怡楠《瓜州石窟群唐玄奘取经图研究》[3]以大量的历史文献和佛经典籍为基础,分析探讨了瓜州石窟群的玄奘取经图, 根据文献资料推断这些取经图的绘制与当时瓜州地区盛传的玄奘的真实事迹有关, 同时考证了取经图作为配图出现在主题图像中的原因, 即当时在盛行观音经与观音信仰下结合玄奘传记而相互融合衍变的产物。于硕的博士论文《唐僧取经图像研究——以寺窟图像为中心》[4]从西夏时期榆林窟的玄奘取经图入手,通过考证分析,阐述了取经图出现在水月观音壁画中的原因,并与内地取经图进行对比研究,试图勾勒唐玄奘取经图的演变轨迹以及它的传播路线。

　　水月观音是西夏艺术成就较高的绘画, 近些年对其研究取得不少成果,刘玉权《榆林窟第29窟水月观音图部分内容新析》[5]借助敦煌研究院

①杨国学《河西走廊三处取经图画与〈西游记〉故事演变的关系》,《西北师大学报(社会科学版)》2000年第4期,第40—43页。

②杨国学《安西东千佛洞取经壁画新探》,《南亚研究》2002年第2期,第56—59页。

③郑怡楠《瓜州石窟群唐玄奘取经图研究》,《敦煌学辑刊》2009年第4期,第93—111页。

④于硕《唐僧取经图像研究——以寺窟图像为中心》,首都师范大学博士论文,2011年。

⑤刘玉权《榆林窟第29窟水月观音图部分内容新析》,《敦煌研究》2009年第2期,第1—3页。

美术所整理复原的水月观音图白描线稿,重新审视了榆林窟第 29 窟水月观音图下部的横卷式僧俗供养者与朝圣者形象出现的原因与主要依据。张小刚、郭俊叶的《文殊山石窟西夏〈水月观音图〉与〈摩利支天图〉考释》①把文殊山古佛洞中发现的西夏时期的《水月观音图》及《玄奘取经图》与瓜州榆林窟、东千佛洞等石窟西夏时期的《水月观音图》及《玄奘取经图》进行比较,得出了它们的相同之处。史忠平《敦煌水月观音图的艺术》②通过类比敦煌现存水月观音图像,分析其图像渊源、绘画技法,揭示了敦煌水月观音图的地域性特征和美术史价值。

　　对供养人的研究主要集中在三个方面:供养人题记、供养人服饰以及供养人身份。谢稚柳在其著作《敦煌艺术叙录》中说:"考壁画之时期为最难。画史无题名,唯有赖于造窟时之发愿文,然十九剥落,且诸窟非必有发愿文者,以是可依据者甚少,要当仍以研求其画派为第一,然后证之以纪年,或供养人像题名之可考者。"对西夏供养人题记研究的成果主要有:史岩的《敦煌石室画像题识》③,谢稚柳的《敦煌艺术叙录》④,敦煌研究院的《敦煌莫高窟供养人题记》⑤,史金波和白滨的《莫高窟、榆林窟西夏文题记研究》⑥,陈炳应的《西夏文物研究》⑦,王静如的《新见西夏文石刻和敦煌安西洞窟夏汉文题记考释》⑧,以及日本学者荒川慎太郎、佐藤贵保的《莫高

　　①张小刚、郭俊叶《文殊山石窟西夏〈水月观音图〉与〈摩利支天图〉考释》,《敦煌研究》2016年第 2 期,第 8—15 页。

　　②史忠平《敦煌水月观音图的艺术》,《敦煌研究》2015 年第 5 期,第 20—33 页。

　　③史岩《敦煌石室画像题识》,手抄本,现藏敦煌研究院资料室。

　　④谢稚柳《敦煌艺术叙录》,上海:上海出版公司,1955 年。

　　⑤敦煌研究院编《敦煌莫高窟供养人题记》,北京:文物出版社,1986 年。

　　⑥史金波、白滨《莫高窟、榆林窟西夏文题记研究》,《考古学报》1982 年第 3 期,第 367—386页;《西夏学》2007 年第 2 辑,第 80—91 页。

　　⑦陈炳应《西夏文物研究》,银川:宁夏人民出版社,1985 年。

　　⑧王静如《新见西夏文石刻和敦煌安西洞窟夏汉文题记考释》,载吴泽《王国维学术研究论集(第一辑)》,上海:华东师范大学出版社,1983 年。

窟、榆林窟西夏文题记再考》①等。有关西夏时期供养人图像的研究,张先堂成果较多。他运用图像学研究方法进行研究,在梳理莫高窟供养人发展演变的基础上,考察论证了西夏瓜州东千佛洞第2窟、第5窟以及敦煌莫高窟第148窟供养人的身份,其代表成果有《瓜州东千佛洞第2窟供养人身份新探》②《瓜州东千佛洞第5窟西夏供养人初探》③《莫高窟供养人画像的发展演变——以佛教史考察为中心》④《敦煌莫高窟第148窟西夏供养人图像新探——以佛教史考察为核心》⑤。

关于供养人服饰的研究,段文杰的《敦煌壁画中的衣冠服饰》⑥在研究整个敦煌壁画服饰的过程中对西夏服饰进行了粗略的介绍。谢静的系列论文《敦煌石窟中西夏供养人服饰研究》等⑦和博士论文《敦煌石窟中的少数民族服饰文化研究》⑧,利用大量的图像和文献资料,探讨了西夏党项民

①(日)荒川慎太郎、佐藤贵保《莫高窟、榆林窟西夏文题记再考》,"兰州大学法藏敦煌文献轮读会(15)"2013年12月,未刊稿。

②张先堂《瓜州东千佛洞第2窟供养人身份新探》,《敦煌学辑刊》2006年第4期,第24—32页。

③张先堂《瓜州东千佛洞第5窟西夏供养人初探》,《敦煌学辑刊》2011年第4期,第49—59页。

④张先堂《莫高窟供养人画像的发展演变——以佛教史考察为中心》,《敦煌学辑刊》2008年第4期,第93—103页。

⑤张先堂《敦煌莫高窟第148窟西夏供养人图像新探——以佛教史考察为核心》,《西夏学》第11辑,2015年,第218—227页。

⑥段文杰《敦煌壁画中的衣冠服饰》,载段文杰《敦煌石窟艺术论集》,兰州:甘肃人民出版社,1988年,第266—267页;又载段文杰《敦煌石窟艺术研究》,兰州:甘肃人民出版社,2007年,第315—316页。

⑦谢静《敦煌石窟中西夏供养人服饰研究》,《敦煌研究》2007年第3期,第24—31页;谢静、谢生保《敦煌石窟中回鹘、西夏供养人服饰辨析》,《敦煌研究》2007年第4期,第80—85页;谢静《敦煌石窟中的西夏服饰研究之二——中原汉族服饰对西夏服饰的影响》,《艺术设计研究》2009年第3期,第44—48页;谢静《西夏服饰研究之三——北方各少数民族对西夏服饰的影响》,《艺术设计研究》2010年第1期,第49—52页。

⑧谢静《敦煌石窟中的少数民族服饰文化研究》,兰州大学博士论文,2007年。

族积极吸收周边民族文化,结合本民族传统服饰特点,设计出的独具特色的民族服饰,并对西夏服饰多元化的原因进行了深入分析。此外,陈建辉、贾玺增的《莫高窟第 409 窟东壁西夏国王像之服饰研究》①、徐庄的《敦煌壁画与西夏服饰》②、曲小萌的《榆林窟第 29 窟西夏武官服饰考》③、孙昌盛的《西夏服饰研究》④、魏亚丽的《西夏帽式研究》⑤等也从不同方向对西夏服饰进行了探讨。

3. 山水画研究

对莫高窟山水画作了系统研究的是王伯敏先生,他的《莫高窟壁画山水探渊》《莫高窟壁画山水再探》等系列文章⑥,对研究敦煌石窟山水具有指导意义。王先生对莫高窟山水画的绘画技法、风格类型、历史渊源等作了全面的分析,主要涉及"人大于山"辨析,唐人不是"空勾无皴",并非"水不容泛","伸臂布指"是"量体裁衣",配景不是寻常的"填空",图与文献相照应,法备勾、抹与晕染,两种山的发展,山的上下、前后和远近,沙漠景观的启示,一树发千枝,意境与形式的构成,壁画山水与《画云台山记》的相互印证,佛国山林与画中山林、空间的需求等。他还以莫高窟第 303 窟、第61 窟、榆林窟第 25 窟为例进行了个案山水研究。王先生的成果主要对早期敦煌石窟的山水作了详尽的研究,比较遗憾的是没有涉及西夏时期山水画。

---

①陈建辉、贾玺增《莫高窟第 409 窟东壁西夏国王像之服饰研究》,《敦煌研究》2005 年特刊,第 30—33 页。

②徐庄《敦煌壁画与西夏服饰》,《敦煌研究》2005 年特刊,第 77—83 页。

③曲小萌《榆林窟第 29 窟西夏武官服饰考》,《敦煌研究》2011 年第 3 期,第 56—61 页。

④孙昌盛《西夏服饰研究》,《民族研究》2001 年第 6 期,第 83—91 页。

⑤魏亚丽《西夏帽式研究》,宁夏大学硕士论文,2014 年。

⑥王伯敏《莫高窟壁画山水探渊》《莫高窟壁画山水再探》《莫高窟壁画山水三探》《莫高窟壁画山水四探》《莫高窟壁画山水五探》《榆林窟 25 窟壁画山水》,载王伯敏《山水画纵横谈》,济南:山东美术出版社,2010 年。

　　赵声良的《榆林窟第 3 窟山水画初探》①《榆林窟第 3 窟壁画中的亭、草堂、园石》②,从美术史的角度对榆林窟第 3 窟壁画中的山、树、小景以及亭、草堂和园石等展开研究,并指出榆林窟的山水画受到中原文人画的影响。他分析出的敦煌晚期壁画艺术以及两宋画院画风对敦煌地区石窟绘画的影响,对山水画研究具有重要的学术意义。

4. 建筑画研究

　　敦煌建筑画研究有萧默的《敦煌建筑研究》③,他对壁画中出现的建筑类型、佛寺、阙、塔、住宅等进行了系统的研究,认为西夏榆林窟第 3 窟的两幅净土变,取全对称的构图、一点透视俯视画法,描绘细致,与金、元相似。王艳云的《河西石窟西夏壁画中的界画》一文主要论述了西夏界画的三个变化:"一、界画谨细写实创新,融汇山水自然和谐;二、人与建筑比例协调,群体安排巧妙得当;三、界画跃居背景主体,经变情节穿插其间。"④并且在文章最后探讨了西夏精美界画出现的原因。陈育宁、汤晓芳、雷润泽的《西夏建筑研究》⑤分别对壁画、卷轴画、木板画、佛经版画中的建筑图像进行了梳理研究,并利用这些建筑图像与出土文献、文物进行互证,还原了西夏建筑的原貌。赵声良的《榆林窟第 3 窟山水画初探》⑥对建筑画也有所提及。

　　①赵声良《榆林窟第 3 窟山水画初探》,载中山大学艺术学研究中心编《艺术史研究(第 1 辑)》,广州:中山大学出版社,1999 年,第 363—380 页。

　　②赵声良《榆林窟第 3 窟壁画中的亭、草堂、园石》,《敦煌研究》2004 年第 1 期,第 7—19 页。

　　③萧默《敦煌建筑研究》,北京:机械工业出版社,2003 年。

　　④王艳云《河西石窟西夏壁画中的界画》,《宁夏社会科学》2007 年第 1 期,第 112—115 页。

　　⑤陈育宁、汤晓芳、雷润泽《西夏建筑研究》,北京:社会科学文献出版社,2016 年。

　　⑥赵声良《榆林窟第 3 窟山水画初探》,载敦煌研究院编《榆林窟研究论文集(下)》,上海:上海辞书出版社,2011 年,第 14—20 页。

5. 装饰图案研究

西夏时期的装饰图案达到了又一个高峰。关友惠主编的《敦煌石窟全集·图案卷》[1]是关于敦煌装饰图案最全的图册,是研究装饰图案不能缺少的资料。他的论文《敦煌宋西夏石窟壁画装饰风格及其相关的问题》[2]总结梳理了西夏不同时期的图案,并结合图案渊源、时代风格与装饰特征对宋夏图案进行比较,值得关注的是关先生将西夏具有宋代特征的图案全部划为宋代,而将元代具有西夏特征的图案同样划为西夏。欧阳琳的论著《敦煌图案解析》[3]主要介绍了敦煌图案的内容以及图案上所绘纹样的寓意,研究了敦煌图案中的规律和技巧、线和色彩、审美与特征,分析了图案中民族传统的吸收与外来因素的影响,以及二者的关系,文中对西夏图案也有一定的探讨。谷莉的博士论文《宋辽夏金装饰纹样研究》[4]将西夏装饰图案放到时代的大背景下进行研究。李路珂的论文《甘肃安西榆林窟西夏后期石窟装饰及其与宋〈营造法式〉之关系初探(上、下)》[5],通过独特的视角,把西夏后期多元文化融合下的洞窟装饰与宋时期"营造法式"结合,相互印证,分析比较,具有重要的学术价值。

(三)西夏石窟藏传佛教绘画研究

藏传佛教绘画是西夏石窟绘画的一大特色,对藏传绘画的研究,不能仅从色彩、构图和艺术风格上进行,还要对图像题材仪轨进行释读,分析图像来源和传播路径。刘永增对藏传曼荼罗图像有深入的研究,成果主要

①关友惠《敦煌石窟全集·图案卷》,香港:香港商务印书馆,2003年,第219—240页。
②关友惠《敦煌宋西夏石窟壁画装饰风格及其相关的问题》,载敦煌研究院编《2004年石窟研究国际学术会议论文集(下)》,上海:上海古籍出版社,2006年,第1110—1141页。
③欧阳琳《敦煌图案解析》,兰州:甘肃文化出版社,2007年。
④谷莉《宋辽夏金装饰纹样研究》,苏州大学博士论文,2011年。
⑤李路珂《甘肃安西榆林窟西夏后期石窟装饰及其与宋〈营造法式〉之关系初探(上、下)》,《敦煌研究》2008年第3期,第5—12页;《敦煌研究》2008年第4期,第12—20页。

有《敦煌石窟八大菩萨曼荼罗图像解说(上、下)》①《安西东千佛洞第 5 窟毗沙门天王与八大夜叉曼荼罗解说》②《敦煌石窟尊胜佛母曼荼罗图像解说》③《敦煌石窟摩利支天曼荼罗图像解说》④《敦煌石窟不空绢索五尊曼荼罗图像解说》⑤《瓜州榆林窟第 3 窟五守护佛母曼荼罗图像解说》⑥《瓜州榆林窟第 3 窟释迦八相图图像解说》⑦《瓜州榆林窟第 3 窟恶趣清净曼荼罗及相关问题》⑧。这些论文主要对各种曼荼罗图像以及释迦八相图进行图像学的解说,考察相关经典,查找相关仪轨,与印度、尼泊尔、西藏的图像进行对比,阐明每组图像来源,分析图像表现形式及其流变,并探讨了敦煌对中原地区石窟的影响。刘先生的成果对研究西夏石窟密教图像有重要的贡献。

　　张伯元的《莫高窟 465 窟藏传佛教壁画浅识》⑨一文主要利用图像学的方法对莫高窟第 465 窟的几铺本尊像、上师像进行了辨识研究,对其身份进行了初步认定。谢继胜对藏传绘画的研究颇有建树,他的论文《敦煌

　　①刘永增《敦煌石窟八大菩萨曼荼罗图像解说(上、下)》,《敦煌研究》2009 年第 4 期,第 12—23 页;《敦煌研究》2009 年第 5 期,第 8—17 页。

　　②刘永增《安西东千佛洞第 5 窟毗沙门天王与八大夜叉曼荼罗解说》,《敦煌研究》2006 年第 3 期,第 1—5 页。

　　③刘永增《敦煌石窟尊胜佛母曼荼罗图像解说》,《故宫博物院院刊》2013 年第 4 期,第 29—45 页。

　　④刘永增《敦煌石窟摩利支天曼荼罗图像解说》,《敦煌研究》2013 年第 5 期,第 1—11 页。

　　⑤刘永增《敦煌石窟不空绢索五尊曼荼罗图像解说》,日本神户大学人文学研究科《敦煌·丝绸之路(シルクロード)国际学术研讨会议论文集》2013 年。

　　⑥刘永增《瓜州榆林窟第 3 窟五守护佛母曼荼罗图像解说》,《敦煌研究》2015 年第 1 期,第 21—28 页。

　　⑦刘永增《瓜州榆林窟第 3 窟释迦八相图图像解说》,《敦煌研究》2014 年第 4 期,第 1—16 页。

　　⑧刘永增《瓜州榆林窟第 3 窟恶趣清净曼荼罗及相关问题》,载樊锦诗《敦煌吐蕃统治时期石窟与藏传佛教艺术研究》,兰州:甘肃教育出版社,2012 年,第 231—235 页。

　　⑨张伯元《莫高窟 465 窟藏传佛教壁画浅识》,《西藏研究》1993 年第 1 期,第 83—90 页。

莫高窟第 465 窟壁画双身图像辨识》①、专著《西夏藏传绘画：黑水城出土
西夏唐卡研究》②和《藏传佛教艺术发展史》③对莫高窟第 465 窟及其他西
夏石窟藏传佛教绘画都有深入研究，他通过藏文题记与佛教造像学仪轨
的识读，对第 465 窟壁画双身像的身份加以辨识确定，并认为该窟壁画是
"藏族聚居区以外现存最早、最完整的藏传风格寺庙壁画，在藏传佛教绘
画史上具有重要的断代意义"。另外，其专著中关于西夏石窟藏传绘画体
现的教派传承、佛教仪轨仪理、创作年代及艺术风格的研究，对研究西夏
石窟绘画具有重要的指导意义。

众所周知，榆林窟第 3 窟是一个庞杂的汉藏混合的洞窟，研究难度
大。贾维维的博士学位论文《榆林窟第 3 窟壁画研究》④全面系统地对榆林
窟第 3 窟绘画的题材内容、文本依据以及图像配置内涵进行考证，分析其
来源与传播路径，并与西夏时期的其他石窟绘画、木刻版画和卷轴画等进
行比较，阐述了其所遵循的图像传承与信仰模式，指出了该石窟绘画是多
元文化(汉地早期大乘佛教信仰、唐代密宗信仰、东印度波罗艺术风格、回
鹘和辽等少数民族政权宗教信仰)影响下的全新图像体系。

对瓜州东千佛洞第 2 窟、第 5 窟的研究主要有首都师范大学常红红
的硕博学位论文⑤，第 5 窟的研究主要对洞窟现存遗留壁画进行整理与描
述，对每铺尊神的身份初步厘定，对洞窟形制作了初步探讨。第 2 窟的研
究是她的博士学位论文，因为没有公开发表，不便述评，但她在《故宫博物

---

①谢继胜《敦煌莫高窟第 465 窟壁画双身图像辨识》，《敦煌研究》2001 年第 3 期，第 1—
11 页。

②谢继胜《西夏藏传绘画：黑水城出土西夏唐卡研究》，石家庄：河北教育出版社，2002 年。

③谢继胜《藏传佛教艺术发展史》，上海：上海书画出版社，2010 年。

④贾维维《榆林窟第 3 窟壁画研究》，首都师范大学博士学位论文，2014 年。

⑤常红红《甘肃瓜州东千佛洞第五窟研究》，首都师范大学硕士学位论文，2011 年；她的东千
佛洞第 2 窟研究的博士学位论文没有公开发表。

院院刊》上发表的论文《论瓜州东千佛洞第二窟施宝度母图像源流及相关问题》①着重论述了该窟两铺对称的壁画中施宝度母的身份,考证了西夏的 4 件施宝度母或观音作品组像所依据的经典及宗教内涵。

　　《敦煌石窟全集·密教画卷》②收集了有关于密教图像的论文。此外,西夏石窟藏传佛教绘画研究的学者有赵晓星③、黄英杰④、林怡蕙⑤、阮丽⑥、勘措吉⑦、郑汝中⑧,以及日本学者奥山直司⑨、田中公明⑩,美国学者林瑞宾⑪等,他们的成果在此不一一赘述。

(四)西夏石窟绘画艺术特征研究

　　谢稚柳在《敦煌艺术叙录》中谈到西夏绘画时说:"其画派远宗唐法,

　　①常红红《论瓜州东千佛洞第二窟施宝度母图像源流及相关问题》,《故宫博物院院刊》2014年第 2 期,第 72—87 页。

　　②彭金章《敦煌石窟全集·密教画卷》,香港:香港商务印书馆,2003 年。

　　③赵晓星《莫高窟第 465 窟八十四大成就者图像考释》,第四届西藏考古与艺术国际学术讨论会,2009 年 10 月 17—19 日,未出版。

　　④黄英杰《从藏传佛教看敦煌莫高窟第 465 窟佛教艺术》,载樊锦诗《敦煌吐蕃统治时期石窟与藏传佛教艺术研究》,兰州:甘肃教育出版社,2012 年,第 420—448 页。

　　⑤林怡蕙《敦煌莫高窟第 465 窟图像结构之分析》,载樊锦诗《敦煌吐蕃统治时期石窟与藏传佛教艺术研究》,兰州:甘肃教育出版社,2012 年,第 449—462 页。

　　⑥阮丽《莫高窟第 465 窟曼荼罗再考》,《故宫博物院院刊》2013 年第 4 期,第 61—85 页。

　　⑦勘措吉《莫高窟第 465 窟藏文题记再释读》,载樊锦诗《敦煌吐蕃统治时期石窟与藏传佛教艺术研究》,兰州:甘肃教育出版社,2012 年,第 463—471 页;另发表于《敦煌学辑刊》2011 年第 4 期,第 60—66 页。

　　⑧郑汝中《榆林第 3 窟千手观音经变乐器图》,载段文杰等《1990 年敦煌学国际探讨会文集·石窟艺术编》,沈阳:辽宁美术出版社,1995 年。

　　⑨奥山直司《敦煌第四六五の壁画について(I)》,《密教图像》第 13 号、1994 年,第 24—32(L);《敦煌第四六五窟の壁画について(Ⅱ)》,《密教学研究》通号 27、1995 年,第 151—163 页。

　　⑩(日)田中公明《安西榆林窟第 3 窟的胎藏界曼荼罗》(On the So called Garboardātu—mandala in Cave No.3 of Anxi Yulin cave),2009 年。

　　⑪(美)林瑞宾《顶髻尊胜母与榆林窟第 3 窟西夏佛塔崇拜》(Ushnishavi jaya and the Tangut Cult of the Stupa at Yu—lin Cave 3),1996 年。

不入宋初人一笔,妙能自创,俨然成一家。画颇整饬,但气宇偏小。少情味耳。"①谢先生对西夏石窟绘画特征的论断真是一言穷理。

段文杰在《晚期的莫高窟艺术》②一文第二部分少数民族政权中指出,西夏的石窟绝大多数是修缮或改造前代洞窟,因为是改造,所以在洞窟形制上很少有西夏的特点;并从尊像画、经变画和装饰图案三个方面梳理论述,他不仅列举了这一时期的石窟画家塑匠,而且总结了成就和特点。西夏壁画早期满足于装饰效果而内容贫乏,形式单调,中后期受高昌回鹘壁画影响,创立了既有中原风格也兼有党项民族特征的人物造型。在线描上不仅继承曹氏画院的兰叶描,还吸收了宋人梁楷、李公麟一派挺拔有力的折芦描。随后段先生在《榆林窟党项蒙古政权时期的壁画艺术》③中指出,西夏的壁画属于一个独立的体系,他从艺术风格上分为三个方面,即中原线画风格、西藏画派和综合画派,并肯定了西夏佛教艺术无论是人物画还是建筑画都有很高的造诣。

张宝玺《东千佛洞西夏石窟艺术》④对东千佛洞西夏洞窟壁画内容总结梳理的同时,对出现的新题材也作了分析探讨,最后总结其艺术特点:内容与形式上呈现多样化,艺术上臻于成熟,壁画具有浓郁的生活气息,融合了各种流派后形成了党项本民族特点。

①谢稚柳《敦煌艺术叙录》,上海:古典文学出版社,1957年。

②段文杰《晚期的莫高窟艺术》,载敦煌文物研究所编《中国石窟·敦煌莫高窟(五)》,北京:文物出版社、日本平凡社,1987年,第161—174页;又载段文杰《段文杰敦煌艺术论文集》,兰州:甘肃人民出版社,1994年,第239—244页;又载段文杰《敦煌石窟艺术研究》,兰州:甘肃人民出版社,2007年,第116—121页。

③段文杰《榆林窟党项蒙古政权时期的壁画艺术》,《敦煌研究》1989年第4期,第1—13页。

④张宝玺《东千佛洞西夏石窟艺术》,《文物》1992年第2期,第81—94页。

韩小忙、孙昌盛和陈悦新合著的《西夏美术史》①，是第一部研究西夏艺术的专著。作者以西夏美术考古为基础，涉及壁画、石刻、雕塑、工艺品以及书法篆刻等，从考古学上对现存的美术品进行分析、归纳，按美术史的要求对其进行初步的描述、总结，揭示了美术作品中隐含的文化内涵，并对作品所处的历史文化背景进行了考察分析。在第二章西夏绘画的第一节壁画中，作者对西夏石窟壁画的分布、内容与分期断代作了阐述，把石窟壁画分为三个阶段，从壁画的布局、内容、造型、装饰图案、敷彩和线描等方面逐一论述，并总结了其特点和艺术风格。这部著作图文结合，是一部翔实、全面的西夏美术史。

2003 年汤晓芳、陈育宁、王月星编撰的《西夏艺术》②分门别类，从绘画、雕塑、建筑、工艺美术、书法篆刻及雕版等几个方面进行了具体的描述和解读，并分析了西夏艺术特性；2010 年，陈育宁、汤晓芳又一力作《西夏艺术史》③面世，该著作构建了完整的西夏艺术史体系，探寻西夏艺术发展的规律，在第二章第一节中，就西夏石窟绘画的分布、内容、艺术风格等方面作了详细地阐述，深入解读和分析了西夏艺术品的特征。该书被史金波先生称为"集大成之作"。

牛达生的论文《西夏石窟艺术浅述》④主要从尊像画、经变画、供养人、装饰图案四个方面逐一介绍了敦煌莫高窟、瓜州榆林窟、东千佛洞、鄂托克旗百眼窑石窟和银川贺兰山山嘴沟石窟，并总结了其绘画特征与艺术风格。

此外，关于西夏石窟绘画艺术特征研究的相关论文还有：刘玉权的

---

①韩小忙、孙昌盛、陈悦新《西夏美术史》，北京：文物出版社，2001 年。
②汤晓芳、陈育宁、王月星《西夏艺术》，银川：宁夏人民出版社，2003 年。
③陈育宁、汤晓芳《西夏艺术史》，上海：上海三联书店，2010 年。
④牛达生《西夏石窟艺术浅述》，《宁夏社会科学》2007 年第 2 期，第 90—98 页。

《略论西夏壁画艺术》①、万庚育的《莫高窟、榆林窟的西夏艺术》②、李月伯的《从莫高窟第 3 窟壁画看中国画线描的艺术成就》③和《从榆林窟第 3 窟文殊变普贤变看中原文人画对敦煌壁画的影响》④、罗延焱的《安西榆林窟第 3 窟壁画艺术初探》⑤和《安西榆林窟第三窟壁画的渊源与形成》⑥、金忠群的《敦煌千佛洞三号窟元代壁画艺术初探》⑦、史伟的《东千佛洞西夏壁画中的药师佛及其审美意蕴》⑧等。

（五）其他研究

　　杨森的《漫谈西夏家具》⑨，通过对西夏绘画中家具图像和文物的分析，探讨了党项民族对中原汉族文化的学习、模仿与创新过程。庄壮在《西夏的胡琴和花盆鼓》⑩一文中，对西夏发现的胡琴和花盆鼓图像进行了考释，并指出了它们出现的价值。

---

①刘玉权《略论西夏壁画艺术》，载史金波等《西夏文物》，北京：文物出版社，1988 年，第 9—19 页。

②万庚育《莫高窟、榆林窟的西夏艺术》，载敦煌文物研究所编《敦煌研究文集》，兰州：甘肃人民出版社，1982 年，第 319—331 页。

③李月伯《从莫高窟第 3 窟壁画看中国画线描的艺术成就》，《敦煌研究》2001 年第 2 期，第 36—41 页。

④李月伯《从榆林窟第 3 窟文殊变普贤变看中原文人画对敦煌壁画的影响》，载敦煌研究院编《2000 年敦煌学国际学术讨论会文集·石窟艺术卷》，兰州：甘肃民族出版社，2003 年，第 196—210 页；又载敦煌研究院编《榆林窟研究论文集（上、下）》，上海：上海辞书出版社，2011 年，第 701—707 页。

⑤罗延焱《安西榆林窟第 3 窟壁画艺术初探》，《美术向导》2011 年第 5 期，第 44—46 页。

⑥罗延焱《安西榆林窟第三窟壁画的渊源与形成》，《大舞台》2012 年第 5 期，第 257—258 页。

⑦金忠群《敦煌千佛洞三号窟元代壁画艺术初探》，《美术》1992 年第 2 期，第 64—67 页。

⑧史伟《东千佛洞西夏壁画中的药师佛及其审美意缊》，《西夏学》2013 年第 1 期，第 254—259 页。

⑨杨森《漫谈西夏家具》，载郑炳林等《丝绸之路民族古文字与文化学术讨论会文集》，西安：三秦出版社，2007 年，第 300—317 页。

⑩庄壮《西夏的胡琴和花盆鼓》，《敦煌研究》1997 年第 4 期，第 45—48 页。

　　卢秀文的《敦煌石窟晚期背光研究》①对背光类型、题材及风格进行了详细的探讨,并认为西夏时期的佛背光具有少数民族特性。此外他的系列文章《中国古代妇女眉妆与敦煌妇女眉妆——妆饰文化研究之一》等②,对敦煌壁画里的妆饰文化进行研究,并指出妆饰的发展与演变受一定的社会制度、生产方式与道德礼教的影响和制约,受中原和西域多民族风格的影响也很深。妆饰的发展,反映了阶级社会长期形成的贵贱、尊卑观念,也反映了整个古代妇女妆饰史的盛衰及审美观的递嬗, 显示出了各个时代敦煌妇女的精神面貌。

　　张世奇、沙武田的《敦煌西夏石窟研究综述》③一文从综合研究、分期研究、洞窟营建、专题研究、洞窟个案(包括莫高窟第 3 窟、第 465 窟,榆林窟第 3 窟)、藏传佛教壁画、艺术特征、供养人图像、经变画、彩塑等方面入手,对敦煌西夏时期的石窟研究进行了回顾,并作了一定的展望,全面展现了西夏石窟研究的面貌。王晓玲的《跨世纪西夏佛教美术研究述略》④主要从佛教美术的价值、渊源、艺术风格以及洞窟个案研究等几个方面进行了梳理述评。

---

　　①卢秀文《敦煌石窟晚期背光研究》,《敦煌研究》1997 年第 2 期,第 14—19 页。

　　②卢秀文《中国古代妇女眉妆与敦煌妇女眉妆——妆饰文化研究之一》,《敦煌研究》2000 年第 3 期,第 90—96 页;卢秀文《敦煌壁画中的古代妇女饰唇——妆饰文化研究之二》,《敦煌研究》2004 年第 6 期,第 37—41 页;卢秀文、于倩《敦煌壁画中的妇女红粉妆——妆饰文化研究之三》,《敦煌研究》2005 年第 6 期,第 49—54 页;卢秀文《敦煌壁画中的妇女面靥妆——妆饰文化研究之四》,载郑炳林《佛教艺术与文化国际学术研讨会论文集》,三秦出版社,2009 年,第 47—59 页;于倩、卢秀文《敦煌壁画中的妇女花钿妆——妆饰文化研究之五》,《敦煌研究》2006 年第 5 期,第 63—70 页;卢秀文《敦煌壁画中的妇女首饰簪花——妆饰文化研究之六》,《敦煌研究》2007 年第 6 期,第 48—58 页;卢秀文《敦煌壁画中的妇女饰黄妆——妆饰文化研究之七》,《唐史论丛》2009 年第 0 期,第 334—342 页。

　　③张世奇、沙武田《敦煌西夏石窟研究综述》,《西夏研究》2014 年第 4 期,第 90—107 页。

　　④王晓玲《跨世纪西夏佛教美术研究述略》,《大众文艺》2011 年第 23 期,第 50—53 页。

　　另外,对西夏石窟绘画方面的研究还有刘玉权的《西夏对敦煌艺术的特殊贡献》①,陈育宁、汤晓芳的《山嘴沟西夏壁画探析》②,李银霞的《西夏石窟艺术研究》,张世奇的《敦煌西夏石窟千佛图像研究》③,王艳云的《河西石窟西夏壁画中的弥勒经变》④与《河西石窟西夏壁画中的涅槃经变》⑤,卯芳的《情感与理想的寄托——榆林窟第 3 窟〈文殊变〉〈普贤变〉壁画艺术探究》⑥,何旭佳的《西夏水月观音图像研究》⑦等。

①刘玉权《西夏对敦煌艺术的特殊贡献》,《国家图书馆学刊·西夏研究专号》,2002 增刊。

②陈育宁、汤晓芳《山嘴沟西夏壁画探析》,《西夏学》2006 年第 0 期,第 12—17 页。

③张世奇《敦煌西夏石窟千佛图像研究》,西北师范大学硕士论文,2015 年。

④王艳云《河西石窟西夏壁画中的弥勒经变》,《宁夏大学学报(人文社会科学版)》2003 年第 4 期,第 16—21 页。

⑤王艳云《河西石窟西夏壁画中的涅槃经变》,《敦煌学辑刊》2007 年第 1 期, 第 133—139 页。

⑥卯芳《情感与理想的寄托——榆林窟第 3 窟〈文殊变〉〈普贤变〉壁画艺术探究》,西北师范大学硕士论文,2006 年。

⑦何旭佳《西夏水月观音图像研究》,兰州大学硕士论文,2012 年。

四、研究方法

（一）图像学方法

图像学最早由法国学者马莱在 19 世纪下半叶提出，而将这一理论推向另一高度的是著名学者潘诺夫斯基（Panofsky），他的论著《视觉艺术的含义》对图像作品的解释分三个层次：第一是解释图像基本的或自然的题材，构成了艺术母题的世界；第二是解释图像从属性或约定俗成的题材，构成了形象、故事和寓言的世界；第三是解释图像内在的含义或内容，构成了"符号性"价值的世界。①图像学发现和揭示作品在纯形式、形象、母题、情节之后的更本质的内容，研究绘画作品的传统意义及与其他文化发生的联系。郑炳林、沙武田先生编著的《敦煌石窟艺术概论》在"佛教石窟研究方法学的轨迹"一小节中对潘氏图像学研究进行了总结，认为"潘氏提出的此递进式图像的研究，也正是我们从事佛教艺术研究的基本方法"。②随后

---

①（美）E·潘诺夫斯基著，傅志强译《视觉艺术的含义》，沈阳：辽宁人民出版社，1987 年，第48 页。

②郑炳林、沙武田《敦煌石窟艺术概论》，兰州：甘肃文化出版社，2005 年，第 18 页。

又阐述了佛教石窟图像如何应用图像学进行研究。此方法具体围绕三步走的方法展开,"第一步是对图像本身的客观描述,即'图像志'的研究;第二步是以文献为基础对图像的解读分析;第三步类似于'功能学'的研究方法,也就是潘氏所提出的'内在所蕴含表徵的世界,所从事的图意的诠释',可以针对单个独立的造像,而石窟功能学的研究是对图像整体的研究"。[①]同时他们也认为,图像学涉及比较的研究方法,对石窟的研究具有重要的意义,这样可以从时间和地域上进行横向和纵向研究,总结变化,解读不同。[②]

(二)考古学方法

考古学方法是石窟研究最基本的研究方法。对石窟绘画的研究,首先要考察绘画所依存洞窟的分期、形制,其次就是绘画的内容、题材,这就需要用考古学方法对其进行调查、发掘、类比等,形成考古报告以便研究。现阶段对洞窟的考古发掘不太现实,因此本文在利用现有考古报告的同时,尽量多地进行现场实地调研考察,取得第一手资料。

(三)文献学方法

科学研究离不开对文献资料的广泛使用, 佛教图像的研究更是以经典文献为基础。本文对石窟绘画解读时,结合现有与西夏石窟绘画相关的不同版本的文献、经典以及点校本、注释书进行分析,"以史释图、以图证史",力求将石窟绘画与经典文献结合,缩小对西夏认识的偏差。本文研究涉及的文献较为庞杂,有敦煌学、西夏学、佛学、藏学、历史学等,同时还有一些铭文、题记。值得欣慰的是,近些年西夏学研究再掀热潮,相关学术性文章与西夏文文献的释读涌现出新的高度, 这为西夏石窟绘画研究提供了新材料。本文将充分利用好前辈们的研究成果,使石窟绘画的研究与经

①郑炳林、沙武田《敦煌石窟艺术概论》,兰州:甘肃文化出版社,2005 年,第 18—19 页。
②郑炳林、沙武田《敦煌石窟艺术概论》,兰州:甘肃文化出版社,2005 年,第 19 页。

典文献图史互证,繁征博引。

综上所述,图像学方法主要研究绘画、图像,解释艺术图像的象征意义,揭示图像在各个文化体系中的形成、变化及其所表现出来的思想观念。而西夏石窟绘画的研究对象是壁画,因此图像学研究是本文的核心方法之一。

此外,本文在论述中还应用社会学、历史学与人类学等方法,多学科、多领域拓宽思路,力求研究全面深入。

五、研究的重点和难点

　　西夏石窟的研究离不开对西夏文文献的运用，而西夏文的释读一直是西夏学研究的重点和难点，本文将面临同样的问题。在西夏石窟绘画的研究方法上，因涉及多个领域（敦煌学、西夏学、历史学、文献学、美术学等）、多种民族语言（西夏文、藏文、回鹘文、蒙文），仅从某一角度很难解决问题，因此对西夏石窟绘画的研究要倚重跨学科、多语言的研究方法。但由于文献材料、碑铭题记材料的欠缺，后人没有为西夏修史，以及研究者对少数民族语言的不谙，因此，面对一些问题时往往难陈其详。此外，藏传密教经典的解读与相应图像的释读一直是个难点。在佛教界和国际藏学界，对藏传密教经典的解释，因为受古藏文的制约，难度比较大。而对藏传绘画的研究，必然和藏传密教的经典相结合，密教及其经典的研究更是本研究面临的最大的困难和问题。

第一章

敦煌西夏石窟绘画概述

第一节　敦煌西夏石窟的分布、窟形及绘画题材

一、敦煌西夏历史时代的划分与分期

(一)敦煌西夏历史时代的划分

敦煌石窟通常是指一个广义的概念，即包括敦煌及其周边地区的莫高窟、西千佛洞、肃北五个庙、榆林窟以及东千佛洞等石窟。敦煌石窟的开凿前后经历了北凉、北魏、西魏、北周、隋代、唐代、五代、宋代、西夏和元代十个朝代，是汉、鲜卑、吐蕃、回鹘、党项、蒙古等各民族经过千余年开凿妆銮的佛教圣地与艺术殿堂。

天圣六年(1028年)，李元昊率兵攻陷甘州，一路向西挺进。1030年在沙州回鹘的强大压力下，东奔瓜州抗夏的曹贤顺投降元昊。景祐三年(1036年)，元昊击败沙州回鹘，袭取瓜、沙二州。直至1227年西夏被蒙古大军所灭，西夏对瓜、沙地区的统治长达近两个世纪，是历代王朝统治这一地区持续时间最长的一个朝代。上述关于西夏进军并占领瓜、沙的时间节点是传统观点，认为西夏统治敦煌是从元昊占领沙州算起的，西夏对沙

州回鹘采取的是羁縻政策。然近年有学者对这一历史划分提出了质疑,对
1227 年蒙古灭夏的时代下限没有疑义,但对其上限西夏何时控制敦煌争
议较大。他们认为西夏有效控制敦煌是在攻陷沙州三十年后,即 1067 年,
在这期间还存在一个沙州回鹘政权。的确,由于史料记载不清,甚至有些
史料相互抵牾,加之这一时期藏经洞封闭等原因,年代上的分歧也是情理
之中。目前持第二种观点的学者主要有李正宇[①]、杨富学[②]、孙修身[③]等。

　　西夏统治敦煌时期划分的不同观点,对西夏石窟的分期产生了直接
影响,加之西夏洞窟早期在壁画内容、艺术风格等方面与五代宋曹氏归义
军和沙州回鹘洞窟表现出较大的相似性,绘画题材类同,藏传风格绘画在
西夏元流行,使得一些洞窟在分期上存在较大分歧。总之,西夏时期洞窟
的分期较为混乱,以至于经过半个多世纪的研究考证,今天仍然有较大争
议。下面就这一问题作一梳理陈述。

(二)敦煌西夏石窟分期及其问题

　　一直以来,敦煌西夏石窟的分期断代问题是困扰学界的老大难问题,
但是,只要研究西夏、西夏石窟艺术,石窟分期问题无法逾越。自 20 世纪
60 年代敦煌西夏石窟调查小组对洞窟进行系统考察并于 80 年代发表调
查成果之后,一直有学者在此方面付出精力,作了大量研究。由于晚唐归
义军至西夏控制沙州这一段历史背景复杂,加之藏经洞文献下限为 11 世

---

①李正宇《悄然湮没的王国——沙州回鹘国》,载敦煌研究院编《1990 年敦煌学国际研讨会
文集·石窟史地、语文编》,沈阳:辽宁美术出版社,1995 年,第 149—174 页。

②杨富学《沙州回鹘及其政权组织》,载敦煌研究院编《1990 年敦煌学国际研讨会文集·石窟
史地、语文编》,沈阳:辽宁美术出版社,1995 年,第 175—200 页;杨富学《少数民族对古代敦煌
文化的贡献》,《敦煌学辑刊》2005 年第 2 期,第 85—99 页;杨富学《再论沙州回鹘国的成立》,载
樊锦诗、荣新江、林世田《敦煌文献、考古、艺术综合研究——纪念向达教授诞辰 110 周年国际学
术研讨会论文集》,2011 年,第 384—401 页。

③孙修身《西夏占据沙州时间之我具》,《敦煌学辑刊》1991 年第 2 期,第 37—43 页。

纪初,目前还没有文献能够说清这段历史,这使得石窟分期的研究一直是仁者见仁,智者见智。这一时期在石窟绘画上呈现的风格本身存在着曹氏画风、沙州回鹘画风、藏传画风以及中原画风等各种复杂因素相互交错的影响,难分你我。曹氏画院的绘画主体和绘画粉本对西夏石窟的影响本无可厚非,沙州回鹘在归义军后期对政权的实际控制带来的回鹘风格的浸入,从供养人服饰和色彩上表现得非常明显。藏传密教画风从吐蕃统治敦煌开始,在洞窟中一直有显现。那么,西夏控制敦煌后,到底是以一种什么样的艺术形式呈现于洞窟? 这种多元性带来的分期难的问题到底如何解决?

关于分期问题，刘玉权先生先后于 1982 年、1987 年、1998 年发表了系列文章《敦煌莫高窟、安西榆林窟西夏洞窟分期》《关于沙州回鹘洞窟的划分》《敦煌西夏洞窟分期再议》,对西夏石窟进行了排列分期,几经修改,从 1982 年莫高窟 77 个窟、榆林窟 11 个窟,到 1987 年从原来划定的洞窟中分出 23 个回鹘窟,再到 1998 年莫高窟 65 个窟、榆林窟 12 个窟,进行了重大调整。他还将西夏洞窟由原来划分的早、中、晚三期改为前后两期。诚然,刘先生分期的两次调整是建立在不断出土新材料的基础之上,尽量做到科学。但有众多学者提出了不同看法。杨富学先生以《敦煌石窟"西夏艺术风格"献疑》[1]等文章进行了反驳;关友惠先生通过对装饰图案的研究提出了独特见解[2];沙武田先生在关先生的基础上对西夏石窟也进行了分期,认为西夏时期的洞窟莫高窟有 25 个,榆林窟有 11 个,东千佛洞有 4 个,肃北五个庙有 3 个。[3]对西夏石窟藏传绘画风格的研究,谢继胜先生对

[1]杨富学《敦煌石窟"西夏艺术风格"献疑》,2019 年 1 月 4 日《考古文物与历史文献的互证——第 48 期"敦煌读书班"》演讲发表。
[2]关友惠《敦煌宋西夏石窟壁画装饰风格及其相关问题》,载敦煌研究院编《2004 年石窟研究国际学术会议论文集(下)》,上海:上海古籍出版社,2006 年,第 1110—1141 页。
[3]沙武田《敦煌西夏石窟分期研究之思考》,《西夏研究》2011 年第 2 期,第 23—34 页。

比黑水城唐卡,认为莫高窟第 465 窟为西夏洞窟[1],这一观点"为研究西夏藏传佛教艺术提供了独一无二的新资料"[2]。

2011 年,王惠民先生、沙武田先生先后刊文《敦煌西夏洞窟分期及存在的问题》[3]《敦煌西夏石窟分期研究之思考》[4],对敦煌西夏石窟分期作了系统的梳理,主要把学界较有争议的洞窟如莫高窟第 3 窟、第 16 窟、第 61 窟、第 65 窟、第 97 窟、第 130 窟、第 464 窟等进行了讨论并提出了自己的观点。两位学者的文章全面深刻,本文在此对分期研究不作过多赘述。

经过几年的调查研究,笔者在分期上也有一点不成熟的见解:

1. 经初步考证,莫高窟第 95 窟为西夏窟,并非之前学界认为的元代窟。本文在第三章有专门论述。

2. 根据沙武田、谢继胜等先生的研究,莫高窟第 3 窟、第 61 窟(甬道)、第 464 窟、第 465 窟等为西夏窟,如果再加上第 95 窟,元代在敦煌是否有开窟值得怀疑。

3. 通过调查研究和总结前辈的成果,西夏石窟在这些领域特征较为明显:"绿壁画"的色调、龙形纹藻井、串花连珠纹垂幔、火焰纹装饰、团花平棋、水月观音侧身一边构图、窟内有整壁或大面积蜀葵装饰等。

当然,这些见解还有待于日后的再论证!

刘玉权先生《敦煌西夏洞窟分期再议》一文中指出:"作为长期身居敦

---

①谢继胜《关于敦煌第 465 窟断代的几个问题》,《中国藏学》2000 年第 3 期、第 4 期;谢继胜《莫高窟第 465 窟壁画绘于西夏考》,《中国藏学》2003 年第 2 期;谢继胜《敦煌莫高窟第 465 窟壁画双身图像辨识》,《敦煌研究》2001 年第 3 期;谢继胜《西夏藏传绘画:黑水城出土西夏唐卡研究》,石家庄:河北教育出版社,2002 年。

②沙武田《敦煌西夏石窟分期研究之思考》,《西夏研究》2011 年第 2 期,第 30 页。

③王惠民《敦煌西夏洞窟分期及存在的问题》,《西夏研究》2011 年第 1 期,第 59—65 页。

④沙武田《敦煌西夏石窟分期研究之思考》,《西夏研究》2011 年第 2 期,第 23—34 页。

煌从事石窟考古的我们都前后矛盾,言犹未定,当然会使敦煌学界同仁,特别是广大读者感到无所适从。"①敦煌西夏石窟的分期是一个极其复杂的工程,并非我一个刚入门的后生所能认定,正如王惠民先生所指出的,石窟排年工作要依靠强大的团队力量进行,它往往涉及宗教、史学、美术、测绘、摄影等多个领域。②

前揭文字可以看出,西夏石窟分期有较大的差异,这在一定程度上也说明了西夏石窟绘画的多元性、迷惑性和不确定性。而本书把研究重点集中在西夏石窟中的花鸟画、人物画、山水画、建筑画和装饰图案等的造型、风格、特征及它们的渊源、流变等方面,以及这些类型的绘画如何构建系统的西夏画史。文中对石窟断代问题没有作主要探讨,但在对上述内容的研究过程中出现的分期问题,作了一些个案研究。石窟的时代分期,主要参考《敦煌莫高窟内容总录》。敦煌莫高窟西夏时期的洞窟壁画与曹氏归义军的基本趋于一致,对绘画形式的探讨影响不是太大,而西夏晚期洞窟基本上都集中在榆林窟、东千佛洞,且各学者对石窟分期的观点基本一致,因此不存在分期上的困难。对争议较大的莫高窟第 465 窟,本书主要探讨汉传绘画以及汉式影响下的藏传绘画风格。

为了研究方便,对西夏石窟分期做如下表格进行对照(表 1–1)。

①刘玉权《敦煌西夏洞窟分期再议》,《敦煌研究》1998 年第 3 期,第 2 页。
②王惠民《敦煌西夏洞窟分期及存在的问题》,《西夏研究》2011 年第 1 期,第 64 页。

表 1-1 西夏石窟分期考订对照表(含重修)

研究者	论文论著	洞窟数	考订洞窟
敦煌研究院	《敦煌莫高窟内容总录》(1982 年)	莫高窟(106)	6(重修)、27(重修)、29(重修)、30(重修)、37、38(重修)、39(重修)、50(重修)、51(重修)、55(重修)、65(重修)、69(重修)、70(重修)、78(重修)、81(重修)、83(重修)、84(重修)、87(重修)、88(重修)、117(重修)、136(重修)、142(重修)、147(重修)、148(重修)、151(重修)、153(重修)、154(重修)、158(重修)、164(重修)、185(重修)、194(重修)、199(重修)、206(重修)、218(重修)、223(重修)、224(重修)、229(重修)、233(重修)、235(重修)、237(重修)、238(重修)、239、241(重修)、244(重修)、246(重修)、252(重修)、263(重修)、265(重修)、276(重修)、281(重修)、285(重修)、291(重修)、292(重修)、298(重修)、306(重修)、307(重修)、308(重修)、309(重修)、310(重修)、313(重修)、314(重修)、323(重修)、324、325(重修)、326、327、328(重修)、330、339(重修)、344(重修)、345(重修)、347(重修)、348(重修)、349(重修)、350、351(重修)、352、353(重修)、354、355(重修)、356、358(重修)、363(重修)、367、382、383(重修)、388(重修)、389(重修)、395(重修)、399(重修)、400(重修)、408(重修)、411(重修)、415(重修)、418(重修)、419(重修)、420(重修)、422(重修)、423(重修)、432(重修)、445(重修)、450(重修)、458(重修)、460(重修)、464、491

续表

研究者	论文论著	洞窟数	考订洞窟
史苇湘	《关于莫高窟内容总录》	莫高窟（82）	6（重修）、16（重修）、27（重修）、29、30、37、38、69、70、78、81、83、84、87、88、97、140、142、151、164、165、169、206（重修）、207、223、224、229、233、234、239、245、246、252、263（重修）、265、281、291、306、307、308、309、310、324、325、326、327、328（重修）、330、339（重修）、344、345（重修）、347、348、349、350、351、352、353、354、356、363、365（重修）、366、367、378、382、388（重修）、389（重修）、395、399、400、408、409、415、418（重修）、420（重修）、432（重修）、437（重修）、450、460（重修）、464、491
刘玉权	《敦煌莫高窟、安西榆林窟西夏洞窟分期》（1982 年）《关于沙洲回鹘洞窟的划分》（1987 年）《敦煌西夏洞窟分期再议》（1998 年）	莫高窟（62）	前期 58 个：368、356、408、65、352、327、281、142、355、354、460、70、30、27、353、420、35、29、38、265、34、6、88、87、16、350、263、291、84、83、81、78、224、450，234、376、378、348、382、169、347、165、223、345、365、366、151、233、351、326、328、344、252、430、400、367、164、140　后期 4 个：206、491、395、4 号塔婆
		榆林窟（10）	前期 7 个：21（后室）、22、26、13、17、14、15　后期 3 个：2、3、29
		东千佛洞（2）	后期 2 个：2、5
		五个庙（3）	后期 3 个：1、3、4

续表

研究者	论文论著	洞窟数	考订洞窟
沙武田	《敦煌西夏石窟分期研究之思考》	莫高窟（25）	3、6、34、61、140、164、169、206、252、281、285、351、355、356、368、408、432、460、464、465、491，北77窟，第464、465窟周围的卫星式小窟群，4号塔
		榆林窟（11）	2、3、10、13、14、15、17、21、22、26、29
		东千佛洞（4）	2、4、5、7
		五个庙（3）	1、3、4
王惠民	《安西东千佛洞内容总录》	东千佛洞（4）	2、4、5、7

二、敦煌西夏石窟的分布、窟形及绘画题材

敦煌西夏石窟主要包括莫高窟、榆林窟、东千佛洞、肃北五个庙等石窟（图1-1）。

（一）敦煌莫高窟

敦煌莫高窟俗称"千佛洞"，开凿于鸣沙山东麓的断崖上，洞窟坐西朝东，与三危山相望，距离敦煌市约25公里。关于莫高窟的始建年代，据唐代《李君莫高窟佛龛碑》①记载，前秦建元二年（366年），高僧乐僔开凿了莫高窟第一个洞窟。莫高窟的名称，曾被称为"仙岩寺"，前秦时期改名为

----

①此碑原出于莫高窟第33窟，现存敦煌研究院。

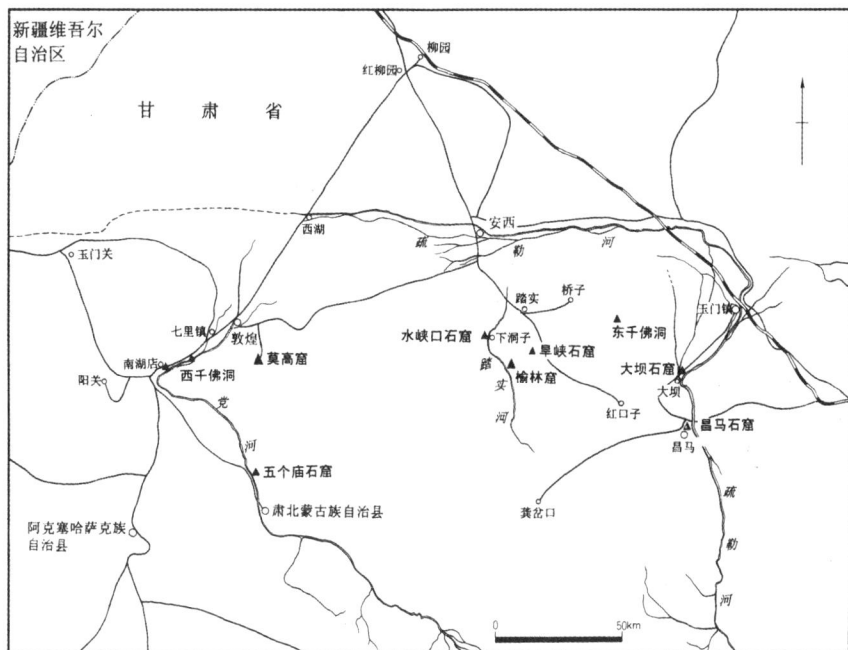

图 1-1　敦煌石窟分布示意图

"莫高窟",后在隋唐时期名为"崇教寺",元代又称"皇庆寺",清末曾又有"雷音寺"的短暂称谓。窟群分为南北二区,南区编号 492 窟,洞窟较密集,均有壁画或彩塑。北区编号 243 窟,大部分洞窟没有壁画和塑像(图 1-2)。

据《敦煌莫高窟内容总录》[①]所述,敦煌莫高窟的西夏洞窟有 62 个,主要分布于南起第 96 窟(俗称"大佛殿"或"九层楼",即唐之"北大像"),北至第 16 窟(俗称"三层楼",有名的藏经洞就在该窟甬道北壁)之间的这一段上下层的窟群中。[②]莫高窟西夏石窟,除少数是新开凿营造,绝大多数都

---

①敦煌文物研究所编《敦煌莫高窟内容总录》,北京:文物出版社,1982 年。

②刘玉权《瓜、沙西夏石窟概论》,载敦煌研究院编《中国石窟·敦煌莫高窟(五)》,北京:文物出版社,2013 年,第 176 页。

图 1-2　莫高窟全景图

是利用前期洞窟重修、装绘而成。因此,西夏洞窟的形制复杂多样,囊括了敦煌洞窟从早期到晚期的中心柱窟、殿堂窟、覆斗顶形窟和涅槃窟等各种窟形。

敦煌莫高窟西夏时期的石窟绘画题材大概有十多种,大多沿袭了晚唐五代宋。主要题材有西方净土变、药师变、说法图、千佛、如意轮与不空绢索观音、药师佛、供养菩萨、十六罗汉等(表 1-2)。

表 1-2　莫高窟西夏石窟绘画主要题材及分布

绘画题材	主要位置	窟号
西方净土变	主室南、北壁	88、87、84、83、224、376、378、365、351、237(前室甬道)、363
西方净土变	主室南、北壁	34、81、78、165
西方净土与药师变	主室南、北壁	400、418
西方净土与说法图	主室南、北壁	368、65、460、70、234、367、164、307
千佛与说法图	主室南、北壁	356

续表

绘画题材	主要位置	窟号
如意轮与不空绢索观音	主室东壁	355、27
说法图	主室南、北壁	408、27、353、38、350、291、348、151、326、328、252、164、307、308、399、207、310、330、309、245、206、4 号塔
药师佛	主室正龛外侧壁面、前室甬道	368、81、252、140、307、363、399、418、409、207、310、309、245
供养菩萨	甬道两侧及主室四壁(或主室东、南、北壁)下段	352、450、382、130、244(前室甬道)
供养菩萨行列	甬道两侧及主室四壁(或主室东、南、北壁)下段	281、353、420、6、223、366
千佛	主室四壁及覆斗顶四披	327、35、29、16、363、169、347、345、233、351、344、432、409
十六罗汉	主室东、南、北壁	97

(二)瓜州榆林窟

榆林窟又名"万佛峡",当地人称为"上洞子",位于瓜州县城南 75 公里山谷的东、西两岸,最早升凿于隋唐之际。东崖有 32 个洞窟,西崖有 11 个,其中西夏时期的洞窟有 4 个,包括第 2 窟、第 3 窟、第 10 窟、第 29 窟。这些洞窟是西夏攻占瓜、沙以后元昊至仁孝(仁宗)时期(1034—1193 年间)开凿的。①此外,据沙武田先生研究,第 13 窟、第 14 窟、第 15 窟、第 17 窟、第 21 窟、第 22 窟、第 26 窟也是西夏窟。②榆林窟在西夏时期有"世界

---

①张伯元《安西榆林窟》,成都:四川教育出版社,1995 年,第 58 页。
②沙武田《敦煌西夏石窟分期研究之思考》,《西夏研究》2011 年第 2 期,第 23—34 页。

圣宫"①之美誉,是西夏人心中的佛教圣地(图 1-3)。

图 1-3 榆林窟

　　榆林窟的西夏窟开凿于西夏晚期,其形制为覆斗顶(或穹庐顶)、中央设坛、平面方形,这种窟形最突出的变化是抛弃了窟内开龛的一贯做法,直接将各种塑像安置在中央佛坛之上,它是西夏晚期盛行的密宗样式,并一直影响到元②(图 1-4、1-5、1-6、1-7、表 1-3)。

---

　　①榆林窟第 12 窟西夏文题记,见史金波、白滨《莫高窟榆林窟西夏文题记研究》,《考古学报》1982 年第 3 期,第 367—386 页。
　　②刘玉权《瓜、沙西夏石窟概论》,载敦煌研究院编《中国石窟·敦煌莫高窟(五)》,北京:文物出版社,2013 年,第 176 页。

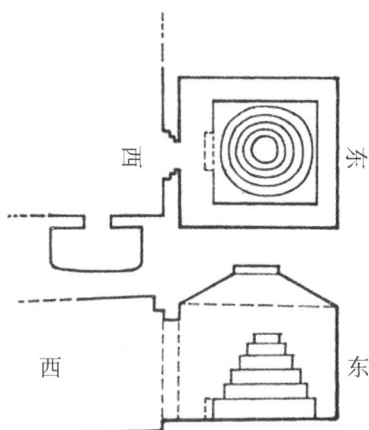

图 1-4 榆林窟第 29 窟平剖面示意图

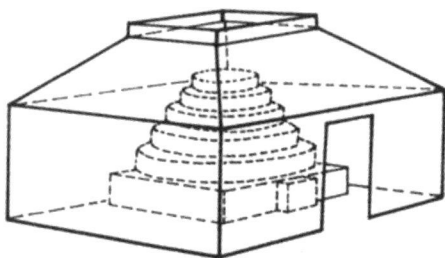

图 1-5 榆林窟第 29 窟型制透视示意图

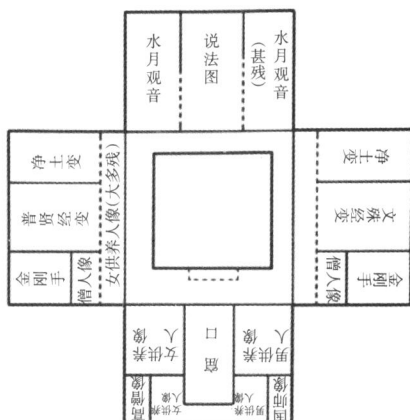

图 1-6 榆林窟第 29 窟题材布局示意图

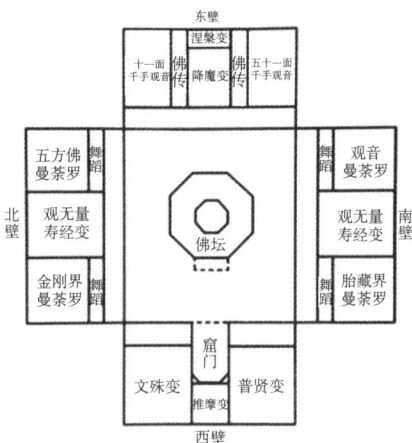

图 1-7 榆林窟第 3 窟题材布局示意图①

————————

①图片采自段文杰《榆林窟壁画艺术》,有改动。根据最新研究论文:邢耀龙、沙武田《瓜州榆林窟第 3 窟二铺净土变考释——数字敦煌对石窟图像研究意义之一例》,北壁中间亦为观无量寿经变,而非天请问经变、无量寿经变。

表 1-3　瓜州榆林窟西夏壁画主要内容及题材

窟号	甬道	西壁	南北壁	东壁	窟顶
2	顶画坐佛,南北壁梵天赴会	上沿垂幔,门两侧壁水月观音,下部男女供养人行列	上沿垂幔,南北壁各画说法图三铺	上沿画垂幔,中间画文殊变一铺,其上画涅槃图、两侧条幅观音济难。南北两侧各画说法图、南北两端故事画	盘龙井心,璎珞垂幔铺于四披,下画千佛两排
3	南北两壁男女供养人行列	上沿垂幔,门上维摩诘变,门南侧文殊变、北侧普贤变	上沿垂幔,南北壁东起曼荼罗、观无量寿经变(净土变)、曼荼罗	上沿垂幔,中间佛传,南侧五十一面千手观音,北侧十一面千手观音	坛城,四周边饰,璎珞、垂幔及千佛一排
10	/	/	/	/	九佛藻井,边饰垂幔铺于四披。四披画五佛赴会、献花飞天、迦陵频伽、伎乐飞天、珠宝、彩云、花枝
29	/	中间画普贤变(残),北侧净土变,南侧金刚,下女供养人(漫漶)	南：上国师像、男供养人、侍者、僧人、女供养人、侍女、供养比丘尼 北：中间说法图,两侧各水月观音	中间画文殊变,北侧药师经变,南侧金刚,下男供养人(漫漶)	六字真言莲瓣藻井,四披垂幔、千佛

(三)瓜州东千佛洞

东千佛洞,位于瓜州县东南 98 公里处祁连山前山伸延地带,长山子北麓一古河道两岸,距唐宋瓜州治所锁阳城遗址东南 20 公里(图 1-8)。

西夏初年元昊在其疆域内立十二监军司，其中"西平监军司"便是监管瓜州的监军。附近有著名的塔尔寺，道宣《广弘明集》和《神州三宝感通录》有载："瓜州城东三里有土塔，周朝阿育王寺，今废，唯有遗址，上有舍覆，四畔墙匝，时见光明，公私士女，往来乞福。"①瓜州阿育王寺北周灭佛时遭毁。到了西夏时期，亦有阿育王寺高僧惠聪于天赐礼盛国庆五年（1073 年）前后住榆林窟。②西夏重视对瓜州的治理，西平监军司及其臣民对东千佛洞

图 1-8a　东千佛洞东崖

图 1-8b　东千佛洞西崖

的营造起了重要的作用。张宝玺先生认为，近年有人认为东千佛洞始建于北朝、唐、五代云云，诸说尚无必要的证据，所提供的层位并不可靠，它就是一座西夏晚期选址起建的石窟。③

①[唐]道宣撰《广弘明集》卷 15，《大藏经》第 52 册，第 202 页。
②李正宁《敦煌地区古代祠庙寺观简志》，《敦煌学辑刊》1988 年第一、二期（合刊）。
③张宝玺《瓜州东千佛洞西夏石窟艺术》，北京：学苑出版社，2012 年，第 9 页。

石窟开凿在河谷两岸的崖壁上,自然的分成东崖和西崖。东崖石窟分布在上层,主要有第6窟、第7窟、第8窟及第7窟右邻已毁的一座大窟。西崖石窟分布在底层和上层,主要有第1窟、第2窟、第3窟、第4窟、第5窟及第4窟左邻窟。

东千佛洞的窟形与敦煌地区前代的洞窟有很大区别,4个为甬道式中心柱窟:第2窟、第4窟、第5窟、第7窟,其中第2窟为甬道式中心柱窟加外绕巡环道;此外,第7窟右邻窟为佛殿窟加外绕巡环道;第4窟左邻窟为禅窟。西夏甬道式中心柱窟,窟平面为长方形,分前后室,前室为方形,覆斗顶或圆弧形顶。后室沿窟壁凿出低于前室可供绕行的甬道,形成甬道式中心柱窟(图1–9)。

中心柱窟来源于印度的"支提"或"窣堵坡",与中国的塔具有相似的意义。印度阿旃陀等石窟出现了很多中心柱窟,中国3—4世纪出现的龟兹洞窟样式是与此相似的甬道式中心柱窟(图1–10)。中国其他地区的石窟如云冈、巩县、须弥山石窟,以及敦煌莫高窟早期的洞窟中也有中心柱窟,但其样式与龟兹石窟差别较大。而东千佛洞西夏甬道式中心柱窟的样式与龟兹如此类似,我们可推断其与龟兹石窟形制的传承关系(表1–4)。

图1–9　东千佛洞第2窟平面示意图

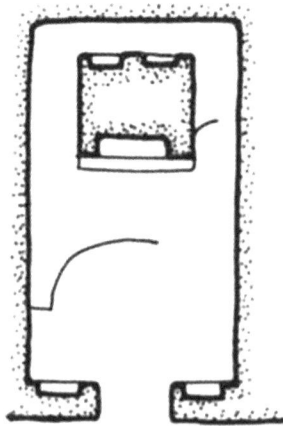

图1–10　克孜尔第38窟平面示意图

表1-4 东千佛洞西夏洞窟内容及题材①

窟号	主室				后甬道			
	甬道	东西壁	南北壁	窟顶	南北壁	东西壁	中心柱	窟顶
2	西夏供养人,顶画龙凤、莲花图案	东：坐佛、四臂观音、八臂观音 西：坐佛,布袋和尚	南：药师变、八臂观音、男供养人 北：净土变、八臂观音、男供养人	藻井曼荼罗、四披说法图	水月观音	西：中间画说法图一铺,两侧药师佛一铺	南北：娑罗树、菩萨 后:涅槃变	坐佛、卷草、莲花图案
4	/	东:残 西:高僧供养人	南：说法图、十一面观音 北:说法图	孔雀衔花图案	坐佛两排	/	后：观音、坐佛、立佛、菩萨	立佛
5	/	东：四瓣莲花;坐佛、菩萨、塔、金刚 西：龛内佛教故事画	南：西起十王变、如意轮观音、八臂观音、文殊变 北：西起十王变、八塔变、观音变、普贤变	坐佛、垂幔	水月观音、四臂观音	西：双身佛、坐佛、立佛	南北：曼荼罗 后:涅槃变	花卉

①参考张宝玺《瓜州东千佛洞西夏石窟艺术》,北京:学苑出版社,2012年。

续表

窟号	主室				后甬道			
	甬道	东西壁	南北壁	窟顶	南北壁	东西壁	中心柱	窟顶
7	/	东:飞天 西:金刚(其余残)	南、北:东起密教尊像、曼荼罗、净土变、行道佛各一铺。北壁西端上部存坐佛一排	/	菩萨两身	东:中间说法图,南侧大势、北侧观音	左右:观音 后:涅槃变	花卉、双凤

　　张宝玺先生在《瓜州东千佛洞西夏石窟艺术》中,提出了东千佛洞第4窟为"影窟"的说法。一般来说,佛教界的高级统领者如都僧统为了显示自己的权利,会有自己的影窟,在窟内塑绘自己的影像。莫高窟第17窟、第137窟、第139窟、第174窟、第357窟、第364窟、第443窟、第476窟等窟中,这些影像是邈真赞的一种①,主要供死后丧礼使用,或供家族门人祭祀使用或瞻仰用。②张先生所记,东千佛洞第4窟前室中心柱正壁塔形龛内画西夏高僧像,为上师形象,浮雕覆钵形塔龛,塔顶已毁,塔龛两侧各画兽王及象王。窟顶壁画大部残缺,残存里侧两角有孔雀衔花图案。从其山形冠来看,与榆林窟第29窟的鲜卑真义国师、黑水城卷轴画中的很多

---

　　①张景峰《敦煌莫高窟的影窟及影像——由新发现的第476窟谈起》,《敦煌学辑刊》2006年第3期,第109页。

　　②郑炳林《敦煌写本邈真赞所见真堂及其相关问题研究——关于莫高窟供养人画像研究之一》,《敦煌研究》2006年第6期,第64—73页。

高僧帽饰相同,应是一位等级较高的"西蕃"僧人。与中心柱正壁塔龛相对应的中心柱背面凿有一不规则的圆洞,原来洞口是封闭的,可能是安葬上师骨灰及遗物之处,这个窟应该是这位藏族西夏高僧的影窟。据陈庆英先生研究,西夏桓宗时期有位大乘玄密帝师,曾在"西路"即河西走廊一带的"禅室"中修习密法,后圆寂于该地。①从河西地区西夏石窟的形制及其内容考察,可推断东千佛洞第4窟龛内的国师画像应是大乘玄密帝师的影像,这个窟该是其影窟,左边的附窟是其修禅的禅窟。

(四)肃北五个庙

五个庙石窟是古代瓜、沙地区以敦煌莫高窟为中心的外围中、小石窟之一,坐落在党河上游左岸的一个山湾里。窟前为一个小小的峡谷盆地,草木丛生,宜耕宜牧,现为肃北园艺场。它位于敦煌市南60公里处,现归肃北蒙古族自治县辖境,南距县城20公里(图1-11)。

图1-11　肃北五个庙

---

① 陈庆英《大乘玄密帝师考》,《佛学研究》2000年第0期,第138—151页。

根据王惠民先生的《肃北五个庙石窟内容总录》①所述,五个庙现存的6个洞窟均为北周开凿,其中西夏重修的洞窟有第1窟、第3窟、第4窟。第1窟保存较好,为平顶中心塔柱窟,第3窟和第4窟为人字披顶(表1-5)。

表1-5　肃北五个庙石窟内容及题材

窟号	甬道	东西壁	南北壁	窟顶	中心柱
1	/	东：北起绘曼荼罗、炽盛光佛经变、水月观音 西：北起绘曼荼罗、弥勒经变、水月观音	南：门上一跌坐佛、二供养人、二胁侍高僧、二侍童,门东文殊变,门西普贤变 北：正中涅槃经变,东八臂观音,西十一面千手千眼观音立像	脊枋卷草	南向面龛内一佛二菩萨,龛外塔形龛楣,东西两侧绘八塔变 东西向面龛内各绘一佛二菩萨,龛外绘千佛 北向面绘立佛一铺,下残
3	/	东：绘维摩诘经变一铺西：绘劳度叉斗圣变一铺	南：门东绘四臂观音,门西绘十一面千手千眼观音经变北：正中绘佛光,两侧共绘四弟子二胁侍菩萨二供养菩萨、天龙八部	人字披顶,南披绘药师经变,北披绘弥勒经变	/
4	五代绘	东：北起绘净土变、文殊变各一铺西：北起绘净土变、普贤变各一铺	南：门东西各绘水月观音一铺北：龛内东西壁各绘千佛二身,龛外东西侧各绘说法图一铺	/	/

①王惠民《肃北五个庙石窟内容总录》,《敦煌研究》1994年第1期,第130—132页。

第二节　敦煌西夏石窟的营建

西夏统治者笃信佛教，统治机构中设有专门的功德司来管理宗教事务。史书记载德明"幼晓佛书"，其子元昊同样"晓浮图学"。西夏境内河西大部分地区曾被吐蕃王朝统治，因此留下了不少僧侣和寺院，佛教信仰深入人心。政权建立后德明以及元昊、谅祚和秉常多次向宋朝进贡马匹以换取《大藏经》。1047年，元昊于兴庆府之东十五里建佛塔和高台寺，以贮藏宋朝所赐的《大藏经》，并将其翻译为国书；后在1055年，没藏氏及谅祚，征兵民数万，在兴庆府之西建造承天寺；同样为了贮藏《大藏经》，于1102年在甘州建卧佛寺。这些塔寺成了西夏的佛教中心，其他各地也陆续效仿，兴建佛寺。1095年，乾顺大力修复因地震倾颓的凉州护国寺。《凉州重修护国寺感应塔碑铭》载：

> 至于释教，尤所崇奉，近自畿甸，远及荒要，山林溪谷，村落坊聚，佛宇遗址，只椽片瓦，但仿佛有存者，无不必葺，况名迹显敞，古今不泯者乎。故将是塔，旌乎前后灵应，遂命增饰。于是，众匠率职，百工效技，杇者缋者，是塓是饰，丹雘具设，金碧相间，辉

耀日月,焕然如新,丽矣壮矣,莫能名状。况武威当四冲地,车辙
马迹,辐凑交会,日有千数。故憧憧之人,无不瞻礼随喜,无不信
也。兹我二圣,发菩提心,大作佛事,兴无边胜利,接引聋瞽,日有
饶益,巍巍堂堂,真所谓慈航巨照者矣,异哉。佛之去世,岁月浸
远,其教散漫,宗尚各异。然奉之者,无不尊重赞叹,虽凶狠庸愚,
亦大敬信,况宿习智慧者哉。所以七宝妆严,为塔为庙者有矣;木
石瓴甓,为塔为庙者有矣;熔塑彩绩,泥土沙砾,无不为之,故浮
图梵刹,遍满天下。然灵应昭然,如兹之特异者,未之闻也。岂佛
之威力独厚于此耶?岂神灵拥祐有所偏耶?不然,则我大夏,植福
深厚,二圣诚德诚感之所致也。①

以上文献反映了佛教在西夏人精神世界里的崇高地位以及中华人民
共和国成立后全境佛教活动的盛况,各地不仅大量修复旧的佛教遗迹,而
且大建佛塔。从碑文可以看出此次修旧复新的佛事活动是在"二圣"——
西夏皇帝、皇太后(据学者研究为惠宗嵬名秉常和其母梁太后)②的主持下
进行的,可见统治者对营建活动的重视。至此,我们会联想到西夏佛教圣
地敦煌的境况。

陈炳应先生在西夏题记综述中提供了诸多关于莫高窟营建方面的文
献资料,他发现,榆林窟第 15 窟门顶右边和第 16 窟窟口北壁各有一处长
篇的窟记,内容相同:

阿育王寺释门赐紫僧惠聪俗姓张住持窟记:盖闻五须弥之
高峻,劫尽犹平。四大海之滔深,历数潜息。轮王相福,无逾于八

①陈炳应《西夏文物研究》,银川:宁夏人民出版社,1985 年,第 108—109 页。
②陈炳应《西夏文物研究》,银川:宁夏人民出版社,1985 年,第 118 页。

万四千。释迦装严，难过于七十九岁，咸归化迹。况惠聪是三十六物有漏之身，将戴弟子僧朱什子、张兴遂、惠子、弟子弗兴、安住及白衣行者王温顺等七人，住于榆林窟岩，住持四十日，看读经疏文字，稍薰习善根种子，洗身三次，因结当采菩提之因。(初)回见此峪是圣境之地，古人是菩萨之身，石墙镌就寺堂，瑞容弥勒大像一尊，高一百余尺，三十二相，八十种好，端严峪内，雪水常流，树木稠林，白日圣香烟起，夜后明灯出现。本是修行之界，昼无恍惚之心，夜无恶竟之梦，所将上来圣境，原是皇帝圣德圣感。……国庆五年岁次癸丑十二月十七日题记。①

榆林窟第25窟前室甬道南壁墨书题记：

……永等谨愿。……释迦佛者。……子等谨愿。毘摩(？)释迦佛者，二足□毕全□，证得双身，自□爱□，已治□□，□金座身，□□药法雨，□全□止，有情□□毕以锦(？)已入涅槃，渐渐众生□因缘中。佛像已，以此福，可断恼根。闻智□，能得身，此之谓。上思圣恩敬佛，永疾速行愿，共造瑞玉，至圣即胜。信母三门共愿，一行男妇一百余。时为(到)彼岸证圣果故，供养大乘忏悔□释义。令做□□□，修成此善根。当今圣帝，王座当如桂树，御教普成，万寿无疆。大……当……法界，一切菩萨，□于善□，□以上菩提，因敬佛。永等□身消灾，知□怖骇，修□□□，得证圣果。古佛已饰，菩萨缘毕，缘毕乐集□院。后，菩萨宝像，朝夕加礼，□□恼心，以善此方。上圣帝御宫福寿坚销，大臣善助，干戈永息，众生上彼持善。人□□五年中正月凉州(？)路瓜州监军司

---

①陈炳应《西夏文物研究》，银川：宁夏人民出版社，1985年，第5—6页。

通判□官赵嘿□□,你合饿州监军司通判考色赵祖玉,亲友前长军赵果山,子前长军□嘿毳□□,□□。没力折。①

莫高窟第 340 窟甬道北壁绿色字三行:

> 亥年六月二十四日,寺庙修盖者鬼名智海,以此善根,上求众相么鹅长寿无病, 下求法界有情得福除罪, 故修造此佛尊一身,以此善根,随愿具成。②

从以上三段材料可以看出西夏人在莫高窟、榆林窟的敬佛活动和营建活动。榆林窟第 15 窟和第 16 窟的题记,记录了赐紫僧张惠聪修造了一尊高达一百余尺的弥勒大佛。榆林窟第 25 窟的字迹中同样能够找到造像的记载,"古佛已饰,菩萨缘毕……菩萨宝像,朝夕加礼……"等句,说明了修饰佛像后又修造了菩萨像。此外,造像活动还体现在莫高窟第 340 窟的题记中,鬼名智海修造了佛像一尊。

榆林窟第 15 窟有几个很模糊的西夏文题记, 陈炳应先生把它译为"南方瞻部梅那国番天子戒国子、大臣,睹菩萨圣山,当为修福",题记反映出西夏统治者非常重视莫高窟、榆林窟的敬佛活动,皇帝直接训诫王子、大臣为二窟修福。③若如此,就更能够说明西夏洞窟的营建是在皇帝、大臣等直接参与下的集体营建活动的事实。关于这一观点,沙武田先生在《敦煌西夏石窟营建史构建》一文中作了大量的论证。他指出,沙州回鹘和西夏时期莫高窟的重修手法出现了新变化,主要表现在回鹘、西夏人喜欢选

---

①陈炳应《西夏文物研究》,银川:宁夏人民出版社,1985 年,第 11 页。

②陈炳应《西夏文物研究》,银川:宁夏人民出版社,1985 年,第 9 页。

③陈炳应《西夏文物研究》,银川:宁夏人民出版社,1985 年,第 24—25 页。

择隋唐前期的中小洞窟进行重修,区别于以前各朝代。这一时期更多的是满窟整壁重绘,并且不留功德主、供养人的画像,他把这种现象跟瓜沙地区人口下降和经济衰退联系在一起,世家大族的衰败使得出现集体式营建,导致了供养人的缺失。[①]

与莫高窟的重修相比,榆林窟、东千佛洞及五个庙等地的西夏石窟则更多是新开凿的,那么营建者为何人? 沙先生梳理了大量史料,表明西夏皇室和国师、党项高官显贵和地方军政长官等参与了石窟的营建。[②]这一观点同史金波先生推断西夏人重绘洞窟中出现大量龙凤图案的现象与西夏皇室主持重修了莫高窟的大量洞窟[③]的观点基本吻合。

综上所述,西夏时期莫高窟的营建,主要继承了曹氏归义军和沙州回鹘对传统石窟绘画的做法,以重绘作为主要营建方式,在形式上模式化、简单化。而榆林窟和东千佛洞的营建,以开凿新洞窟为主,洞窟形制和壁画内容受到了藏传佛教、回鹘佛教、汉地传统佛教和外来印度尼泊尔佛教的影响,汉藏杂糅、显密结合、大胆创新。营建的主体由敦煌传统的世家大族,转变到西夏时期以皇室为主导、国师和地方长官等的集体营建,从而构成了西夏这一时期洞窟营建的独特一面。[④]

---

①沙武田《敦煌西夏石窟营建史构建》,《西夏研究》2018 年第 1 期,第 5—10 页。

②沙武田《敦煌西夏石窟营建史构建》,《西夏研究》2018 年第 1 期,第 10—12 页。

③史金波《西夏皇室和敦煌莫高窟刍议》,载杜建录《西夏学(第 4 辑)》,银川:宁夏人民出版社,2009 年,第 165—171 页。

④沙武田《敦煌西夏石窟营建史构建》,《西夏研究》2018 年第 1 期,第 12—13 页。

第二章

敦煌西夏石窟中的花鸟图像

西夏统治敦煌地区将近两个世纪,在此期间妆銮、开凿的洞窟达百余窟。在这些佛教题材的洞窟中,更多的是以人物图像为主,山水、花鸟图像作为场景的配饰出现, 从这些配景图饰中能窥见这一时期花鸟图像的发展变化。本章旨在厘清敦煌西夏石窟中花鸟图像的流变与发展,探讨宋、辽、金等时期的花鸟画对西夏石窟同类题材绘画的影响,以及花鸟图像在佛教艺术中发挥的功能作用,最后试图勾勒出一个西夏人的花鸟画世界。

第一节　敦煌早期石窟花鸟图像演变

　　敦煌北朝石窟的花鸟主要出现在装饰图案中，初期更多表现为西域样式，北魏时受到中原汉地艺术的影响，形成了优美的西域风貌和淳朴的汉画风韵。它们主要装饰在平棋、人字披、龛楣、藻井、佛背光和其他边饰中，多是由忍冬、莲荷、龙、凤等花鸟元素组成的装饰纹样。[1]在莫高窟第435窟中心柱北方井边饰莲池白鹅纹平棋中，有忍冬单叶波状纹、散点小花、双叶桃形藤蔓忍冬纹、双叶藤蔓分枝回卷忍冬纹等，方井莲池中还绘有两只白鹅(图2-1)。类似的方井图案在敦煌西晋墓室藻井中已有先例。受中原文化影响，人字披的布局出现了仿椽形式，椽间的装饰多为单支花卉，亦有花卉与禽鸟的结合。

　　莫高窟北魏第254窟后披的天人持莲纹，竖长的波状莲枝，分叉处左右有花饰(图2-2)；莫高窟西魏第288窟后披的莲花摩尼宝凤鸟纹(图2-3)，上有摩尼宝与莲花凤鸟的组合，摩尼宝生出莲花，凤鸟上栖，口含仙

---

[1]关友惠《敦煌石窟全集·图案卷》，香港：香港商务印书馆，2003年，第56页。

图 2-1　莫高窟北魏—西魏第 435 窟莲池白鹅纹

图 2-2　莫高窟北魏第 254 窟天人持莲纹

图 2-3　莫高窟西魏第 288 窟莲花摩尼
宝凤鸟纹

草。同样的搭配在莫高窟洞窟中有双鸽、鹦鹉、孔雀、鹿、莲花和摩尼宝珠。此外,边饰、天宫中还散布着一些小花,营造了一种佛国氛围。

隋朝初期花鸟图像基本延续北朝样式,但有一些明显的变化,如莫高窟第 427 窟主室人字披顶的伎乐莲花卷草边饰,在深绿底色上画莲荷纹,莲茎左右盘卷,支茎上均缀一莲花,花有大小,其角度正、侧、背、俯、仰各有变化(图 2-4)。第 406 窟西龛内北下侧佛座边上描绘的花草有花蕾、半开、盛开和凋谢的花朵,花茎用笔随意,自然流畅。尤其在第 420 窟西壁南侧上部,维摩诘经变问疾品文殊下部和西壁北侧上部维摩诘经变问疾品维摩诘下部的花鸟图(图 2-5),流泉莲池,有湖石、水草、莲花、莲蕾和水禽等,碧绿的池水中盛开着粉红的莲花,点缀着刚露出水面的花蕾,池中还放置着怪石做成的假山,显示出江南庭院的设计特征,与前期单体花鸟元素装饰有很大区别,俨然一幅花鸟画的景致,这为唐五代画史中花鸟画独立成科奠定了基础。

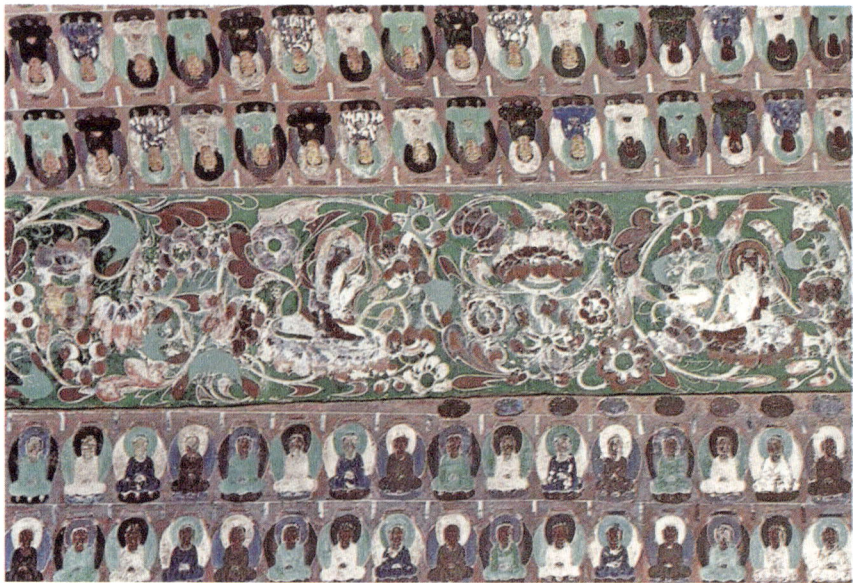

图 2-4　莫高窟隋第 427 窟莲花卷草纹

图 2-5　莫高窟隋第 420 窟西壁花鸟图

唐代壁画中的花卉图像明显增多，主要用于装饰点缀，此外还用来交代画面空间，表现更大的自然环境。人物的头饰和衣服上也大量使用了花卉作为装饰，甚至有些地方运用了真实的鲜花。[①]莫高窟第 334 窟的说法图以芭蕉和花树为背景，颇有南方林园幽雅、静谧的情调（图 2-6）。第 9 窟

图 2-6　莫高窟初唐第 334 窟芭蕉

①高美庆《敦煌唐代花卉画初探》，《敦煌研究》1988 年第 2 期，第 105 页。

图 2-7　莫高窟晚唐第 9 窟竹子

维摩诘与富楼那在竹林中静坐修禅,风光宜人,更显"曲径通幽处,禅房花木深"的意境(图 2-7)。这一时期石窟中的花鸟表现手法比前期更加细密、更加成熟,以描绘真实生动为最高准则[1],凸显出绘画在向写实主义的迈进[2]。文献记载了这样一个故事:唐太宗李世民与侍臣们在春苑泛舟游玩,湖中有奇鸟,随波漂浮,唐太宗非常喜爱,于是召侍从之臣作诗歌咏,又"急召立本写貌"[3],阎立本奔跑而来,汗流浃背,趴在湖边,在绢上挥笔作画。这一故事说明唐初花鸟画就有了对物的写生。《历代名画记》中记载僧悰评刘孝师的花鸟"鸟雀奇变,甚为酷似"[4],冯绍正的画作"尤善鹰鹘鸡雉,尽其形态,嘴眼脚爪毛彩俱妙"[5]。又载:"康萨陀。为振威校尉。僧悰云:'亡所服膺,虚心自

---

[1]金维诺《早期花鸟画的发展》,《美术研究》1983 年第 1 期,第 55 页。

[2]高美庆《敦煌唐代花卉画初探》,《敦煌研究》1988 年第 2 期,第 106 页。

[3][唐]张彦远著,俞剑华注释《历代名画记》卷 9,上海:上海人民美术出版社,1964 年,第 169 页。

[4][唐]张彦远著,俞剑华注释《历代名画记》卷 9,上海:上海人民美术出版社,1964 年,第 172 页。

[5][唐]张彦远著,俞剑华注释《历代名画记》卷 9,上海:上海人民美术出版社,1964 年,第 180 页。

悟,初花晚叶,变态多端。异兽奇禽,千形万状。在尉迟下。'窦云:'曾见画
人马,措意非高,惊公之评过当也'。"①可见他画的花卉枝叶千形万状,珍
禽异兽千姿百态。这与莫高窟壁画中的花鸟形色俱丽、重写实的风格是一
致的。莫高窟盛唐第 217 窟南壁的向白骨诵经中盛开的桃花,俨然是现实
生活中桃花的再现;第 79 窟西龛菩萨周围装饰的莲花,晕染丰满,描绘精
细,叶子的向背表现、叶和花的
交叠、花茎的穿插,表明了空间
关系更富于变化,以全开的花和
花苞表示自然界中的生长过程
(图 2-8)。这些都体现了画工们
对"酷似""尽其形态"的赞扬。

　　唐代工笔花鸟画在日趋成
熟的同时,写意花鸟画也有了
新貌,且达到了"得动植生意"
的技艺。②《历代名画记》载:"闻
礼子仲容。天后任大仆秘书丞、
工部郎中,申州刺史。善书画。
工写貌及花鸟,妙得其真。或用
墨色,如兼五采。"③由此,初唐
画家殷仲容在重工整技艺的同

图 2-8　莫高窟盛唐第 79 窟莲花

---

　　①[唐]张彦远著,俞剑华注释《历代名画记》卷 9,上海:上海人民美术出版社,1964 年,第
172—173 页。
　　②金维诺《早期花鸟画的发展》,《美术研究》1983 年第 1 期,第 57 页。
　　③[唐]张彦远著,俞剑华注释《历代名画记》卷 9,上海:上海人民美术出版社,1964 年,第
186 页。

时,也发展了水墨画,对绘画的发展起了重要作用。在敦煌石窟绘画中,也有类似的例证。莫高窟晚唐第 17 窟北壁坛下画有两只口衔莲枝的鹿,鹿的全身均为墨色,与一般的工笔画法有别,而与水墨画更为接近。盛唐第 217 窟南壁向白骨诵经中的桃花,晚唐第 9 窟的维摩诘与富楼那中的竹子,以及第9窟祇陀园中的芭蕉均有类似的技法表现。榆林窟中唐第 25 窟北壁西侧的收割图中,麦苗的表现与新疆阿斯塔那墓中花卉的技法相似,双勾填以淡彩,与传统意义上的工笔画有明显区别,更具水墨写意画的意蕴。

第二节　敦煌西夏石窟花鸟图像

一、8—11世纪历史变革背景下的花鸟画

8—11世纪历史经历了划时代的变革,学界称为"唐宋变革"[①],中国花鸟题材绘画在变革中呈现出巨大的发展,从画风表现、运用情况以及画科成立都有了新的成就。[②]关于"花鸟"一词,始见于唐代文献,张彦远《历代名画记》中收录了诸多花鸟画家。自五代以后,一度鼎盛的人物画已出现衰颓而山水花鸟乃欣欣向荣,达于隆盛之运,其发展的势头已经可与山水和人物画鼎足而立。[③]宋人刘道醇著有《宋朝名画评》和《五代名画补遗》,《宋朝名画评》全书分人物、山水林木、畜兽、花竹翎毛、鬼神、屋木六门;《五代名画补遗》录画家二十三人,分人物、山水、走兽、花竹翎毛、屋

①柳立言《何谓"唐宋变革"?》,《中华文史论丛》2006年第1期,第125—171页;张广达《内藤湖南的唐宋变革说及其影响》,《唐研究》2005年第11期,第5—71页。

②陈韵如《8—11世纪的花鸟画之变》,载颜娟英、石守谦《艺术史中的汉晋与唐宋之变》,北京:北京大学出版社,2016年,第324—366页。

③俞剑华《中国绘画史》,南京:东南大学出版社,2009年,第95页。

木、塑作、雕木七门。宋代郭若虚于《图画见闻志》中指出,"若论山水林石,花竹禽鱼,则古不及近"①,这一论断充分说明在宋代中期花鸟画已经取得了不容小觑的地位。12世纪初期的《宣和画谱》所录"花鸟"一门即有2700多轴,超越其他各门类,居于首位,这是花鸟画科出现的最有力的佐证。《宣和画谱》花鸟叙论中说:"五行之精,粹于天地之间,阴阳一嘘而敷荣,一吸而揪敛,则葩华秀茂,见于百卉众木者,不可胜计。"②宋人把花鸟看作天地精华之显现,故两宋时期花鸟画盛极一时。随着文人学士绘画潮流的兴起,工笔重彩的写实性花鸟达到历史高峰的同时,水墨写意花鸟开始被重视,他们借用枯木、竹石、花鸟、蔬果等来表现主观意趣和品格,用逸笔抒写,开辟了花鸟画的新天地。除设色花鸟之外,专用水墨画花卉之风亦渐盛,而尤以兰、竹、梅等最为流行。

自20世纪中叶以来,对早期花鸟题材绘画的研究,因受惠于大量考古资料的发掘出土,成果斐然。③尤其是墓室壁画中花鸟题材的绘画研究蓬勃发展,学者们整合现存画史文献与出土资料,梳理花鸟画史,对花鸟母题(即植物、鸟禽等题材)的研究倍加关注。杰西卡·罗森从花鸟画的内容意义着手,关注器物纹饰的发展,提出的"关联宇宙观"试图将早期中国的礼器、墓葬、山水、花鸟等传统,统合于哲学观念的角度中加以考察。④小川裕充结合其对庆陵辽墓壁画的研究,指出唐代薛稷六鹤样式与四季时序的可能关联,将花鸟画表现纳入时间、空间配置体系中考虑,进以讨论

①[宋]郭若虚撰,米田水译注《图画见闻志》卷1,长沙:湖南美术出版社,2000年,第50页。
②[宋]佚名,王群栗点校《宣和画谱》卷15,杭州:浙江人民美术出版社,2012年,第161页。
③金维诺《早期花鸟画的发展》,《美术研究》1983年第1期,第52—57页。
④(英)杰西卡·罗森《作为艺术、装饰与图案之源的宇宙观体系》,载邓菲、黄洋、吴晓筠等译《祖先与永恒——杰西卡·罗森中国考古艺术文集》,北京:生活·读书·新知三联书店,2011年,第331—333页。

唐宋花鸟画面构成的系谱变化。①梁庄爱伦于 2003 年运用考古资料进一步补充了晚唐、宋、辽代的花鸟题材的发展，指出 9 世纪起花鸟题材之所以常见于墓葬壁画，在于其蕴藏着对家族繁盛的祈愿，借着花鸟草虫等题材的象征、谐音，融入对子孙安寿、富贵利禄的期待。②学者们先后从不同角度思索花鸟题材与其内容意义的问题，呈现出花鸟画史的讨论已从单纯的形式表现转变为在此基础上加入内容意义。

二、敦煌西夏石窟花鸟图像题材及类型

墓葬壁画花鸟画的发展是石窟花鸟图像发展的镜像。敦煌莫高窟花鸟图像起于佛教传入敦煌之时，前秦建元二年（366 年）莫高窟开凿，花鸟伴随着佛教艺术出现于石窟绘画中，关于北朝以及隋唐的发展情况，前文已做了梳理。那么，在"唐宋变革"的背景下，西夏时期石窟中的花鸟图像如何表现？

（一）西夏文献中的"花鸟"

《圣立义海》是关于西夏天文、地理、伦理道德、历史文化、语言文字等方面的重要参考文献，全文献共五集十五卷，分一百四十二类，其中第五卷为树、草、菜、花，第九卷为骆驼、马、牛、羊、杂畜、狗、猫、猪、野兽、飞禽、水鲜、鸡。

---

①（日）小川裕充《中国花鸟画の时空——花鸟画から花卉杂画へ》，载户田祯佑等编《花鸟画の世界·第十卷·中国の花鸟画と日本》，东京：学习研究社，1983 年，第 92—107 页。

②Ellen Johnston Liang, "Auspicious Motifs in Ninth-to Thirteeth-Century Chinese Tombs," Ars Orientalis 33(2003):32—75.

西夏写本佚名残卷《诗集》①中,保存有诗名的诗近60首,其中有不少与动植物有关,如《茶》《梅花》《菊花》《柳》《桃花》《梨花》《放鹤》等,摘录如下②:

《菊花》

卉木雕疏始见芳,色缘尊重占中央。

金铃风触虽无响,一□霜残亦有香。

不似凡色弃联气,特栽仙艳媚重阳。

陶家篱下添殊景,雅称轻柔泛玉觞。

《梅花》

寒凝万木作枯荄,回溪孤根是□□。

□□仙容偎槛长,妖娆奇艳倚栏开。

素□□□琼脸皓,□萼风摇似粉腮。

岂并青红□□□,□□□重满庭栽。

《柳》

□君先放弄柔条,宜雨和烟岂□□。

---

①本件文书收于《中国藏西夏文献》第15册第132—161页,编号N21·014[F051]。录文先按照《中国藏西夏文献》所列图版文字顺序释录,后再按照《拜寺沟西夏方塔》一书所列文字原顺序释录。聂鸿音先生认为该诗集写成于1140—1193年夏仁宗时期,作者为一乡村文人,作品仅是对中原格律诗的幼稚模仿,艺术成就远在中原诗歌之下。孙昌盛则认为本诗集的文献价值表现在以下几个方面:一是诗歌意境深得佛门理趣,折射了西夏社会儒释合流的思想状况;二是诗歌中描述的节日习俗与中原地区差别甚微;三是诗集的装订方式印证了线装书起源于唐末、宋初的历史事实。以上三点都反映了中原文化对西夏文化深刻而广泛的影响。除汉文诗歌外,党项人还用西夏文创作了大量的诗歌,它们无论在形式上还是内容上都显示出与汉文诗歌迥然不同的本民族特色,是西夏文学中的精华。

②孙继民、宋坤、陈瑞青、杜立晖《考古发现西夏汉文非佛教文献整理与研究》,北京:社会科学文献出版社,2014年,第133—151页。

□□□□□□□，□□□□□□□。

□□□□□丝斜，映牖明户几树高。

□□□□□□□，□□□□□□□。

（笔者按："宜雨和烟岂"后缺，笔者按七言绝句对应补为□）

《梨花》

六工应厌红妖俗，故产琼姿压众芳。

玉质姣珠遮□□，□□□□□□□。

□容月下争奇彩，满满兰丛奋异香。

恰似昭阳宫女出，□□□□□□□。

《桃花》

栽植偏称去竹深，灼灼奇包露邑红。

金谷园林香□□，□□□□□□□。

□□□与陶潜菊，美宴偷来蔓猜□。

每还褰瀛□□□，□□□□□□□。

《放鹤篇并序》

秋雨潇潇，凉风飒飒，顾霜毛之皓鹤，常值眼以

之语来鹤。尔名标埃外，迹寄人间，卓尔不群。

府守素之规。余观六合之中，羽族甚众，或有……

《蕃汉合时掌中珠》中也有关于花鸟的记载，如第二部分"地"：

地用下：地动、山摧、高下、浅深、峣峻、水涨、洪水、宝物、金

银、铜铺、锡铁、碧细珠、珊瑚、珀琥、燕珠、瑠璃、玛瑙、开渠、凿

井、尘土、粪灰、地程、田畴、松炭、石炭、圆林、花果、牡丹花、芍药

花、山丹花、海棠花、龙柏花、梅花、葵花、芍葵花、鸡冠花、金钱

花、水红花、石竹花、萱草花、玉花、莲花、果木、果子、栗杏、梨、

檎、樱桃、葫桃、蒲桃、龙眼、荔枝、李子、柿子、橘子、甘蔗、枣、石榴、桃、柳榆、松柏、菜蔬、香菜、芥菜、薄荷、菠陵、茵蔯、百叶、蔓菁、萝葡、瓠子、茄子、蔓菁菜、苦藁、葫萝葡、汉萝葡、半春菜、马齿菜、吃兜芽、苽、常葱、蒜、韭、盐、醋、芜荑、葫椒、椒、乾姜、斛荳、五谷、麦大麦、荞麦、粟、粳米、糯米、炒米、蒸米、秫米、白米、面、豌豆、黑豆、荜豆、麻秤、蒲苇、野兽、狮子、龙蛇、豹虎、象熊、鹿麝、兔、沙狐、野狐、猫儿、狗猪、驴、骆驼、马牛、骡、羖羺羊、狼、黄羊、顽羊、山羊、老鼠、细狗、豺狼、犛牛、飞禽、凤凰、孔雀、鹰、鹏、鹤、雁鸭、鹅、黑乌、老鸥、鸳鸯、黄鹍子、鹊、鹁鸽、雀子、鸡、燕子、鹌鹑、蝴蝶、蜜蜂、蛆虫、蜘蛛、蚁、蝇、龟蛙、鱼鳖、虮虱。①

《杂字》是按事物分类编排的辞书，现存残篇中有《天》和《地、人》类。下分地、山、河海、珠宝、织品、男服、女服、树木、蔬菜、花草、谷物、马、骆驼、牛、羊、飞禽、野兽、爬虫、昆虫、党项名、汉姓、党项姓、亲属称谓、人体、住室、食物、器皿、练兵、人名、历法等类。每类下面详列本类诸品种，如"谷物"类下列有：大麦小麦，粟，豆麻，秫米荞麦……稗……粳米，糯米……炒米，蒸米……豌豆，荜豆等物。②

现存《三才杂字》有织物，名称，山，树林，花草等类。

《要集》也是按事物分类的辞书，现保存五页，其中第五类是"器皿"，第六类是"乐器"，第七类是"花名"。

西夏时期出土的非佛教文献较少，但大多数文献中都有对花鸟种类的记载，它们对研究西夏绘画及西夏社会极有价值，反映了西夏人对自然的认识。

---

①陈炳应《西夏文物研究》，银川：宁夏人民出版社，1985年，第232—234页。
②《国立北平图书馆馆刊》四卷三号。

（二）敦煌西夏石窟中的花鸟图像

西夏石窟中的花鸟沿袭了唐五代宋传统佛教表现题材，又受宋代院体与文人花鸟画的影响，在题材和类型方面有了更大的拓展。花卉主要有莲花、忍冬花、蜀葵、芭蕉、竹子、牡丹、菊花、萱草等，禽鸟主要有仙鹤、鸭子、鹦鹉、鸽子、孔雀、凤凰等，走兽主要有狮子、老虎、大象、牛、羊、马、鹿、猪、狗等。这些花鸟图像主要作为人物画画面的点缀，但也有独立成幅的例子，既有自然写实主义的表现手法，同时又有类似于水墨的艺术表达。

1. 花卉

西夏石窟对传统花卉题材的表现有增无减，尤其是佛教中常见的圣物莲花，基本上每窟中都有描绘。西夏诗歌中也有多处关于莲花的诗句，如《护国寺歌》第 18 句"院内相合聚集莲花池"，第 27 句"九天下，梵王圣君持莲花"等。西夏的皇家园林内也多种植莲花，以营造皇宫神圣的气氛。[1]西夏石窟中出现了整壁的坐佛、坐菩萨，都是一株莲枝分散连接了好多枝蔓，在莲朵上坐着佛或菩萨。

竹作为独立画科大致始于晚唐，但以勾勒设色居多，而真正在画竹理论与技法上取得重大突破与深远影响的是被称为"湖州竹派"的创始人文同。"朝与竹乎为游，暮与竹乎为朋，饮食乎竹间，偃息乎竹阴"[2]，强调对自然之竹观察的重要性，其弟子苏轼继承并发扬了这种观察的方法与态度，"身与竹化"中物我融合为一的境界又与佛家之"禅定"和道家之"忘我"相统一。从技法而言，文同"善画墨竹"，其"墨戏"之笔是对前期勾勒设色之竹画法的一种突破，苏轼所写的枯木、怪石、墨竹，均为逸笔草草、不求形

---

①梁松涛《西夏文〈宫廷诗集〉整理与研究》，上海：上海古籍出版社，2018 年，第 23 页。

②[宋]苏辙《栾城集》卷 17，陈高华《宋辽金画家史料》，北京：文物出版社，1984 年，第 370 页。

图 2-9　苏轼《潇湘竹石图》

似的文人画之墨戏,亦是文同所授(图 2-9)。竹子也是西夏非常流行的花卉题材,主要作为配景出现在水月观音中,彰显出较强的文人思想。西夏石窟绘画中的竹子,从技法而言,勾勒设色,如榆林窟第 2 窟和第 3 窟的竹子,用墨线勾勒,中间再以石绿填色,显得较为工整细致。肃北五个庙第 1 窟、东千佛洞第 2 窟的竹子,与前者不同,而与文同、苏轼等所画的"墨竹"更为接近,未勾勒,只是用石绿等颜色直接描绘。可见,这些秀劲俊俏的竹竿,丰茂潇洒的竹叶,亦是形式多样(图 2-10)。

榆林窟第 29 窟水月观音的配景中有不少牡丹

图 2-10　肃北五个庙第 1 窟竹子

（图2-11），与现实中的牡丹非常接近，绿叶红花，描绘得非常精致，叶子的浓淡变化营造出更加真实的空间感。黑水城卷轴画《水月观音菩萨》（X.2439）中湖石背后一株牡丹呼之欲出，有盛开的红花和白花，还有即将盛开的花蕾，叶子与叶子之间有前后关系，每片叶子有向背以及端末的变化（图 2-12）。

图 2-11　榆林窟第 29 窟中的牡丹

图 2-12　黑水城出土《水月观音菩萨》
（X.2439）中的牡丹

　　石窟中的萱草作为点缀出现，写意味道较浓，对渲染环境气氛起到了很好的作用。还有芭蕉和其他诸多无名花草，在西夏石窟绘画中大量出现，共同为营造真实的环境空间服务。蜀葵作为个案在下文详细论述（表 2-1）。

表 2-1　西夏石窟花卉统计表

名称	窟号	图片	线描	来源
莲花	榆林窟第2窟西壁			图片来源于《敦煌壁画艺术精品》线描稿笔者绘
	榆林窟第3窟西壁			图片来源于《敦煌壁画艺术精品》线描稿笔者绘
竹子	榆林窟第2窟西壁北侧			图片来源于《敦煌壁画艺术精品》线描稿笔者绘
	榆林窟第2窟西壁南侧			图片来源于《敦煌壁画艺术精品》线描稿笔者绘

续表

名称	窟号	图片	线描	来源
竹子	榆林窟第3窟			图片由敦煌研究院提供 线描稿笔者绘
	榆林窟第29窟			图片为敦煌研究院临摹稿 线描稿笔者绘
	榆林窟第29窟			图片为敦煌研究院临摹稿 线描稿笔者绘

续表

名称	窟号	图片	线描	来源
竹子	东千佛洞第2窟			图片来源于《东千佛洞石窟艺术》线描稿笔者绘
	东千佛洞第2窟			图片来源于《瓜州东千佛洞西夏石窟艺术》线描稿笔者绘
蜀葵	莫高窟第325窟龛内西壁			图片由敦煌研究院提供 线描稿笔者绘
	莫高窟第97窟龛内西壁			图片由敦煌研究院提供 线描稿笔者绘

续表

名称	窟号	图片	线描	来源
芭蕉	榆林窟第2窟			图片由敦煌研究院提供 线描稿笔者绘
	榆林窟第29窟			图片为敦煌研究院临摹稿 线描稿笔者绘
	榆林窟第29窟			图片为敦煌研究院临摹稿 线描稿笔者绘
美人蕉	榆林窟第3窟			图片为敦煌研究院临摹稿 线描稿笔者绘

续表

名称	窟号	图片	线描	来源
牡丹	榆林窟第29窟			图片为敦煌研究院临摹稿 线描稿笔者绘
	榆林窟第29窟			图片为敦煌研究院临摹稿 线描稿笔者绘
萱草	榆林窟第2窟			图片来源于《敦煌壁画艺术精品》 线描稿笔者绘

2. 禽鸟走兽

西夏石窟绘画中的动物,多出现在文殊变、普贤变、观音经变以及涅槃经变中。仙鹤是祥瑞的一种,在古代是次于凤凰的"一品鸟"。西夏文献《圣立义海》中记载有不少关于鹤的内容,唐古特人认为,苍天与大地的创造离不开白仙鹤的参与,而白仙鹤体现着风、旋风和原始混沌。①榆林窟第3窟和第10窟窟顶绘制的众多动物中就有仙鹤,鸟瞰式构图,飞翔的仙鹤口衔仙草,平展双翅,姿态优美,较为写实,在深绿色底的衬托下,显得更加醒目,这些祥瑞是净土升天思想的隐喻。窟顶绘制的动物还有大象、狮子、马、麒麟、鹰、鹦鹉、蓝鹊、孔雀等,基本都是飞奔或飞翔状。画工们描绘这些动物的技法多样,平涂与晕染结合,如狮子的卷毛,鹦鹉、蓝鹊的颈部和腹部,背景等采用晕染法,而祥云、飞禽的羽毛等则多用平涂,装饰感强。东千佛洞第2窟中的孔雀,仰首张嘴,扇动双翅,线描同敷彩并重;第7窟的孔雀,翅膀并未张开,拖着漂亮的尾羽。肃北五个庙第3窟有一幅放生小鸟的画面,风格独特,画工用简洁的笔墨表达了小鸟的稚拙,颇有天真之趣,可以明显地看出中原减笔法对西夏绘画手法的影响。

榆林窟第3窟文殊变中的大象、狮子、乌龟、鱼等,用白描的方式显得极为淡雅,其中文殊变中出现的大鱼、巨龟,在敦煌是独一无二的。而在对面的普贤变中,虽也有水,却未出现这类水族动物,可能与文殊菩萨曾经变成鱼供人食用的故事有关。②它们刻画精细,生动传神。

榆林窟第2窟东壁观世音菩萨普门品中有一猛虎,淡墨勾勒轮廓后,施以淡墨和赭石色晕染,最后用较为浓重的墨线进行意笔勾描,将老虎的斑纹、眉、眼、口、鼻、胡须等细节刻画得很生动,俨然一幅水墨淡彩画。东千佛洞第7窟中心柱背面也绘有一老虎,画法与此相似,将老虎描绘得惟妙惟肖。

此外,西夏石窟中出现了较多的马、牛、羊、猪、鹿等走兽,这些动物与西夏游牧民族的生活息息相关。西夏王陵也出土了较多的铜牛、石马、石牛、石羊等雕塑。榆林窟第3窟东壁南侧的五十一面千手观音经变中,观音的手中除了法器之外,还有不少动物,如狮、象、龙、牛、鸡、狗、鸭、鹅等,微小

①(俄)克恰诺夫、李范文、罗矛昆《圣立义海研究》,银川:宁夏人民出版社,1995年,第7页。
②敦煌研究院主编《敦煌石窟全集:动物画卷》,上海:上海人民出版社,2000年,第163页。

而细致。西夏时期的水月观音和普贤变中,有五幅唐僧取经图,图中都有马出现,有白马,有红马,有的侧面,有的背面,有的负经,有的空背(表2–2)。

表2–2　西夏石窟禽鸟走兽统计表

名称	窟号	图片	线描	来源
仙鹤	榆林窟第10窟窟顶			图片来源于《敦煌石窟全集:动物画卷》线描稿笔者绘
鹦鹉	榆林窟第10窟窟顶			图片来源于《敦煌石窟全集:动物画卷》线描稿笔者绘
蓝鹊	东千佛洞第5窟北壁		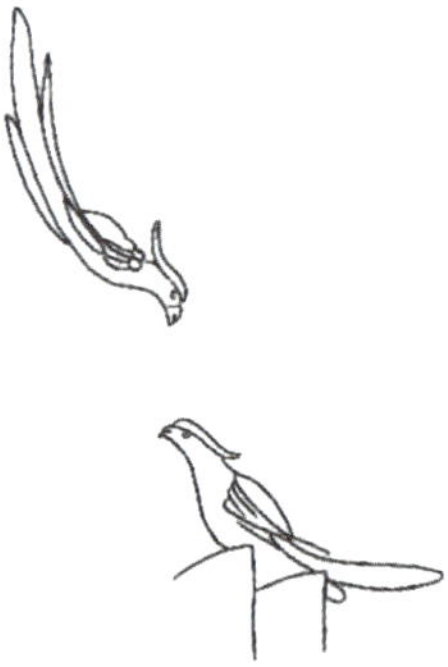	图片来源于《敦煌石窟全集:动物画卷》线描稿笔者绘
	榆林窟第10窟窟顶			图片来源于《敦煌石窟全集:动物画卷》线描稿笔者绘

续表

名称	窟号	图片	线描	来源
凤凰	东千佛洞第2窟中心柱背面			图片来源于《敦煌石窟全集:动物画卷》线描稿笔者绘
孔雀	东千佛洞第2窟中心柱背面			图片来源于《敦煌石窟全集:动物画卷》线描稿笔者绘
	东千佛洞第7窟中心柱背面			图片来源于《敦煌石窟全集:动物画卷》线描稿笔者绘
	东千佛洞第7窟中心柱背面			图片来源于《敦煌石窟全集:动物画卷》线描稿笔者绘
	榆林窟第10窟窟顶			图片来源于《敦煌石窟全集:动物画卷》线描稿笔者绘

续表

名称	窟号	图片	线描	来源
小鸟	肃北五个庙第3窟南坡小鸟			图片来源于《敦煌石窟全集:动物画卷》线描稿笔者绘
乌龟	东千佛洞第7窟中心柱背面			图片来源于《敦煌石窟全集:动物画卷》线描稿笔者绘
乌龟	榆林窟第3窟西壁			图片来源于《敦煌石窟全集:动物画卷》线描稿笔者绘
鱼	榆林窟第3窟西壁			图片来源于《敦煌石窟全集:动物画卷》线描稿笔者绘
大象	榆林窟第3窟西壁			图片来源于《敦煌石窟全集:动物画卷》线描稿笔者绘

续表

名称	窟号	图片	线描	来源
狮子	榆林窟第3窟东壁			图片来源于《敦煌石窟全集:动物画卷》线描稿笔者绘
	榆林窟第3窟西壁			图片来源于《敦煌石窟全集:动物画卷》线描稿笔者绘
	榆林窟第10窟窟顶			图片来源于《敦煌石窟全集:动物画卷》线描稿笔者绘
老虎	东千佛洞第7窟中心柱背面			图片来源于《敦煌石窟全集:动物画卷》线描稿笔者绘
	榆林窟第2窟东壁			图片来源于《敦煌石窟全集:动物画卷》线描稿笔者绘

续表

名称	窟号	图片	线描	来源
猴子	东千佛洞第2窟中心柱背面			图片来源于《敦煌石窟全集:动物画卷》线描稿笔者绘
鹿	莫高窟第97窟北壁			图片来源于《敦煌石窟全集:动物画卷》线描稿笔者绘
牛	榆林窟第3窟东壁			图片来源于《敦煌石窟全集:动物画卷》线描稿笔者绘
	莫高窟第61窟甬道南壁			图片来源于《敦煌石窟全集:动物画卷》线描稿笔者绘
马	东千佛洞第2窟南甬道			图片来源于《敦煌石窟全集:动物画卷》线描稿笔者绘

续表

名称	窟号	图片	线描	来源
马	东千佛洞第3窟西壁			图片来源于《敦煌石窟全集·动物画卷》线描稿笔者绘
	肃北五个庙第3窟北坡			图片来源于《敦煌石窟全集·动物画卷》线描稿笔者绘
羊	东千佛洞第7窟南壁			图片来源于《敦煌石窟全集·动物画卷》线描稿笔者绘
	莫高窟第61窟甬道南壁			图片来源于《敦煌石窟全集·动物画卷》线描稿笔者绘
猪	东千佛洞第7窟南壁			图片来源于《敦煌石窟全集·动物画卷》线描稿笔者绘

三、敦煌西夏石窟花鸟图像的表现

(一)自然写实主义手法

通过对莫高窟花鸟题材资料的考察,我们注意到莲花化生、花供养、天女散花等样式在莫高窟一直有描绘,西夏时期亦是如此,且花鸟图像的装饰形式也延续着前期特点。但五代宋西夏时期发展了自然写实主义手法,使描绘更趋向真实。榆林窟第3窟文殊变下方的荷花,采用了工笔勾线填色敷彩的方式,荷叶筋脉清晰、变化丰富,荷花卷舒有度、清新自然。这一绘画手法,更注重细节描绘,完全是一种演进的新样式,显然受中原工笔花鸟画的影响。莫高窟第65窟龛内的荷花有荷叶、花蕾与花朵,是植物自然生长过程的真实再现,同时,花茎上的小毛刺也被描绘得十分逼真。诸如此类的写实,营造了一个真实的场景空间,至此,西夏时期敦煌壁画中的花鸟图像进入了一个新阶段,即细部描绘更加细腻的阶段。

(二)整壁花卉装饰

西夏时期的石窟绘画中,花鸟图像在壁画中出现了整壁装饰的样式,这是西夏石窟绘画中花鸟图像的一大特点。莫高窟第164窟、第169窟、第330窟正壁龛外南北两侧的壁面,第97窟、第140窟、第324窟(图2-13)、第325窟(图2-14)、第328窟西壁龛内南、北、西三面,均整壁绘有花卉,其构图样式排列整齐,中心对称,少有留白,显得有些呆板,但装饰性强。这种样式在周边辽墓室绘画中出现较多,如内蒙古赤峰市巴林左旗前进村辽墓中的《童仆、屏风图》,画面中绘有三扇屏风,屏风上绘有湖石、梅、竹和双鹤,主体花卉布满画面空间,且呈对称样式。(至于这种构图形式在西夏石窟中出现的原因,可能是受到周边民族艺术形式的影响,更深层次的原因还有待于进一步探讨。)

图 2-13　莫高窟第 324 窟龛内整壁花卉

图 2-14　莫高窟第 325 窟龛内整壁花卉

(三)折枝花的表现

折枝花在西夏石窟绘画中有较多描绘，这可能与宋代院体画的影响有很大关系。宋代院体画主要有"纵横穿插式""计白当黑式"和"折枝式"三种构图样式。唐人施肩吾《观叶生画花》描写道："心窍玲珑貌亦奇,荣枯只在手中移。今朝故向霜天里,点破繁花四五枝。"其中的"四五枝",即是"折枝式"的构图方式。这种"折枝式"主要因"折枝花"而来,撷取花卉最具特别的局部入画,以达到以少胜多、小中见大的效果。榆林窟第29窟南北两壁面最上端,绘有折枝花数枝;东千佛洞第5窟岩山上部所绘花卉,就是"折枝花"样式(图2-15),水月观音身旁的净瓶里,也插有一枝花叶俱全、显得极为淡雅的白色牡丹;莫高窟第138窟供养菩萨的身后,同样绘有折枝花,虽然它们都是卷枝,稍显图案样式,但花、叶形态有别,我们可以很清楚地分辨出它们的品种,有荷花、菊花和牡丹等。

图2-15　东千佛洞第5窟折枝花

(四)文人气息的彰显

西夏石窟绘画受文人画影响比较明显,尤其是花鸟图像,如湖石与竹子、芙蓉、芭蕉等的组合配置,还有野逸的萱草等。前文已述,唐后期一度鼎盛的人物画已出现衰颓而山水花鸟画达于隆盛之运。唐代王维被尊奉为"文人画"鼻祖，他以诗入画，所画山水用"破墨"而使得墨色浓淡相互渗透掩映。辽代"湖州竹派"虞仲文的墨竹师法北宋文同，认为画竹得先胸有成竹，首创浓墨为面、淡墨为背的竹叶画法，《绘事备考》中记载了他的《墨竹图》。也就是说，在宋代工笔重彩的写实性花鸟达到历史高峰的同时，随着文人学士绘画潮流的兴起，水墨写意花鸟开始被重视。西夏石窟绘画中，有不少花鸟图像采用类似于文人画的一些技法，把画家所追崇的文人风骨表现得淋漓尽致。榆林窟第2窟两幅水月观音中的湖石翠竹就表达了一种文人逸趣（图2-16）。

图2-16a　榆林窟第2窟西壁南侧水月观音

图2-16b　榆林窟第2窟西壁北侧水月观音

四、敦煌西夏石窟中花鸟图像的功能分析

西夏石窟中花鸟图像的功能主要有以下几点：一是佛教仪轨的需要，

如净土中的莲花、供养人手中的供养花及飞天散花等;二是场景的需要,描绘一个人物所在的真实空间,即造就自然环境的真实感,如大山中的兰草、水月观音中的竹子等;三是起到区隔或装饰作用,如在两个人物之间或某个区域画上花草等作以分割或装饰。

(一)花鸟图像与佛教仪轨

莲花是佛国世界里最主要的花卉,在佛经中被誉为"七宝"之一,因其自然物理特性而被誉为"圣洁之花"。早期的佛教经典《起世经》记载:"彼诸山中,有种种河。百道流散,平顺向下。渐渐安行,不缓不急。无有波浪,其岸不深。平浅易涉,其水清澄。众华覆上,阔半由旬,水流遍满……"[1]文献所见山与山间的河流上,覆满莲花。据佛经记载,释迦牟尼佛出生后,就可以下地走路,向东南西北各走七步,步步生莲花,一手指天,一手指地,高喊:"天上天下,唯我独尊。"[2]因此,莲花与佛结缘,成为佛教象征之花。莲花的象征意义源自古印度的宗教思想,此外,古埃及与美索不达米亚,甚至是希腊都有莲花纹,他们把莲花作为一种象征物。在佛教中,莲花尤其为净土宗、禅宗所看重,净土宗常常被称莲教、莲宗,释伽拈花,伽叶微笑,在禅宗起源的传说里,它常常为菩萨的手持之物,或佛、菩萨的宝座。莲花作为佛国净土的象征,在佛教艺术中随处可见。西夏石窟绘画中的莲花,也是画工极力表现的对象。

《阿弥陀经》记载:"极乐国土,有七宝池,八功德水,充满其中,池底纯以金沙布地,……池中莲华,大如车轮,青色青光,黄色黄光,赤色赤光,白色白光,微妙香洁。"[3]莲花作为西方极乐世界的重要圣物,从中化生出有情者,因此极乐世界又有"莲邦"之称。西夏时期的阿弥陀经变数量较多,

---

①[隋]阇那崛多等译《起世经》卷1,见《大正藏》第0024号,第1册,第314页。

②[唐]义净译《根本说一切有部毗奈耶杂事》卷20,见《大正藏》第1451号,第24册,第298页。

③[姚秦]鸠摩罗什译《佛说阿弥陀经》卷1,见《大正藏》第0366号,第12册,第346页。

当然莲花是最主要的部分,如莫高窟第 140 窟南、北壁,第 142 窟南、北壁,第 164 窟南、北壁,第 165 窟南壁,第 224 窟南壁,第 235 窟主室南、北壁,第 306 窟东、西壁,第 351 窟前室南、北壁,第 400 窟主室南壁,第418 窟北壁,但画得较简单,构图缺少变化,由于有些阿弥陀经变中几乎见不到七宝池,因此,听法的菩萨等均坐于茎蔓相连的莲朵上。榆林窟第 29 窟主室西壁北侧画有阿弥陀经变一铺,画面的下部为殿堂前的庭院,前面有一方形的七宝池,池中莲花盛开,两个化生童子站在莲花中,莲池内的莲花较为写实。

同样,黑水城出土的西夏《阿弥陀佛净土世界》下部,将僧人和七宝池内的八位化生信徒,置于象征净土世界的各种花卉、动物和乐器中,其中莲花的构造颇有特点,密集地铺满下部整个背景。

莲花还大量被作为供养花出现。西夏石窟绘画中的供养菩萨多手持单枝莲花。供养花中除了莲花外,还有其他种类的花,莫高窟第 97 窟、第 140 窟、第 169 窟等窟中有大面积的蜀葵作为装饰,这些蜀葵与《华严经》有很大关系,其关联将在下文详细阐释。

（二）真实空间的营造

西夏石窟绘画中的花鸟除了佛教仪轨的绘制需求以外，还有一些是为满足真实空间的营造所用，即"造景"①。

"造景"一词来源于陈韵如先生的《8—11 世纪的花鸟画之变》一文，是其关注花鸟画所运用的语法、思索花鸟画的构成模式所选用的　个角度。笔者以为,敦煌石窟绘画的发展正好契合了这一论述。在考察中,我们时刻注意分析花鸟画的语法,注意花卉、禽鸟等的母题形象变化,注意它们如何成为花鸟画的一个单元,又考虑这些单元之间如何产生联系。尤其

---

①陈韵如《8—11 世纪的花鸟画之变》,载颜娟英、石守谦《艺术史中的汉晋与唐宋之变》,北京:北京大学出版社,2016 年,第 333 页。

是敦煌壁画发展到晚期,世俗化倾向更加突出,"去瑞物"①性更加明显,而把人物与花卉等放在一起描绘的花园景致有所凸显,随物造景,情景交融。

"造景"在敦煌石窟绘画中可谓应用广泛,在北朝的本生故事中,几何形的小山、线形的动物、寥寥数笔的花树都营造的是一个真实的场景。唐代兴起的"十六观"中,造景表现更加突出,一个个观想的场景中,就是一个个小的世界。莫高窟第45窟北壁的"十六观""未生怨",每一幅小的画面中有树、有花草,最后下品下生观,出现了往生七宝池莲花,描绘人物无论衣冠,还是花树场景,都是当时现实生活的写照。五代时期莫高窟第61窟西壁绘制的五台山图,是文殊菩萨的道场,在这一巨幅全景式史迹画中,山峦起伏,五台并峙,图中有高山、流水、寺院建筑、菩萨、高僧、商贾,还有无数花草树木、禽鸟、高山,笔者粗略估算,不下二十余种。在这幅图中,花草没有明显的象征意义,更多的是为点缀画面,达到构建真实场景的效果。这一考察,不是为搜罗所有构成西夏花鸟画画面的元素与题材,而是试图抽离个别题材表现的描述,关注其中的组合逻辑。

西夏时期榆林窟第2窟西壁南北两侧有两幅水月观音,方形,长宽约两米,画面偏左或偏右绘水月观音,观音身后岩石间生出修竹,前方有牡丹与杨柳枝,近处水中莲花盛开,岸边兰草点缀。画中竹子枝叶多向翻转,荷花采用不同的角度和形态,十分讲究细节的交代。北侧画幅中两只鹦鹉的安排,一前一后,一只正面向前,一只倾斜回头,其姿态的转折角度与外貌的描绘,值得关注。尤其是它们的位置被安排在画面中心靠左的地方,营造出轻松自在、自由祥和的景象。西夏的水月观音图像较多,且绘制精美。榆林窟第29窟、东千佛洞第2窟、黑水城出土的几幅都有同类的景象

———————————

　　①陈韵如《8—11世纪的花鸟画之变》,载颜娟英、石守谦《艺术史中的汉晋与唐宋之变》,北京:北京大学出版社,2016年,第343页。

描绘。陈韵如研究表明，这种花卉鸟禽等各种母题配置的画面之中，能构成内在合理的整体空间，这种场景也许构成了一个画面整体，也许构成了野外景致的一角，但对于考察花鸟画的发展与表现而言，植物花卉、禽鸟蜂蝶都构成了重要的构筑关系要件，她把这一随着物类特性而营造景象的过程，认为是"随物造景"这一阶段的目标企图。①黑水城出土的《月季》，下部有供养人"叶氏"，画面周围描绘有竹子、萱草等花卉图像，为供养人营造了一个世俗的日常生活世界。

（三）花卉作为区隔

花卉与人物并存的图绘表现在敦煌石窟中出现较早，南北朝时期就有持花菩萨、持花供养人等绘画样式，这是花鸟题材伴随着人物的描绘而出现的。陈韵如认为这些花卉与人物并存的表现手法，区别于六朝以来"树下人物"的传统。②这种手持花卉的供养人形象在相当长的发展过程中，随佛教的东传影响了中原地区。而另一种将花卉植物绘于人物之间进行区隔的图绘表现，我们称之为"花卉人物"③。敦煌莫高窟初唐第 332 窟东壁南北两侧的下端，各绘三位僧人，中间就以花卉作为区隔，花卉在此显然成了独立母题而存在。莫高窟第 328 窟、第 16 窟甬道内（图 2-17），真人大小的菩萨之间绘上盘旋而上的莲花，莲花与菩萨一样高大，菩萨间形成了一个一个区段，人物之间没有互动。

除了以上三个方面外，至五代宋西夏时期出现许多花卉植物作为人物的陪衬，而不再是作为区隔的独立母题。如莫高窟西夏重绘洞窟第 97

①陈韵如《8—11 世纪的花鸟画之变》，载颜娟英、石守谦《艺术史中的汉晋与唐宋之变》，北京：北京大学出版社，2016 年，第 334 页。

②陈韵如《8—11 世纪的花鸟画之变》，载颜娟英、石守谦《艺术史中的汉晋与唐宋之变》，北京：北京大学出版社，2016 年，第 335 页。

③陈韵如《8—11 世纪的花鸟画之变》，载颜娟英、石守谦《艺术史中的汉晋与唐宋之变》，北京：北京大学出版社，2016 年，第 336 页。

图 2-17　莫高窟第 16 窟甬道北壁供养菩萨

窟、第 140 窟、第 169 窟、第 223 窟、第 246 窟、第 324 窟、第 328 窟等,在佛、菩萨、罗汉等的壁面上画上了大量的蜀葵,这些蜀葵没有画于人物的两侧,而是作为背景出现,当我们剥离前面的佛像,展现在眼前的是一幅较为完整的蜀葵图,它独立在人物之外,没有受限于人物的活动。这类人物与花卉并存的场景,是西夏花鸟独立成画的一个重要方面。另外,肃北五个庙第 3 窟药师净土变的局部有一处放飞的场景,画面上抓鸟与放飞显示了人与鸟之间的关系,这个趣味别致的景象呈现了禽鸟从笼子里抓出来到放飞的时空顺序,成为花鸟独立发展脉动中的一个节点。

第三节　敦煌西夏石窟花卉新样——蜀葵

经考察发现，蜀葵作为一种重要的花卉元素，大量出现在西夏石窟绘画中，形成了独特的西夏样式。

一、宋夏时期的蜀葵图像

蜀葵属多年生草本植物，历代花卉典籍中均有记述，亦有"一丈红""戎葵""胡葵"等名称，最早出自辞书《尔雅》，注释为"菺，戎葵"。宋人罗愿《尔雅翼》记载："凡草木从戎者，本皆自远国来。"[①]陈景沂《全芳备祖》云："浙间又一种葵，俗名一丈红。"明代《陆氏诗疏广要》引西晋崔豹《古今注》云："荆葵，一名戎葵，一名芘芣，似木槿而光色夺目，有红，有紫，有青，有白，有黄。茎叶不殊，但花色有异耳，一曰蜀葵。"蜀葵别名"胡葵"，具有极强的地域色彩，《本草纲目》《广群芳谱》中均有提及，《宣和画谱》和《宋画全集》花鸟画迹植物出现频率的前40名中，蜀葵位居第21。[②]

①[清]纪昀《四库全书》第70册，上海：上海古籍出版社，1987年，第48页。
②左丽笋《宋人花鸟画中的植物图像辨识》，淮北师范大学硕士论文，2016年，第31页。

在宋代《花经》中，蜀葵称不上是国色天香，只在"九品一命"之列，但它的茎秆挺立，花艳叶绿，甚是优美。《花镜》曰其"花生奇态，开如绣锦夺目"；南朝诗人颜延之称赞其"渝艳众葩，冠冕群英"；唐陈标曰其"能共牡丹争几许，得人嫌处只缘多"。蜀葵作为一种花卉虽不十分名贵，但具观赏价值，唐代以前在全国各地已有传播。宋周师厚《洛阳花木记》："洛阳有剪棱蜀葵、九心蜀葵。"至明代，"蜀葵处处人家有之"。

蜀葵位居"九品之列"，自古就赢得许多画家的青睐。20世纪90年代初，北京市八里庄发现了唐开成三年(838年)幽州节度判官兼殿中侍御史王公淑的墓葬，墓室北壁通壁绘《牡丹芦雁图》(在棺床所贴靠的墙壁上)，中央绘繁茂硕大的九朵牡丹花，共分为上、中、下三层，并呈左右对称的分布样式。牡丹花右上角绘有两只蝴蝶，翩跹起舞。画面左上角残，东侧牡丹花的下部可辨认出有半株秋葵。虽然是折枝处理，但可以窥见葵类植物在唐代已被描绘。据《铁围山丛谈》记载，宋人王晋卿收藏着五代徐熙所绘《碧槛蜀葵图》。留存至今的蜀葵图相对较多，李嵩《花篮图》中的蜀葵安排在画面中心位置，被认为是夏季之主花；美国波士顿美术馆收藏的旧题周文矩《端午戏婴图》(图2-18)，画面中布满蜀葵、菖蒲和萱草，一男孩打着小鼓与两只小猫嬉戏，充满意趣；毛益《蜀葵戏猫图》中有游戏的猫、争艳的蜀葵和两只在花中飞舞的蝴蝶(图2-19)；李迪《秋葵山石》册页，湖石背后有秋葵，白色的小猫趴在湖石上，与湖石旁黑色的小狗相对视，两只蝴蝶在画面的上方嬉戏，秋葵、湖石、小猫、小狗与蝴蝶的组合显得非常和谐。南宋皇室的"御书葵榴画扇"是端午节赏赐给宫廷内眷、宰执、亲王的团扇，存世的南宋"蜀葵图"团扇有多件，台北故宫博物院、上海博物馆各藏有一件《蜀葵图》，技艺精湛，北京的故宫博物院亦藏有一幅，名为《夏卉骈芳图》。南宋许迪《葵花狮猫图》绘一狮子猫蹲立于地，神采奕奕，左侧绘湖石，几枝蜀葵斜逸而出，花朵盛放，生机勃发，画面右侧杨后楷书题名"葵花狮猫"，裱边上也有方濬颐的题诗："芘芣(即蜀葵)花正浓，狸奴此嬉

图 2-18　周文矩《端午戏婴图》

图 2-19　毛益《蜀葵戏猫图》

戏。号曰玉狻猊,临清产尤异。"南宋佚名《秋葵犬蝶图》,也是将蜀葵、湖石与小狗置于同一画面。以上几幅画中的蜀葵或秋葵,均为工笔设色。

明代以后,画家们对蜀葵题材的表现尤为热衷,戴进、恽寿平、李鱓等人都留有蜀葵作品。清代画家王武曾画多幅《忠孝图》,画面的主角是蜀葵和萱草,他的一幅《忠孝图》有题词:"古人合写萱葵为忠孝图,漫仿其意,工拙所不计也。"近代吴昌硕、齐白石、陈半丁、黄宾虹、徐悲鸿、陈师曾等绘画大师也都有蜀葵作品问世(表 2-3)。

表 2-3　五代宋描绘有蜀葵的作品统计表

序号	作品名	作者	时代	收藏地(出处)
1	《蜀葵子母鸡图》	梅行思	五代	《宣和画谱》卷 15 记载
2	《碧槛蜀葵图》	徐熙	五代	《铁围山丛谈》记载
3	《蜀葵鸠子图》	徐崇嗣	五代	《宣和画谱》卷 17 记载
4	《端午戏婴图》	周文矩	北宋	波士顿美术馆藏
5	《秋葵山石》册页	李迪	北宋	台北故宫博物院藏
6	《萱草蜀葵》	赵昌	北宋	《宣和画谱》卷 18 记载

续表

序号	作品名	作者	时代	收藏地(出处)
7	《戎葵鹡燕图》	赵仲全	北宋	《宣和画谱》卷 16 记载
8	《蜀葵戏猫图》又名《蜀葵游猫图》	毛益	南宋	日本私人收藏
9	《葵花狮猫图》	许迪	南宋	重庆中国三峡博物馆藏
10	《丛花蛱蝶图》	李从训	南宋	重庆中国三峡博物馆藏
11	《秋葵犬蝶图》	佚名	南宋	辽宁博物馆藏
12	《蜀葵图》	佚名	南宋	台北故宫博物院藏
13	《蜀葵图》	佚名	南宋	上海博物馆藏
14	《蜀葵引蝶图》	鲁忠贵	南宋	台北故宫博物院藏
15	《夏卉骈芳图》	佚名	南宋	北京故宫博物院藏
16	《花篮图》	李嵩	南宋	北京故宫博物院藏

从统计的图像资料来看,五代宋时期的绘画中有诸多蜀葵,尤其是南宋,蜀葵是很流行的一种花卉品类。这为我们探讨西夏石窟绘画中的蜀葵提供了有价值的图像资料。当然需要说明的一点是,蜀葵、秋葵、戎葵等作为绘画母题,在寓意上都有相似的意义。

二、蜀葵作为西夏石窟绘画的独特样式

唐代敦煌石窟绘画中也有蜀葵,一般是一个折枝或者一株。到了西夏时期,其样式与前期有了很大的不同,出现了满壁平行式排列,这一图式的变化缘由以及它的内涵值得我们去探讨(表 2-4)。

表 2-4　莫高窟蜀葵图像分布统计表

窟号	位置	图像
莫高窟第 97 窟	西壁龛内西、南、北三壁	
莫高窟第 140 窟	西壁龛内西、南、北三壁	
莫高窟第 164 窟	西壁龛外南、北两侧	

续表

窟号	位置	图像
莫高窟第 169 窟	西壁龛外南、北两侧	
莫高窟第 223 窟	主室甬道上方	
莫高窟第 246 窟	西壁龛内南、北两壁	
莫高窟第 324 窟	西壁龛内西、南、北三壁	

续表

窟号	位置	图像
莫高窟第 325 窟	西壁龛内西、南、北三壁	
莫高窟第 328 窟	西壁龛内南、北两侧	
莫高窟第 330 窟	西壁龛外南、北两侧	

　　如上表,莫高窟第 169 窟、第 330 窟内的蜀葵绘于一界格内,界格只占据了整壁的一部分,每一株蜀葵平行排列,没有前后及穿插关系,也没有留白,画面构图密密匝匝,极具装饰感;笔法上既有勾勒也有没骨。第 97 窟、第 140 窟、第 324 窟、第 325 窟中的蜀葵均绘于龛内整壁,而非在较小的界格,大部分壁面内的蜀葵排列也是平面式表现,较为平均,但第 325 窟龛内正壁的蜀葵表现较为独特,在繁花盛开的蜀葵丹花丛中,每株蜀葵前后错落,有近大远小的变化,打破了平均式排列的平面感;蜀葵叶子的颜色也有浓淡变化,前面的较浓,后面的浅淡,富于空间感,于是构成了勃勃生机的蜀葵花丛,既是忠实于自然的表现,同时也展示出了画家高超的技艺。

三、敦煌西夏石窟中蜀葵的意义探讨

　　在中国传统文化中, 蜀葵的象征意义主要可归为以下几类:一是驱邪。蜀葵常被称作"五色蜀葵",而"五色"象征阴阳调和。端午时节,浙江一带每家都有插蜀葵花、菖蒲、栀子花、石榴等以供养的习俗,"钱塘有百万人家,一家买一百钱花,便可见也。酒果、香烛、纸马、粽子、水团,莫计其数,只供养得一早,便为粪草。虽小家无花瓶者,用小坛也插一瓶花供养,盖乡土风俗如此。寻常无花供养,却不相笑;唯重午不可无花供养。端午日仍前供养"。①因此,蜀葵在某种意义上是用于辟邪去病的花草。二是表忠心。清人陈淏子《花镜》有云:"蜀葵,阳草也。"可见其"向阳"之特性,宋人杨巽斋诗《蜀葵》:"红白青黄弄浅深,旌分幢列自成阴。但疑承露矜殊色,谁识倾阳无二心。"同代诗人王镃也有《蜀葵》诗作:"片片川罗湿露凉,染红才了染鹅黄。花根疑是忠臣骨,开出倾心向太阳。"明代张瀚《松窗梦

---

　　①[宋]西湖老人《西湖繁胜录》,明《永乐大典》卷 7638。

语》："蜀葵花草干高挺，而花舒向日，有赤茎、白茎，有深红、有浅红，紫者深如墨，白者微蜜色，而丹心则一，故恒比于忠赤。"三是"淡"。在道家思想影响下，南宋文士也普遍崇尚"淡"的趣味，并将其与休闲娱乐等相联系。陆游称黄蜀葵"开时闲淡敛时愁，兰菊应容预胜流。"①文人又将蜀葵与道家思想结合在一起。文献《祭天神》曰："岁时杂记京师人自五月初一日，家家以团粽、蜀葵、桃柳枝、杏子、林禽、奈子，焚香或作香印。祭天者以五日古词、云角黍，厅前祭天神，妆成异果。"②亦与道家思想有关。

由上可见，在中国传统文化中，蜀葵被赋予"辟邪""忠心""玄淡"等内涵，与儒家和道家思想紧密相连。蜀葵图像与佛教思想也同样有关联，唐代《华严经疏》云：

　　明传通感应者，自晋译微言，则双童现瑞；唐翻至教，则甘露呈祥。冥卫昭然，亲纤御笔。论成西域则地震光流，志彻清凉则感通玄悟。其书写则经辉五色，楮香四达，冬葵发艳，瑞鸟衔花。读诵则渺然履空，焕若临镜。每含舍利，适会神僧。涌地现金色之身，升天止修罗之阵。观行则无生入证，偈赞排空。海神听而时雨滂沱，天童迎而大水弥漫。讲说则华梵通韵，人天共遵，洪水断流，神光入宇。良以一文之妙摄义无遗，故一偈之功能破地狱；盥掌之水尚拯生灵，故读诵思修功齐种智。宿生何幸，感遇斯文。其事迹昭彰，备于《传记》。③

唐代《清凉山大华严寺沙门》（澄观）中有记述：

---

①章辉《南宋休闲文化及其美学意义》，浙江大学博士论文，2013 年，第 253 页。

②[宋]陈元靓编撰《岁时广记》卷 21，北京：商务印书馆，1939 年，第 234 页。

③[唐]澄观撰，《大方广佛华严经疏》卷 3，见《大正藏》第 1735 号，第 35 册，第 524 页。

冬葵发艳者,即邓元爽,华阴人。证圣年中,爽有亲故暴死,
经七日却苏。说冥中欲追爽,爽甚危惧,蒙彼使命令写华严。写
竟,爽母坟侧先种蜀葵,至冬已悴,一朝华发,璨然荣茂。乡间异
之,乃为闻奏,则天皇帝为立孝门。①

从上述文献可以看出,蜀葵与华严思想有关。

《华严经》中华严的梵语 qandavyuha 中的 qanda 译为杂华,vyuha 译为
严饰,杂华严,即为杂华意味庄严。杂华意味着所有的花,包含了所有无名
的花。"华严"表示一种比喻,《华严经》亦被称为《杂华经》,主要讲佛是超
越时间和空间的,是用杂华(所有的花)来装饰的无限大的佛。华严世界的
教主是毗卢遮那佛,本义为光明普照,所以毗卢遮那如来又称大日如来,
与其二胁侍菩萨普贤、文殊共称为"华严三圣"。人可以通过逐步的修行达
到最高果位——佛的境界,而《华严经》正是讲述信众通过修行终成正果,
即成佛的路线图。《华严经》在展示修行过程中遇到的各种精神上的苦难
之外,更展示了其中的快乐。它是对佛教的宣扬,更是一种美的熏陶,并凝
聚成一种审美观念,产生深远影响。②

通过诸多史料可知,华严宗在西夏广为流传,华严思想在西夏盛行。
存世的汉文和西夏文版本的《大方广佛华严经》就有很多版本,最早的汉
刻本刊于大安十年(1083 年)③。黑水城文献中的法藏述《修华严奥旨妄尽
还源观》、宗密的《中华心地传禅门师资承袭图》《禅源诸诠集都序》、晋水
净源的《金狮子章云间类解》、澄观的《大方广佛华严经随疏演义钞》等也

①[唐]澄观述,《大方广佛华严经随疏演义钞》卷 15,见《大正藏》第 1736 号,第 36 册,第
114 页。

②陈望衡《〈华严经〉对中华审美意识建构的意义》,《西北师范大学学报(社会科学版)》2016
年第 3 期,第 37 页。

③史金波《西夏佛教史略》,银川:宁夏人民出版社,1988 年,第 156 页。

是西夏流行的重要华严经。

华严经主张"用杂华(所有的花)来装饰无限大的佛",蜀葵作为杂华的一种,大片绘制于佛的周围,用来装饰无限大的佛。莫高窟第330窟龛外左右两壁塑有普贤和文殊(清塑。但从石窟形制来看,文殊、普贤所在位置早期就有设计,可能是后人根据佛经重修),应与龛内主尊构成"三圣",普贤、文殊身后、侧面以及下部墙壁上的界格内绘满盛开的蜀葵,明显与华严思想有关。第169窟与第330窟的图像组合相似,应也有类似的营造思想。第97窟、第140窟、第324窟、第325窟的图像配置也极为相似:正壁开龛,龛内主尊结跏趺坐(第324窟的被毁,但从残留的头光和背光判断,应也是结跏趺坐。第325窟无),周围有二弟子和二天王,龛内正、左、右三壁满壁绘有茂盛的蜀葵,龛外左右两壁绘菩萨。通过释读以蜀葵装饰的这些西夏石窟图像,可判断其几乎都与华严思想有关。

宋人尤袤在《全唐诗话》中记载,"李真画四面花鸟,边鸾画药师,菩萨顶上茂葵尤佳,塔中藏千部妙法莲华经成式字柯古文昌"[1],很容易与莫高窟第223窟窟门上方的菩萨联系起来,排列左右对称整齐的蜀葵,构成了一种独特的装饰。不论是文献记载,还是存世的图像再现,都告知我们蜀葵在佛教艺术中存在的事实。西夏石窟中的蜀葵更多与华严思想有关,西夏人将自己熟悉的蜀葵置于"杂华"之列,赋予其意义,正如宋人之于世俗绘画中的蜀葵。此外,独将蜀葵用作装饰,可能还与中国儒家思想中的忠孝有关,体现了佛教的中国化思想。

---

[1] [宋]尤袤《全唐诗话》卷6,明《津逮秘书》,第174页。

第四节　从黑水城出土《禽鸟花卉》看敦煌西夏石窟花鸟

史料记载,西夏绘画传统久远。[1]黑水城出土文献资料中有一幅绢画《禽鸟花卉》,这是目前所见唯一一幅西夏花鸟画,从绘画的笔法、设色,并结合相关史料判断,此画大概为西夏后期作品,并极有可能出自西夏本土画家之手。

一、《禽鸟花卉》释读及其表现

黑水城出土的《禽鸟花卉》,编号 X.2521,是俄国探险家科兹洛夫1909 年掠走的众多文物之一,现藏于俄罗斯圣彼得堡艾尔米塔什博物馆,绢本彩绘,高 66 厘米,宽 47 厘米,上部残缺(图 2-20)。

---

①元昊祖父李继迁与宋朝决裂时,曾拿出祖先拓跋思忠的画像,让族人及出逃的人看,以笼络人心。《续资治通鉴长编》卷二十五,太宗雍熙元年(984 年)九月初条,记"出其祖彝兴像以示戎人",误,应当为"其祖思忠像"。可见党项人很早就掌握了人物画的绘画技艺。西夏时期有没有专职的画院无文献记载,但是在西夏汉文本《杂字》"诸匠部"中记载有"彩画",证明当时绘画已是专门的行当,有相当的从业人员。其中在"颜色部"内记载的颜料多达 20 多种。

画面描绘的是在
一个春暖花开的河
边，蒲草迎风摇曳，蜀
葵盛开，古柳垂青，河
岸上一只气度雍容、
闲庭散步的雄鸡正回
首注视着小河里迎面
游来的两只鸭子，一
只回首，姿态闲适，另
一只注视水中，似乎
看到一顿美味的午
餐。近景岸上有石头
与水草，一只肥硕的
母鸡带着小鸡在草丛
中觅食，一派生动祥
和的场景。画面设色

图 2-20　黑水城出土《禽鸟花卉》

简洁文雅，上下植物、左右坡岸、低拂的柳枝以及不同情状的鸭子、鸡互相
穿插，有动有静，呼应协调。

　　《禽鸟花卉》风格的形成是宋、辽、金、回鹘等地文化渗透影响的结果，
也是西夏与周边民族保持着密切文化交流的见证。

　　纵观历史，两宋花鸟画的风格变迁主要呈现如下态势：北宋前期的风
格与五代西蜀的画风相近①；中期才逐渐变化，画法仍以画院为标准，但绘

——————————

　　①五代西蜀画风主要以黄筌、黄居寀为代表。黄筌的画法，先用淡墨勾勒轮廓，然后施以浓
艳的色彩，着重于色彩的表现，即所谓"双钩敷色，用笔极精细，几不见墨迹，但以五彩布成，谓之
写生"。

画的题材增多，且画院内外新画法与新流派不断涌现；南宋的花鸟画在布局和形象塑造上已经挣脱北宋过分严格的写实性，将工细与粗放结合起来；后期水墨花鸟盛行，丰富了宋代花鸟画的表现形式与方法。[1]《禽鸟花卉》与宋代花鸟之间关系如何？该图中鸭子造型以及技法的处理与黄筌《溪芦野鸭图》（图2-21）和赵士雷《湘乡小景图》（图2-22）中的鸭子比较相似，勾勒用笔轻利，设色丰丽，翎毛骨气丰满；蜀葵画法较之南宋宫廷画家毛益的《蜀葵游猫图》更加概括、写意，花卉设色艳丽，层次相对减少；公鸡画得雄壮有力，形态饱满，生动意趣，鸡头鸡身染色勾勒，翎毛绘制细腻真实，而鸡尾处理更加洒脱；小鸡的技法表现与《竹鸡图》轴中鸡的处理一致（图2-23），采用"留白"，强化质感；兰草、柳树采用"双勾填色法"，墨线双勾，先分染后统染，意思简当，不费装缀。

图2-21　五代黄筌《溪芦野鸭图》局部　　　　图2-22　宋赵士雷《湘乡小景图》局部

　　若以宋代花鸟画的风格分类作为标准进行评判，《禽鸟花卉》该属于南宋时期工细与粗放结合一类，是更偏重于粗放型的水墨画。如双鸭、公鸡的画法似院体之法度，显工细；柳枝、兰草、蜀葵、母鸡等的表现近南宋写意之风格。

　　除了宋画的影响之外，西夏花鸟画《禽鸟花卉》也受辽之熏染。史书记

---

[1]王伯敏《中国绘画通史（上）》，北京：生活·读书·新知三联书店，2008年，第392—394页。

载,夏辽为盟国,政治、经济和文化交流频繁密切。[1]如契丹"植柱缚其上,
于所向之方乱射之,矢集如猬,谓之'射鬼箭'"[2]的习俗与西夏"败三日,辄
复至其处,捉人马射之,号曰'杀鬼招魂',或缚草人埋于地,众射而还"[3]的
习俗很接近;二者在墓葬制度、服饰等方面也有很大的相似性。西夏与辽
在佛教方面交流甚广[4],在艺术方面也相互影响。辽代传世花鸟画《竹雀双
兔图》[5](图 2-24)是经过装裱后悬挂在墓室墙壁上的绘画作品,画三竿双

图 2-23　宋萝窗《竹鸡图》　　　图 2-24　辽佚名《竹雀双兔图》

①杜建录《试论西夏与周边民族的文化交流》,载杜建录《西夏史论集》,上海:上海古籍出版
社,2016 年,第 283—285 页。

②[元]脱脱等《辽史》卷 51《礼志三·军仪》,北京:中华书局,1974 年,第 845 页。

③[元]脱脱等《宋史》卷 486《夏国下》。

④陈爱峰、杨富学《西夏与辽金间的佛教关系》,《西夏学》2006 年第 0 期,第 31—35 页。

⑤又名《花鸟图》轴,绢本设色,高 114.3 厘米,宽 56 厘米,1974 年 5 月出土于辽宁法库县
叶茂台第七号辽墓,现藏于辽宁省博物馆。

钩竹子,上立三雀,下有三棵野草,又有二兔正在吃草,章法别致,采取对称形式。[1]笔者发现该画与西夏《禽鸟花卉》在画风上有很大的相似性,两幅画面中动物的处理较为工细,更多采用勾勒填彩之法;花卉、草木则画得较为写意;就经营位置而言与宋画有别[2],西夏《禽鸟花卉》画面花草掩映的半包围 C 型河塘与最前面的横向兰石形成穿插态势,右下方的母鸡与左上方的公鸡、荷塘中的两只水鸭,分别相向而视,连成两条交叉的动态线,芦苇、慈姑的动势走向与水中双鸭的开合关系节奏分明,整体显得较为碎片,有拼凑之感,其疏密安排、远景与近景的透视关系、画面的格调等与辽代花鸟画一样有简单粗率之感。从以上对比中可以看出,《禽鸟花卉》中的绘画技法与辽代花鸟画一样更接近于南宋写意花鸟画。此外,从这幅画的绘画技法和描绘的场景看,该画很有可能是西夏中后期作品。

张彦远在《历代名画记》中指出:"至于经营位置,则画之总要。"[3]经营位置在很大程度上决定着绘画作品的整体风格趋向。因此,可对《禽鸟花卉》这样评判:"虽攘先天后天之法,终不得其理之所存。"[4]西夏人可得宋人之法,而没能完全领略其内在的精神气度,但因受其他民族文化的影响,西夏人也创造了富有个性的艺术,形成了自身独特的绘画风格。

---

①王伯敏《中国绘画通史(上)》,北京:生活·读书·新知三联书店,2008 年,第 447 页。

②宋代院体画的构图主要有"折枝式""纵横穿插式"和"计白当黑式"等三种样式。折枝式:唐代的施肩吾在《观叶生画花》中写道:"心窍玲珑貌亦奇,荣枯只在手中移。今朝故向霜天里,点破繁花四五枝。"诗中所说的"四五枝",就已经作为较为主要的一种构图方式来体现绘画作品的形式美感了。实际上,"折枝式"的构图主要来自"折枝花",也就是撷取花卉等最具特征的局部入画,表现其最具特点的部分,以达到小中见大、以少胜多的效果。这种绘画构图样式更为细腻。纵横穿插式:如黄居寀的《山鹧棘雀图》、赵佶的《芙蓉锦鸡图》、李迪的《枫鹰雉鸡图》。计白当黑式:就是在画面上的形象之外留有大量空白之处,这也是宋代院体花鸟画最常见的构图方式之一,体现"象外之象,景外之景"。

③[唐]张彦远著,俞剑华注释《历代名画记》卷 1,上海:上海人民美术出版社,1964 年,第 24 页。

④[清]石涛著,吴丹青注解《苦瓜和尚画语录》,郑州:中州古籍出版社,2013 年,第 109 页。

西夏石窟绘画中的花鸟图像,既有唐之余韵,也受宋辽之陶染,虽然生动,但基本上都是在文殊、普贤、观音、涅槃等经变画中作为配景出现的。西夏花鸟图像大多出现在宗教画中,单独描绘成幅的花鸟相对偏少,数量不多,但是可以看出西夏人擅于表现与自己生活息息相关的花草畜兽。

二、《禽鸟花卉》与西夏石窟花鸟图像之比对

关于西夏石窟中对花鸟图像的论述,可见西夏人对花鸟的认识和理解。在承袭前代的基础上,西夏石窟花鸟图像不仅在题材和样式方面,而且在意蕴的表达上,都有一定的创新和发展。

(一)题材上的关联性

《禽鸟花卉》是黑水城出土的200多幅绘画作品中的一部分,在这些卷轴画作品中,花鸟的装饰点缀主要有牡丹、竹子、莲花等,而《禽鸟花卉》中所表现的对象有蜀葵、柳树、兰草、湖石、鸭子、鸡等,这些恰恰在敦煌西夏石窟中都能找到类似的题材。

蜀葵是《禽鸟花卉》中所描绘的主要花卉,有红、白两色,先勾线再上色,表现粗率写意。上节提到在宋夏时期,蜀葵被文人画家所青睐,至今存世的作品也不少,而在西夏遥远的边疆要地黑水城出现这一题材,可见其流行之广。让人欣慰的是,在2017年的敦煌西夏石窟调研中,笔者发现莫高窟壁画中也有大量的蜀葵,尤其在第324窟、第325窟龛内是整壁出现的,它们虽然杂糅了很多元素,有些甚至与蜀葵真实的样子有出入,但其基本表现还是蜀葵的形式,单株并立,前后重叠。两地虽然相距千里,但这一时期作为流行的花卉品类在两地都得到了表现,这与整个时代气息是契合的。

萱草是画家钟爱的花卉品类,它随意洒脱,可在绘画空间中灵活表现。无论是没骨之法,还是双勾填色,都能够较好地体现场景的禅意、野逸与悠远,为画家的艺术塑造提供了可能。《禽鸟花卉》近景中的萱草与榆林

窟第 2 窟水月观音中的萱草表现有异曲同工之妙。

湖石与花卉的配置在整个宋代世俗绘画中是一种最常见的形式,同萱草、竹子一样,都是文人画中的主要表现对象,而黑水城和敦煌西夏石窟汲取了这一绘画元素,可见在题材选择上西夏绘画受到了中原的影响。

至于两地绘画中禽鸟动物的运用,基本上都能相互印证,很好地诠释了西夏花鸟画题材上的关联性。

(二)表现手法上的相似性

西夏时期沿用了唐五代宋的绘画表现手法,东千佛洞第 2 窟、第 7 窟以及榆林窟第 2 窟的水月观音中,都以双勾填色为主要技法,勾勒用笔轻利,设色丰丽,显得较为工整细腻,这与《禽鸟花卉》中公鸡、鸭子、柳树的描绘是一致的。

《禽鸟花卉》中蜀葵的画法概括、写意,亦采用勾填法,花卉设色艳丽,层次相对减少, 这与莫高窟第 97 窟正壁龛内蜀葵的表现方法比较接近。相比较而言,宋人毛益等的蜀葵更显工细。而《禽鸟花卉》中的慈姑明显使用了没骨之法,写意味道浓厚,这种花鸟画的技法,前文已经提及,且在莫高窟西夏洞窟第 164 窟、第 169 窟、第 324 窟、第 325 等窟的花卉中都有应用,以彩笔取代墨笔,直接描绘,从而产生了一种全新的风格,更加彰显出偏重于粗放型的水墨画意蕴。

从画面意象的安排及构图而言,《禽鸟花卉》整体呈现碎片化,有拼凑之感。以莫高窟第 324 窟、第 325 窟等为代表的西夏石窟中整壁的花卉构图,意象的排列对称、平均,装饰味道浓,这与《禽鸟花卉》的构图样式有很大的相似性,与辽代花鸟画的构图样式也较接近,是不同于中原章法的一种特殊表现。

(三)两地都出现了完整的花鸟画样式

敦煌石窟壁画中作为主题图像的配景有诸多"花鸟图像",西夏时期也是如此,它们并不是完整的花鸟作品,而是掺杂在佛教故事、经变画等中,以营造氛围,烘托环境,对画面起到装饰或点缀的作用。但从西夏时期莫高窟第 324 窟、第 325 窟整壁的花卉表现中可以看出,它们已经超越了"花鸟图像"的范畴,而成为独立花鸟画样式。至此,莫高窟从北凉到西夏,历经九朝,在西夏时期出现了完整的花鸟画,意义非凡。众所周知,唐宋以来形成了独立的花鸟画科,这一历史性的发展,对石窟艺术也产生了不小的影响,例如折枝花的出现与增多,花鸟表现的精细化等,最终出现了整壁花卉的描绘,出现了完整的花鸟画。这种情况和辽代墓中的花卉表现非常相像,是这一时期花鸟画发展的时代共性。在西夏的西北边陲,黑水城与敦煌两地都出现了独立花鸟画,说明西夏人喜欢、重视花鸟,即使因历史原因保存下来的作品非常少,但我们还是能够体会到西夏人的花鸟情怀。

三、西夏人的花鸟世界

花鸟画的兴盛,不是为了单纯的赏心悦目,它与山水画一样被赋予一定的寓意。《宣和画谱》之《花鸟叙论》中写道:"……所以绘事之妙,多寓于此,与诗人相表里焉。花之于牡丹芍药,禽之于鸾凤孔翠,必使之富贵。而松竹梅菊,鸥鹭雁鹜,必见之幽闲。至于鹤之轩昂、鹰隼之击搏、杨柳梧桐之扶疏风流、乔松古柏之岁寒磊落,展张于图绘,有以兴起人之意者,率能夺造化而移精神,遐想若登临览物之有得也……"①画苍松、寒梅、雪竹,或白鹤、鸥鹭等都不可能离开作者的阶级意识和审美情操而孤立于画面,只是花鸟画所表露的阶级性比较曲折隐晦而已,同时西夏的花鸟画也离不开志趣表达和愿望寄托。

《月月乐诗》是西夏文诗歌,这一历史文献不仅记载了西夏国生活中的某些新的事实,而且也创造了某种温馨和谐的气氛,使得我们像唐古特

---

① [宋]佚名,王群栗点校《宣和画谱》卷 15,杭州:浙江人民美术出版社,2012 年,第 161—162 页。

宫廷诗人所曾做过的那样，充分运用他们的传统和本民族语言的一切宝藏想象出色彩鲜明的西夏生活。[1]诗歌以时间顺序进行安排，选择了西夏一年十二个月中的日常生活情景进行书写。它不仅是对君王的歌颂，更体现着一种乐生思想与道德情操，所表达的思想与花鸟画《禽鸟花卉》可谓异曲同工。现摘录部分内容：

> ……
>
> 二月里
>
> ……
>
> 月亮从西边的山丘上照射着，鹤唳阵阵，说不尽河流的美景。
>
> 鹤唳声声，河上景色优美，月儿在西边落下。
>
> 群鹤飞起，河流的全貌显得无边无际。
>
> 当度入三月，两种鸟类在林中开始啼鸣，宣告国家的欣欣向荣，
>
> 在这强大的国家里，到处是潺潺流水，草儿葱绿，
>
> ……
>
> 三月里
>
> 鸽子和斑鸠在树丛中咕咕叫着，宣告国家的兴盛，
>
> 在充满阳光温暖的强大光荣的国家里，流水潺潺，在辽阔的草原上，绿色的嫩芽破土而出，迎风摇曳。
>
> 杜鹃在东面的山上咕咕啼鸣，快快植树——杜鹃声声，阳光透过长枝吐蕊的树林！

---

[1] (俄)克恰诺夫、李范文、罗矛昆《圣立义海研究》，银川：宁夏人民出版社，1995 年，第19 页。

人们喝着豆粥,欣赏着花卉——这不是一个饥饿的国度。

……

四月里

……

露珠没有触动。小溪蜿蜒曲折,潺潺流动,青蛙在蹦蹦跳跳,——这是神的大地!

月儿度入第五个月,国内开始降雨,草木更加欣欣向荣。

旅人走着,心情愉快地观赏着四周。山丘上长满青草,鸟儿不慌不忙地操心着下一代。

……

五月里

国内普降甘霖,草木更加旺盛。

旅人走着,对一切都是一往情深,流连忘返。

山丘的红色杂草就像雄鸡的翎子,(这)说得一点不错。

芦苇戴上了黑色的毡帽。

……

昆虫飞来飞去,嗡嗡叫着。国内呈现一片欢欣鼓舞的景象。

……①

《禽鸟花卉》所描绘的内容、画面的场景与《月月乐诗》相似,"潺潺流水""草儿葱绿""杜鹃声声""山丘上长满青草,鸟儿不慌不忙地操心着下一代""国内呈现一片欢欣鼓舞的场景",由此推断画家也是托物言志,借景抒情,二者都是在歌颂王朝。

①(俄)克恰诺夫、李范文、罗矛昆《圣立义海研究》,银川:宁夏人民出版社,1995年,第14—19页。

从黑水城出土的《禽鸟花卉》和敦煌西夏壁画、卷轴画以及器物中的花鸟图像来看,西夏人也向往自然,熟悉身边的花鸟草虫,在极力学习宋、辽等绘画的过程中,掌握了花鸟绘画的一些技法,也同样有通过对花鸟绘画的描述来歌颂王朝,表达画家美好愿望的倾向。鲁多娃在其研究中直接指出,《水月观音菩萨》(X.2439)中观音像四周的石头画成了石青色,牡丹花画成了粉色和红色,这与观音的衣服和发式一样,都直接仿自南宋中原画师的作品。[①]鲁多娃对此画的评论只是冰山一角,也可以看作是西夏绘画与宋代绘画关系的一种影射,且其他的好多花鸟画都有类似情况,说明西夏人在学习他人的基础上进行了一些富有民族特色的创造。虽然没有更多的文献资料去充分证明西夏花鸟的本来面貌,但是通过《禽鸟花卉》的出土,敦煌西夏石窟绘画中整壁花卉的装饰、其他石窟中对花鸟元素的点滴记录,以及辽金等花鸟画的成就,可以断定西夏时期独立花鸟画科的成立,以及他们自身花鸟画的独特样式,是西夏人用其智慧和善于学习的精神,构建的自己的花鸟画世界。

相较宋代花鸟画,西夏花鸟画非常稀少,究其原因,笔者认为这主要受西夏政治、经济、民族文化等方面的影响与制约。西夏前半期致力于与辽、宋、金的征战,无暇顾及文化艺术方面的建设,中后期虽然相对安稳,但国内天灾人祸时有发生,加之地理与自然环境限制,可供入画的动植物种类偏少;再者,党项民族"逐水草而居"的生活与尚武的习性,不像中原汉人那样静心感怀,很难沉浸于身边的小情小景中作画,亦不像汉人一样能够领略到花鸟画的格调情怀和精神气度;另外,花鸟画不像人物画、宗教画那样具有突出的阶级性,宣教功能不够明显,故未引起西夏统治者的重视。

①(俄)鲁多娃著,胡鸿雁译《黑水城的汉式绘画》,载景永时《西夏语言与绘画研究论集》,银川:宁夏人民出版社,2008年,第268页。

第三章

敦煌西夏石窟中的人物画

第一节　敦煌早期石窟人物画演变

　　"'志于道,据于德,依于仁,游于艺'。艺也者,虽志道之士所不能忘,然特游之而已。画亦艺也,进乎妙,则不知艺之为道,道之为艺,昔人亦有所取焉。此梓庆之削鐻,轮扁之斫轮,于是画道、释像与夫儒冠之风仪,使人瞻之仰之,其有造形而悟者,岂曰小补之哉? 故道释门因以三教附焉。"①《宣和画谱》道释叙论的论述说明了"艺"若"此梓庆之削鐻,轮扁之斫轮"的"成教化、助人伦"②"存乎鉴戒者图画"③的道德教化之功能,进而阐明与道、释、儒相关的画像功能,供人瞻仰之用。郭若虚也指出人物画的教化目的:"盖古人必以圣贤形像、往昔事实,含毫命素,制为图画者,要在指鉴贤愚,发明治乱。"④这也是人物画较之山水画和花鸟画最为明显的一个特

---

　　①[宋]佚名,王群栗点校《宣和画谱》卷 1,杭州:浙江人民美术出版社,2012 年,第 6 页。

　　②[唐]张彦远著,俞剑华注释《历代名画记》卷 1,上海:上海人民美术出版社,1964 年,第 1 页。

　　③[唐]张彦远著,俞剑华注释《历代名画记》卷 1,上海:上海人民美术出版社,1964 年,第 5 页。

　　④[宋]郭若虚《图画见闻志》卷 1,载俞剑华《中国历代画论大观·第二编宋代画论(一、二)》,南京:江苏凤凰美术出版社,2016 年,第 5 页。

点。自春秋战国发现人物绘画始,至秦汉、魏晋南北朝和隋唐五代,它的这种功用凸现明显,如类似《非衣》中体现羽化登仙的墓室人物,《女史箴图》中弘扬儒家意识作为道德镜鉴的世俗形象,诸多石窟绘画中的各类人物同样具有这种语义内涵。

中国的人物画最早可追溯至原始社会岩画上的人物图像,因此将新石器时期作为中国人物画史的开端,其后在种类、题材、文化内涵及风格等方面不断创新发展。樊波的《中国人物画史》把中国人物划分为七个时期:萌芽期、确立期、成熟期、繁荣期、持续发展期、再度复兴期、走向新纪元。其中隋唐五代是人物画的繁荣时期,宋元是持续发展时期,无论是风格还是审美都受到同一时期文化的影响,时代特征明显。①

先秦时期中国人物画初步确立,至秦汉进一步拓展,题材内容不断扩大,人物画的审美品格越来越鲜明,理论观念也开始形成。魏晋南北朝时期达到了兴盛,曹不兴、顾恺之、张僧繇、陆探微等人物画家涌现,且有不少画家在理论方面造诣极深,顾恺之的"传神"理论对后世人物画产生了很大影响。这一时期佛教思想广泛传播,为人物画的发展提供了新题材,大量佛画和造像出现,为人物画注入了新鲜血液,尤其是石窟绘画,成了中国传统绘画的重要组成部分,这也是异域文化艺术进入中土并不断中国化和本土化的过程。如丝绸之路上的敦煌作为咽喉地段,自汉以来即为"华戎所交,一都会也",商品贸易在这里中转,中西文化在这里交汇,是中古文化西传的基地和西方文化东来的最初渐染地。②因此,从这个意义上讲,敦煌石窟绘画对外来佛教艺术的接受与变革,对整个中国人物画的发展有着举足轻重的作用。

---

①樊波《中国人物画史》,南昌:江西美术出版社,2018 年,第 15—16 页。

②荣新江《归义军史研究——唐宋时代敦煌历史考索》,上海:上海古籍出版社,2015 年,第 3 页。

一、北朝

被称为"佛画之祖"的曹不兴,据《历代名画记》记载:"孙权使画屏风,误落笔点素,因就成蝇状。权疑其真,以手弹之。时称吴有'八绝'。"[①]"吴赤乌中,不兴之青溪,见赤龙出水上,写献孙皓,皓送秘府。至宋朝陆探微见画,叹其妙,因取不兴龙置水上,应时蓄水成雾,累日滂霈。"[②]谢赫将其列在第一品,在陆探微之下、卫贤之上。张彦远说:"况不兴画名冠绝当时,非止于拂蝇得名。"[③]足见其绘画技艺之高超,且他的贡献更在于佛画上。《图画见闻志》记载:"蜀僧仁显《广画新集》言曹曰:昔竺乾有康僧会者,初入吴,设像行道,时曹不兴见西国佛画仪范写之,故天下盛传曹也。"[④]曹之佛画,天下盛传,影响甚广。其后张僧繇创"张家样""象人之美""张得其肉"[⑤],其人物画面短而艳,有一种饱满丰肥之美,可能也是受佛教艺术的影响所致。曹仲达的人物画被称为"曹衣出水",郭若虚称"曹之笔,其体稠叠,而衣服紧窄",[⑥]这种稠叠与紧窄的语言样式也是西域佛教雕塑影响的结果,其与"健陀罗"雕塑极为相似。后世张彦远《历代名画记·论顾陆张吴用笔》记载:"顾、陆之神,不可见其盼际,所谓笔迹周密也。张、吴之笔,笔才一二,像已应焉。离披点画,时见缺落,此虽笔不周而意周也。若知画有疏密二体,方可议乎画。"[⑦]张彦远将顾恺之、陆探微之笔划为"密体",而将张僧繇之笔划为"疏体"。

---

① [唐]张彦远著,田村解读《解读历代名画记》卷1,合肥:黄山书社,2012年,第157页。
② [唐]张彦远著,田村解读《解读历代名画记》卷1,合肥:黄山书社,2012年,第157页。
③ [唐]张彦远著,田村解读《解读历代名画记》卷1,合肥:黄山书社,2012年,第157页。
④ [宋]郭若虚《图画见闻志》卷1,北京:中华书局,1985年,第37页。
⑤ [唐]张彦远著,俞剑华注释《历代名画记》卷7,上海:上海人民美术出版社,1964年,第152页。
⑥ [宋]郭若虚撰,米田水译注《图画见闻志》卷1,长沙:湖南美术出版社,2000年,第37页。
⑦ [唐]张彦远著,田村解读《解读历代名画记》卷1,合肥:黄山书社,2012年,第53页。

自然景物作为人物画的背景是中国人物画的一个重要发展历程。在魏晋以前，人物画的背景多以神灵云气或亭台楼阁为主，很少有自然景物。这种图式变化的原因在于魏晋南北朝时期崇尚自然的审美风尚。张彦远评顾恺之"画险绝之势，天师坐其上，合所坐石及荫……而赵升神爽精诣，俯盼桃树"，①《宋书》卷 93《宗炳传》曰："好山水，爱远游，西陟荆、巫，南登衡岳，因而结宇衡山，欲怀尚平之志。"②王薇《叙画》曰："望秋云，神飞扬；临春风，思浩荡。虽有金石之乐，珪璋之琛，岂能仿佛之哉！"③顾、宗、王既是画家，也是理论家，从他们的艺术品及其艺术理论中，我们可以发现其中所蕴含的对山对水无比崇尚的态度。

敦煌石窟早期的绘画艺术，与以上所述魏晋时期人物画的艺术表现很接近，只是在题材上差异较大。这一时期的许多画家几乎无一件真实可考的作品留存，可以说，那些丰富的石窟绘画对研究中国人物画的发展具有很好的参证价值。

敦煌石窟北凉时期的壁画题材主要有佛教尊像画、故事画、供养人画像以及装饰图案等，其中佛、菩萨等佛教人物形象人体各部位明暗关系的描绘采用了西域式的"凹凸法"来表现，人物的身体结构、面部造型等与克孜尔壁画艺术一脉相承。而供养人则往往采用传统人物画的方法，线描勾勒，色彩单一甚至不敷彩。④

北魏的人物画多为铁线描法，色彩多为石青、石绿与土红的配合。人物形象外来风格比较明显，菩萨形象都是上身半裸，有璎珞、披巾装饰，与印度和西域大臀丰乳的造型有很大区别，与汉画中表现女性的手法相近，

①[唐]张彦远著，田村解读《解读历代名画记》卷 5，合肥：黄山书社，2012 年，第 191 页。

②[梁]沈约《宋书》卷 93《宗炳传》，北京：中华书局，1974 年，第 2279 页。

③[唐]张彦远著，田村解读《解读历代名画记》卷 2，合肥：黄山书社，2012 年，第 217 页。

④赵声良《十六国北朝的敦煌石窟艺术（一）》，《艺术品》2015 年第 11 期，第 35 页。

显现出苗条、纤细、飘逸的风姿。如莫高窟北魏第 285 窟北壁的三身男供养人头上所戴冠饰，与东晋顾恺之《洛神赋图》中骑马侍者所戴的笼冠很相似。第 285 窟北壁的女供养人着对襟袍服和间色曳地长裙(图 3-1)，长裙上有着"华袿飞扬"之袿衣，衣带飘举，亦与顾恺之《洛神赋图》女神的着装一致。

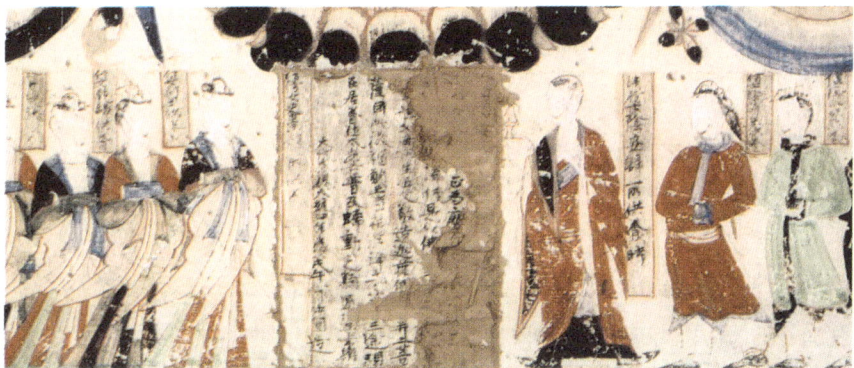

图 3-1　莫高窟第 285 窟男女供养人

西魏以后，中原风格和西域风格融合演变。至北周，形成了以中原传统之风为主兼及西域风格为辅的绘画特点。它们都对敦煌壁画造成影响，但与前期有所不同。如莫高窟第 428 窟就是这种新西域风格的典型代表，壁画中的佛、菩萨等形象面相丰圆，身体短壮，上身半裸，下身着裙，与张僧繇的"面短而艳"颇为相似，而与北魏时期的"秀骨清像"迥然有别。

北周时期，莫高窟第 428 窟的佛像面部出现了白眼、白鼻、白齿、白连眉、白下颌的"五白"晕染，不同于北魏"小字脸"法，显得更加细腻(图 3-2)。第 290 窟飞天的额部、两颧、颈部、胸部、腹部、臂部涂白，以表现高光。这些都可看出这一时期西域式晕染法细腻化的发展变化。北周后期，画家们又将西域式"染低不染高"的染法与中原式"染高不染低"的晕染法相结合，形成了一种混合式晕染法，以第 297 窟、第 299 窟、第 301 窟

图 3-2　莫高窟第 428 窟南壁卢舍那佛

等为代表,这种混合式染法在佛、菩萨、弟子、飞天等的绘制上,都能看到。①

西魏、北周故事画中的山水树木作为人物的配景出现已经比较成熟,如莫高窟西魏第 249 窟、第 285 窟,四披下部有山水树木,山峦与树木间还有野兽出没,这与魏晋南北朝时期其他画中的人物画表现一致,山水图像在人物画中凸显,但并未成为一种独立的类型出现,这种现象与魏晋南北朝的审美思想有关,同时为隋唐山水画的成立奠定了基础。

二、隋

隋代绘画虽历时短暂,但成就不小。在内容上以主张忍辱牺牲、累世修行的小乘佛教向以大乘佛经为依据的各种经变画转化。隋代的经变画主要有法华经变、西方净土变、弥勒上生经变、涅槃经变、药师经变、维摩诘经变等,内容不断丰富,结构也趋于宏伟。

隋代绘画明显存在着疏密二体。②前文已述,顾恺之、陆探微之画以线描精细精密而著称,莫高窟隋代壁画第 419 窟、第 420 窟的人物故事画是

①赵声良《十六国北朝的敦煌石窟艺术(四)》,《艺术品》2016 年第 2 期,第 56—59 页。
②李其琼《隋代的莫高窟艺术》,载敦煌文物研究所编《中国石窟·敦煌莫高窟(二)》,北京:文物出版社,1984 年,第 169 页。

堪称"工倍愈细"的杰作(图 3-3)。《历代名画记》记载的"中古之画，细密精致而臻丽，展、郑之流是也"①，可以看出，隋代中原的绘画风格，以展子虔、郑法士为代表，画风精致绚丽，普遍流行。不难想见，莫高窟隋代洞窟的密体画风，应当是中原绘画艺术影响的结果。②《画鉴》也指出："展子虔画山水，大抵唐李将军父子多宗之。画人物，描法甚细，随以色晕开。余尝见故实人物、春山人马等图。又见'北齐后主幸晋阳宫图'，人物面部，神采如生，意度具足，可为唐画之祖。"③

图 3-3　莫高窟第 420 窟佛说法图

---

①[唐]张彦远著，田村解读《解读历代名画记》卷 1，合肥：黄山书社，2012 年，第 26 页。

②李其琼《隋代的莫高窟艺术》，载敦煌文物研究所编《中国石窟·敦煌莫高窟(二)》，北京：文物出版社，1984 年，第 169 页。

③[元]汤垕撰，马采标点注译，邓以蛰校阅《画鉴》，北京：人民美术出版社，2016 年，第 4 页。

图3-4　莫高窟第302窟供养人

　　莫高窟第302窟、第276窟采用了"疏体"的画法,画师们先用赭红线描造型,然后进行赋彩,线条流利、色彩淳厚,显得朴质高雅(图3-4)。晕染法也是这一时期人物面部表现常用的一种绘画技法,莫高窟第420窟、第419窟、第427窟菩萨像的晕染表现显得尤为突出。《太平广记》:"唐尉迟乙僧,土火罗国胡人也。贞观初,其国王以丹青巧妙,荐之阙下云。其国尚有兄甲僧,未有见其画踪。乙僧今慈恩寺塔前面中间功德,又凹垤花,西面中间千手千眼菩萨,精妙之极。光宅寺七宝台后面画降魔像,千怪万状,实奇踪也。然其画功德、人物、花草,皆是外国之象,无中华礼乐威仪之德(出《唐画断》)。"[①]尉迟跋质那与乙僧父子入居中原,封爵郡公,乙僧并曾为宿卫官,显然是于阗派到隋朝和唐朝政府中的质子。[②]他们来到长安,带来了于阗独特的绘画技艺,创作了大量以宗教人物和宗教故事为题材的寺院壁画、卷轴画,乙僧尤为突出,其作品"精妙之状,不可名也",人们把他和大师阎立本相提并论。隋代敦煌石窟绘画艺术的改变与发展,与西域

---

① [宋]李昉《太平广记》卷211《尉迟乙僧》,北京:中华书局,1961年,第1618页。
② 向达《唐代长安与西域文明》,石家庄:河北教育出版社,2001年,第10—14页。

父子的贡献是分不开的。这种传自印度的凹凸法来到了敦煌,在隋代与民族传统的晕染相融合,既可表现人物面部色泽,又富有立体感,至唐时期达到极盛,如画史评吴道子"人物有八面,生意活动"①。

三、唐

唐代前期是莫高窟造窟最多的时代,这些洞窟体现了大乘思想,呈现了佛教艺术全盛时期的面貌。②"升其栏槛,疑绝累于人间,窥其宫阙,似游神乎天上。"③"凿为灵龛,上下云矗。构以飞阁,南北霞连。依然地居,杳出人境。圣灯时照,一川星悬。神钟乍鸣,四山雷发。"④"雕檐化出,巍峨不让于龙宫;悬阁重轩,晓万层于日际。"⑤李氏三碑上的这些描述,给我们展现了当时莫高窟宏伟的建筑和佛事活动的盛况。

进入唐代,石窟内的彩塑以及壁画等突破了旧样式,设计更为周密,佛、菩萨、弟子、天王、龙王、阿修罗等诸天圣众及金刚力士,法华经变、阿弥陀经变、弥勒经变、观无量寿经变、东方药师经变、维摩诘经变、劳度叉斗圣变、涅槃经变等经变画,吴淞口石佛浮江、阳都高悝得金像、后赵佛图澄神异事迹等故事画,还有供养人画像和装饰图案等被有序安排在洞窟中。构图上的一个显著特点是"满",营造了多姿多彩的佛国世界景象。画面除了一般采用的散点透视外,将鸟瞰法与焦点透视法相结合,创造了"远岫与云容交接,遥天共水色交光"的辽阔境界。⑥绘画中兰叶描的使用

---

①[元]汤垕撰,马采标点注译,邓以蛰校阅《画鉴》,北京:人民美术出版社,2016 年,第 7 页。

②段文杰《唐代前期的莫高窟艺术》,载敦煌文物研究所编《中国石窟·敦煌莫高窟(三)》,北京:文物出版社,1984 年,第 162 页。

③郑炳林《敦煌碑铭赞辑释》,兰州:甘肃教育出版社,1992 年,第 10 页。

④郑炳林《敦煌碑铭赞辑释》,兰州:甘肃教育出版社,1992 年,第 19 页。

⑤郑炳林《敦煌碑铭赞辑释》,兰州:甘肃教育出版社,1992 年,第 42 页。

⑥段文杰《唐代前期的莫高窟艺术》,载敦煌文物研究院编《中国石窟·敦煌莫高窟(三)》,北京:文物出版社,2011 年,第 173 页。

图 3-5　莫高窟初唐第 220 窟维摩诘

已经比较流行,在人物的面部勾勒中非常重视"传神",人物面部以及关节的转折处运笔较慢,"重宜陈其迹"(图 3-5)。

唐代石窟绘画色彩丰富,用了很多调和色,画师们在地色运用上有的承袭前代做法,以土红色涂地且赋彩浓厚,初唐时期直接在土壁上涂色,显得较为温和,后来发展了前代做法,以粉壁地,色彩鲜艳明快(图 3-6)。唐代赋彩的特点还表现在晕染和叠染方面,一瓣莲花多达十六到二十层的叠晕,格外厚重丰富,同时晕染也经常用于表现人物的立体感。与隋代的晕染方法相近,唐代形成了多种新的方法。①

吐蕃时期,尊像画的内容与前期相同,经变画出现了天请问经变、金刚经变、报恩经变、金光明经变、华严经变、楞伽经变、思益梵天问经变等七种新内容,但净土变绘画仍表现出不凡的成就(图 3-7)。晚唐又出现了降魔变、楞严经变、密严经变,儒家忠孝思想在佛教艺术中有明显的体现,也出现了完整的巨型经变劳度叉斗圣变。在表现上,兰叶描转向更为精细柔丽,用土黄或白土色作底,色调显得较为柔和温馨。此外,密宗图像的大量传入,使原有的图像有了很大的改变。

---

①段文杰《唐代前期的莫高窟艺术》,载敦煌文物研究院编《中国石窟·敦煌莫高窟(三)》,北京:文物出版社,2011 年,第 174—175 页。

图 3-6　莫高窟盛唐第 45 窟观音经变（局部）用色

图 3-7　榆林窟第 25 窟观无量寿经变局部

　　晚唐时期，在绘画趋向程式化的同时，出现了一些全新的人物画题材，即历史人物画"出行图"的绘制与供养人画像以真人大小的形式出现，特别是一些重要的归义军历史人物，如莫高窟第156窟的绘画长卷"张议潮统军出行图"（图3-8）和"河内郡宋氏夫人出行图"等。

图3-8　莫高窟第156窟张议潮统军出行图

四、五代与宋

　　五代宋曹氏归义军时期，由于"画院"的设立与大量敦煌壁画底稿的使用，使得这一时期的绘画风格更加程式化。无论是经变画、供养菩萨、供养人画像都千篇一律，显得有些雷同。曹氏统治者佞佛，开凿了莫高窟第98窟、第100窟、第55窟、第61窟等大窟，也出现了一些新特点，如在窟顶四角绘制四方天王，另外曹氏与回鹘、于阗的联姻，出现了大量着翻领小袖袍、顶饰瑟瑟珠、头束高髻、戴桃形凤冠、脸部抹红面的回鹘装女供养人画像，还有第98窟、第454窟的于阗王画像等。①

---

①郑炳林、沙武田《敦煌石窟艺术概论》，兰州：甘肃文化出版社，2005年，第165页。

第二节　敦煌西夏石窟人物画

一、8—11 世纪历史变革背景下人物画的发展

中国人物画自晋唐以后,绘画体系发展得相对完备。笔墨的表现、色彩的应用、造型方式、风格样式以及法度规则等,构成了一个相对系统的审美体系,不再支离、片面。顾恺之、陆探微、张僧繇、曹仲达、杨子华、阎立本、吴道子、周昉等人就是这一审美体系的建构者,中国人物画的审美品格正是通过这一体系充分彰显了出来。可以看到,中国的诗、文和书法艺术从魏晋南北朝至唐五代也大致完成了这一体系的建构。[1]面对这一具有非常"完备"的传统体系的处境,宋代人物画如何另辟蹊径,是摆在宋人面前的一个重要课题。

前文第二章中探究了花鸟画在 8—11 世纪经历了划时代的变革,花鸟画独立成科,与此同时,又形成了花鸟、山水、人物画三足鼎立的局面,如刘道醇《圣朝名画评》中将其分为"人物门""山水林木门""畜兽花木羽

---

①樊波《中国人物画史》,南昌:江西美术出版社,2018 年,第 361 页。

毛门"等。郭若虚《图画见闻志》有叙论、纪艺、故事拾遗近事等,在"纪艺"中又有人物、山水门、花鸟门等分类。《宣和画谱》有"宫室""番族""龙鱼""畜兽""墨竹""蔬果"等名目。这种局面对唐以来极具鼎盛地位的人物画造成了极大的冲击,成为宋代人物画发展所面临的又一处境。

面对这两大处境,樊波先生总结出了宋人在人物画方面进行突破与超越的路径:一是宋人在继承传统的基础上,扬长避短,力求形成自己的绘画风格;二是积极地吸收了当时文人画思潮中的美学因素;三是努力发掘新的题材及其内涵,特别是对城市风情和乡野风俗的描写;四是宋代许多人物画作品越来越自觉地与山水形象相融合。①

处在这一背景下的敦煌石窟,人物画图式和表现呈现出明显的变化。

宋代人物画家认为代表传统人物画高度的不是陆探微、张僧繇、阎立本、周昉等,而是一代"画圣"吴道子,"北宋160余年的人物画发展历程几乎完全为吴之影响所覆盖,即是到了南宋这种影响还在持续"。②但是宋人却又能师古而不泥古,变通而创新,北宋早期的王瓘能"往来不滞,废古人之短,成后世之长"③,孙知微"喜画道释"却能"不蹈袭前人笔墨畦畛"④。以榆林窟第3窟文殊变、普贤变,莫高窟第3窟千手千眼观音,以及文殊山万佛洞的布袋和尚等为代表的西夏石窟白描人物画,除了吴之描法,还有其他多种样式,同样可以看出石窟人物画在西夏的新发展。

西夏石窟人物画受宋代文人画美学因素的影响,在笔墨和造型上进行了探索。肃北五个庙石窟第3窟中药师净土变图像凸显出以"墨"代

---

①樊波《中国人物画史》,南昌:江西美术出版社,2018年,第361—366页。

②樊波《中国人物画史》,南昌:江西美术出版社,2018年,第363页。

③[宋]刘道醇《圣朝名画评》,载俞剑华《中国历代画论大观·第二编宋代画论(一、二)》,南京:江苏凤凰美术出版社,2016年,第145页。

④[宋]佚名,王群栗点校《宣和画谱》卷4,杭州:浙江人民美术出版社,2012年,第40页。

"笔"的语言变革,榆林窟第 2 窟东壁的商人遇盗图等更显"逸趣"风格的"减笔"画法,与宋代禅学思想影响下的梁楷、法常的人物画如出一辙,可以看出西夏石窟人物画区别于前代的重要标志。

　　风俗画的时兴影响到了这一时期的石窟绘画样式,以张择端的《清明上河图》、李嵩的《货郎图》等为代表的风俗画蔓延到了石窟中,榆林窟第 3 窟的五十一面千手观音中观音的手执物品、山西崇福寺千手观音中的手持物品以及岩山寺文殊殿的婴戏图、市井图等都受到了宋代风俗画的影响。

　　宋代山水、花鸟、人物画发展的三足鼎立,使得以山水画为参照背景考察当时人物画的状况已成为一个重要的理论视角[1]。宋代人物画与山水形象相互融合,在西夏石窟中也得以体现,榆林窟第 3 窟、第 29 窟,肃北五个庙第 1 窟等文殊变、普贤变中,山水背景占据了画面的大部分空间,人物普遍缩小,尤其是榆林窟第 3 窟文殊变下方乌篷船中的世俗人物非常小,与宋代山水画中点缀的人物构图是一致的。

二、西夏石窟人物画的延展

　　西夏石窟人物画承袭唐、宋,从绘画题材而言,西夏的经变画大量减少,只有阿弥陀经变、无量寿经变、观无量寿经变、药师经变、文殊变、普贤变、涅槃经变、弥勒经变、维摩诘经变、炽盛光经变等。许多净土变中,虽然人物众多、场面宏大,但楼台亭阁、宝池瑞禽等被简化甚至消失,画面显得较为简约。西夏石窟中的供养人画像也大大减少,但又有非常明显的时代和民族特点。与前期相比又有延展,如唐僧取经图、布袋和尚、金刚手、释迦降魔塔、曼荼罗五方佛等是西夏人物画的新题材,尤其是唐僧取经图,是这类题材现存最早的图像记录,对于研究玄奘取经是难得的形象资料。

---

①樊波《中国人物画史》,南昌:江西美术出版社,2018 年,第 364 页。

尤其到了后期,人物画在艺术风格上也发生了较大的变化,呈现出明显的时代特色,文人画影响下线描艺术的发展以及藏传佛教的介入都对西夏石窟人物画注入了新风。传统人物画如炽盛光佛与药师佛、水月观音、千手观音、文殊变、普贤变以及供养人等方面也有新的发展。

三、西夏石窟人物画的结构与空间

关于人物画的结构与空间,先从湖南长沙陈家大山楚墓和东南子弹库一号楚墓出土的两幅绢画《龙凤仕女图》和《人物御龙图》说起,两幅画中分别绘有一女子侧身像和一男子侧身像,画面中的凤鸟、龙、凤、鹤等动物形象,是被想象为具有神异力量的"祥瑞"之物,引领死者升入仙境。汉代的画像石和画像砖中,也有不少侧面人像。路德维格·巴赫霍夫用"二维表现与三维再现"去衡量中国画像艺术的发展进程,认为这一阶段的艺术中大量正、侧面形象和对叠表现缺乏,空间意识尚未形成。[1]半侧面像的普遍出现,则是"现实主义"风格的表征。显然,巴赫霍夫的这种线性空间分析方式对研究中国传统绘画是有意义的,但是其结论本身还值得商榷,他们真正的目的并非构建空间,而在于通过图像传达画者希望传达的特定信息。[2]

西夏石窟人物画与早期的两幅楚墓绢画,都是出于一定的宗教目的而绘制的,但前者与后者相比,已经发生了很大变化,除了侧面形象,正面的、半侧面的人物形象,以及建筑、山石、流水、花木等,共同出现在同一幅

①L.Bachhofer, "Die Raumdarstellung in der Chinesischen Malerei des ersten Jahrtau-sends n Chr.", Munchner Jahrbuch der bildenden Kunst, Band VIII, 1931. Trans. Harold Joachim, manuscript in the Rubel Library, Harvard University.

②W.H.Wells, Perspective in Early Chinese Painting, London: E Goldston, 1935. 关于这些学者的意见,见(美)巫鸿著,柳杨、岑河译《武梁祠:中国古代画像艺术的思想性》,北京:生活·读书·新知三联书店,2015 年,第59—76 页。

画面中,营造了一个不同的图像与视觉"空间"①。敦煌艺术所显示的更是不同宗教艺术和视觉文化间的持续互动,而非某一个艺术传统的纯粹性和线性发展②,西夏石窟绘画作为敦煌艺术长河中的一个发展阶段,其绘画本身构建出怎样的一个空间,同样需将其置入西夏时期的社会文化背景中去考察。

(一)空白与叠加

中国传统绘画的空间与西方基于科学理性分析的透视空间有所不同,中国传统绘画空间是用"空白"或"留白"来表达,或者可将画面内容与各种材质的背景用"图与底"③来界定。巫鸿先生曾将中国传统绘画的空间表现方式概括为以下几类:形象的叠加、重屏、正反形象等。方闻先生在《心印——中国书画风格与结构分析研究》中,也将中国山水画山与山、山与云、山与树之间交错叠加的递进方式,看成山水画立体空间的一种递进式的建立。

据《西夏书事》卷7载,李继迁以灵州为都,认为"从古成大事者,不计苟安;立大功者,不徇庸众。西平北控河、朔,南引庆、凉,据诸路上游,扼西陲要害。若缮城浚壕,练兵积粟,一旦纵横四出,关中将莫知所备。且其人习华风,尚礼好学。我将借此为进取之资,成霸王之业,岂平夏偏隅可限哉"④,足见西夏帝王对中原传统文化的崇尚。诸多的文献史料记载印证了西夏崇尚汉族文化的兴盛风气。西夏石窟绘画继承了晋唐以来的壁画风

---

①借用巫鸿先生的"空间"概念,第一种是沿着图像志的脉络,把"空间"理解为构成图像的文学或宗教意义的一个因素,称之为"图像空间";第二种方式是跟随形式分析和视觉心理学的系统,把"空间"看作视觉感知及再现的内涵和手段。

②(美)巫鸿著,钱文逸译《"空间"的美术史》,上海:上海人民出版社,2018年,第203页。

③李杰《中国美术考古学的风格谱系研究——以中古时期平面图像为中心》,北京:科学出版社,2017年,第283页。

④[清]吴广成撰,龚世俊等校证《西夏书事》卷7,兰州:甘肃文化出版社,1995年,第88页。

格并以此为基础,糅合了宋代绘画的一些样式,发展成为中华优秀传统文化的重要组成部分。因此,西夏石窟人物绘画的空间表达,基本上还是中国传统绘画空间的延续,基底的留白、形象的叠加等都是基本的空间表现方式。

西夏石窟绘画中大量应用了叠加的形式,如东千佛洞第 2 窟、第 7 窟中后甬道的说法图,涅槃经变中有众多人物,通过人与人之间的叠加,将其安排在同一画面空间中,有前后关系而无近大远小的变化(图 3-9)。同样,莫高窟第148窟中供养人的前后叠加形式,是中国传统绘画空间的一种再现(图 3-10)。

图 3-9　东千佛洞第 2 窟说法图局部

图 3-10　莫高窟第 148 窟供养人局部

宋画《宫苑婴戏图》是自然主义风格和空间背景,是通过在画平面上平行后退的空间叠加而获得的。①在北宋晚期山水

---

① (美)方闻著,李维琨译《超越再现:8 世纪至 14 世纪中国书画》,杭州:浙江大学出版社,2011 年,第 238 页。

画中,能够见到这种典型的对连续退缩空间的处理手法,画中的人物自由进出于家中内外、山水之中。方闻先生将这种构图称为"空间结构的自然主义方式"。这种方式在西夏的一些建筑画中也有所表现,而人物形象已经完全融入了空间的背景中。

宋以来的文人士大夫十分钟爱"留白",即用大面积的画面留白来表达自己对"逸品"的追求,寥寥几根线,就表示宽广的水面,山间几笔晕染,即可表示缥缈的宇宙。宋代的文人思想,对西夏绘画也形成了一定的影响,如西夏水月观音背景的大片留白,营造了更加空灵的环境,与净土思想更加契合。

大面积留白中山水与花草等的大量安置,是西夏石窟绘画重要的一种转变。文殊变、普贤变中菩萨和圣众们在空中驾云疾行,众人物所占比例大大缩减,除人物之外的山水背景显得尤为突出,画面中的留白面积也非常明显,一派释、道之神灵与自然相结合的画面,与无山水景观的背景相比,大片留白和宏大的山水景观无疑更能营造真实生动的空间。榆林窟第25窟绘于唐代,西壁南北两侧为普贤变和文殊变,整个画面中人物勾勒后填色,敷彩较浓,背景中无其他内容,只有几朵小花点缀,人物形象庞大,占据了整个画面的大部分空间。榆林窟第12窟西壁北侧的普贤变,也是人物占据空间较大,不同之处在于下部出现了少量的祥云,上部有较少的青山绿水。而五代时期第32窟东壁南北两侧,第35窟北壁、南壁的文殊变和普贤变背景中的祥云、山水和建筑增多。西夏榆林窟第29窟东西壁中间的文殊变和普贤变,上部的几何形山和树占据了近三分之一的面积;榆林第3窟南北壁的观无量寿经变的整幅画面中,建筑占据了很大空间比例,人物相对偏小,被置于建筑空间之中。山、水、建筑凸显,人物相对收敛,这与莫高窟第164窟、第368窟净土变中主尊居于画面中心,其他人物显露于建筑之外的布局明显不同,而与大大简化建筑,构图简约且程式化的莫高窟第34窟、第365等窟和无建筑空间的第328窟、第367窟、第 368 等窟相比①,更是意蕴无穷。这样的安排,与上述文殊变、普贤变可谓殊途同归,画面中人物形象的"减缩",与各类形象的叠压手法,显示出绘者对于三维空间的兴趣。②

(二)对"写实"三维空间的兴趣

关于"写实"与"三维空间",是众人论及二维平面绘画时极为关注的一个话题。唐宋时代之画,尚未离写实时代,写实则非注意于立脚点不可,故李成有仰画飞檐之发明。③关于李成仰画飞檐,画史记载如下:

> 李成画山上亭馆及楼塔之类,皆仰画飞檐,其说以为自下望上,如人平地望屋,檐间见其榱桷。此论非也。大都山水之法,盖以大观小,如人观假山耳。若同真山之法,以下望上,只合见一重山,岂可重重悉见?兼不应见其嵝谷间事。又如屋舍,亦不应见其中庭及后巷中事。若人在东立,则山西便合是远境;人在西立,则山东却合是远境,似此如何成画?李君盖不知以大观小之法,其间折高折远,自有妙理,岂在掀屋角也!④

"仰画飞檐"的故事告诉我们中国绘画写实与西方透视学之间的不

---

①关于西夏的净土变画面结构,沙武田在《读图的厚背景和被表象误导的历史图像——重新认识敦煌西夏石窟艺术之面貌及其内涵》(载 2018 年 10 月《观念·技术　视野·视角——敦煌石窟研究方法论国际学术研讨会论文集(上)》,第 263—287 页。)中将其分为四种类型,A 型:突出寺院建筑的三会式净土变;B 型:简化寺院建筑的三会式净土变;C 型:仅存下部建筑的向心式菩萨环绕主尊净土变与三会式净土变;D 型:无建筑的向心式菩萨环绕主尊净土变与三会式净土变。

②(美)巫鸿著,钱文逸译《"空间"的美术史》,上海:上海人民出版社,2018 年,第 51 页。

③俞剑华《中国历代画论大观·第二编宋代画论(一、二)》,南京:江苏凤凰美术出版社,2016 年,第 204 页。

④俞剑华《中国历代画论大观·第二编宋代画论(一、二)》,南京:江苏凤凰美术出版社,2016 年,第 204 页。

同,后者固定于一点进行观察审视,因此对事物的上下左右、内容和外表不必全部透析,而中国绘画的观察方式是属于多种印象的一种综合,画家善于将不同视角的观察结果进行统一布局。

因此,不可忽视对中国画"写实"的认识。王维《山水论》的"远人无目,远水无波",郭熙的"三远"同样说明了中国画家对写实和三维立体空间表现的兴趣。

关于水图,晋唐以来有多人描绘,近者如马远的《十二水图》、张敦礼的《九歌图局部》,从平坦的画面上可以感受到江面的浩渺,近景中的水波波纹大而清晰,远景里的波纹渐小且密集,水面的纵深度跃然画上,有"远水无波"之势。榆林窟第3窟的文殊变、普贤变中,近处的水起伏较大,远处的显得较平,水的近实远虚,体现出了空间的变化,是三维立体的。

莫高窟唐代第217窟中的溪山行旅与第323窟一样,画中水波浩渺、山峦起伏,在此体现出中国传统山水画的"三远法"已在创作实践中逐渐形成,咫尺之图,写千里之景。

在西夏的诸多观无量寿经变中,显示出了明显的三维空间性。建筑正面朝向观众,所有与画面垂直的线条都有一种向一点消失的趋向,因此,画面中间的桌子、桌布等有着非常明显的近大远小的透视变化。

莫高窟第142窟的观无量寿经变的构图,似西方的焦点透视(平行透视),尤其画面中央桌了上的蓝底小花布,近大远小非常明显(图3-11)。同样莫高窟第325窟、第330窟等窟中的蓝底小花布,也是透视感极强(图3-12、图3-13)。

关于"头光",无论佛像正侧与否,西方人均将其描绘如圆光。而中国画工若随身体正侧之角度,绘不同形状之头光,则被认为"大谬":

　　画工画佛身光,有匾圆如扇者,身侧则光亦侧,此大谬也。渠但
　见雕木佛耳,不知此光常圆也。又有画行佛,光尾向后,谓之顺风

光,此亦谬也。佛光乃定果之光,虽劫风不可动,岂常风能摇哉! ①

图 3-11　莫高窟第 142 窟观无量寿经变

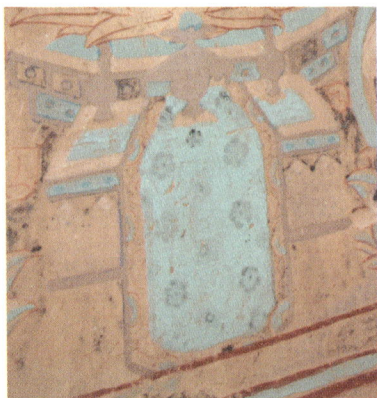

图 3-12　莫高窟第 325 窟的桌布

图 3-13　莫高窟第 330 窟的桌布

---

①[宋]沈括《梦溪笔谈》,载俞剑华《中国历代画论大观·第二编宋代画论(一、二)》,南京:江苏凤凰美术出版社,2016 年,第 206 页。

　　研究西洋宗教画之圣光亦多犯此病，盖以光为圆盘而不以光为圆球也。[1]在西洋宗教中，赋予了头光为"圆球"的内涵，认为无论何时何地，佛法永恒。因此，中国画家笔下随环境改变而改变的形态各异的头光，被予以否定。可见，写实与否并无陈规。所有的构成与形式，真正的目的在于通过图像传达画者希望传达的特定信息。

（三）人物布局与仪式空间

　　明代周履靖在《天形道貌》中对人物像的角度有这样的说明：

> 　　其画面像，更有分数——九分、八分、七分、六分、五分、四分、三分、二分、一分之法。背像正像则七分六分四分乃为时常之用者。其背像用之亦少，惟画神佛，欲其威仪庄严尊重衿敬之理，故多用正像，盖取其端严之意故也。画山水人物，若涸然用其正像，则板刻而近俗态，恐未尽善。顾恺之曰："四体妍媸本无关妙处，传神写像，正在阿堵中。"[2]

　　周氏总结了人物像的正侧角度分类，并指出佛教画像中"正像"与"威仪庄严尊重衿持"之间的关系及山水画中人物像多不用"正像"的问题。

　　前文已经提到中国传统绘画中人物形象的侧面表现情况，早期的绘画中大量剪影式侧面外形的出现是因为这个角度更容易表现人物的特点。但从是否立体的角度来说，汉末出现的半侧面脸形明显要比正面或正侧面的脸形更具立体感，观者容易区分脸部的前后关系，并带有简单的体积视觉感受。从魏晋早期的墓室壁画到南北朝后期的墓室壁画，人物的脸

---

[1]俞剑华《中国历代画论大观·第二编宋代画论（一、二）》，南京：江苏凤凰美术出版社，2016年，第206页。

[2][明]周履靖《天形道貌》，载俞剑华《中国古代画论类编（上）》，北京：人民美术出版社，1998年，第495—496页。

形除需展现墓主威严的正面形象外,大部分人物的脸形都采用半侧面,其中原因显然是受到西式造型观念的影响,欲在画面中展现具有"体积"和"空间"的造型愿望。①

据《图画见闻志》《宣和画谱》《画继》等记载,当时描绘帝后肖像画的画师有牟谷、僧元霭、僧维真、杨日言、朱渐、徐确等人。画史称肖像画"能写正面,唯谷一人而已"。②可见当时画院御用画师中很少人写正面像,只有牟谷。现存宋代帝后肖像多为四分之三侧面坐像,而在佛教绘画中则不同,正面的佛像大量出现,以表佛的威严。

关于山水画中的人像 "若溷然用其正像, 则板刻而近俗态, 恐未尽善",周氏认为在山水画中正面人物会导致"刻板"与"俗态",这是建立在山水画是文人情趣表达的对象这一语境之上的, 侧面形象更能突出个体隐逸于山林,与自然合二为一的谦卑。如马远的画中,有位文人侧身坐着,放眼而望,将我们引入幽深的心理空间。马远这种构图应该来自李公麟。在他表现陶潜诗句的时候,李公麟首先将凝神沉思的人物画得扭对观者,而眺望远处空间"临清流而赋诗"。③

以上论述至少可以得出这些结论:

一、佛教传入中国以后,对中国绘画产生了影响;

二、正面像与威严有关;

三、侧面像与谦卑相联系;

四、侧面像与山水画的意境更相吻合。

基于这些观点,下文主要将西夏石窟绘画放入这一时期的大背景中,

---

①李杰《中国美术考古学的风格谱系研究——以中古时期平面图像为中心》,北京:科学出版社,2017 年,第 150 页。

②[宋]郭若虚撰,米田水译注《图画见闻志》,长沙:湖南美术出版社,2000 年,第 138 页。

③(美)方闻著,李维琨译《超越再现:8 世纪至 14 世纪中国书画》,杭州:浙江大学出版社,2011 年,第 238 页。

探讨其中人物形象的正、侧面组织,以及组织结构与视觉空间、文化空间的关系问题。

巫鸿先生在《"空间"的美术史》中论述了"偶像式绘画"与"叙事性绘画"的不同,指出叙事性绘画的目的在于讲述故事,而"偶像式绘画"是以一个佛或菩萨为偶像的中心对称式组合的绘画。[①]世界上各种宗教绘画中的"偶像",多以中心人物为正面,对称性构图为基本特征,这类风格与宗教内容与功能有很大关系。[②]画中正面、对称的偶像式人物画像的目光引向画外,他们直视着观者,同时观者的目光被这些偶像式人物的目光引向画中,二者的目光相互吸引、交流,观者是旁观者、目击者或在场者,且他们是画面主题构成的参与者。叙事性、情节式绘画,画像多用侧面,更多倾向于把观者置于旁观者的位置。而叙事性情节描绘一系列事件,属于"自含"画面——即每一幅场景的意义通过画面自身实现。它们的观众是目击者,而不是事件的参与者。[③]

从这个意义来说,西夏大幅经变画变少,取而代之以简化到难以识别出的经变画和说法图,从"叙事性"转向"偶像式",是向观者或崇拜者的转向。其中,信仰者本身的参与领悟显得更为重要。这种艺术图式的空间转变,应该与西夏时期佛教信仰的转变有很大关系。

西夏河西地区的佛教是一种普及信仰型的佛教,它能够适应不同阶层信众的不同需要乃至统一信徒的不同心理需要。[④]因河西地区的佛教信众文化水平较低,经文深奥难懂,而观音、净土信仰等修行方式简便易行,

---

①(美)巫鸿著,钱文逸译《"空间"的美术史》,上海:上海人民出版社,2018年,第203页。

②(美)巫鸿著,郑岩等译《礼仪中的美术(上)》,北京:生活·读书·新知三联书店,2013年,第256页。

③(美)巫鸿著,郑岩等译《礼仪中的美术(下)》,北京:生活·读书·新知三联书店,2013年,第407页。

④崔红芬《西夏河西佛教研究》,北京:民族出版社,2010年,第2页。

通过自身的内因和佛的愿力即可往生净土。如西方净土信仰强调信众只需念诵佛的名号即可成佛。①禅宗的修习更是简单明了,把坐禅悟道寄于日常生活,认为只要心中有佛即可,这种做法比较符合党项族等少数民族无拘束的性格。②因此,笔者认为西夏简化的经变画和"偶像式"中心对称式的构图(图3-14)主要是源于这样的一种诉求。

图3-14　榆林窟第2窟说法图

---

①崔红芬《西夏河西佛教研究》,北京:民族出版社,2010年,第307页。
②崔红芬《西夏河西佛教研究》,北京:民族出版社,2010年,第258页。

　　与这种人物组合的空间样式相类似，巫鸿在对山东武梁祠西王母画像的研究中指出了正面危坐偶像的两重意义：一是作为中心人物，西王母是唯一一个正面人物形象，其他的人物以及动物向她行礼膜拜，为侧面；二是西王母的目光面向画面外的观者或信徒，无视环绕的随从。这种偶像与观众（或信徒）互动的构图形式，被称之为"开放式"构图。①

　　与前期相比，西夏石窟壁画中出现了大量的正侧面人物形象，榆林窟第 3 窟西壁南侧普贤变中绘有一幅《唐僧取经图》，玄奘光头，外穿袈裟，袒右肩，双手合十，面向普贤礼拜；悟空牵着白马跟在身后，马背上驮着莲花座，莲座上的佛经闪闪发光，悟空额低嘴长，为猴像，也双手合十，仰面。唐僧、白龙马均为正侧面，孙悟空几乎也接近正侧面。东千佛洞第 7 窟着田相袈裟的弟子像，榆林第 2 窟南北壁下部听法的大众，均为侧面。榆林窟第 29 窟最为典型，刘玉权先生认为该窟频繁地而且成功地塑造了一批正侧面人物像（图 3-15），他把敦煌早期石窟中侧面像罕见的原因归为两

图 3-15　榆林窟第 29 窟侧面头像

① (美)巫鸿著，柳杨、岑河译《武梁祠：中国古代画像艺术的思想性》，北京：生活·读书·新知三联书店，2015 年，第 80 页。

点:"一是正侧面难以表现得既准确合度,又很美观漂亮,而半侧面较容易做到这一点;二是正侧面表现却有一定的难度,较易出现吃力不讨好的效果。"①刘先生高度称赞了西夏画工的技艺,但是用巫鸿先生的"礼仪空间"来解释,或许更符合石窟佛教美术的特点。

这是一个有中国文化渊源的视觉传统。在西夏为什么又出现了大量的正侧面形象,这一回返现象出现的原因是什么?

传统社会的尊卑思想与人物画造型的表现是同步的。艺术家经常用体征来区别人物尊卑,在造型表现上还同时使用正侧法则来体现:正面形象多为尊者,而侧面、背面像多为卑者。②在中国传统绘画作品中,有这种寓意的作品很多。佛教教人向善,倡导人人平等,其并无人物之间等级秩序的考量。佛教传入中国以后,在中国传统社会等级观念的浸染下,常常也被统治阶级利用来显示皇权、统治百姓。所以,从这点来讲,西夏石窟绘画人物造型中大量的侧面像与封建等级秩序不无关系,而且是一个更加专注于人物"内在心灵"的一种表现,是出于一定的目的与意图而来。

在西夏文字典《文海》中,将"佛"解释为"教导有情(众生)者是也"③。可见,西夏统治者把"佛"当作精神统治的重要支柱之一,有意识地利用它作为麻醉众生的工具。于是在党项族中,乃至于在西夏全境,佛教就更加迅速地传播和发展了。④又,虽然西夏为党项族政权,但是皇亲宗室濡染儒家思想,爱好汉族文明,崇儒尚文,尤其是在仁宗时期表现更为突出。⑤

据《金史》卷134《西夏》记载,西夏统治者"然能崇尚儒术,尊孔子以

---

①刘玉权《榆林窟第29窟考察与研究》,载敦煌研究院编《榆林窟研究论文集(上)》,上海:上海辞书出版社,2011年,第378页。

②[明]周履靖《天形道貌》,载俞剑华《中国画论类编》,人民美术出版社,1986年,第496页。

③史金波、白滨、黄振华《文海研究》,北京:中国社会科学出版社,1983年,第426页。

④史金波《西夏文化》,长春:吉林教育出版社,1986年,第66页。

⑤参见《俄藏黑水城文献·西夏文世俗部分提要》,上海:上海古籍出版社,1997年。

帝号,其文章辞命有可观者"①,大量翻译编写了一些融合和宣扬儒家学说的书籍,如《孝经》《论语》《孟子》《尔雅》《圣立义海》《四合杂字》《德行记》《新集慈孝传》《新集锦合道理》等,并"尊孔子为文宣帝,令州郡悉立庙祀,殿庭宏敞,并如帝制"②。《金史》卷60《交聘表》记载:"九月辛亥朔,夏使谢恩,且请市儒、释书。"③可见,西夏统治者非常重视汉文化。据说,儒学造诣深厚的西夏儒士斡道冲,精通四书五经,著《论语小义》二十卷,死后,仁宗下令画其像祭祀学官。元代著名文人虞集在《道园学古录·西夏像斡公画像赞》中称颂:"乃有儒臣,早究典谟,通经国文,教其国都,遂相其君,作服施采,顾瞻学宫,遗像斯在。"④

为了维持并发展封建统治,西夏"以儒治国,以佛治心"。儒学和佛教在事实上成了西夏王朝思想统治的两大精神支柱。儒学指导国家机器的运转;佛教渗透在大众灵魂深处,主导着人们的思想。可以说,西夏的儒学和佛教在相当大的程度上起着相辅相成的作用,而西夏的统治者往往又能熟练地运用这两种思想武器使之并行不悖地为自己的统治服务。⑤这也是西夏"佛儒融合"哲学思想的体现。⑥

《安西榆林窟》一书对西夏时期的石窟进行研究,书中认为西夏统治者在国内大搞佛事活动,开窟造像,彩绘壁画,请经印经,修塔礼僧,也是为了达到皇权统治的目的,他们将自己打扮成神权的代表,迫使或诱导人民通过对神权的崇拜来达到屈从于封建皇权的政治目的。⑦

————————

①[元]脱脱《金史》卷134《西夏》,北京:中华书局,1975年,第2877页。

②[清]吴广成撰,龚世俊等校证《西夏书事》卷36,兰州:甘肃文化出版社,1995年,第420页。

③[元]脱脱《金史》卷60《西夏》,北京:中华书局,1975年,第1408页。

④[元]虞集《道园学古录》卷14。

⑤史金波《西夏文化》,长春:吉林教育出版社,1986年,第127页。

⑥袁志伟《〈圣立义海〉与西夏"佛儒融合"的哲学思想》,《宁夏大学学报(人文社会科学版)》2015年第3期,第46—50页。

⑦张伯元《安西榆林窟》,成都:四川教育出版社,1995年,第51—66页。

　　西夏佛教石窟绘画中人物正、侧的安排,无不体现了一种尊卑秩序,是一种皇权的影射。这个空间,已经超越了单纯的视觉效果,而是具有了一定意义指向的礼仪空间。石窟中正面、正侧和半侧等不同角度的人物形象,同时也营造了一种立体空间,显示出西夏人对于建立真实空间、纵深立体空间的意识。每一个人物再现了一种观察视角,与山水画中的"三远"有异曲同工之妙,实乃中国画的空间在人物画中的一种再现方式。

第三节 敦煌西夏石窟人物画的几种样式

一、唐僧取经图：一种新绘画图式的出现

西夏石窟中的唐僧取经图是迄今发现的最早取经图像资料，共有 5 幅。唐僧取经的故事我们都不陌生，但八百多年前的和现今流传的师徒四人的固定模式有很大不同。西夏时期唐僧取经图不是以完整独立的画幅出现，而是普贤变、十一面千手观音变和水月观音变这些经变画的一个组成部分。通过梳理可知，5 幅取经图分别绘于榆林窟第 3 窟西壁门南普贤变的左侧中部、东壁北侧十一面千手观音变的下部，榆林窟第 2 窟西壁北侧水月观音图右下角和东千佛洞第 2 窟中心柱相对的两侧壁水月观音右下部。取经图的构图也相对简单，画面只出现两个人物，即唐玄奘和他的弟子，另外还有一匹马。玄奘身着袈裟，双手合十面对菩萨祈祷，随行弟子猴面束发行者形象，一手牵马，一手持杖（表 3–1）。

表 3-1　唐僧取经图列表

图片	线描图	图片来源
		榆林窟第 3 窟西壁 彩图来源于《敦煌壁画高校巡展》 线描图自绘
		榆林窟第 2 窟 彩图来源于《中国石窟艺术·榆林窟》 线描图来源于《玄奘取经图研究》一文
		东千佛洞第 2 窟南壁 彩图、线描图来源于《瓜州东千佛洞西夏石窟艺术》

续表

图片	线描图	图片来源
		东千佛洞第 2 窟北壁 彩图、线描图来源于《瓜州东千佛洞西夏石窟艺术》
		榆林窟第 3 窟东壁 彩图来源于《敦煌壁画高校巡展》 线描图来源于《玄奘取经图研究》一文

　　段文杰早在 1990 年发表《玄奘取经图研究》①一文,梳理介绍了几幅取经图,并总结了它们的共同点:"1. 出场人物只有玄奘、猴行者和白马。

---

　　①段文杰《玄奘取经图研究》,载段文杰等《1990 年敦煌学国际研讨会文集·石窟艺术编》,沈阳:辽宁美术出版社,1995 年,第 1—19 页。

玄奘为青年高僧,着汉式大袖襦,长袖,田相袈裟,完全为汉僧风貌。均作为进军途中巡礼朝拜情节,多数表现西游,白马空鞍自随;少数描写东归,白马驮经,猴行者负经。6 幅[1]画面象征性地表现了十七年的艰苦取经历程。2. 悟空为猴相,由于画师对猴行者的理解及艺术修养、表现技巧不一,造型也各有差别。因此,有的人相似猴,有的猴相而有人情味,有的一手持金环锡杖,一手举额前,定睛眺望。"[2]段先生的总结非常全面,基本上概括了这一精辟的历史画面, 此外他还依据史料考证了唐僧和猴行者的身世和历史出处,从艺术和历史的角度对该图首次进行全面分析。2009 年,郑怡楠发表《瓜州石窟群唐玄奘取经图研究》一文,结合敦煌史地进行了详细考订,推断取经图乃是根据唐玄奘途经瓜州地区的真实故事绘制而成,而取经图和主题图像之间的搭配则是玄奘传记与观音经以及观音信仰相互融合逐步衍变的产物。[3]于硕的博士论文《唐僧取经图像研究——以寺窟图像为中心》在对唐僧取经图详细解读梳理的基础上,基本上同意上述观点,并认为这一图像是从西北向内地的传播轨迹。[4]贾维维把瓜州石窟集中出现的唐僧取经图和 10—13 世纪多民族佛教文化交流背景下对求法僧、译经僧的赞颂和尊崇思想结合起来,并认为榆林窟第 3 窟的普贤变和千手千眼观音变中有唐僧取经图, 其中千手千眼观音中的唐僧与猴行者,分别担当了千手千眼观音的眷属,其中猴行者为猕猴王形的"毕婆伽罗王",是千手观音二十八部众药叉神将中的一员,唐玄奘的形象是 12 世纪左右被列入佛教神祇系统中僧人形象的体现,和猴行者一起,构成唐僧

①当时,段文杰先生把榆林窟第 29 窟北壁东侧水月观音下部的一幅也统计在内,后刘玉权先生认为该窟水月观音下部横卷式画面上出现的所有人物,都是赴观音道场的朝圣者,而非唐僧取经图。见刘玉权《榆林窟第 29 窟水月观音图部分内容新析》,《敦煌研究》2009 年第 2 期。
②段文杰《敦煌石窟艺术研究》,兰州:甘肃人民出版社,2007 年,第 400 页。
③郑怡楠《瓜州石窟群唐玄奘取经图研究》,《敦煌学辑刊》2009 年第 4 期,第 93 页。
④于硕《唐僧取经图像研究——以寺窟图像为中心》,首都师范大学博士学位论文,2011 年。

取经的故事语境①。

　　沙武田的论文《水月观音图像样式的创新与意图——瓜州西夏石窟唐僧取经图出现原因再考察》对以往观点进行了辨析，他认为唐僧取经图与玄奘在瓜州的经历没有多大关系，更多体现的是图像表达上的象征和符号意义。他以东千佛洞第2窟水月观音为例，指出该图中唐僧取经图与一组往生观音净土的人物组合同时出现，与西夏极其流行的往生观音净土信仰有关。并通过几处洞窟功德主的西夏党项人民族身份关系，看到汉地佛教对西夏的影响。②他的这一新观点，引发我们对学界探讨多年的唐僧取经图的新观察和新思考。

　　以上学者对唐僧取经图的发生背景、图像依据、历史事件、佛经来源、传播轨迹都作了深入的研究，史料充分，图文互证，全面展示了唐僧取经图的文化内涵。该图在图像学上有着重要的意义，笔者对此也有一些思考：

　　1. 虽然唐僧取经发生在唐贞观年间，距西夏500多年，但唐僧取经图最早出现在西夏石窟，对后世西游记人物形象发展提供了原型，在中国文学史和美术史上都具有重要的意义。

　　2. 石建刚博士研究认为，陕北宋金石窟中出现的唐僧取经图要早于瓜州石窟，并认为瓜州洞窟中出现的西夏时期的取经图，其粉本来源可追溯到陕北宋金石窟中同类图像的关系（图3-16）。③笔者认为不排除粉本来源于中原地区的可能，但通过比较发现，西夏时期的猴行者形象更加夸张，更加接近于后来流传的孙行者形象。猴行者或许确是瓜州时期首创。④

　　①贾维维《榆林窟第3窟壁画研究》，首都师范大学博士学位论文，2014年，第168—172页。
　　②沙武田《水月观音图像样式的创新与意图——瓜州西夏石窟唐僧取经图出现原因再考察》，《民族艺林》2019年第1期，第5—26页。
　　③石建刚《陕北宋金石窟唐僧取经图像考察》，载中国佛学院、峨眉山佛学院主编《佛教与东亚文化国际寒期研修班论文集》，2014年，第159—168页。
　　④沙武田《水月观音图像样式的创新与意图——瓜州西夏石窟唐僧取经图出现原因再考察》，《民族艺林》2019年第1期，第14页。

3. 西夏时期高僧大德的地位高,有国师、帝师之称,唐僧取经图的出现或许与西夏的高僧崇拜也有一定的关系。此外,西夏时期繁忙的丝路往来与中印佛教文化的交流促使唐僧取经图走进了瓜州地区的西夏石窟,成为取经路上人们膜拜的偶像。①

图 3-16a 钟山石窟第 12 窟唐僧取经图局部

图 3-16b 钟山石窟第 12 窟唐僧取经图局部

---

① 王胜泽《西夏艺术图像中的丝路印记》,《西夏研究》2017 年第 4 期,第 50—57 页。

二、童子形象：民族特征的彰显

佛教艺术中出现的童子主要跟佛传故事、本生故事、经变以及一些世俗礼佛故事有关。莫高窟和榆林窟的壁画，在长达千年之久的时间里，造就了丰富的童子图像。西夏统治敦煌近两百年，笃行佛教，西夏画工在承袭传统的基础上创造了属于自己本民族的元素特征，创作出了凸显民族特征的精美童子形象。这些形象有的赤身裸体，憨态可掬；有的扭动身躯、活泼可爱，他们往往承载有特殊的"使命"，反映了西夏童子的生活风貌。

西夏佛教艺术中的童子形象造型丰富、形体独特。目前所见到的童子形象基本上都绘制于莫高窟、榆林窟壁画以及黑水城遗址出土的卷轴画中。在敦煌壁画大量飞天中，童子飞天十分罕见。莫高窟第97窟西壁盝顶绘一倒立的散花飞天童子，彩带飞扬，党项族特征明显，让人耳目一新。在黑水城出土的众多卷轴画中，表现往生阿弥陀佛来迎主题的并不少见，这些卷轴画画面都程式化地出现阿弥陀佛与观世音、大势至菩萨，二菩萨捧着大型的金色莲台，来迎画面左下角的世俗人物往生西方极乐世界，莲台前面有一往生童子，或全裸或半裸，双手合十，表情虔诚，以佛经经典为依托，形象独特。此外，西夏还有一些其他童子形象，宁夏贺兰县拜寺口双塔出土的西夏丝绸"婴戏莲印花绢"图案中的童子，以及一些风俗类绘画中也出现了童子形象。

（一）西夏佛教艺术中的童子形象

1. 稚气灵动的童子飞天

4世纪左右，壁画中已经出现了童子飞天的形象，只不过这一时期的童子长着一双天使般的翅膀。20世纪初期，英国斯坦因在新疆米兰遗址考古中盗走了七身彩绘有翼童子像，这些童子风格独特，极像罗马教堂中的天使。他们圆目大睁、眉毛高挑、圆脸薄唇、背生双翼，做飞翔状。1903年，日本人大谷光瑞在新疆库车东北的"苏巴什"古寺发现了器物上所绘的童子飞天形象,在一木制圆柱状舍利容器的尖顶形盖上,彩绘有有翼童子飞天的画面,他们均手执乐器、大眼鬈发、全身裸裎、背生双翼。然而,双翼消失、凌空飞翔的汉化童子飞天,其原始雏形最早出现在十六国时期的克孜尔石窟新1窟窟顶,其形象为圆脸大眼,直鼻长耳,手捧贡物,上身赤裸,身着长裙,饰有璎珞,天衣翻飞,披帛绕肩飘扬。敦煌莫高窟的飞天是在本民族传统文化艺术的基础上,不断融合西域的成就创作出来的。从十六国至唐,飞天逐渐中国化。唐代的敦煌飞天已经非常成熟,这与唐代的大型经变画的出现不无关系,尤其在净土变中,飞天环绕,造型多样,有的昂首振臂,有的手捧鲜花,有的手托花盘,横空飘游。

西夏时期的童子飞天兼收并蓄,彰显了民族的特点。莫高窟第97窟始建于初唐,西夏时期重绘,有两幅左右对称的童子飞天,童子鬈发飘垂,两侧留小辫;面色圆润,细目清秀;赤露双臂,体态丰满;腰束红带,随风飞扬;脚蹬红靴,身穿背带开衩团花衫;一手执花,一手端盘,盘中盛满鲜花,花瓣随风飘洒。童子周围祥云缭绕,头朝下、脚在上,做倒立状飞翔姿势,自由自在地翱翔于佛界天国的云朵间。陈育宁、汤晓芳先生在《西夏艺术史》中这样描述该童子飞天:"西夏壁画巧妙地塑造倒立伎姿势散花的人物形象,把党项儿童的形象也搬上了壁画的装饰画中,这种源自世俗生活的表现手法,更贴近社会,使僧俗在礼佛过程中对佛国天界的感情更亲切,拉近了佛国与世俗的距离,也突出了民族特点。"[1]这一经典的西夏童子飞天,打破了传统飞天的造型,注入了民族人物元素(图3-17)。

2. 可爱别致的往生童子

往生净土是阿弥陀净土信仰的根本目的。在《阿弥陀经》中,西方极乐世界是一个没有痛苦烦恼、没有疾病,人人都幸福安康,地上铺满黄金,天上飘满鲜花的净土世界。那么,如何才能走向这样一个令人充满向往的世

---

[1]陈育宁、汤晓芳《西夏艺术史》,上海:上海三联书店,2010年,第68页。

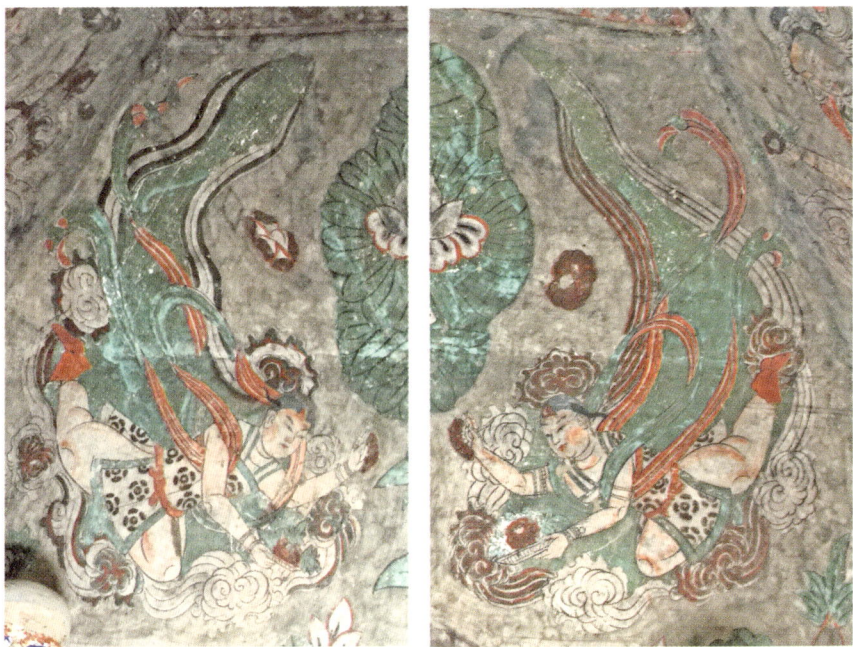

图 3-17a、b　莫高窟第 97 窟童子飞天

界呢？净土三经《佛说无量寿经》《佛说观无量寿经》《佛说阿弥陀经》中讲，主要通过两个步骤来完成，即阿弥陀佛现前来迎和莲花化生，有坚定信仰的众生在临终时，阿弥陀佛和观世音、大势至前来迎接上天，将其接引到净土世界的宝池中，然后经莲花化生。曹魏康僧铠译《佛说无量寿经》中这样记载：

　　十方世界诸天人民，其有至心愿生彼国，凡有三辈：其上辈者，舍家弃欲而作沙门，发菩提心，一向专念无量寿佛，修诸功德愿生彼国。此等众生临寿终时，无量寿佛与诸大众，现其人前，即随彼佛往生其国，便于七宝华中自然化生，住不退转，智慧勇猛，神通自在。是故阿难！其有众生，欲于今世见无量寿佛，应发无上菩提之心,修行功德,愿生彼国。①

　　黑水城遗址出土的西夏卷轴画中，阿弥陀佛来迎的作品现保存完整
的图像有五幅。这些阿弥陀佛来迎图,构图简洁,形式固定,阿弥陀佛居于
画面右方,脚踩莲花,身体略微向右侧转,目光俯视,左手上举,施无畏印,
右手下垂,作与愿印;在佛的前面绘有观世音、大势至二位菩萨一起捧着
一朵莲蕾,同样站在莲朵之上,目光注视着莲蕾前即将往生的童子;童子
身披飘带,半裸或全裸,表情虔诚,目光凝视二菩萨,双手并拢合十,或立
或跪,作欲登莲状;在童子下方还有僧尼比丘、世俗男女,并且这些信众的
装束多为西夏模样,他们通过一束发自佛眉间的白光与佛相连。从这几幅
来迎图中出现的童子形象来看,他们看似造型雷同、构图程式化,但其实
也是形式各异,不拘一格。因童子在画面中所占比例的原因,观者大多会
忽视童子的形象,但如果仔细观察,童子也是描绘得生动可爱,细腻别致
(图3-18)。

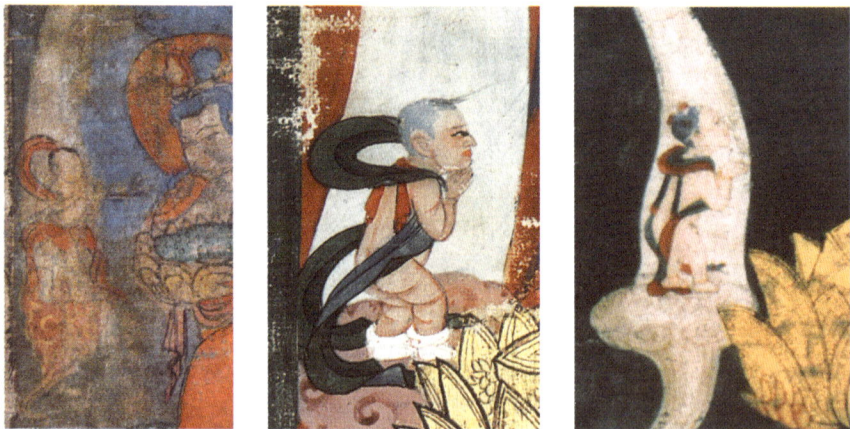

图3-18a、b、c　黑水城出土阿弥陀佛来迎图中的童子

①[曹魏]康僧铠译《佛说无量寿经》卷 2,见《大正藏》第 0360 号,第 12 册,第 272 页。

图 3-18d、e　黑水城出土阿弥陀佛来迎图中的童子

3. 出神入化的化生童子

佛教宣扬人的生命有四生："一曰胎生,二曰卵生,三曰湿生,四曰化生。"化生是指无所依托,借业力而生者。佛教所指的化生,就是从莲花中所生。"化生"即"花生"之意。阿弥陀佛来迎往生西方极乐净土,往生者的生命会在西方净土世界的七宝池、八功德水中育出后,从莲花中化生出世。但他化生出世的时间,由前生修行的业力而定,分为"三辈九品",即"三等九级"。因此,画工们为了形象地表达这一内容,在莲花含苞或刚开的莲花中画一些或坐或立的童子,人们称之为"化生童子"。

敦煌变文 S.6551《佛说阿弥陀经讲经文》云:

今言无量寿国,或言净土,或称极乐世界,或称常乐之乡,或称安养之方,差别众名,不可具说。且初言净方,言净土者,有两般净:第一有情净,第二无情净。言有情净者,无三恶道;无十善不(不善),无四百四病,无黄门二刑,无虺蛇(蝮)蝎及诸毒虫、毒鸟、毒兽等。无有女人,(纯)是男子。无百八烦恼,皆共卅七菩提分法。无有声闻,纯是菩萨。无有胎生、卵生、湿生,皆是化生。非

异熟业之招感,并一生补处,十地菩萨莲花生,不同诸处受异熟
业,虫蛆金翅鸟等,受化生身。无有刀兵,无有奴婢,无有欺屈,无
有饥馑,无有王官,即是无量寿佛为国王,观音、势志(至)为宰
相,药上、药王作梅录,化生童子是百姓。不是纳谷纳麦,纳酒纳
布。唯是朝献花香,暮陈梵,更无别役……①

上述讲经文描绘西方极乐净土世界可以通过化生转世,因此化生童
子成为佛教绘画钟爱的题材。杨雄先生在《莫高窟壁画中的化生童子》一
文中梳理了化生童子形象在莫高窟壁画中的发展,早期的化生童子形象
图案化、单调呆板;唐代在艺术上达到了高峰;到了晚期,趋向于程式化,
但有时把飞天和供养童子结合在一起。②承袭前朝,莫高窟西夏时期的洞
窟中也绘有大量的化生童子,如第 308 窟、第 263 窟、第 350 窟、第 164
窟、第 326 窟、第 265 窟、第 400 窟、第365 窟、第 307 窟、第 58 窟、第 29
窟、第 152 窟、第 54 窟、第 83 窟、第 81 窟、第 244 窟、第 78 窟、第 306 窟、
第 328 窟、第 234 窟、第 460 窟以及榆林窟第 29 窟等(图 3-19),在这些
洞窟中化生或出现在东西南北四壁上,或出现在盝顶帐形龛顶四披,主要
以净土变、阿弥陀经变题材为主。童子大多手执莲花供养,也有双手合十
做虔诚状。童子形象从单个到多身,赤身裸体,或站或跪立于莲花之上。第
400 窟南壁阿弥陀经变下部水池中, 一童子站在莲花之上的大象背上攀
爬栏杆,别具一格(图 3-20)。

在黑水城出土的阿弥陀佛净土变卷轴画中, 佛陀坐在莲座上双手结
禅定印,卷轴画的下部是一水池,四周围以砖块,水池的莲花上,有三个跪
着的男孩,头发以丝带扎成束;其余三个,头发梳直,坐于莲花上,全都赤

---

① 项楚《敦煌变文选注(增订本)》,北京:中华书局,2006 年,第 1294 页。
② 杨雄《莫高窟壁画中的化生童子》,《敦煌研究》1988 年第 3 期,第 87 页。

图 3-19　榆林窟第 29 窟化生童子

裸,双手结合掌印。此外,内蒙古额
济纳旗达兰库布镇东 40 公里古庙
中出土的立像泥塑,宽额圆脸,双
手相拍,上身光裸,下着裙裤,天真
稚幼。

4. 别具匠心的善财童子

《华严经·入法界品》曰:"文殊
师利在福城东住庄严幢娑罗林中,
其时福城长者子有五百童了,善财
其一人也。善财生时,种种珍宝自然
涌出,古相师名此儿曰'善财'。"不

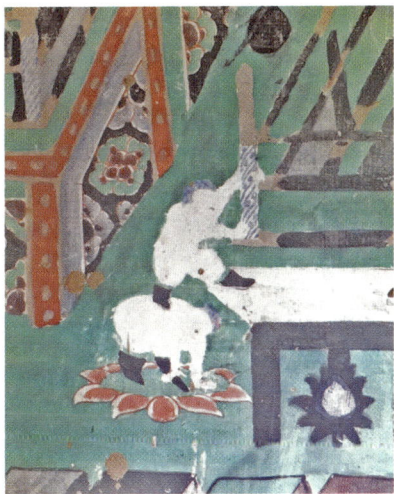

图 3-20　莫高窟第 400 窟化生童子

过善财童子却看破红尘,发誓修行成菩萨。有一回文殊菩萨说法时,善财
前往请教如何修行菩萨道。在文殊的指示下,善财童子开始参访 53 位善
知识,请教学菩萨行、修菩萨道的方法。

《华严经》中善财童子 53 参,第 26 参所见的鞞瑟氏罗(旧译"安住")

居士向善财介绍普陀珞珈山观音时说:"海上有山多圣贤，众宝所成极清净。华果树林皆遍满,泉流池沼悉具足。勇猛丈夫观自在,为利众生住此山。汝应往问诸功德,彼当示汝大方便。"①于是善财童子开始他的第27参,他渐次游行,至于彼山,处处求觅此大菩萨。见其西面岩谷之中,泉流萦映,树林荡郁,香草柔软,右旋布地。观自在菩萨于金刚宝石上结跏趺坐。善财童子前往拜见,虚心求教。

正因为这些经典在壁画中的表现,造就了一系列善财童子形象的流传。

榆林窟第2窟西壁北侧的水月观音右侧,绘善财童子至普陀珞珈山参拜观音的情形。观音菩萨肩披绿色大巾,下穿锦裙,左手抚膝,右手自然伸到胸前,神情悠闲地坐在岩石上。童子身体前倾,彩带绕身,脚踩祥云,整个造型舒展流畅,与观音相映生辉(图3-21)。此外,瓜州东千佛洞第5窟,位于前室左壁的《普贤变》左下角,被祥云围绕的善财童子正抬头仰面、双手合十参拜普贤菩萨。他神态自然,表情虔诚,身穿窄袖束腰绿色长袍,是典型的西夏童子形象(图3-22)。

5. 丰富多彩的其他童子

在榆林窟西夏第29窟西壁普贤变中,普贤坐骑前后各有童子出现,尤以右下方红衣童子造型生动。该童子为引路童子,有学者称嬉舞状,童子前额留一小撮头发,上身穿圆领羽袖红色短衫,腰扎花结,下身赤裸,穿白色短袜和麻鞋。身体前弓后箭,转身回首,双手呈合十状,似在鼓掌,面阔鼻高,体格健壮。本窟南壁也出现了供佛童子,童子头顶髻发,前额及两鬓留一周短发,身着盘领窄袖旋裥,腰束帛带,脚蹬乌皮靴。榆林窟第3窟西壁北侧文殊变中的童子,赤脚立于盛开的莲花座上,身体前倾,双手捧一簇莲花,作献花状,一副虔诚乖巧的模样,双臂间飘拽着长长的锦带,似

---

①[唐]实叉难陀译《大方广佛华严经》卷68,见《大正藏》第0279号,第10册,第366页。

图 3-21　榆林窟第 2 窟水月观音中的善财童子　图 3-22　东千佛洞第 5 窟普贤变中的善财童子

礼佛时做献花表演。

　　黑水城遗址出土现藏俄罗斯圣彼得堡艾尔米塔什博物馆的卷轴画中，童子形象颇为精致，在丝质卷轴画《观音》中，童子头顶剃发，两侧留发扎结，身穿白褕，长长的绿色飘带缠绕，赤脚踩在莲朵上，双手合十，转头眼望前方。在《普贤菩萨》中，莲座的左下角出现一童子，双手合十，抬头眼望菩萨，头发几乎剃光，额前的一点留发用红带扎起，中间分开向两边各辫一小辫，上身穿红色圆领窄袖袍，下体穿白色长裤，腰间系绿色镶边抱肚，手腕上套着金色镯子。在另一幅《普贤菩萨》中，画面的右下方也出现一秃发童子，顶秃发，留三撮梳成小揪，上衣背心，下着齐膝中裤，赤脚扭动，飘带绕身。唐卡《摩利支》右下方一女施主身前有一幼童，与莫高窟唐宋壁画中供养人"携子而行"画面相似，童子着对襟红底白花小衫，下着白底黑花裤，秃发，脑门后有一细长小辫，一手向前抬起，一手抱身，头稍偏回转，天真可爱（表 3-2）。

表 3-2   西夏绘画中的童子

黑水城卷轴画《观音》中的童子 来源于《俄藏黑水城艺术品》	黑水城卷轴画《普贤菩萨》中的童子 来源于《俄藏黑水城艺术品》	黑水城卷轴画《普贤菩萨》中的童子 来源于《俄藏黑水城艺术品》	黑水城唐卡《摩利支》中的童子 来源于《俄藏黑水城艺术品》
榆林窟第 29 窟南壁供佛童子 来源于《中国石窟艺术·榆林窟》	榆林窟第 29 窟《普贤变》中的童子 来源于《中国石窟艺术·榆林窟》	榆林窟第 3 窟《文殊变》中的童子 来源于《中国石窟艺术·榆林窟》	丝绸《婴戏莲印花绢》图案中的童子 来源于《西夏艺术》

　　西夏时期装饰艺术中出现的童子形象,精美别致,和谐自然,20 世纪 80 年代宁夏贺兰山拜寺口双塔中发现了两件"婴戏莲印花绢"丝绸,图案以童子纹样为主,"在方菱形双莲弧线纹外四周很自然地配着婴戏花卉,婴童的造型和大小完全一样,裸露着肌体,肚皮上围一黄色兜兜,着桃

形项圈和环形手镯,面相丰腴,挺胸鼓腹,双手持花卉枝条,右手上举,左手下垂,双腿腾空跃起作飞天状。"①此外,内蒙古黑水城遗址出土的缂丝穿肚兜童子,以通经断纬的方法织出童子戏莲纹样,童子身穿蓝色肚兜,颈部有项圈,下体赤裸,脚穿黑色鞋履,透出几分趣味。

(二)西夏时期童子形象特点

1.民族个性的彰显

佛经故事决定了佛教艺术的内容,佛教艺术的内容决定了童子形象的塑造。佛教不仅在观念上丰富了童子图像的内涵,而且在形式上为童子题材提供了大量素材。西夏佛教艺术中的童子形象,在承袭传统的基础上创造了本民族元素,不仅讲究造型审美,同时还赋予童子更多的象征意义和内涵,使童子形象既具美感,又显"神圣"。

西夏建国前期,党项经历了一个漫长的迁徙与杂居过程。在这个过程中,他们吸收汉族及周边各少数民族文化,由相对落后的游牧文化向先进的农耕文化转变。然而,尽管他们积极吸收先进文化,但李元昊在立国之初,努力恢复鲜卑旧制,颁布了秃发令。此外,元昊"改大汉衣冠",在服饰上恢复民族传统习俗,规定西夏人须身着窄袖衫,腰束带,垂蹀躞。由此可见,党项羌的母体文化仍然占据主体,努力凸显本民族的特征。

在艺术表现上,西夏工匠尊重真实,从发式、服饰两方面彰显民族特征,童子形象表现也不例外,从西夏时期的敦煌石窟绘画以及黑水城出土的卷轴画中可以清晰地看到。莫高窟第97窟的西夏童子飞天中童子的发式、服饰及外表形象,都体现了西夏的民族特征;榆林窟第29窟南壁西夏供佛童子,用写实手法描绘了童子剃发、穿窄袖服装;黑水城出土的卷轴画《普贤菩萨》《文殊菩萨》《观音菩萨》《水月观音》中,无论是赤脚童子还

---

① 王胜泽《西夏丝绸"婴戏莲印花绢"纹样探析》,《民族艺林》2014年第3期,第77页。

是红衣小孩,都能够从发式、服饰中明显地辨析出西夏的民族特征,其接近当时西夏社会的真实情况。此外,内蒙古额济纳旗出土的化生童子泥塑像,以及宁夏拜寺口双塔西塔出土的丝绸《婴戏莲印花绢》,都凸显了西夏艺术的民族特色。尤其《婴戏莲印花绢》中,童子形象极为真实具体,用传统中国画线描塑造,发型、项圈、手镯、肚兜等细节处理细致逼真,西夏特征易辨。

2. 童子天性的体现

童子画是中国人物画的重要题材,千百年来艺术家们用他们手中的画笔展现出了童子心灵中那种自由无束、天然纯真的童真形象。西夏时期佛教艺术中的童子除了表现佛教故事外,也清晰地展现了童子本真。如莫高窟第97窟的飞天童子彩带飞扬,稚气灵动;黑水城出土的卷轴画往生童子虽然看似程式呆板,但也天真清纯;诸多化生童子双手合十,憨态可掬,尤其是内蒙古出土立像化生童子泥塑像,张口嬉笑,生动活泼,应用写实手法把童子神态描绘得可爱至极;黑水城遗址出土卷轴画,童子秃发发型各异,着装多样,突出了稚童的活泼可爱。画师们用高超的技艺,表现出了童子的天性,刻画了童心世界的细微变化,造型鲜活,真实具体。

3. 优美韵律的表达

西夏时期佛教艺术中的童子形象,虽然已经趋于程式化,但不乏精品再现。莫高窟第97窟的童子飞天,线条的韵律、传神的技巧、灵动的笔致,清晰地传达出气韵生动的美学追求。正如段文杰先生讲的"气韵精神,既是唐代绘画也是敦煌初唐壁画追求的最高审美要求"①。榆林窟第29窟西壁普贤变中的童子,跨出的前腿与后蹬的后腿以及回首扭动的身躯形成了一个极富动感的形态,在壁画中也形成一个视域中心;黑水城出土的卷轴画《普贤菩萨》右下方的童子,一腿右边侧出,左腿半屈,身体扭动,彩带飘扬,极具美感。总之,西夏佛教艺术中的童子形象,形式讲究、构图和谐、

①段文杰《段文杰敦煌艺术论文集》,兰州:甘肃人民出版社,1994年,第407页。

动静结合,在整体效果上形成了一种独特的韵律美感,信仰与审美、理想与现实在此达到了美的体现。

童子形象在佛教中出现,通常是表现净土三宗中的净土思想,从往生到化生,传给信众西方极乐世界思想。此外,童子在佛教艺术中也赋予了"求子""求福"的含义。在古代中国,人们对新生儿充满了期待与希望,一方面希望孩子能够平安地来到世上,另一方面也希望他们在成长中平安顺利,成为有用之才。由于受各方条件的限制,人们经常会祈福于佛、菩萨的神力,西夏也不例外。西夏时期,社会动荡,战争频繁,人口数量迅速下降,艺术家们通过童子形象表达多子多福、人多力量大、万物人为贵等种种思想,以达到西夏人心中的企盼与追求。

三、布袋和尚:世俗化形象的转变

(一)从弥勒到布袋和尚的形象演变

在佛教中,弥勒佛意译作慈氏。依弥勒上生经、弥勒下生经所载,弥勒出生于婆罗门家庭,后为佛弟子,先佛入灭,以菩萨身为天人说法,住于兜率天。彼经四千岁(即人中五十六亿七千万岁)下生人间,于华林园龙华树下成正觉,初过去之弥勒,值佛而修得慈心三昧,故称为慈氏。①佛教壁画中有很多弥勒的形象,既有菩萨装的,也有佛装的。早期佛教艺术中,燃灯佛、释迦与弥勒一般构成了过去、现在与未来的"竖三佛"组合,其中弥勒代表未来佛。而到了后期,弥勒的形象及名称发生了变化,宋代变成了布袋和尚。

中国寺庙供奉之笑口常开大肚弥勒像为五代的契此和尚,他与早期带有异国风味的弥勒造像相比有根本性的转变,以布袋和尚见之于众。作为弥勒的化身,他结合了佛教与中国传统道教的义理,是一个被本土化了

---

①[唐]三藏法师义净奉译《佛说弥勒下生成佛经》卷 1,见《大正藏》第 0455 号,第 14 册,第 426—428 页。

的形象。①

北宋初年赞宁撰《宋高僧传》卷21中就有布袋和尚的记载：

> 释契此者,不详氏族,或云四明人也。形裁腲脮,蹙頞皤腹,言语无恒,寝卧随处。常以杖荷布囊入廛肆,见物则乞,至于醯酱鱼菹,缏接入口,分少许入囊,号为长汀子布袋师也。曾于雪中卧,而身上无雪,人以此奇之。有偈云："弥勒真弥勒,时人皆不识"等句。人言慈氏垂迹也。又于大桥上立,或问："和尚在此何为?"曰："我在此觅人。"常就人乞啜,其店则物售。袋囊中皆百一供身具也。示人吉凶,必现相表兆。亢阳,即曳高齿木屐,市桥上竖膝而眠。水潦,则系湿草屦。人以此验知。以天复中终于奉川,乡邑共埋之。后有他州见此公,亦荷布袋行。江浙之间多图画其像焉。②

北宋道原著《景德传灯录》曰：

> 梁贞明二年(916年)丙子三月,师将示灭,于岳林寺东廊下,端坐盘石,而说偈曰:弥勒真弥勒,分身千百亿;时时示时人,时人自不识。偈毕,安然而化。其后,他州有人见师亦负布袋而行,于是四众竞图其像。③

---

①转引自林素幸《布袋图在宋代出现的文化意涵与价值》,《上海文博论丛》2010年第4期,第60页。原载于:Hugo Munster berg,Chinese Buddhist Bronzes(New York:Hacker Art Books,Inc,1988),p.130.

②[宋]赞宁撰,范祥雍点校《宋高僧传(下)》,北京:中华书局,1987年,第553页。

③[宋]道原著,张华释译《景德传灯录》,北京:东方出版社,2017年,第20页。

　　从文献记载可以看出,有一位叫"契此"的游僧,大概生活在五代末宋初,浙江奉化人,此人"形裁腲脮,蹙頞皤腹",云游四海,居无定所。以杖荷布囊走街乞物,他无所忌讳,酒肉无拒,乞得食物部分入口,其余的放入布袋,时人都称他为长汀子布袋和尚。传他古怪神异,在雪地中卧睡而雪不沾身,尤其是还能知晓天象,预测吉凶,时人往往通过观其身上的衣物知天气。这个颇有神灵的僧人最后在岳林寺坐化,据说他在圆寂前说过:"弥勒真弥勒,分身千百亿,时时示时人,时人自不识。"故后人将契此(布袋和尚)认为是弥勒佛的化身。"后有他州见此公,亦荷布袋行。江浙之间多图画其像焉"。他死后,江浙一带为其造像,《景德传灯录》云:"四众竞图其像。今岳林寺大殿东堂全身见存。"[1]苏轼曾经画过应身弥勒像,并为藏真所画布袋和尚像作偈。[2]北宋画院画师崔白画的《布袋真仪图》,现藏于河南辉县百泉碑廊,依然清晰美妙。

　　由上论述,可以确定的是五代时期有关布袋和尚的信仰主要集中于江浙一带,而他的画像在 11 世纪左右已经非常普遍了,陕北的宋金石窟中亦有大量布袋和尚造像。

(二)西夏的布袋和尚形象及其审美意蕴

　　通过图像资料的梳理,我们发现西夏的布袋和尚形象既有绘画作品,亦有雕塑作品,既有站姿,也有坐姿。具体统计如下(表 3-3)。

　　内蒙古额济纳旗绿城出土的笑口弥勒佛为彩绘泥塑,佛像盘腿而坐,袒胸露脐,大腹便便,右手捧腹,左手置于布袋之上大笑,布袋鼓起,装满财物。[3]与文殊山万佛洞的布袋和尚样式相似,只是前者张口大笑,后者双目紧闭,呈酣睡状。

---

①[宋]道原著,张华释译《景德传灯录》,北京:东方出版社,2017 年,第 20 页。

②谢继胜、高贺福《杭州飞来峰藏传石刻造像的风格渊源与历史文化价值》,《西藏研究》2003 年第 2 期,第 41 页。

③上海艺术研究所、宁夏民族艺术研究所编《西夏艺术研究》,上海:上海古籍出版社,2009 年,第 92 页。

表 3-3　西夏布袋和尚列表

出土地	位置	姿势	图片	图片来源
东千佛洞 第 2 窟	前室正壁两侧 左甬道上方	站姿		来源于《瓜州 东千佛洞西 夏石窟艺术》
	前室正壁两侧 右甬道上方	站姿		来源于《瓜州 东千佛洞西 夏石窟艺术》
文殊山石窟 万佛洞	南壁正中门洞 上部	坐姿		来源于文殊 山管理所
内蒙古	额济纳旗绿城	坐姿		来源于《西夏 艺术研究》

东千佛洞第 2 窟有两幅布袋和尚,位于前室正壁(西壁)两侧甬道上方,身材异常粗短肥胖,身着一领袈裟,袒胸露腹,大腹便便,左肩扛着长杖,是脚穿布履的行脚僧。有头光,顶上化现一座小佛像,与文殊山万佛洞的布袋和尚不同之处在于, 东千佛洞的布袋与中原两宋流行的文人画布袋和尚相类似,取立姿,具有写意特点。

文殊山万佛洞的布袋和尚绘于南壁正中门洞上部, 偌大的身躯占满了画面,他身体肥硕,席地而坐,大腹便便,向左后方斜靠,头略低垂,眼睛微闭,神态自若,似有所思,月轮形头光,额际化光中引出弥勒像。右手放在盘曲竖起的膝盖上,左手下垂,拿一长方形物品,左臂搭在某个东西上,肩部稍高,腿平放向内盘屈,双脚赤裸,鞋子立于前方,略显疲惫。他宽衣大袍,袒胸露乳,腰系布带,在腹部打结,长长的腰带拖绕在地面。他背后画有头光,身前绘出显露佛像的化光。在头光的右侧飘绕有一朵细长的祥云,身后头顶露出一荷杖枝头,也许布袋就藏其背后。这一既胖墩可爱又带有几分睡意的布袋和尚,是世俗中充满生活气息的人,也是带有头光略显神通的佛。

文殊山万佛洞西夏壁画布袋和尚笔法遒劲、淡雅意趣、富于创新,具有较高的艺术成就,在布袋和尚发展演变中具有重要的地位。布袋和尚在西夏的出现, 有其深厚的历史背景和社会内涵, 它是弥勒信仰的一种变相,也是人们追求衣食丰足、安定祥和的美好世界的一种反映。从造型方面来讲,画师基本遵从了文献记载的形象特点,蹙额大腹,形裁体宽,虽然是一个乞讨僧,但绘画中留给观者的是一个双耳饱满、眉目喜人、容颜慈爱的出家人。他有时出言无定,佯装疯癫,然憨态可掬的面容让人感受到了豁达与自在。为了表现心中的契此僧人, 可以看出画师做过缜密的构思,整幅画面构图饱满,主体形象处于视觉中心稍偏右,人物三角形构图的稳定性与衣纹、祥云线条的流动性对比处理,动静结合,妙趣横生;肌肤的留白空置与衣纹的交错变化对比表现,疏密有致,相得益彰。布袋和尚

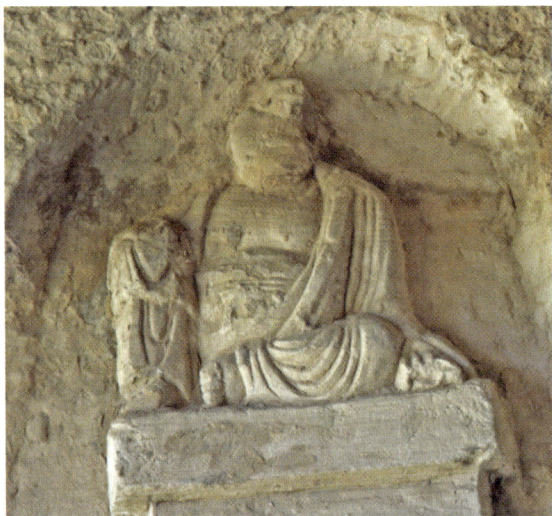

图 3-23　陕北城台石窟第 2 窟布袋和尚

的神态表现也是煞费苦心，他头部微低，眼睛微闭，嘴角微翘，娴雅意趣，生动传神。其坐姿如榆林窟第 2 窟水月观音的坐式，悠闲自得，观得自在。

石建刚博士认为，东千佛洞的两铺布袋和尚趋于吸收同时期陕北云岩寺第 3 窟的化佛内容，成对出现的组合图式与以陕北宋金城台石窟第2 窟较为相像（图 3-23），而文殊山万佛洞的坐姿布袋和尚，与云岩寺第 3 窟图像类似。因此，西夏石窟中的布袋和尚图像在形象上吸收和借鉴了陕北宋金石窟的内容。①

（三）西夏布袋和尚的社会内涵及西夏的弥勒信仰

西夏举国笃信佛教，虽与宋时战时和，但佛教间的交流一直没有停止。西夏曾委派使者六次到宋赎经，带回了大量的佛经。对于西夏这样一个虔诚的民族来说，不可能对宋地流行的布袋和尚熟视无睹，漠然视之，或许他们在求经的过程中，一并带回了布袋和尚的粉本与僧传故事。西夏作为番族异域，本民族文化薄弱，他们善于吸收周边民族文化，对汉传、藏传佛教兼容并收，尤其僧人在夏地位极高。"僧人不仅享有崇高的政治地

---

①石建刚《宋金西夏时期陕北与敦煌布袋和尚图像比较研究——兼谈陕北宋金石窟对敦煌西夏石窟研究的价值和意义》，《观念·技术　视野·视角——敦煌石窟研究方法论国际学术研讨会论文集（下）》，2018 年 10 月，第 663 页。

位,而且可以不纳租税,成为西夏社会的特殊阶层。"①西夏文法典《天盛改旧新定律令》中规定:

> 西夏皇帝、皇太子、诸王等的师名。皇帝之师监承处上师、国师、德师,与上等位当皇太子之师仁师,与次等位当诸王之师忠师,与中等位当。②

上文可见,西夏僧人的崇高地位以法律的形式加以维护。因此,将布袋和尚这样一个充满喜悦、智慧、神灵的僧人绘于本族佛教寺院的墙壁上对其供养,那也是广大信众的愿望。在居于敦煌与西夏京畿以及中原之间的河西走廊腹地文殊山石窟,也出现了布袋和尚,可见当时西夏布袋和尚的流行。而且从娴熟的画法、高超的技艺来看,其艺术水平不亚于汉地。正如张宝玺先生所指:"这幅画(布袋和尚)出现的时代及在艺术上的成就是应该注意的,它出现在西夏时代的洞窟,说明布袋和尚这一题材在宋境和西夏境内都很流行。"③

916年,布袋和尚在岳林寺圆寂,人们依他临死前说的偈语都认为他是弥勒再现,因此造像供奉。而弥勒在北宋之前,是从西域传入的正统佛像,布袋弥勒这一颠覆性造像的转变,使人们不再对他的形象感到恐惧与敬畏,反而显得仁慈博爱、幽默可亲。正因为契此给人一种雍容不迫、豁达不羁、睿智大度的感觉,故拉近了佛俗之间的距离,所以布袋和尚在西夏

---

①谢继胜《西夏藏传绘画:黑水城出土西夏唐卡研究》,石家庄:河北教育出版社,2002年,第160页。

②史金波等译注《天盛改旧新定律令》卷10,北京:法律出版社,2000年,第365—366页。

③张宝玺《文殊山石窟西夏壁画内容及其价值》,油印本(甘肃省博物馆),1983年,第10页。

得到广泛传播与尊崇。契此的大口袋，无所不能、无所不包，是他宽广的悯世胸怀和高超的佛法修为的代表，[1]这也为西夏人所青睐。

现存传世文献中关于西夏弥勒信仰的材料较少，但从西夏故地黑水城及其敦煌出土的佛经和经变画来看，弥勒净土信仰在西夏非常流行。[2]经变画是最直观体现信仰的一种方式，弥勒经变画在西夏是主要流行的佛教题材，在甘肃、内蒙古、宁夏的西夏石窟中都有发现。酒泉文殊山万佛洞、肃北五个庙石窟保留也比较完整，最具代表性。文殊山万佛洞的东壁上绘大幅经变画《弥勒上生兜率天经》，宽 3.05 米，高 2.3 米，上下分四栏。这幅壁画天宫耸立，重檐楼阁，气势恢宏，菩萨、天王、眷属、供养人等大小人物达 239 人之多，正殿居中主尊为结跏趺坐弥勒菩萨。整幅画面楼阁层叠，莲池碧水荡漾，殿前莺歌曼舞，描绘了弥勒菩萨兜率天宫"极乐"世界的情景。[3]弥勒信仰经典在西夏境地的大量发现，也是有力证据。黑水城有大量的弥勒经典文献出土，同样，在武威的张义下西沟岘也出土了《观弥勒菩萨上生兜率天经》西夏文刻本残片，并且《观弥勒菩萨上生兜率天经》有汉文和西夏文四种刻本，广泛发行。据史料记载，在西夏举办一次法会散施的蕃、汉《观弥勒菩萨上生兜率天经》达 10 万卷之多。[4]

西夏从建国起，上至统治者下至平民百姓，举国信佛，尤其是统治者的佞佛促使西夏立法抬高了佛教的地位。西夏人从早期的巫术信仰，到后来吸收汉族佛教，再到后期藏传佛教的传入，经历了一个巨大变化，然而这些变化背后都说明了西夏人对精神信仰的迫切需求与对各个宗教形式

①石宪《日本佛教绘画〈布袋和尚〉》，《东方收藏》2012 年第 2 期，第 83 页。

②杨富学、樊丽莎《西夏弥勒信仰及相关问题》，《内蒙古社会科学（汉文版）》2013 年第 5 期，第 32 页。

③施爱民《文殊山石窟万佛洞西夏壁画》，《文物世界》2003 年第 1 期，第 57—58 页。

④杨富学、樊丽莎《西夏弥勒信仰及相关问题》，《内蒙古社会科学（汉文版）》，2013 年第 5 期，第 32—33 页。

兼容并蓄的态度。西夏的主体民族党项羌,在隋唐时期,与吐蕃发生冲突,然后大举内迁北上,到宋时期立国并与周边国家经常爆发大规模战争。西夏早期与辽、北宋对峙,后期与金、南宋抗衡,西边又有回鹘、吐蕃等民族的不断骚扰,因此对周边有着劲敌的西夏来说,心里也充满了恐惧与不安,他们必须通过一定的方式来疏解巨大的压力,因此,宗教信仰就显得尤为重要。《佛说观弥勒菩萨上生兜率天经》云:

> 若有精勤修诸功德,威仪不缺,扫塔涂地。以众名香妙花供养,行众三昧,深入正受,读诵经典。如是等人,应当至心。虽不断结,如得六通。应当系念,念佛形象,称弥勒名。如是等辈,若一念顷,受八戒斋。修诸净业,发弘誓愿。命终之后,譬如壮士,屈申臂顷,即得往生兜率天宫。[1]

《佛说弥勒大成佛经》描述弥勒降生人间的各种景象,云:

> 其地平净如琉璃镜,大适意华、悦可意华、极大香华、优昙钵华、大金叶华、七宝叶华、白银叶华、华须柔软,状如'天缯'。生吉祥果,香味具足,软如天绵。丛林树华,甘果美妙,极大茂盛,过于帝释欢喜之园……城邑次比,鸡飞相及……智慧威德,五欲众聚,快乐安稳,亦无寒热风火等病,无九恼苦,寿命具足八万四千岁,无有中夭,人身悉长一十六丈,日日常受极妙安乐,游身禅定以为乐器……女人年五百岁而乃行嫁……[2]

---

①[宋]沮渠京声译《佛说观弥勒菩萨上生兜率天经》卷1,见《大正藏》第0452号,第14册,第420页。

②[姚秦]鸠摩罗什译《佛说弥勒大成佛经》卷1,见《大正藏》第0456号,第14册,第429页。

弥勒经变即弥勒净土变,分为弥勒上生经变和弥勒下生经变。前者描绘的是弥勒降生前所居住的兜率天宫的美好世界,主要以弥勒说法为中心,圣众围绕,下部有宝池、莲花、水榭、化生、乐舞等;下生经变主要描绘了弥勒降生恩泽人间,主要内容有弥勒诞生、七步生莲、沐浴、回城、降魔、龙华树下成道、婆罗门拆毁宝幢、七宝、龙王降雨、罗刹扫城、路不拾遗、地涌甘泉、树上生衣、一种七收、女人五百岁出嫁、迦叶禅窟、送老入墓、供养佛塔、三宝、弥勒及弟子入城乞食、持戒者往生兜率天等。弥勒经变始于隋朝,西夏时期日趋消亡,敦煌莫高窟、榆林窟不见此经变,只出现在酒泉文殊山万佛洞与肃北五个庙,其中文殊山万佛洞主要表现的是弥勒上生经变,而肃北五个庙第1窟和第3窟主要表现的是弥勒下生经变。

由于与周边地区政权战乱纷繁,西夏百姓生活动荡、衣食拮据,而弥勒经典宣扬的是兜率天的净土和下生后的人间净土,这对于处于长期战乱的百姓来说,一个充满安定祥和、衣食无忧的净土世界是他们心之向往的地方。

《宋高僧传》里的契此是一位饥即食、饱则眠、随处偃卧的和尚,他身上具有特异的神灵功能,"曾于雪中卧,而身上无雪。人以此奇之",有"常就人乞啜,其店则物售"之神奇能力。而他作为僧人,"醯酱鱼菹,才接入口",毫无忌讳,一个邋遢、无羁、睿智、神灵的老头,奇异的造型与正统佛教造像形成巨大反差,他是当时人们在苦难生活中追求幸福生活的一种影射。这一随遇而安的意象,强调不受束缚的自在精神,也是弥勒信仰在现实生活中的变相,是广大民众对兜率天净土的渴求。

北宋以来的布袋和尚是一个突破了传统、充满了喜乐、有别于传统弥勒的形象,从不同地域传入的传统造像,其造型完全是一个弥勒世俗化的产物。他的亲民形象拉近了僧俗的距离,简化了弥勒信仰的教义,使通往兜率天宫之路更加容易,因为在他的身上,表现出的不是一个遥不可及的超人形象,而是一个实实在在的人间圣贤!①西夏布袋和尚的出现一则说明西夏与北宋及周边国家佛教交流之广泛,再则体现西夏弥勒信仰之兴盛,反映布袋和尚和弥勒信仰在党项民族中受到普遍欢迎。在内忧外患的脆弱时期,西夏布袋和尚的盛行,是弥勒信仰的彰显与广大民众对兜率天净土的渴求。

四、供养人:千人一面与"冬瓜脸"

供养人画像是石窟绘画中常见的一种类型,是开窟造像绘制壁画的过程中,一些支持这种活动的、具有较高社会地位和较强经济能力的世家大族、高僧大德等人物形象在石窟内的再现,相当于西方的 "艺术赞助人"。关于西夏石窟绘画中的供养人的研究主要有：张先堂对莫高窟第148 窟、东千佛洞第 2 窟和第 5 窟的供养人图像进行了考证,②谢静对西夏供养人的服饰进行了研究,③宁强等通过对榆林窟第 29 窟供养人身份构成的重新梳理,将洞窟性质认定为"公共窟"而非"家窟",④萨玛秀克主要对黑水城绢画中供养人的含义和功能进行了研究。⑤本节就敦煌西夏石窟中供养人画像的形式谱系进行分析,包括供养人像的基本特征、位置和

①林素幸《布袋图在宋代出现的文化意涵与价值》,《上海文博论丛》2010 年第 4 期,第71 页。

②张先堂《敦煌莫高窟第 148 窟西夏供养人图像新探——以佛教史考察为核心》,《西夏学(第 11 辑)》2015 年,第 218—227 页;张先堂《瓜州东千佛洞第 2 窟供养人身份新探》,《敦煌学辑刊》2006 年第 4 期,第 24—32 页;张先堂《瓜州东千佛洞第 5 窟西夏供养人初探》,《敦煌学辑刊》2011 年第 4 期,第 49—59 页。

③谢静《敦煌石窟中西夏供养人服饰研究》,《敦煌研究》2007 年第 3 期,第 24—31 页。

④宁强、何卯平《西夏佛教艺术中的"家窟"与"公共窟"——瓜州榆林窟第 29 窟供养人的构成再探》,《敦煌学辑刊》2017 年第 3 期,第 137—145 页。

⑤(俄)萨玛秀克著,马宝妮译《西夏绘画中供养人的含义和功能》,载景永时《西夏语言与绘画研究论集》,银川:宁夏人民出版社,2008 年,第 162—179 页。

组合关系,并试图从西夏供养人绘制的理论与实践方面对其"千人一面"现象进行探究。

供养人即造窟主,或"功德主",他们开窟后,在洞窟内绘上自己和家庭眷属的肖像,都是现实中的人物。据敦煌研究院张先堂统计,西夏时期供养人画像数量锐减,有 177 身(其中僧 7 身、男供养人 92 身、女供养人 69 身、男侍从 4 身、女侍从 1 身、不明身份者 4 身),且大多漫漶不清,远远少于前代。[①]西夏时期的供养人画像主要有西夏皇帝、后妃、武官、眷属等,在莫高窟洞窟中,主要绘在四壁下部、甬道两壁的位置。这一时期,莫高窟供养人画像几近尾声,一方面莫高窟整体营造活动衰落,新开凿的洞窟很少,因此西夏人将前代壁画抹壁重绘;另一方面西夏党项族人不像汉族那样有强烈的彰显功德、传世留名的历史文化观念,因此莫高窟供养人画像急剧减少。[②]而以前绘供养人的地方西夏人将其覆盖,改绘为千佛、供养菩萨、净土变等这一时期比较流行的题材。[③]西夏供养人主要绘制在莫高窟第 148 窟、第 409 窟,榆林窟第 29 窟,东千佛洞第 2 窟、第 4 窟、第 5 窟和肃北五个庙第 3 窟等。

莫高窟第 409 窟东壁南侧西夏王供养像,头戴束带白色高冠,身着圆领窄袖团龙袍,腰带上垂着各式物件,脚蹬白色毡靴;西夏王面形浑圆、气色红润,眉眼之间,面露微笑,其身材高大,是其他随从的近一倍高,显示出供养人身份的高贵,身前有一少年,与窟主装束几无两样,应为其子;身后的八名侍从,队形整齐,打伞盖、执龙扇、捧弓箭、举宝剑、执金瓜、背盾

---

①张先堂《莫高窟供养人画像的发展演变——以佛教史考察为中心》,《敦煌学辑刊》2008 年第 4 期,第 93—103 页。

②张先堂《莫高窟供养人画像的发展演变——以佛教史考察为中心》,《敦煌学辑刊》2008 年第 4 期,第 98 页。

③刘玉权《瓜、沙西夏石窟概论》,载敦煌文物研究所编《中国石窟·敦煌莫高窟(五)》,北京:文物出版社,1987 年,第 179 页。

图 3-24 莫高窟第 409 窟西夏王供养像

图 3-25 莫高窟第 409 窟西夏王妃供养像

牌，侍从均秃发戴毡冠，着三叶、四叶花瓣绿色圆领窄袖袍和青色素袍，腰束带（图 3-24）。史料记载西夏"民庶青绿，以别贵贱"[1]。其造型与新疆吐鲁番高昌回鹘石窟供养人类似，由于榜题字迹的消退，学界有一些争论，部分专家认为是回鹘王供养像。但以贾应逸、史金波先生为代表的另一些学者认为是西夏王。[2]东壁门北侧所绘西夏二后妃供养像，头戴桃形大凤

①[元]脱脱《宋史》卷 485，北京：中华书局，1985 年，第 13993 页。

②贾应逸《莫高窟第 409 窟与高昌回鹘供养人像对比研究》，载敦煌研究院编《敦煌壁画艺术继承与创新国际学术研讨会论文集》，上海：上海辞书出版社，2008 年，第 511—517 页。贾先生指出莫高窟第 409 窟与柏孜克里克石窟的回鹘供养人像之间有着很大的区别，如长袍上织出团龙纹图案，随从侍者为其捧象征权力的权杖，举描绘着双龙纹的扇，这是高昌回鹘供养人像所没有的特征，并进而认为这"表明两者并非一个政权"。史金波《西夏皇室和敦煌莫高窟刍议》，《西夏学（第 4 辑）》，2009 年，第 167 页。史先生更是力主为西夏王："莫高窟 409 窟供养人虽也穿圆领窄袖袍，但袍上全是全身团龙文饰。似乎到目前为止尚未见到回鹘可汗穿龙袍的文献记载和形象资料，也未见到有关回鹘王国有关团龙纹样服饰的规定。上述西夏文献明确记载只有皇帝才能有'一身团龙'的纹样，若将 409 窟有一身团龙的等身供养人看作是西夏皇帝是顺理成章的，若看成是回鹘可汗则似乏依据。"

冠,冠后垂红结绶,宽发双鬓抱面,耳垂大环,身着大翻领长袍,双手持供养花。西夏法典《天盛律令》规定,禁止官民女人冠子上插以真金之凤凰、龙样。[1]壁画中的女供养人头戴凤冠,应为帝王后妃(图3-25)。此外,莫高窟第148窟在甬道南、北壁绘制众多供养人像,是西夏时期回鹘族或回鹘化的汉族供养人的代表[2](图3-26)。

　　榆林窟第29窟是西夏仁宗时期营建的洞窟,在西壁窟口南北两侧和北壁下侧各有男女供养人像,根据题记考证得知是沙州监军司都统军赵麻玉和赵祖玉父子及眷属,据西夏"国姓"的推断,他们很可能为皇族的一支。[3]南壁东侧,国师像身后有三身男供养人画像,身材高大魁梧,头戴黑

图3-26　莫高窟第148窟供养人像

---

①史金波等译注《天盛改旧新定律令》卷7《敕禁门》,北京:法律出版社,2000年,第282页。
②张先堂《敦煌莫高窟第148窟西夏供养人图像新探——以佛教史考察为核心》,《西夏学(第11辑)》2015年,第218—227页。
③刘玉权《榆林窟第29窟考察与研究》,载敦煌研究院编《榆林窟研究论文集(上)》,上海:上海辞书出版社,2011年,第390页。

色起云冠,冠后缓带垂腰,身穿圆领窄袖紫色团花长袍,前两身腰系白带,腰前有深色打结垂带至袍下边,腰两侧有白底黑边团花护牌,脚蹬乌靴,后一身身材略小,腰间少了护牌和垂带,可能身份略低。三身供养人方脸圆目,脸型上小下大,有西夏人"冬瓜脸"的特征,他们表情严肃,满脸虔诚,双手合十,各捧一枝鲜花作礼佛状。三身男供养人中第二、第三身为赵麻玉(沙州监军司首领)之子,他们身材魁梧,面形丰满,眼细、嘴小、唇厚。第二身后面的秃发儿童像,形体甚小,系赵麻玉之孙。三位男供养人身后跟随三名童仆从,从着装可知其身份低下。在南壁西侧上部,分别绘有高僧与女供养人画像。女供养人分上下两层,下层比较完整,最前面画有一比丘尼,双手合十,着交领锦袍,外披绿色田相袈裟。后跟六身女供养人,她们均穿绣花交领窄袖长衫,内着百褶裙,头戴小冠,两侧插步摇,足穿尖钩圆口鞋。供养人身材高大,面相丰圆,双手持花合十,神态端庄,是贵族妇女形象(图 3-27、图 3-28)。

图 3-27 榆林窟第 29 窟男供养人

图 3-28　榆林窟第 29 窟女供养人

（一）西夏供养人的图像形式分析

1. 供养人分布位置及图像样式。西夏开凿的石窟中，保存了一定数量的供养人，西夏供养人的图像形式主要有以下几种。

男、女供养人单独排列。如东千佛洞第 2 窟门道两壁绘男女供养人各六身，在排列顺序上均作一字形排列，八分面向窟内侧立，均第一身身材最高，以后数身递次降低，以显示职位等级高低不同，存在着尊卑差别（图 3-29、图 3-30）。东千佛洞第 5 窟东壁为九身男供养人立像，南壁也全是女供养人立像。

男、女供养人混合排列。东千佛洞第 5 窟北壁西侧男 + 女，南壁西侧男 + 女（图 3-31）。

僧人或国师与男、女供养人的组合。如榆林窟第 29 窟为僧人 + 女供养人，国师 + 男供养人 + 禅定僧 + 女供养人（图 3-32、图 3-33）；东千佛洞第 5 窟北壁东侧 1 僧 +14 男 +2 女供养人，西侧 4 男供养人；莫高窟第 148 窟东壁南侧为 4 僧 +7 俗人。

图 3-29 东千佛洞第 2 窟门道南壁男供养人

图 3-30 东千佛洞第 2 窟门道北壁女供养人

图 3-31 东千佛洞第 5 窟男女供养人

图 3-32　榆林窟第 29 窟男供养人组合

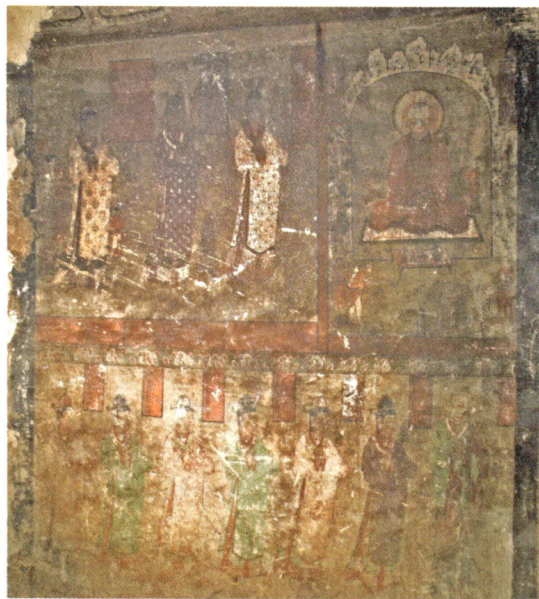

图 3-33　榆林窟第 29 窟女供养人组合

僧人或国师与男、女供养人和小儿的组合。莫高窟第 148 东壁北侧为4 僧 +2 男 +1 小儿 +4 女供养人。

僧人的单独布局。莫高窟第 148 窟南北壁龛下各有八位"禅僧"。

2. 手中所持之物。供养人手中所持之物主要有长柄香炉、鲜花、华盖、竹竿、打击乐器、布袋、盘子等。

通过对西夏石窟中供养人图形样式的分析可知，西夏石窟中供养人形象多绘制在石窟的中下层，以立姿为主，也有坐姿者；有僧人引导的，有僧人单独排列的，也有单纯的世俗供养排列，其中包括男女混合，男女幼混合，男女单独排列。手持物以鲜花为主，还有少量的香炉、华盖、竹竿、盘子等物品。

可见,西夏石窟供养人虽然比前期减少,但各种组合的构成形式还是比较丰富。国师供养、高级官员供养可谓奢华,僧人供养单独成列,均体现出西夏统治者对佛教的重视程度。

(二)敦煌西夏石窟供养人的民族结构

西夏石窟供养人画像保留的题记主要有:

东千佛洞第2窟:

"行愿者□□□□/边检校□□□□/"

东千佛洞第5窟:

1.北壁东侧面东第1身男供养人题记:"行善……"

2.北壁东侧面东第3身供养人题记:"行愿施主金讹……"

3.北壁东侧面东第4身供养人题记:"行愿者……"

4.北壁东侧面西第1身僧人供养人题记:"行愿寺监雕凿匠者……师……"(史先生注:文字对译:愿行宫主雕判匠者……师……。"宫"这里可释为"寺","判"字疑为另一义为"凿"字的误写,两字同音,偏旁相同)

5.北壁东侧面西第2身男供养人题记:"行愿……"

6.北壁东侧面西第3身男供养人题记:"行愿施主……"

7.北壁东侧面西第4身供养人题记:"行愿施主……"

8.北壁东侧面西第10身男供养人题记:"行愿……"

9.北壁东侧面西第11身男供养人题记:"随喜……"

10.北壁东侧面西第12身供养人题记:"田氏讹……"

11.东壁门北侧北起第1身男供养人题记:"友师地瑞吉……"

(史先生注:"地瑞"可能是西夏姓氏,"吉"音[玉])

12.东壁门北侧北起第4身男供养人题记:"史……"(史先生注:脒鹿[史合]为西夏姓)

13.南壁中部面东女供养人题记:"行愿施主瑞女。"(史先生注:文字对译:愿行施主瑞女,瑞女音[玉名])

"沙州监军……执赵麻玉""内宿御史司正统军使向赵一心归依""……瓜州监军司通判奉纳赵祖玉……其眷属为"故岳母曹氏……一心供养""女宝金一心归依""媳鱼各罗氏女香一心归依"等

莫高窟之61窟甬道北壁有比丘供养像十二身,有助缘僧索智尊、梁惠觉、吴惠满、讹特惠口、鬼名智海等。同窟还有供养比丘尼一身,榜题"扫酒尼姑播盃氏愿月明像"。

榆林窟第29窟:

"真义国师昔毕智海"

"……沙州监军……执赵麻玉一心归依"

"内宿御史司正统军使向赵一心归依"

"孙没力玉一心归依"

"儿子……军讹玉一心归依"

"……瓜州监军……"

"施主长子瓜州监军司通判奉纳赵祖玉一心归依"

"出家禅定……那征一心……"

"故岳母曹氏夫……一心归依"

"故先行愿施主夫人褚氏"

"出家和尚菴梵亦一心归依"

"行愿者…有月成一心归依"

　　　　"女宝金一心归依"

　　　　"赖氏女？金一心归"

　　　　"媳赖氏净？……一心归依"

　　　　"媳鮥啰氏女香一心归依"

　　　　"媳褚氏阿香一心归依"

　　　　"媳褚氏乐金一心归依"

莫高窟第 148 窟：

　　　　北起第 1 身僧人题名："……印充河西应管内外释门……"，第 2 身题名："应管内外释门圣光寺……"，第 5 身男供养人题名："故慈父贵……"，第 8 身女供养人题名："故慈母娘子……"①

　　　　"……继兴……"

　　　　东壁南侧第 2 身僧官题名："应管内外释门圣光寺……"

　　　　北壁龛下西向第 6 身僧人题名："窟禅圣光寺释门法律……"

　　从题记的内容分析判断，西夏石窟供养人中，党项人是主体，"番人为大"②的官职制度与在石窟供养人的配置上有同样的再现。其中也有部分汉人，说明汉人在西夏社会中的作用。西夏的汉族僧人也有不少，文献中记载的汉姓僧人有：参加译经的赵法光、曹广智、田善尊，在莫高窟画有供养像的梁觉、吴惠满，贺兰山佛祖院的印经僧人李慧月，黑水城的梁师、刘师、李慧智，梁慧□、刘慧茂、李慧有、傅师等，译经高僧周慧海，雕字僧王

---

　　①敦煌研究院编《敦煌莫高窟供养人题记》，北京：文物出版社，1986 年，第 71 页。

　　②史金波、聂鸿音、白滨译注《天盛改旧新定律令》第 10《司序行文门》，北京：法律出版社，2000 年，第 378—379 页。

善惠,刻印施经僧人张盖利、李智宝,写经僧人索智深等。①西夏供养人中有数量不少的回鹘装,也充分说明了西夏与回鹘的密切关系,如政府机构"回夷务"的设置,天祐垂圣元年(1050 年)把回鹘僧人作为贡品给予辽,天祐民安五年(1094 年)又向辽朝所进贝叶经为回鹘僧人所译,重要的译经大师白法信、白智光也是回鹘僧人。

《新五代史·回鹘传》载:

> 其可汗常楼居,妻号天公主,其国相号媚禄都督。见可汗,则去帽被发而入以为礼。妇人总发为髻,高五六寸,以红绢裹之;既嫁,则加毡帽。②

高髻为回鹘妇女的典型发式。元人马祖常《河西歌》:"贺兰山下河西地,女郎十八梳高髻。"由此可以看出回鹘的装束也传到了西夏。1977 年,甘肃武威西郊林场西夏墓葬出土的五侍女中有四人头梳高髻,似回鹘发式。这也是回鹘文化对西夏影响的例证。

开窟造像是统治阶级借助佛教麻痹民众的一种方式,因此各类供养人虔心供养其实是统治阶级意志的代表。敦煌西夏石窟绘画中供养人题记以及服饰的不同,告诉我们供养人的构成,除了性别差异之外,还有职位身份的复杂区别。值得思考的是,为什么石窟中的供养人只有服饰、大小、坐姿等的不同,而在面部形态和表情神态上却如此相似?

(三)"千人一面"与"冬瓜脸"

敦煌石窟绘制有粟特、吐谷浑、吐蕃、回鹘等少数民族供养人形象,他们的共性特征突出而个性特征减弱乃至消失,具有非常明显的"千人一

---

①史金波《西夏佛教史略》,银川:宁夏人民出版社,1988 年,第 148 页。
②[宋]欧阳修《新五代史》卷 74,北京:中华书局,1974 年,第 916 页。

面"倾向。关于这个问题,郑炳林先生已从相书理论方面进行了探讨,认为相书好相的要求是敦煌地区审美观的集体体现,进而影响到了石窟供养人的绘制图式。①西夏时期开凿的洞窟中,供养人绘制的模式化倾向与佛教造像理论、中国传统文化中的相书理论有很大关系,因此舍弃人物的个性特征,将"好相"的最理想形象集于一体,创造出了典型的供养人形象。虽然西夏的供养人千人一面,但与前期相比又有所不同。下文主要探讨其不同以及造成这一不同的西夏审美观念问题。

黑水城出土一西夏《面相图》(X.2532),纸本墨线白描,描绘了四分之三侧面男子头像,头戴高帽,左右两边写有西夏文字。脸部的轮廓是用刺孔漏印模板画出来的,线条不如原来素描稿清晰。背面的西夏文字说明了面相上每一处高低起伏的面相学意义。②此相也被称之为概念化的肖像画③。(图 3-34)

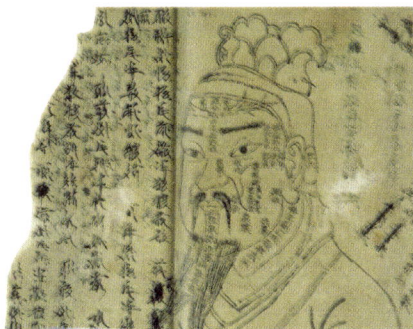

图 3-34a　黑水城出土《面相图》　　图 3-34b　黑水城出土《面相图》背面

①郑炳林《敦煌写本相书理论与敦煌石窟供养人画像——关于敦煌莫高窟供养人画像研究之二》,《敦煌学辑刊》2006 年第 4 期,第 1—23 页。

②俄罗斯艾尔米塔什博物馆、西北民族大学、上海古籍出版社编《俄藏黑水城艺术品(ⅠⅡ)》,上海:上海古籍出版社,2012 年,第 297 页。

③(俄)米哈依·彼奥特洛夫斯基著,许洋主译《丝路上消失的王国——西夏黑水城的佛教艺术》,台北:历史博物馆,1996 年,第 97 页。

背面主要内容是西夏文字：

（1）如果天中骨（前额中部）不直且延伸到耳朵，意谓男子将显赫、高贵。（一）如果玉堂骨略凹，意谓长寿、显赫、得意。（3）如果龙角骨突起，则男子将获得高位。（9）如果天仓骨突起饱满，则（男子有）智慧、忠诚、力量、安详（快乐幸福）。（10）如果天井骨（原文佚失）……，则显赫、高贵。（11）如果凹陷如牝沟，则男子将来会有耕地。（8）如果福堂骨突起、饱满，则男子将来会显赫、高贵。（15）如果地库骨……（其余原文佚失。）（12）如果孝骨突起，则（此意谓男子）将来会显赫。（6）如果下颚突出，有如大乌鸦的尾巴，它是被分开（？）的部分，则……（西夏文的文字中有改正。）（17）（如果）耳朵中部触及颈部（？），则男子显赫、高贵。（4）如果囤仓……（？）骨突起，则（男子将会得到七品官位）。（5）如果法令骨突出起，则（男子）将来会作司徒。（14）如果郊廓骨（？）及……（西夏文文字佚失）坚硬（强），则（男子）将来会显赫，且有子孙。（一）（西夏文文字铁失）……有力量，则（将来）子孙满堂；但如果凹陷（牝沟），则将来无子嗣。

脸面的文字：

（1）如果天中骨（前额中部）不直且延伸到耳朵，则（此谓）显赫、高贵。（3）龙角（骨）。（13）囤仓（骨）。（14）法令（骨）。（11）如果下颚骨突出，有如大乌鸦的尾巴，则男子将来会显赫、高贵。（一）孙宅（骨）。（8）如果福堂骨饱满，则男子将来会显赫、高贵。（4）天仓（骨）。（5）（6）天井（骨）。（7）天门（骨）。（10）孝骨。（一）如金（？）阁骨突起，红色，则男子将来会有黄金和权力（？）。

(15)郊廓(骨)。(9)地库(骨)。(一)命门(骨)。(12)如果耳朵中部触及颈部,则(男子)将来会显赫、高贵。[1]

与中原的面相图比较可知,西夏面相图名称的含义均来自中原相书,是对中原相书的一种简化,不同之处在于西夏面相图更重视面骨。[2]史书记载:

> 曩霄本名元昊,小字嵬理,国语谓惜为"嵬",富贵为"理"。母曰慧慈敦爱皇后卫慕氏。性雄毅,多大略,善绘画,能创制物始。圆面高准,身长五尺余。少时好衣长袖绯衣,冠黑冠,佩弓矢,从卫步卒张青盖。出乘马,以二旗引,百余骑自从。晓浮图学,通蕃汉文字,案上置法律。常携野战歌、太乙金鉴诀。[3]

"圆面高准""身长五尺"的统治者元昊形象,应该对西夏人的审美观有很大的影响。面相图中有一些特征暗指特别的利害关系,通常与官位的高低有关,其相术及意义应与统治者的相貌相统一,因此他们引导着供养人形象的绘制。

黑水城供养人的绘画风格,是一种截然不同的肖像画理念,根源于中国艺术基础的神韵理论。[4]西夏供养人形象,大都符合史籍中对元昊的形

---

①(俄)米哈依·彼奥特洛夫斯基著,许洋主译《丝路上消失的王国——西夏黑水城的佛教艺术》,台北:国立历史博物馆,1996,第255页。
②马雅伦、郑炳林《西夏文〈相面图〉研究》,转引自《首届西夏学国际学术会议论文集》,银川:宁夏人民出版社,1998年。
③韩荫晟《党项与西夏历史资料汇编(上卷)》,银川:宁夏人民出版社,2000年,第60页。
④(俄)米哈依·彼奥特洛夫斯基著,许洋主译《丝路上消失的王国——西夏黑水城的佛教艺术》,台北:国立历史博物馆,1996年,第97页。

容①,供养人的画像特点也是在其时代审美观作用下被创作出来的。虽然画像是指某个人,但并不是某个人的"邈真",而是只画其大概——或男或女,或僧或俗,或达官或庶民,或主人或奴婢。②有研究指出黑水城出土的《贵人像》与《面相图》在形式及脸骨细部构造的描绘上具有相似性,《贵人像》是依据"面相学"而画成的。③沙武田在《敦煌莫高窟第 3 窟为西夏洞窟考》中认为莫高窟第 3 窟的菩萨和榆林窟第 29 窟的供养人,与黑水城的菩萨脸型相同,这大概反映出了西夏时期人物画像的普遍审美观。④

关于"美",西夏文献中也有相关说明:

《文海》杂 22·162:

　　平光　（外）　右此者平光也

　　　　（美）　左外美之谓也⑤

《同音》中有两条(美)的注释,汉语"端正"。

《文海》52·171:

　　俊　（面)中　此者姿态也庄严也

　　　　（笑)左　美妙也美颜色好也⑥

《文海》16·12:

---

①张伯元《安西榆林窟》,成都:四川教育出版社,1995 年,第 175 页。

②郑炳林《敦煌写本相书理论与敦煌石窟供养人画像——关于敦煌莫高窟供养人画像研究之二》,《敦煌学辑刊》2006 年第 4 期,第 10 页。

③(俄)米哈依·彼奥特洛夫斯基著,许洋主译《丝路上消失的王国——西夏黑水城的佛教艺术》,台北:国立历史博物馆,1996 年,第 97 页。

④沙武田、李国《敦煌莫高窟第 3 窟为西夏洞窟考》,《敦煌研究》2013 年第 4 期,第 10 页。

⑤谢保国《西夏人的审美倾向》,《宁夏大学学报(社会科学版)》1996 年第 1 期,第 51 页。

⑥谢保国《西夏人的审美倾向》,《宁夏大学学报(社会科学版)》1996 年第 1 期,第 52 页。

壮美　（宽）　右此者赤红壁虎①也

　　　　（兑）　左名美丽广阔之谓②

《文海》40·161：

美　（成）左　此者庄严也妙也美也

　　（合）右　丽也所见与目和之谓③

《文海》78·23：

丑　（破）（穿）　此者丑陋也破

　　（旧）左　也不平光之谓④

可见，"平光""庄严""广阔""和"等是与"美"有关的范畴。

敦煌石窟供养人画像随着时代审美的变化而变，并不是依人的面貌肖像而画。⑤刘玉权先生也认为："西夏晚期，是壁画艺术民族风格和民族特点进一步发展和成熟的时期。这时的人物形象，特别是世俗人物形象，可以榆林窟第29窟为典型代表：身体修长、秃发，长圆形的面孔，两腮外鼓，深目，高鼻，耳垂重环，脚穿钩鞋。文武职官和庶民百姓的衣冠服饰都

①壁虎是蜥蜴的一种，也叫守宫。西夏人认为赤红壁虎是美丽广阔、壮美的代表。壁虎长得长、大，能捕食虫蛾，是一个勇士。

②谢保国《西夏人的审美倾向》，《宁夏大学学报（社会科学版）》1996年第1期，第53页。

③谢保国《西夏人的审美倾向》，《宁夏大学学报（社会科学版）》1996年第1期，第53页。

④谢保国《西夏人的审美倾向》，《宁夏大学学报（社会科学版）》1996年第1期，第53页。

⑤郑炳林《敦煌写本相书理论与敦煌石窟供养人画像——关于敦煌莫高窟供养人画像研究之二》，《敦煌学辑刊》2006年第4期，第11页。

与史书记载相吻合,是典型的党项人形象和装束打扮。"①段文杰指出:"西夏晚期出现了少数党项族女供养人像,面形条长,戴步摇冠或毡冠,穿窄袖衫裙,着弓履。这应该是从中原汉装改变而来的,即所谓改大汉衣冠。"②

西夏供养人典型的类型化特征有二:一是人物形象高大,二是"冬瓜脸"造型。余阙说夏人"有身长至八九尺者"③,从壁画供养人形象的身体比例也可看出西夏人的身材比较高大。这可能是由于党项人长期生活在比较恶劣的地理环境中,生活条件艰苦,因此身体锻炼得比较高大强健。④

无论是高大的人物形象,还是浑圆饱满、上小下大的"冬瓜脸"造型(图3-35、图3-36),都与西夏时期的审美风格一致,与北朝尤其是北魏清秀如削的面容风格迥异,这充分体现了西夏人的审美观。

图3-35　榆林窟第29窟供养人像

图3-36　榆林窟第2窟摩睺罗伽像

①刘玉权《瓜、沙西夏石窟概论》,载敦煌研究院编《中国石窟·敦煌莫高窟(五)》,北京:文物出版社,2013年,第179页。

②段文杰《莫高窟晚期艺术》,载敦煌研究院编《中国石窟·敦煌莫高窟(五)》,北京:文物出版社,2013年,第172页。

③[元]余阙《青阳先生文集》卷4《送归彦温赴河西廉使序》,北京:商务印书馆,1934年。

④汤开建《党项西夏史探微》,北京:商务印书馆,2013年,第217页。

第四节　敦煌西夏石窟人物画中的宗教图式

一、尊像画:炽盛光佛与药师佛

(一)西夏的炽盛光佛

在佛教中,炽盛光佛被认为是释迦牟尼的教令轮身:

> (修法)略曰炽盛光法。炽盛光者,金轮佛顶尊之别名,佛身之毛孔,放炽盛之光明,故名炽盛光如来。其本体为金轮佛顶,故曰炽盛光佛顶如来,其修法曰炽盛光佛顶法。其道场观曰:"前地结上金刚墙内有大海,海中有宝山,山上有宝狮子座,座上有宝莲华,华上有宝楼阁,阁内有无量庄严周匝悬列,阁内有大曼茶罗,(中略)本尊位上有字,字变成金轮,轮变成本尊,毛孔飞光散,首冠五佛相,二手如释迦,本尊放光照诸尊座位。"(百二十尊法)。不空译炽盛光大威德消灾吉祥陀罗尼经一卷,唐代失译大威德金轮佛顶炽盛光如来消除一切灾难陀罗尼经一卷。不空译之经曰:"若有国王及诸大臣所居之处及诸国界,或五星所陵逼,

（中略）作诸障难者,于清净处置立道场,念此陀罗尼,一切灾难,皆悉消灭。"[1]

可见炽盛光佛可从毛孔流出光焰,因此被称为"炽盛光"。他的这种光力可以令日、月、星宿等诸天折服,因此具有消灾功用。关于诸星曜,梁时期的画家张僧繇就有这类题材的画作。《宣和画谱·道释叙论》记载:

……今御府所藏十有六:佛像一、文殊菩萨像三、大力菩萨像一、维摩菩萨像一、《佛十弟子图》一、十六罗汉像一、《十高僧图》一、九曜像一、镇星像一、天王像一、神王像一、《扫象图》一、摩利支天菩萨像一、《五星二十八宿真形图》一。[2]

自盛唐密宗流行以来,对炽盛光佛以及诸星曜的崇拜也盛行起来,画史中的记载不胜枚举。而炽盛光佛变相也基本由炽盛光佛、诸星曜、黄道十二宫以及二十八星宿等组成,画史所见,自唐代的吴道子开始有这种变相出现,从构成内容来看,神祇星相和行星是根据道教教义创作的内容,也是道教教义的组成部分。[3]"黄道十二宫"属于波斯文化,因此这一变相是中国传统文化、波斯文化和佛教文化的一种融合。孟嗣徽先生将炽盛光佛变相图布局的形式大致分为三种:Ⅰ型,乘车巡行的"行像"结构;Ⅱ型,来自曼荼罗的"静像"结构;Ⅲ型,走向"净土"大同的"佛三尊"结构。孟氏对每一种样式的形成原因及发展变化做了详尽明晰的梳理, 他指出每一

①丁福保《佛学大辞典》,北京:中国书店出版社,2011 年,第 1653 页。

②[宋]佚名,王群栗点校《宣和画谱》,杭州:浙江人民美术出版社,2012 年,第 10—11 页。

③（俄）萨玛秀克著,郑国穆译《黑水城遗址出土 12 世纪"恒星巫术圈"》,载段文杰《敦煌学与中国史研究论集:纪念孙修身先生逝世一周年》,兰州:甘肃人民出版社,2001 年,第 106—109 页。

种布局都以炽盛光佛为主尊，其处于中心位置，而不同样式的形成主要是以炽盛光佛所乘坐的物品和他周围侍从不同的配置为依据的。"乘车巡行"的结构形式源于中国古代传统并受天文占星的影响，"静像"结构相对来说与佛经仪轨更加契合，在布局上曼荼罗意味强烈。①至于"佛三尊"式，则更多融合了早期净土变相的样式，其结构组成经常出现一佛二菩萨、供养菩萨、众

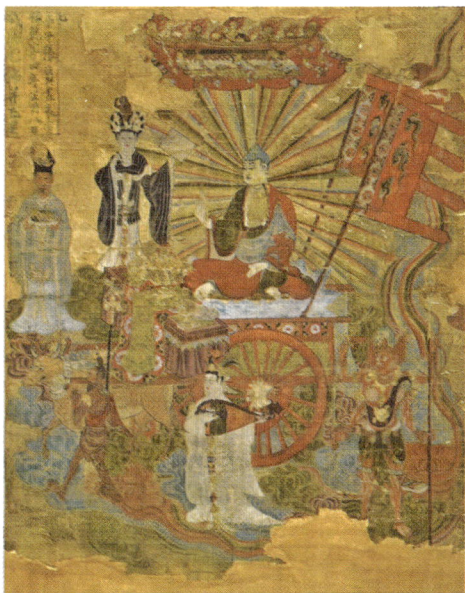

图 3-37　大英博物馆藏唐《炽盛光佛并五星神》

曜、天王力士等，佛陀变成了炽盛光佛。第一种样式大概流行于唐宋（图3-37），第二种样式流行于辽宋西夏时期，而第三种样式则更多在元明时期出现。

　　西夏时期，与炽盛光有关的佛经以及图像较多。重要的经典有西夏文《圣星母中道法事供养典》《佛说大威德炽盛光诸星宿调伏灾消吉祥陀罗尼》《大威德炽盛光消灾寄吉祥陀罗尼》《佛说大威德金轮佛顶炽盛光如来陀罗尼经》《佛说普遍光明焰曼清净炽盛思维如意宝印心无能胜总持大明王大追求陀罗尼经》等经典。其中《佛说大威德炽盛光诸星宿调伏灾消吉祥陀罗尼》《佛说大威德金轮佛顶炽盛光如来陀罗尼经》属于藏传佛教文献。聂历山译西夏文《九曜供奉事典》云："炽盛光甚至强过万劫毁灭之火，

_____

①孟嗣徽《炽盛光佛信仰与变相》，《紫禁城》1998 年第 2 期，第 38 页。

驯服天界神众,祛除所有不吉。"而且炽盛光佛属于金刚界,象征大日如来智慧的金刚界,也属于众星宿。可见西夏的炽盛光佛在佛经仪轨和图像来源等方面都具有多元性。

西夏的炽盛光佛图像有十多幅。为了更清楚地认识西夏时期的炽盛光及其变相问题,列表如下(表3–4):

表3–4　西夏炽盛光佛列表

名称 出土地	坐骑	主尊周围侍从	线描图	图片来源
莫高窟第61窟	莲座+双轮车	九曜、二十八星宿、黄道十二宫		来源于《中国敦煌壁画全集》
肃北五个庙第1窟	莲座	九曜、二十八星宿、黄道十二宫		肃北县文管所提供

续表

名称 出土地	坐骑	主尊周围 侍从	线描图	图片来源
贺兰县 宏佛塔	莲座	十一曜、 二十八星 宿、黄道 十二宫、 牛车、沙 弥、老者、 和尚		来源于《大夏 寻踪：西夏文 物辑萃》
贺兰县 宏佛塔	莲座	十一曜、 二十八星 宿、黄道 十二宫		来源于《大夏 寻踪：西夏文 物辑萃》

续表

名称 出土地	坐骑	主尊周围 侍从	线描图	图片来源
黑水城 X.2424	莲座	十一曜、 二十八星 宿、黄道 十二宫		来源于《俄藏 黑水城 艺术品》
黑水城 X.2425	莲座	十一曜、 黄道十二 宫较为 粗糙， 不完整		来源于《俄藏 黑水城 艺术品》

续表

名称 出土地	坐骑	主尊周围 侍从	线描图	图片来源
黑水城 X.2426	莲座	十一曜、 二十八星 宿、黄道 十二宫		来源于《俄藏 黑水城 艺术品》
黑水城 X.2428	莲座	十一曜, 二十八星 宿、黄道 十二宫		来源于《俄藏 黑水城 艺术品》

续表

名称 出土地	坐骑	主尊周围 侍从	线描图	图片来源
黑水城 （残） X.2430		十一曜、 二十八星 宿、黄道 十二宫		来源于《俄藏 黑水城 艺术品》
黑水城 X.2431	莲座	十一曜、 二十八星 宿、黄道 十二宫		来源于《俄藏 黑水城 艺术品》

　　从上表统计比对可以看出,西夏炽盛光佛变相的基本构成是:炽盛光佛、众星曜、黄道十二宫、二十八星宿,此外还有牛车、沙弥、老者、和尚等。按照孟嗣徽对炽盛光佛变相图式的分类标准,其主尊既有"行像",也有"静坐",就此而言,可看出西夏炽盛光佛样式的非单一性,更呈现为由早期向元明时期的"佛三尊"样式过渡的一种"混合式"结构。在这种"混合式"的结构中,西夏人也融入了各种文化元素,呈现出多元样式。

　　莫高窟第 61 窟炽盛光佛绘于甬道南北两壁,北壁的残损严重,南壁的相对完整。敦煌研究院认为该图是元代作品①,伯希和②、刘玉权③、赵声良④、孟嗣徽⑤、关友惠⑥和沙武田⑦等先生研究认为是西夏时期绘画。据赵声良先生释读,南壁的变相中,炽盛光佛坐于车内,结跏趺坐,左手施禅定印,右手顶一金轮,佛周围有九曜,"能明确辨认的有 6 位,即太白星、荧惑、土星、月宿、太阳、罗睺,剩下的三身不能辨认的应是北辰、计都、岁星"。⑧图的上部画有黄道十二宫和二十八星宿。这里的炽盛光佛变相,与西夏其他的炽盛光经变相比,多了双轮车,配置更接近于唐宋时期流行的"第一种"样式。因此,更可断定甬道绘于西夏。这种样式处于从唐宋向西夏的过渡时期,而到了元以后,"佛三尊"则是具有时代症候的样式特点。

---

　　①敦煌研究院编《敦煌石窟内容总录》,北京:文物出版社,1996 年。

　　②(法)伯希和著,耿昇、唐健宾译《伯希和敦煌石窟笔记》,兰州:甘肃人民出版社,1993 年。

　　③刘玉权《西夏时期的瓜、沙二州》,载白滨《西夏史论文集》,银川:宁夏人民出版社,1984 年。

　　④赵声良《莫高窟第 61 窟炽盛光佛图》,《西域研究》1993 年第 4 期,第 61—65 页。

　　⑤孟嗣徽《炽盛光佛变相图图像研究》,载香港中华文化促进中心编《敦煌吐鲁番研究(第 2卷)》,北京:北京大学出版社,1997 年。

　　⑥关友惠《敦煌石窟全集·图案卷》,香港:香港商务印书馆,2003 年。

　　⑦沙武田《莫高窟第 61 窟甬道壁画绘于西夏时代考》,《西北第二民族学院学报(哲学社会科学版)》2006 年第 3 期,第 57—62 页。

　　⑧赵声良《莫高窟第 61 窟炽盛光佛图》,《西域研究》1993 年第 4 期,第 64 页。

(二)西夏的药师佛

药师佛,又称药师如来,或药师琉璃光如来,居于东方净琉璃世界。据佛经记载,药师佛在过去世行菩萨道时,曾发十二大愿,愿为众生解除疾苦,使具足诸根,导入解脱,故依此愿而成佛。①

　　救脱菩萨言:阿难!汝岂不闻如来所说九横死耶?是故教以呪药方便。或有众生,得病非重,然无医药及看病人,或复医人疗治失所,非时而死,是为初横;第二横者,王法所杀;第三横者,游猎、放逸、婬醉无度,为诸非人害其魂魄;第四横者,为火所烧;第五横者,为水所溺;第六横者,入师子、虎豹、诸恶兽中;第七横者,饥渴所困,不得饮食,因此致死;第八横者,厌祷、毒药、起尸鬼等之所损害;第九横者,投岩取死,是名如来略说大横有此九种,其余复有无量诸横。

　　此等十二夜叉大将,一一各有七千夜叉以为眷属,皆同一声白世尊言:我等今者蒙佛威力,得闻世尊药师琉璃光如来名号已,不复更有恶道之怖。我今相与皆同一心,乃至寿尽归依佛、归依法、归依僧,皆当荷负一切众生,为作义利,饶益安乐,随于何等村城聚落阿兰拏处,若流布此经,若复持彼世尊药师琉璃光如来名号亲近供养者,我等眷属卫护是人,皆使解脱一切苦难,诸有所求,悉令满足。②

依据佛经,如果世人患重病,其眷属可在病人临终前,燃四十九灯,诵四十九遍药师如来本愿功德经,造四十九天五色彩幡,昼夜潜心供养礼拜

---

①丁福保《佛学大辞典》,北京:中国书店出版社,2011年,第6694页。
②[隋]达摩笈多译《佛说药师如来本愿经》卷1,见《大正藏》第0449号,第14册,第404页。

药师,病人便可续命。任何宗教都有其现世利乐的功用,信仰药师佛,亦可避免人"九横死"。

西夏立国后,由于医学水平落后,更多的是利用早期的原始宗教信仰解除病痛,如武威出土的西夏文药方残页所记:"辣头唇(药名)……来年空肚时,以新冷水中,服二十一滴,面(向)东……"①此外,俄罗斯科学院东方研究所收藏的《谨楼》《魔断要语》《疮恶治顺要语》等一些西夏文文献,虽然没有名称,但能够看出它们都是为念咒语、搞法术、祈祷之用。②这些都证明西夏人治病过程中具有迷信色彩, 进而也说明西夏的医疗水平低下,向宋金学习是很自然的事情。仁孝时期权臣任得敬患重病,曾遣使到金国邀请良医,为其治病③;桓宗纯祐为其母治病,同样也曾向金求医,"诏太医判官时德元及王利贞往,仍赐御药"④。在一些俄藏西夏文献佛经中也显示出明显的祛病诉求,如诸天部《佛说病疾除经》(夏 No.270)、《佛说肛疮病治经》(No.271)等。

在这样的医疗背景下,对药师佛的信仰便在情理之中,西夏时期有关药师的佛经以及壁画中出现的大量药师佛和药师经变, 同样体现了当时医疗水平较为低下的西夏人对药师的极度信仰。

西夏的药师经典主要有英国国家图书馆藏黑水城西夏文献《药师琉璃光七佛之本愿功德经》《药师琉璃光七佛之护摩法事》《药师琉璃光七佛之烧施法事》(英夏 2627、2646)、《药师琉璃玉光七佛之根本愿功德经典上》,⑤法国国家图书馆藏西夏文献《药师琉璃光七佛本愿功德经》「法

---

① 王静如《甘肃武威发现的西夏文考释》,《考古》1974 年第 3 期,第 206 页。
② 吴天墀《西夏史稿》,成都:四川人民出版社,1980 年,第 257 页。
③ [元]脱脱《金史》卷 134,北京:中华书局,1975 年,第 2871 页。
④ [元]脱脱《金史》卷 134,北京:中华书局,1975 年,第 2871 页。
⑤ 束锡红《黑水城西夏文献研究》,北京:商务印书馆,2013 年,第 50 页。

Pelliot Xixia 924（Grottel 181）46881 第 002、006、010、021、022、024、030、033、038、047、058、059、062、063、067、082、088、120、126、128、133 号]，法 Pelliot Xixia 925（Grottel 181）46882 第 006、022、023 号。[1]俄藏黑水城藏品中西夏文《药师琉璃光七佛本愿功德经》（第 145—148 号，西夏特藏240 号，馆册 885、7827、909、6466、4014 号）。[2]还有《药师琉璃光七佛本愿功德经版画》[法 Pelliot Xixia 924（Grottel 181）第 091]、《药师琉璃光七佛本愿功德经扉画》[法 Pelliot Xixia 924（Grottel 181）第 106、125]。武威西夏墓室出土的木缘塔上的咒文《药师琉璃光王佛咒》。[3]

　　在西夏洞窟中绘有药师经变画或药师佛的洞窟主要有莫高窟第 164 窟、第 310 窟、第 363 窟、第 400 窟、第 408 窟、第 418 窟等，此外还有榆林窟第 29 窟，东千佛洞第 2 窟和肃北五个庙第 3 窟等（表 3-5）。

表 3-5　西夏药师佛列表

窟号	组合关系	图片	图像来源
莫高窟 第 164 窟南壁	药师经变 众星捧月式		敦煌研究院提供

---

①束锡红《黑水城西夏文献研究》，北京：商务印书馆，2013 年，第 52—60 页。
②束锡红《黑水城西夏文献研究》，北京：商务印书馆，2013 年，第 194 页。
③崔红芬《西夏河西佛教研究》，北京：民族出版社，2010 年，第 276 页。

续表

窟号	组合关系	图片	图像来源
莫高窟 第 310 窟	药师佛单尊		来源于《中国敦煌 壁画全集 10》
莫高窟 第 363 窟	药师佛单尊		来源于《中国敦煌 壁画全集 10》

续表

窟号	组合关系	图片	图像来源
莫高窟 第 400 窟北壁	药师经变 众星捧月式		敦煌研究院提供
莫高窟第 408 窟东壁门上	药师佛（下残） 带二胁侍		敦煌研究院提供

续表

窟号	组合关系	图片	图像来源
莫高窟 第 418 窟南壁	药师经变 众星捧月式		来源于《中国敦煌 壁画全集 10》
榆林窟 第 29 窟东壁	药师经变		敦煌研究院提供
东千佛洞 第 2 窟《药师 行道图》左壁	药师佛 带二弟子		来源于《瓜州东千 佛洞石窟艺术》

续表

窟号	组合关系	图片	图像来源
东千佛洞 第 2 窟《药师 行道图》左壁	药师佛 带二弟子		来源于《瓜州东千 佛洞石窟艺术》
东千佛洞 第 7 窟左壁	药师经变 众星捧月式		来源于《瓜州东千 佛洞石窟艺术》
肃北五个庙 第 3 窟窟顶 南披	药师佛 带二弟子		肃北文管所提供

　　在敦煌的尊像画中,如果从诸佛绘制的数量上看,除千佛外,单体像最多的是东方净土琉璃世界的教主药师佛。[1]敦煌尊像画中的药师佛最早出现于莫高窟隋代第 302 窟和第 305 窟,有坐姿和立姿两种姿势。历经初盛唐、中晚唐、五代、宋、西夏,药师佛像基本的画面构成有以下三种:药师佛独尊说法图、药师三尊说法图、七佛药师说法像。通过对比我们可以发现,西夏的药师尊像画也不外乎这几种类型,延续了前期的样式,但西夏的药师佛尊像在人物的形体、面貌特征上发生了很大的变化。[2]敦煌莫高窟西夏重修的第 310 窟主室西壁龛外南北各绘药师佛立像,持锡杖托药钵行道,着福田袈裟,细眉浓眼,面目慈祥,脸型上小下大,是西夏时期典型的“冬瓜脸”,他有环形头光,赤脚立于莲台,右手持配环锡杖,左手托药钵。唐代的药师佛主要出现在经变画中,单尊或者较为简约的单尊药师与菩萨等组合的药师尊像画较为少见,西夏时期药师尊像画出现较多,这也是西夏药师佛的一个特点。

　　西夏的药师佛大都变得较为简约,除了药师佛高大的形象之外,周围再无繁杂的其他内容。东千佛洞第 2 窟后室正壁左右两侧有两幅对称的药师立佛,药师佛居于画面中心,形象突出,仪态端庄,一手执锡杖斜靠于肩上,一手托透明琉璃色药钵,脚踩莲花座,药师低平肉髻,饰髻珠,着赭红色袈裟,身体微微前倾,欲前行,蓝绿色头光。其中二弟子着绿色、赭红色僧衣,其中的一幅二弟子左右侍立,双手合十,另一幅弟子侧立于一方,一双手合十,一作外缚印。右侧一幅药师佛下方三饿鬼奋力举瓶接甘露。佛弟子身后祥云缭绕,画面形象生动,构图简约,主次分明。莫高窟第 310 窟两幅药师佛的背景与东千佛洞第 2 窟药师佛的背景一样,无太多装饰,

　　[1]罗华庆《敦煌石窟全集·尊像画卷》,北京:商务印书馆,2002 年,第 61 页。
　　[2]王艳云《西夏壁画中的药师经变与药师佛形象》,《宁夏大学学报(人文社会科学版)》2003 年第 1 期,第 16 页。

这一手法更加突出了药师形象的高大庄严。

药师经变画是净土变之一。佛经中讲药师佛有"致福消灾"之要法，"王者攘灾，转祸为福"之妙术。识别药师经变的标志为主尊药师佛托钵、执锡杖，并有九横死、十二大愿、斋僧、燃灯、悬幡、放生等情节。药师经变在盛唐时期达到了顶峰，出现通壁大画，形式有所谓的"中堂式"，正中为大型说法图，两边均有一"条幅"、十二大愿、九横死及斋僧燃灯；也有将十二大愿、九横死、斋僧燃灯、放生抵罪全画在下部的。

榆林窟第 29 窟主室东壁北侧的药师经变较为复杂，受藏传佛教艺术影响明显。以赭红色为主调，图中三间大殿建于平面凸字形台基上，药师佛右袒红色袈裟端坐于中殿的莲花座上正在说法，面相长圆，额宽颐丰，低平肉髻上饰有红色宝珠，左手托钵结跏趺坐，背光五色光焰四射。两边配殿中是日、月菩萨及侍从部众，殿堂前的庭院听法诸天众，台前阶下绿

图 3-38　榆林窟第 29 窟药师变

草如茵，菩萨、弟子、天众云集，或坐或立，随意自在，轻松自然；药叉神将正大步地赶来。下部正中，有面积不大的宝池一方，池内莲花盛开，两个化生童子戴颈圈，全身裸露，双手合十，站在红莲中。画面下沿云气缭绕，让人感到东方的净土世界浮现在云端之上。这幅药师经变是传统药师经变样式的继承，但是没有九横死、十二大愿的配置，在构图形式上将药师佛、日光、月光菩萨及侍从置于建筑之中。通过两个图像的对比发现，

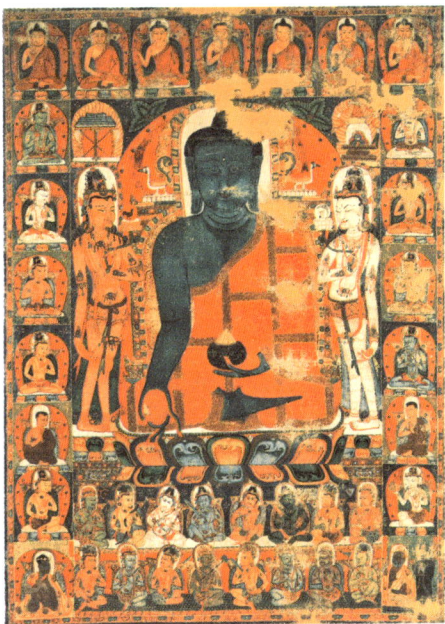

图3-39 黑水城唐卡药师佛

该窟药师经变参照了唐卡中药师佛的形象，但画面的组合与唐卡不同，呈现出以佛陀为中心的"众星捧月式"的汉式样式，画面左右对称，但是日、月光菩萨的侍从及诸天的排列仍然显得较为零散（图3-38、图3-39）。

莫高窟西夏早期的药师经变以第400窟为典型，其形式和唐五代多为一致，只是色彩上以石绿为主色调，人物排列动态构型比较单一，缺乏新意，其比例，包括燃灯场景都大大缩小，缺少唐朝的宏大气派，但图中仍比较详尽地表现出经文所述燃灯、诵经、献羊放生、供养众僧等情节。

东千佛洞第7窟左壁药师经变同样描绘的是说法场面。该药师佛不同于榆林窟第29窟而坐在大殿前广场上，佛与其左侧弟子都手托药钵。伎乐在演奏，上空云朵中有化佛出现。虽然画面有些漫漶，但仍然能感受到气势恢宏的建筑群落。庄严的宫殿式建筑中轴对称，封闭的天宫庭院排列有序，前有高耸的山门和长廊连接着左右角楼，后有巍峨的重

檐歇山顶大殿,左右两边连接着钟楼和经楼,殿堂楼阁均作歇山顶或攒尖顶,中脊突起饰以宝瓶,鸱吻异常高大,屋檐两角明显翘起,不仅增加了建筑本身的美感,而且鲜明地体现了宋式建筑的特征。宫殿建筑周围有火焰纹环绕,增加了几分虚幻色彩和神秘感。

西夏的药师经变与西方净土变共同绘于一窟, 如莫高窟第8窟、第164窟、第235窟、第400窟、第418窟,榆林窟第29窟和东千佛洞第2窟等,"作为未来生命的投胎者阿弥陀佛和作为现世安乐的依赖者药师佛的结合,满足了众生对生与死两方面的需要"①。

综上所述,要对西夏石窟绘画中的药师佛进行总体概括,我们需关注以下两点:一是西夏的药师佛,除了经变画中央的主尊为正面正襟危坐之外,其他尊像画中的都是身体侧向了一边;二是艺术是社会生活的反映,西夏人的生活面貌在绘画中有所体现,如药师佛"冬瓜脸"的面貌特征,简约的背景所衬托的高大药师形象,也与党项人的民族性格、形象特征相联系。

二、水月观音图的创新:兼论莫高窟第95窟为西夏窟

(一)西夏的观音信仰与水月观音的新图式

观音全称"观世音",又称"观自在""光世音",是大乘佛教信奉的众菩萨之一,是梵文"Avalokitesvara"之音译,音译为"阿婆卢吉低舍婆罗"。《妙法莲华经·普门品》记载,众生遇到各种灾难时,只要念观世音菩萨名号,即可得到救度。自三国时期观音信仰出现一直到魏晋、隋唐时期都很流行。西夏时期佛教兴盛,境内流行着诸多汉传与藏传的观音经典,黑水城出土的佛教文献中观音经非常多,且西夏文与汉文并举,西夏文的有《妙法莲华经》《妙法莲华心经》《观世音菩萨普门品》《大悲心陀罗尼经》《佛顶心观世音菩萨治病生法经》《番言圣观自主千眼千手之供顺》《圣观自主大

---

①崔红芬《西夏河西佛教研究》,北京:民族出版社,2010年,第277页。

悲心随燃施法事》等；俄藏汉文佛经主要有《妙法莲华经》《观世音菩萨普门品第二十五》《佛说观音经》《高王观世音经》《六字大明王功德略》《圣六字增寿大名陀罗尼经》《亲集体耳传观音供养赞叹》《佛顶心观世音菩萨大陀罗尼经卷上》《佛顶心观世音菩萨大陀罗尼经卷下》等。西夏的另一个佛教重镇敦煌地区也出土了不少西夏文本的观音经典，如下西沟岘出土的《圣观自在菩萨说法和称颂圣观自在菩萨的颂语》。①在壁画、绢画等艺术作品中也绘有大量的观音图像。

关于《水月观音经》，查找各种佛教典籍可知，没有相关记载。王惠民先生根据敦煌藏经洞出土文献 P.2055 号卷子"五代末翟奉达为亡妻马氏追福而抄写的《水月观音经》"对照《千手经》研究，疑此经为伪经，认为其极有可能是翟奉达根据《大悲启请》或受其启发而编造了《水月观音经》。②《千手经》是观世音菩萨的大悲心、无上菩提心以及济世度人、修道成佛的重要口诀，自唐译本《千手经》传入西夏，被翻译成西夏文，而且此经在西夏时期再次由宝源依据梵文翻译成汉文，由周慧海翻译成西夏文。③西夏时期观音信仰非常流行，因此敦煌地区的西夏石窟绘画中，观音图像便是常见的内容。据统计，敦煌西夏洞窟遗存的观音像及观音经变约有四十多铺（身）。④莫高窟第 95 窟中心柱龛内六臂观音主尊与南北通道上方龛内的水月观音，都集中表现了观音思想，且与《千手经》有很大关系。

水月观音是西夏流行的题材之一。张彦远《历代名画记》载周昉"妙创水月之体"⑤为最早的记载。此后，水月观音像逐渐兴起，至晚唐已家喻户

---

①崔红芬《西夏河西佛教研究》，北京：民族出版社，2010 年，第 284—286 页。

②王惠民《敦煌写本〈水月观音经〉研究》，《敦煌研究》1992 年第 3 期，第 93- 98 页。

③崔红芬《西夏汉传密教文献研究》，北京：社会科学文献出版社，2015 年，第 195 页。

④崔红芬《西夏观音绘画考略》，《平顶山学院学报》2017 年第 4 期，第 109 页。

⑤[唐]张彦远著，俞剑华注释《历代名画记》卷 10，上海：上海人民美术出版社，1964 年，第204 页。

晓,五代宋西夏时期更是广为流传。敦煌地区留存的水月观音像就足以见其兴盛。水月观音在敦煌壁画中共留存有29铺。其中莫高窟15铺,榆林窟7铺,东千佛洞3铺,肃北五个庙4铺;莫高窟有五代水月观音5铺,宋5铺,西夏5铺;在所有的水月观音中,西夏时期共有16铺,五代7铺,宋6铺。[①]藏经洞发现现藏于英国大英博物馆2幅,法国吉美博物馆2幅,王道士于1900年作为礼品送给县令汪宗翰1幅有宋朝乾德六年（968年）题记的水月观音。此外,黑水城出土现藏于俄罗斯艾尔米塔什博物馆有5幅西夏时期的水月观音,文殊山古佛洞有2幅水月观音壁画[②]（表3-6）。从统计结果可以看出,西夏时期水月观音非常流行。

表3-6　敦煌地区水月观音统计表

窟区	窟号	年代	位置	数量
莫高窟	6	五代	甬道盝形顶中央	1
	95	西夏	主室中心龛柱南侧甬道口上龛内西壁	1
	124	五代	前室南壁	1
	164	西夏	西壁龛门南北两侧	2
	176	宋	前室顶西披(一角)	1
	203	宋	前室北壁门西	1
	237	西夏	前室西壁门南北两侧	2
	294	五代	前室西壁门南北两侧	2
	331	五代	前室西壁门上(模糊)	1

---

①王惠民先生共统计为27幅,莫高窟基本一致,不同之处为:榆林窟第2窟2幅,第20窟2幅,第21窟2幅,第29窟2幅;东千佛洞第2窟2幅,第3窟1幅;五个庙第1窟1幅。

②张小刚、郭俊叶《文殊山石窟西夏〈水月观音图〉与〈摩利支天图〉考释》,《敦煌研究》2016年第2期,第8—15页。

续表

窟区	窟号	年代	位置	数量
莫高窟	427	宋	前室西壁门上南侧	1
	431	宋	前室西壁门上两侧	2
榆林窟	2	西夏	西壁门南北两侧	2
	20	宋	前室东壁门上	1
	29	西夏	主室东壁两侧（漫漶）	2
	38	五代	前室西壁门上两侧	2
东千佛洞	2	西夏	主室左甬道北壁、主室右甬道南壁	2
	5	西夏	主室左甬道北壁	1
肃北五个庙	1	西夏	东壁、西壁	2
	4	西夏	南壁门东西两侧	2

　　这些水月观音图的共同之处，即水月观音坐在岩石上，岩下水波荡漾，观音身后为圆月，圆月和碧水是水月观音的标志，但每幅画在情节上有细微差别。榆林窟第2窟水月观音画像位于窟门两侧，观音坐珞珈山，头戴宝冠，长发飘扬，天衣长裙，璎珞严身，背靠奇石，修竹数千，座下绿波荡漾，红莲盛开，天空中朵朵彩云，拖出一弯新月，与菩萨水晶半透明的光环互相辉映，颇有月夜幽静清凉之感。南侧的水月观音自在坐于岩石上，菩萨头戴华丽宝冠，身着裙装，佩戴璎珞、臂钏等装饰，雍容华贵，有头光和透明的身光。身后岩石矗立，修竹遒劲，灵鸟翩跹，祥云缭绕，岩石下方流水潺潺，莲花盛开。菩萨前方岩石上有插着杨柳枝的净瓶。北侧的水月观音与南侧的构图相似，观音的动态服饰等配置也较为接近，只有一些细微的差别，善财童了正驾彩云前来参拜，画面的右下角，有一幅取经图，唐僧身着袈裟，双手合十遥拜观音，身后有行者，一手牵马，一手遮阳，仰望观音（图3-40）。东千佛洞第2窟水月观音的图像配置不同之处在于画面下部出现了一组往生人物像（图3-41）。

图 3-40　榆林窟第 2 窟北壁水月观音

图 3-41　东千佛洞第 2 窟北壁水月观音

(二)莫高窟第 95 窟为西夏洞窟考察

敦煌莫高窟第 95 窟位于崖面最下层,左与第 96 窟、右与第 94 窟相毗邻,是见缝插针式开凿的小型单室石窟①。《敦煌莫高窟内容总录》②记录该窟为元代窟,史苇湘先生持同样的观点③,刘玉权先生在《敦煌莫高窟、安西榆林窟西夏洞窟分期》④《敦煌西夏洞窟分期再议》⑤中没有收录该窟,沙武田先生《敦煌西夏石窟分期研究之思考》⑥同样将其排除在西夏石窟之外。也就是说,以上三位学者认为莫高窟第 95 窟并非西夏洞窟。笔者在 2017 年 10 月"敦煌西夏石窟研习营"调研中,注意到了该窟的水月观音与窟内后通道壁画风格迥异,与西夏时期石窟内和黑水城出土的水月观音相似。在后来的资料搜集中发现王惠民先生于 1987 年发表论文《敦煌水月观音像》⑦认为该窟为西夏开凿、元代重修,文中并没有展开考证,也没有阐述断代的依据。然而绝大多数学者似乎没有注意到王惠民的这篇文章,或者不同意王氏的观点,依然认为此窟为元代所建。在现有讨论西夏水月观音的诸多文章中,也几乎没有说到这幅水月观音图。下文以此为出发点,对该窟的窟形、地仗层、图像等问题展开讨论,对第 95 窟为西夏时期洞窟的认定提供依据。

1. 洞窟概况

莫高窟第 95 窟为中心柱窟,前室顶毁,现为后设的木构椽檩平顶,后

---

①梁尉英《元代早期显密融汇的艺术——莫高窟四六四诸窟的内容和艺术特色》,载敦煌研究院编《敦煌石窟艺术——莫高窟第四六四、三、九五、一四九窟(元)》,南京:江苏美术出版社,1997 年,第 12 页。

②敦煌文物研究所编《敦煌莫高窟内容总录》,北京:文物出版社,1982 年,第 30 页。

③史苇湘《敦煌历史与莫高窟艺术研究》,兰州:甘肃教育出版社,2002 年,第 176 页。

④敦煌文物研究所编《敦煌研究文集》,兰州:甘肃人民出版社,1982 年,第 273—318 页。

⑤刘玉权《敦煌西夏洞窟分期再议》,《敦煌研究》1998 年第 3 期,第 1—4 页。

⑥沙武田《敦煌西夏石窟分期研究之思考》,《西夏研究》2011 年第 2 期,第 23—34 页。

⑦王惠民《敦煌水月观音像》,《敦煌研究》1987 年第 1 期,第 31—38 页。

有通道。中心柱东向面开一龛,龛内西壁彩塑主尊六臂观音,两侧塑二菩萨、二弟子、二天王,均为清代重修(图 3–42)。龛内西壁主尊两侧绘观音和大势至菩萨,身着裙装,佩戴璎珞、臂钏,头戴宝冠,有蓝绿色头光,头光外绘祥云。主尊左侧为右手向上执杨柳枝的观世音菩萨,右侧为施说法手印的大势至菩萨。龛内南北两侧壁面各绘立姿菩萨三身,头光及祥云样式与正面二菩萨相同。南壁三身供养菩萨,慈目善眼,低眉下视,沉静恬淡,高髻饰花冠,一披山水纹霞帔,一披锦罗霞帔,另一身衣饰已模糊不清;北壁菩萨手结印,庄静秀美,其中较为清晰的一尊,云鬟高髻,束花冠,耳挂大珰,胸饰宝花,披巾着裙,裸上身。中心主龛为盝形顶,绘六字真言团花图案。龛顶存三披,绘装饰图案,第一层为回纹,第二层为半悬布幔、铃佩,第三层为落地的布幔,有饰带与环佩。

　　中心柱南北两侧通道上各有一龛,龛内有水月观音图像。南侧通道口上龛内的水月观音像,四周黑色粗边方框,黑框内有一圈蓝色勾边。水月观音侧身面北而坐,左腿上曲,双手抱膝,右腿自然下垂。菩萨头戴宝冠,

图 3–42　莫高窟第 95 窟前室

图3-43　莫高窟第95窟水月观音

佩饰璎珞环钏,身穿束腰白色长裙,飘带依式垂下,目视远方,神情娴静,若有所思地坐在水边的岩石上。观音身后有透明圆光,前方的岩石上放一净瓶,周围花草飘香。观音前下方有两身天人驾云而下,前面一人双手托盘,着袍服,后面一人有圆形头光,戴通天冠,着大袖袍服,双手持笏板。观音的后下方有僧人若干,僧人上方有一供桌,桌上方石柱矗立,向观音方向倾斜,石缝间生出修竹。画面右侧海水茫茫,山峦起伏,景色寥廓,远方彼岸有建筑(图3-43)。龛内南壁为屏风式画面,绘一胡跪童子飞天,胖体可爱,捧花供养,龛北壁的飞天模糊不清。北侧通道口上龛内图像漫漶,但从残留的头光、帽饰、祥云以及花草等能够辨认出应为水月观音形象,龛内南北壁漫漶不清。

后通道内绘十六罗汉,多身残,中心柱西壁无内容。罗汉形态各异,以禅思静定为造型的根本。白色素底,罗汉身后背景多用树木来点缀,大多绘树干半截或一枝分叉,数片绿叶。

2. 洞窟形制分析

在莫高窟晚期洞窟中出现中心柱窟较为少见,这种窟形源于一二世纪印度出现的支提窟,后随着佛教东传,进入了西域,龟兹约在四五世纪出现中心柱窟,河西受前两者的影响于 5 世纪末出现。中心柱一般融合了方塔的形式作为礼拜对象。莫高窟的中心柱窟主要流行于北魏、西魏和北周,在隋唐时期,随着中原等地的佛教思想、佛教修行方法的传入,敦煌地区绕塔经行以及"入塔观像"的禅观方法备受冲击,[1]中心柱窟呈现衰微态势,只有个别出现。西夏时期曾经一度式微的中心柱窟又卷土重来,以东千佛洞第 2 窟、第 4 窟、第 5 窟、第 7 窟为代表洞窟。然而这一时期出现的中心柱窟与莫高窟早期样式有差异,张宝玺先生称这种窟形为甬道式中心柱窟[2]。常红红博士把这种重回中心柱窟的原因归于西夏人善于学习,善于从中亚佛教传统吸取营养,追求正统。[3]据宋人范成大《吴船录》记载,以继业为代表的规模达三百人的求法僧团曾赴印度,掀起一股求法热潮。明宣宗撰《敕赐宝觉寺碑记》也记录了西夏"时燕丹国师求道天竺,至跛提之境"[4]的事迹,可见求法热潮是西夏中心柱得以重新流行的重要原因。

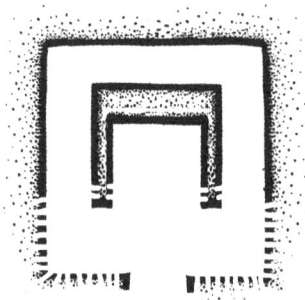

图 3-44 莫高窟第 95 窟平面示意图

莫高窟第 95 窟窟形与东千佛洞西夏时期开凿的洞窟第 2 窟、第 4 窟、第 5 窟、第 7 窟相似(图 3-44、图 3-45),窟室由前室、中心柱和后通道组成,整体为纵向矩形,中心柱正面开一龛,两侧通道低于前室,拱券形,这与龟兹的中心柱窟样式如出一辙。克孜尔

---

①于向东《北魏至隋代敦煌中心柱窟图像布局的演变》,《南京艺术学院学报(美术与设计)》2016 年第 3 期,第 71 页。

②张宝玺《瓜州东千佛洞西夏石窟艺术》,北京:学苑出版社,2012 年,第 11 页。

③常红红《甘肃瓜州东千佛洞第五窟研究》,首都师范大学硕士学位论文,2011 年,第 51 页。

④[清]钟赓起著,张志纯等校点《甘州府志》,兰州:甘肃文化出版社,1995 年,第 518—519 页。

石窟第 100 窟、第 192 窟和库木吐喇石窟第 17 窟，中心柱南北两侧通道口上方各有一小龛，其窟形与莫高窟第 95 窟的窟形完全一致，说明西夏时期石窟与龟兹石窟有着紧密的联系。由此，从窟形对比和这一时期中心柱窟流行的原因分析，第 95 窟为西夏窟是比较合理的。而现阶段发现的元代石窟中，没有见到这类中心柱窟，故把第 95 窟认为是元代洞窟比较牵强。至于这种窟形样式在河西地区出现的宗教文化意义，还需要进一步深入研究。

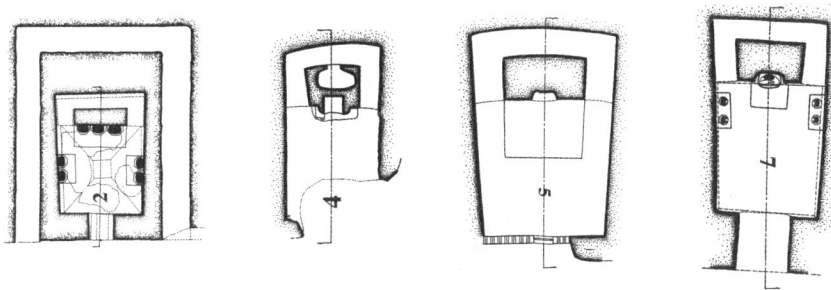

图 3-45　东千佛洞第 2 窟、第 4 窟、第 5 窟、第 7 窟平面示意图

3. 地仗层问题

敦煌莫高窟历经十个朝代的建造，每个时代的壁画制作工艺和原料都有差别。莫高窟壁画的地仗层通常为两层，最下层为混有粗草等植物纤维的粗泥层，上层为细泥层，通常掺杂了麻或羊毛等细小纤维，而元代壁画的地仗上层常含有细沙。据敦煌研究院于宗仁研究，元代洞窟中，莫高窟第 3 窟和第 465 窟的地仗层较相似，表层含沙量大，第 149 窟含沙量低，第 95 窟的地仗层在莫高窟比较特殊，相对少见。他认为，第 95 窟的地仗表层在制作上有两种形式，材料与工艺有别，前室、中心柱龛内与中心柱通道内有很大的差别。其前室的地仗层是平整均匀 5mm 厚的红土层，中心柱通道的地仗层则粗糙且不平整，含沙量极高。这种前后不同的现象

在莫高窟的地仗层中是非常少见的。[1]

从于宗仁的研究可看出,莫高窟第95窟前室和后通道的地仗层是有差别的,而且非常特殊、少见。但他依然认为都是元代所为,并没有怀疑这种差别是不同历史时期所致。据笔者考察,前室的壁画工艺细腻,设色讲究,而通道壁画相对写意简约,画面有大面积留白,从风格判断这完全是两种不同时代的艺术表现。笔者认为,前室的壁画为西夏时期所绘,而通道壁画为元代重绘,这恰好印证了于先生关于前室与后通道地仗层的差异、特殊与少见的论述。

图 3-46　莫高窟第 431 窟宋水月观音

4.图像分析

(1)水月观音图像

敦煌水月观音像在构图样式上有前后朝代的延续性,经过比较,还是能明显地看出不同时期的图式差异。五代宋时期基本上为中心构图,观音菩萨游戏坐于画面中心位置的岩石上,占据了主要幅面,整体安排比较满,特别之处在于观音坐于岩石上的大莲朵上,并且在背光中出现了火焰纹,身后无石山,竹子的表现也相对简单(图 3-46)。

西夏时期的水月观音,画

---

①于宗仁《敦煌石窟元代壁画制作材料及工艺分析研究》,兰州大学硕士学位论文,2009 年,第 18、41 页。

面整体安排艺术性强,观音偏于画面中心一侧,相对五代宋时期偏小,树木葱郁,花草丛生,泉流清澈,虚实相间,画面空间感强烈,有一种幽深禅静的意境。此外,观音坐的岩石有些铺上了地毯,无莲花底座,背光无火焰纹,对山岩、修竹、大海、祥云的描绘较为深入(图3-47)。

元代水月观音像对前代的元素有继承,但变化比较大,目前留存元朝洞窟、寺观的水月观音相对罕见。现藏于美国纳尔逊艺术博物馆元代画家颜辉的卷轴画《水月观音图》,以水墨表现,观音有如满月状的大头光,一直到腰部位置,无身光,观音的衣饰

图3-47 榆林窟第2窟西夏水月观音

发生了很大的变化,宝冠简化,着轻薄套头白衣,观音前方的岩石上,插有杨柳枝的净瓶放在蓝色透明的托盘上,画面背景不同于西夏时期湖石状的岩山,但在遥远的山间有潺潺瀑布流出,修竹被松树替代,画面下方流水滚滚,其绘画技法变化颇大(图3-48)。这幅作品表现了闲适自得的观音形象,虽然继承了静寂悠远的意境,但透露出了士大夫的审美情趣,与这一时期文人画高士图相似。日本圆生院藏元时期《水月观音图》,延续了西夏水月观音图像的构图样式,但出现了一些新样式,如背景中的松树、盘腿而坐、身披圆点状袍衣似士大夫形象的菩萨等,这些都是宋代、西夏

图 3-48　颜辉《水月观音图》

水月观音图像中未出现过的新的构成元素。[1]美国波士顿美术博物馆藏有一幅元代《水月观音图》,其构图造型基本上同于上幅,只不过观音倚坐于岩石上,双腿下垂,一手放在膝盖上,一手扶在岩石上。

韩国留学生尹敏璨在博士论文《中韩水月观音图像比较研究》中写到莫高窟第 95 窟的《水月观音》类似于西夏的图像,但与元代样式有别,是由地域特征的差异而造成的。[2]尽管尹博士认为第 95 窟水月观音与西夏很类似,但为了表现其与元代水月观音的不同,该文认为这主要是地域上的特征造成的。尹博士没有对这种地域特征展开论证。然而笔者认为,他所认为的第 95 窟水月观音与西夏图像类似的观点,恰恰说明其为西夏时期的石窟,而非元代。

此外,水月观音头戴的步摇冠比较特别。步摇最早见于两汉时期,其形式大多为凤凰、蝴蝶等造型,或垂有流苏、坠子,一般走起路来前后摇摆,故名为步摇。《释名·释首饰》:"步摇,上有垂珠,步则动摇也。"[3]《后汉书·舆服志下》:"步摇以黄金为山题,贯白珠为桂枝相缪,一爵(雀)九华(花)。"[4]《后汉书·皇后纪》:"又赐冯贵人王赤绶,以未有头上步摇、环珮,

---

①尹敏璨《中韩水月观音图像比较研究》,南京艺术学院博士学位论文,2013 年,第 34 页。
②尹敏璨《中韩水月观音图像比较研究》,南京艺术学院博士学位论文,2013 年,第 35 页。
③刘熙撰《释名》卷 4《释首饰》,丛书集成初编本,北京:商务印书馆,第 74 页。
④[晋]司马彪撰《后汉书》卷 120《舆服志下》,北京:中华书局,1965 年,第 3676 页。

加赐各一具。"①唐白居易《长恨歌》："云鬓花颜金步摇。"宋谢逸《蝶恋花》："拢鬓步摇青玉碾,缺样花枝,叶叶蜂儿颜。"敦煌文书 S.2729 也有步摇的记载。从文献资料可以看出,两汉以来步摇为皇后等贵妇人的标配,到宋时期甚为流行。莫高窟第 95 窟水月观音以贵妇人的形象出现,头饰配以步摇,垂流苏坠子,也是符合历史的,是佛教世俗化的表现。东千佛洞第 7 窟也出现了头戴同样式步摇的菩萨,说明西夏画工们试图把自己信仰的水月观音表现为一个尊贵的女性形象。

（2）中心柱龛内图像

莫高窟第 95 窟中心柱龛内绘制的八身菩萨,敷色浓厚,色彩与线条并重,具有神秘气氛,长圆形面孔,上小下大,"冬瓜脸",关友惠先生曾对其做过比较研究。②莫高窟第 95 窟的菩萨脸型与莫高窟第 3 窟③、黑水城的绢画菩萨脸型比较相似,具有相同的时代特点,是西夏时期人物画像的普遍审美观。④这些菩萨大量使用了沥粉堆金、描金的技法,尤其是在菩萨的头冠、耳环、手镯、璎珞、臂钏等部位,这种大量施金的现象,在敦煌莫高窟中以西夏洞窟最为盛行。此外,菩萨均有蓝绿色头光,这也是西夏时期菩萨形象的特点之一。

西夏的垂幔纹以布幔、五彩垂带、串珠纹组成,有的画双垂幔,幔上端画有如意云头纹。⑤第 95 窟的垂幔纹（图 3-49）为双层垂幔,且有五彩垂带、如意云头纹和串珠,与榆林窟第 2 窟、第 3 窟、第 10 窟窟顶的垂幔纹相似,与莫高窟第 61 窟甬道顶垂幔的表现形式极其一致,是典型的西夏装饰图案。

---

① [晋]司马彪撰《后汉书》卷 10《和熹邓皇后纪》,北京:中华书局,1965 年,第 421 页。

② 敦煌研究院编《2004 年石窟研究国际学术会议论文集（下）》,上海: 上海古籍出版社,2006 年,第 1138 页。

③ 沙武田、李国在《敦煌莫高窟第 3 窟为西夏洞窟考》中认为莫高窟第 3 窟为西夏洞窟,笔者认同这一观点。

④ 沙武田、李国《敦煌莫高窟第 3 窟为西夏洞窟考》,《敦煌研究》2013 年第 4 期,第 10 页。

⑤ 关友惠《敦煌石窟全集·图案卷（下）》,北京:商务印书馆,2013 年,第 220 页。

图3-49 莫高窟第95窟中心柱龛顶垂幔

（3）罗汉图像

罗汉，即阿罗汉，广义是指佛门中修证果位较高者，仅次于佛、菩萨。佛教艺术中，通常有十六罗汉、十八罗汉、五百罗汉等，形象多作老年比丘形，超脱世俗，苦修行善，甚至放浪不羁，不计衣食。第95窟的后通道内绘有多身形态各异的罗汉，有的持瓶，有的执杖，有的盘坐，有的站立，有的垂眉，均为汉人相貌，他们身着交领式袈裟，五官端庄，闭目沉思，微露禅悦之情。每一罗汉的背景中都有造型简洁的花草树石作为装饰，既夸张又写实，既有神性的一面，又有普通僧人的性格（图3-50）。罗汉的神态、衣纹和背景等的画法，是中原绘画风格，具有元代的绘画新风。①梁尉英先生在莫高窟元代石窟艺术特色的研究中认为，此窟后通道的罗汉画像绘于元代，而罗汉画像周围与道教内容有关的题记是清人所为。②笔者考察发

①赵声良《五代至元代的敦煌石窟艺术（下）》，《艺术品》2016年第5期，第35页。
②赵声良《五代至元代的敦煌石窟艺术（下）》，《艺术品》2016年第5期，第34—39页。

现第 95 窟前室的壁画,与通道所
绘罗汉的风格差别较大。较之罗
汉像,前室的水月观音则呈现出
另外的一种感觉,水月观音以线
描为主,虚实结合,富有韵味,施
以玄淡的色彩,素雅有致。画面背
景中的修竹、树石、水、亭台楼榭
等物象,大多数运用"没骨"直接
勾染,敷色以石青石绿为主,与榆
林窟第 2 窟的水月观音色彩很相
似,在画面感上比通道的罗汉更
胜一筹。罗汉像工整写实,基本上
都是线描勾勒后进行敷彩,色彩
较为浓郁,草树等相对粗率,背景

图 3-50　莫高窟第 95 窟后通道罗汉

采用了较大面积的白色素底,加之苍劲的古松等环境,塑造了禅静的意
境,这与元代绘画的风格相契合。

　　(4)西夏的观音信仰与六字真言

　　《文海》"字真言":"此者真言中西天语言是驱邪恶用是也。"[1]可见"真
言"与"驱邪恶"有关。六字真言即为"六字大明咒",亦是"观音心咒",又称
"大明咒",是观世音菩萨的大悲咒,宣扬观音救度的法力,大意为"具足佛
身、佛智的观世音观照",译为"唵嘛呢叭咪吽"。

　　西夏文献中出土有多件与六字大明观音信仰有关的经典,如俄藏黑
水城汉文《观自在菩萨六字大明心咒》《圣六字大明王心咒》《六字大明王
功德略》《密咒圆因往生集》等。其中汉文施经愿文《六字大明王功德略》

---

①史金波、白滨、黄振华《文海研究》,北京:中国社会科学出版社,1983 年,第 520 页。

〔西夏乾祐十六年（1185 年）〕中说："所获果报，不如写此六字大明王陀罗尼中一字所获功德。若念一遍，即同供养一切诸佛。"[①]西夏佛教徒认为常念此六字真言能保证本有之菩提心而悟体净，除烦恼而知相空，断除一切垢染，具足一切功德，能离习欲、坏烦恼、除我执、悟真如、生欢喜、证净果。随着汉地密教和藏传佛教在河西地区的传播，六字真言在西夏备受欢迎。

　　榆林窟第 29 窟窟顶藻井绘有六字真言（图 3-51），安置在窟顶中心莲花瓣上，其宗教含义在于祈求佛力加持、驱邪恶、得福祉，免除地狱之苦，得享天堂之乐。[②]1977 年甘肃武威西郊林场西夏墓出土的木缘塔，在塔内作为盖子的六角形木板上，书写着一行梵文六字真言"唵嘛呢叭咪吽"。[③]这一史料的发现说明在河西地区普通官员墓中都在使用六字真言用以驱恶，可见六字真言在西夏民间也是普遍使用的。此外，上海博物馆珍藏有一面西夏六字真言铜镜，镜背刻有一周西夏文六字真言。上述诸多例证说明西夏时期六字真言的使用比较普遍。

　　莫高窟第 95 窟盝形顶和通道顶部均绘六

图 3-51　榆林窟第 29 窟藻井六字真言

---

　　①（俄）孟列夫著，王克孝译《黑城出土汉文遗书叙录》，银川：宁夏人民出版社，1994 年，第 23 页。

　　②敦煌研究院编《榆林窟研究论文集（上）》，上海：上海辞书出版社，2011 年，第 372 页。

　　③陈炳应《西夏文物研究》，银川：宁夏人民出版社，1985 年，第 190 页。

字真言团花图案,单元格形制,每一方格内绘有由花枝、花瓣和莲瓣组成的圆轮,每一花心和莲瓣内书写一梵字(图3-52)。中心柱龛内顶部的六字真言图案,虽然在形式上与通道内顶部的六字真言图案相似,但是仔细分辨,二者还是有一些差异:前室色彩沉稳,其中梵文有描金痕迹,而通道内六字真言色彩相对艳丽,没有描金;且从两处地仗层破损的边缘看,区别较大,前室细腻,通道内相对粗糙,这与四周壁面地仗层一致。因此,笔者认为,中心柱龛内顶部的六字真言图案为西夏绘制,通道顶部团花图案是元代重绘。莫高窟第95窟的六字真言图案,绘于西夏时期也是极有可能的,这是藏传佛教与观音六字陀罗尼在西夏盛行的例证。

图3-52　莫高窟第95窟龛顶六字真言

通过以上论述,笔者认为,莫高窟第95窟前室绘画与西夏时期的壁画艺术在风格特征方面极为相似,应是西夏时期所为。中心柱龛内主尊六臂观音与胁侍菩萨,以及中心柱南北两龛内的水月观音组合,集中体现了观音信仰的思想,这与西夏时期流行的观音信仰相契合。关于第95窟的洞窟形制,其与东千佛洞西夏洞窟第2窟、第4窟、第5窟、第7窟中心柱窟样式基本一致,只不过东千佛洞第2窟、第4窟、第5窟、第7窟的通道内绘有涅槃,而莫高窟第95窟将其改为十六罗汉像,其原因可能与当时的信仰转变有关,这一点还需继续考证。莫高窟第95窟前室的地仗层与后通道差别较大,疑为不同时期所为。综合以上论述,笔者认为莫高窟第95窟最初开凿于西夏时期,元代有所重绘。这一观点也证明了王惠民20世纪80年代关于此窟断代的正确性。

三、千手观音:风俗画时兴背景下的图式之变

西夏时期的观音信仰兴盛,出现了"家家阿弥陀,户户观世音"的现象。千手千眼观音是观音信仰的具体表现之一,唐朝初期《千手经》图像已经传入我国,但从画史的记载来看,唐宋并没有在寺庙中大量绘制。唐宝历年间(825—826年)著名画家左全在三学院文殊阁(成都)画的《千手眼大悲变相》,应是画史记载的最早作品,今已无存。但敦煌地区这类图像却有很多,仅斯坦因掠走的现藏于大英博物馆敦煌藏经洞出土的《千手经变》就有近十幅。[①]敦煌壁画中有大量的《千手经变》,据统计,洞窟多达37个,壁画有40幅。[②]西夏时期的千手观音图像也有很多,主要分布在以下石窟中(表3-7):

表3-7　西夏千手观音统计表

窟号	位置	内容
莫高窟第30窟	东壁门北	千手千眼观音变
莫高窟第460窟	东壁门南	千手千眼观音变
榆林窟第3窟	东壁北侧	十一面千手观音
	东壁南侧	五十一面千手观音

①刘玉权《榆林窟第3窟〈千手经变〉研究》,《敦煌研究》1987年第4期,第14页。

②刘玉权《榆林窟第3窟〈千手经变〉研究》,《敦煌研究》1987年第4期,第18页。

续表

窟号	位置	内容
东千佛洞第 2 窟	东壁门南三面	四臂观音变
	东壁门北三面	八臂观音变
	北壁	八臂观音变
	南壁	十一面八臂观音
东千佛洞第 4 窟	南壁	十一面观音
东千佛洞第 5 窟	西壁龛北壁	四臂观音
	北壁	八臂观音
东千佛洞第 7 窟	左甬道北壁下	八臂观音
	左甬道南壁下	十一面八臂观音
肃北五个庙第 1 窟	北壁东侧	八臂观音
	北壁南侧	十一面千手观音
肃北五个庙第 3 窟	南壁门东	四壁观音
	南壁门西	十一面千手观音

　　刘玉权先生指出，西夏早期的石窟绘画主要是汉密图像，而晚期到元，藏密图像日渐兴起，但是汉密与藏密同时并存，争奇斗艳。从莫高窟和榆林窟的整体图像看，西夏、元汉密的画风系统仍然占主导地位。①从西夏千手千眼观音形象的诸多例证，我们看到晚唐五代以来佛教信仰的转变，是汉藏与显密的一种杂糅共存。

　　千手千眼观音，又名"千眼千臂观世音"，是六观音之一。两眼两手外左右各具二十手，手中各有一眼，四十手四十眼配于二十五，而成千手千

①刘玉权《榆林窟第 3 窟〈千手经变〉研究》，《敦煌研究》1987 年第 4 期，第 18 页。

眼。"表度一切众生有无碍之大用也。为伽梵达磨译之千手经所说。通途之千手观音是也。若依智通及菩提流支译之千手经,则面具三眼,体具千臂,掌中各有一眼。按《楞严经》观世音菩萨能现众多妙容,由一首三首乃至一百八首,千首,万首,八万四千烁迦罗首。由二臂四臂乃至一百八臂,千臂,万臂,八万四千母陀罗臂。由二目三目乃至一百八目,千目,万目,八万四千清净宝目云。"①宋人李廌撰《德隅斋画品》一卷所记赵令畤家藏唐五代及北宋名画二十二件,文中记述内容并作评论,甚为精湛。如评《大悲观音像》:"唐大中年,范琼所画。像躯不盈尺,而三十六臂皆端重安稳,如汝州香山大悲化身自作塑像,襄阳东津大悲化身自作画像,意韵相若。盖臂手虽多,左右对偶,其意相应,混然天成,不见其有余。所执诸物,各尽其妙。笔迹如缕,而精劲温润,妙穷毫厘,其卢楞伽、曹仲宣之徒欤?"②

　　西夏石窟绘画中主要有四臂、八臂以及十一面和五十一面千手观音。据统计,榆林窟第3窟和莫高窟第3窟的《千手经变》无论是绘画所描绘的场面还是绘画水平都是很高的。榆林窟第3窟东壁的五十一面千手观音,其头面数自下而上为3、7、7、7、7、7、5、5、2、1,共十层,这是现存于世头面目最多的千手观音,无经典依据,仅此一例。③

(一)千手观音图与西夏社会生活

　　宗教图像不仅是宗教信仰神祇的符号,同时也能够反映某一时期人们的生产生活情况,具有现世利乐的功用。在传播的过程中,由于现实境况的改变,也会因不同的需求而改变最初的旨意。在博大精深的敦煌壁画中,可以清楚地看到生产生活、商旅贸易、欢歌起舞、风俗人情等反映不同

---

①丁福保《佛学大辞典》,北京:中国书店出版社,2011年,第560页。

②俞剑华《中国历代画论大观·第二编宋代画论(一)(二)》,南京:江苏凤凰美术出版社,2016年,第276页。

③王惠民《敦煌千手千眼观音像》,《敦煌学辑刊》1994年第1期,第64页。

时代、不同民族、不同阶层各种各样的事物及场景,敦煌艺术除了其佛教价值以外, 它也是一部记录、再现当时人们生产生活的真实而形象的历史。①西夏的千手观音图中,除了对佛教经典的表现之外,也将诸多社会生活图像融入其中,世俗化味道浓厚,以榆林窟第3窟的十一面千手观音和五十一面千手观音中较为明显,它们"与其说是佛教画,不如说是一幅西夏社会生活图景的再现。这些画总是充满着歌颂人生,歌颂美好生活这个积极意义的"②。

关于榆林窟第3窟的十一面观音,据贾维维研究,我们目前所见的汉藏文佛典没有一部与该千手观音大手持物和手印者相对应的。所绘的60余种持物中摩尼宝珠、宫殿、宝剑、金刚杵、梵箧、化佛、绢索等能在佛经中找到依据,而鼓、琵琶、拍板、钹、钟等器物,则是当时社会音乐的真实反映。③更值得关注的是,同窟东壁南侧五十一面千手千眼观音与众不同,观音的手上共绘出166种持物,非常对称地分布在观音的两侧(图3-53)。其中大部分手持器物,不见于佛经记载,而是当时社会生活实有的物品,包罗万象,五花八门。在这个有限的椭圆形法光空间里,画工试图浓缩一个十分复杂的社会生活。这正是该五十一面千手观音不同于其他同类最突出的一个特点,其中不仅有生产生活用具、交通工具、音乐器具以及各种各样的动植物图像,还出现了锻铁图、酿酒图、犁耕图、踏碓图、行旅图、舞蹈图等生活场景。

贾维维通过图像学的比对,发现五十一面观音经变中只有六个场景与大成就者故事一致。④在这么多物品中还有很多无法与佛经一一对应却

①郑炳林、沙武田《敦煌石窟艺术概论》,兰州:甘肃文化出版社,2005年,第126页。
②张伯元《安西榆林窟》,成都:四川教育出版社,1995年,第54—55页。
③贾维维《榆林窟第3窟壁画研究》,首都师范大学博士学位论文,2014年,第168页。
④贾维维《榆林窟第3窟壁画研究》,首都师范大学博士学位论文,2014年,第184页。

图 3-53　榆林窟第 3 窟五十一面千手观音临摹图

进入了庄严的佛堂, 真实地体现了人们的实用主义心理和对美好生活的向往。"西夏社会的进步, 经济的发展, 生活的改善, 都是与先进的生产工具和耕作技术息息相关的, 因而赋予这些器物和工具一种超乎常情的思想感受和敬仰, 所以图绘于窟壁。这幅壁画实际上已经超出了宗教意义上的信仰主义, 变成了对现实的信念和崇拜"①(表 3-8)。

通过榆林窟第 3 窟的五十一面千手观音我们可以窥见西夏的物质文化影像, 既有对历代千手观音题材的传承, 在图式方面又有很大创新, 集合了农、工、商、乐、杂记百戏、建筑六类, 这一世俗化倾向显著的原因与"当时这类题材画稿粉本的传播路径、该地区佛教信仰文化的传承、整个洞窟开窟的背景、功德主需求及政权经营历史状况密切相关"②。笔者认为这些物质文化影像与

---

①张伯元《安西榆林窟》, 成都: 四川教育出版社, 1995 年, 第 57 页。

②郭静《榆林窟第 3 窟五十一面千手观音经变中的西夏物质文化影像》,《丝绸之路上的敦煌与长安国际学术研讨会论文集(下)》, 2017 年 7 月, 第 1106—1122 页。

表 3-8　西夏千手观音所持物统计表

序号	类别	具体图像	是否有佛经依据
1	生产工具	锯、钉、耙、锄、墨斗、曲尺、量斗、箭刀、熨斗	否
2	动物	龙、麒麟、大象、牛、狗、鸡、鸭、鹅	否
3	植物	杨柳枝、荷叶、宝树、棉花、芭蕉、葡萄、瓜果、香花	否
4	乐器	筝、箜篌、琵琶、阮咸、笙、排箫、鼓、拍板、手鼓、腰鼓、拨浪鼓、钟	否
5	建筑	佛塔、庙宇、宫殿、楼阁	否
6	交通工具	舟坊	是
7	佛教法器	华盖、旌旗、幡、拂尘、胡瓶、五色云、日精月精摩尼宝珠、宝镜、宝莲花、珍珠、珊瑚、玛瑙、宝螺、宝箧、宝钵、宝铎、宝印、髑髅杖、宝经玉环、数珠、宝戟、矛、盾、宝剑、斧钺、弓箭、刀、锡杖、宝轮、金刚杵、绢索、宝扇、大伞盖、笏板等	是
8	工农商艺诸行业活动的场面	舞蹈图	否
		踏碓图、锻铁图、酿酒图、犁耕图、行旅图	是

两宋时期风俗画的流行也有一定的关系。

（二）宋代风俗画的时兴与西夏千手观音图像

宋代物质生活高度繁荣,商业观念大大改变,城市的高度繁华为人们创造了生活和娱乐的空间。富庶和繁荣景观的出现,成了皇家画院所描绘的对象。由此风俗画盛行一时并独立成科。①此时风俗画画家也逐渐增多，他们的艺术手法和水平趋于丰富完善，描写领域也大大扩展，如北宋画家高元亨的《从驾两军角抵戏场图》、叶仁遇的《维扬春市图》、毛文昌的《村童入学图》、陈垣的《村医》《村学》《田家娶妇》、王居正的《纺车图》等，还有像杨威、朱光普、马远、刘松年、李唐等都创作过不少风俗题材作品，尤以张择端、苏汉臣、李嵩最为突出。他们的创作视野从城镇扩展向乡村，由大景象渗透向小情节，南宋的风俗画创作持续不衰。这种题材的兴盛有其政教方面的职能，因为风俗画可粉饰太平，并进而体现画家对民间生活的关照。②风俗画不仅开辟了中国画新的题材视角，也为后世留下了前所未有的最普遍的民众生活的画卷。③孟元老《东京梦华录》中这样描述东京的繁华："太平日久，人物繁阜。垂髫之童，但习鼓舞。斑白之老，不识干戈……举目则青楼画阁，绣户珠帘。雕车竞驻于天街，宝马争驰于御路。金翠耀目，罗绮飘香。新声巧笑于柳陌花街，按管调弦于茶坊酒肆。八荒争凑，万国咸通。集四海之珍奇，皆归市易；会寰区之异味，悉在庖厨。花光满路，何限春游；箫鼓喧空，几家夜宴。伎巧则惊人耳目，侈奢则长人精神。"④

在宋代逛市易，入画阁，赏珍奇，听箫鼓，尝异味，品酒茶，观伎巧，炫奢侈等，成为宋人重要的生活方式。《东京梦华录》卷五《民俗》中，还对宋代都市中的士农工商诸种行业、各类人群的衣装本色、行为方式、风俗习惯、生活情态做了详细的描述。

---

①刘晓路《中华艺术通史·五代两宋辽西夏金卷（下编）》，北京：北京师范大学出版社，2006年，第 154 页。

②刘晓路《中华艺术通史·五代两宋辽西夏金卷（下编）》，北京：北京师范大学出版社，2006年，第 159 页。

③刘晓路《中华艺术通史·五代两宋辽西夏金卷（下编）》，北京：北京师范大学出版社，2006年，第 164 页。

④[宋]孟元老《东京梦华录》，郑州：中州古籍出版社，2010 年，第 19 页。

　　南宋画院画家所描绘的民间风俗，实际上主要是民间生活和劳动场景，如牧牛盘车、行旅、纺车、货郎、耕获等，常常被称为"田家风俗"，体现了宫廷画院画家对民间生活的重视，以及通过民间生活的描绘寄寓安家乐业的情怀。[①]马远《踏歌图》描绘农民丰收后载歌载舞的场面；李嵩《服田图》（又称《耕作图》）记录了农业生产的整个过程，即从浸种、插秧、收刈、春碓到入仓等二十一个劳动场景。[②]楼寿、刘松年亦绘有《耕织图》。据明代汪珂玉《珊瑚网》著录《李嵩〈福田图〉》："前卷绢本，重设色，凡十二段；后卷凡九段，宋高宗御题（厉鹗按：嵩为宁光时人，云高宗御题误）。"每段上均有题诗，如《浸种》诗云："溪头夜雨足，门外春水生。筠篮浸浅碧，嘉谷抽新萌。西畴将有事，未耜随晨兴。只鸡祭勾芒，再拜祈秋成。"

　　自五代以来，世俗性的礼忏仪式在盛行的各种佛教宗派法会中兴起，使得一些密教题材的绘画趋于地方化，千手观音的造型也逐渐脱离仪轨的记载，榆林窟第3窟的五十一面观音的创作就是在这样的大时代背景下产生的。[③]至宋、辽、金、西夏时期，世俗化在各个方面不断呈现。

　　山西繁峙县岩山寺文殊殿西壁南侧金代壁画中有一非常精彩的画面，绘制者将佛本行经变故事"青衣买七枝金莲花之处"的场景置于繁华的市井中，街道两旁店铺林立，靠近榜题处是身穿鹿皮衣的仙人，他的手中执有刚得到的莲花。仙人面前为侧身男子，该男子面前放一手推车，车上置一大盆，盆中横放着类似莲叶的东西。按经书所载，负责赠予仙人莲花的是一年轻女了，即"青衣"，但画面上与鹿皮仙人相近者似为男子，并且

　　①刘晓路《中华艺术通史·五代两宋辽西夏金卷（下）》，北京：北京师范大学出版社，2006年，第159页。

　　②韩刚、黄凌子《中国古代物质文化史：绘画·卷轴画（宋）》，北京：开明出版社，2013年，第12页。

　　③[唐]般刺蜜帝译《大佛顶如来密因修证了义诸菩萨万行首楞严经》卷10，见《大正藏》第0945号，第945页。

男子面前的盛花器皿也并非经中所记的水瓶。鹿皮仙人和推车男子旁边为一挑担卖浆者,该人身着蓝衣,正向一穿绿衣的女子递送碗。绿衣女子膝下有一婴儿正攀着女子的手臂,似正讨要浆水。画面上这组人物附近还有一老一小二人,儿童在前,负责牵引老人;老人躬身在后,头上戴着黑色的东坡巾,身着长袍,腰上悬着算命用的卦盘,右手拄杖,正双目紧闭,在孩童的带领下横穿街区。他们旁边是一位头上顶物、右手持物、右腋夹一架子的急行者,其步伐极大,似急着赶路。急行者的身侧有一摊位,一偏袒左肩的男子正为一携婴儿的女子割取食物,旁边还有一老妇,似刚刚买完东西离去。很明显,我们可以看到它与北宋张择端的《清明上河图》有相似之处,应该与宋代风俗画的影响分不开。

同样,在岩山寺文殊殿的东壁中部王舍城影胜大王宫殿前台阶下坐定三人,中间为一男子,两侧各一女子,旁边还有众多孩童。坐在大王左侧的女子身着素袍,正与立于自己膝上的婴儿嬉戏。坐在大王右侧的女子身着红袍,手中持物,正在审看。红袍女子的旁边,是一位即将离开的身着绿袍的官员,该官员手托一长卷,正一边走,一边回看。除白衣女子怀中的婴儿外,院内还有八位孩童,均在玩耍,有的玩水,有的玩木偶,有的玩皮影。此图像描绘的应是药叉女和半支迦与他们所生的五百孩童快乐生活的故事。在宋代的风俗画中,婴戏题材的绘画很常见,如李嵩《骷髅幻戏图》、苏汉臣《秋庭戏婴图》、佚名《百子嬉春图》、佚名《冬日戏婴图》、佚名《秋庭戏婴图》、佚名《小庭戏婴图》、佚名《端午婴戏图》等。

山西高平开化寺大雄宝殿西壁有一幅绘于宋代的释迦牟尼说法图,这幅说法图与敦煌地区的说法图在图式上有所不同,除了正中释迦牟尼说法,众菩萨弟子天王等听法外,还绘有众多表现儒家孝道和社会上各种人物的活动,有刑场、织布、耕地、打鱼等场景。

山西朔州崇福寺弥陀殿南壁是一幅绘于金代的千手观音,观音手中所持的乐器(筚篥、铍钟、笙、笛、响板、鼓)、动物(鼠、牛、马)、水果(葡萄、梨、石榴、桃子、枣、草莓），以及踏碓、推磨等劳动场景都与榆林窟第 3 窟非常相似，反映出同时期不同地域之间的艺术在一定程度上具有很大的共性。①

就榆林窟第 3 窟的千手观音来说，除了与佛教经典的对应之外，用观音所持之物再现西夏社会生活的方式，同样反映出了在宋代风俗画影响下，佛教艺术样式的一种变化。上一部分列表显示，榆林窟第 3 窟的五十一面观音手中有诸多生产工具、动物、植物、乐器等，一改前期千手观音手中所持法器的样式，将社会生活内容融入了佛教艺术之中（表 3-9）。

表 3-9　西夏《五十一面观音图》与宋代风俗画中的物质图像比较表

品类	年代	作品	图片来源
物品	宋	 李嵩《货郎图》　　李嵩《市担货郎图》	来源于《中国美术全集》
	金	 山西朔州崇福寺弥陀殿南壁《千手观音》	来源于《中国寺观壁画全集》

---

①贾维维《榆林窟第 3 窟壁画研究》，首都师范大学博士论文，2014 年，第 179 页。

续表

品类	年代	作品	图片来源
物品	西夏	 榆林窟第3窟《十一面千手观音》与《五十一面千手观音》	来源于《中国石窟·安西榆林窟》
行旅图	宋	 郭熙《秋山行旅图》　　范宽《溪山行旅图》局部 佚名《雪山行旅图》	来源于《中国美术全集》

续表

品类	年代	作品	图片来源
行旅图	西夏	 榆林窟第3窟《五十一面千手观音》局部《行旅图》	来源于《中国石窟·安西榆林窟》 线描稿来源于《榆林窟研究论文集》
婴戏图	宋	 佚名《蕉石婴戏图》　　佚名《小庭戏婴图页》	来源于《中国美术全集》

续表

品类	年代	作品	图片来源
婴戏图	金	山西繁峙县岩山寺文殊殿东壁中部《婴戏图》	来源于《中国寺观壁画全集》
耕牛图	宋	杨威《耕获图》	来源于《中国美术全集》

续表

品类	年代	作品	图片来源
耕牛图	西夏	 榆林窟第3窟《五十一面千手观音》局部《耕牛图》	来源于《中国石窟·安西榆林窟》 线描稿来源于《榆林窟研究论文集》
舟舫	金	 山西朔州崇福寺弥陀殿南壁《千手观音》局部《舟舫图》	来源于《中国寺观壁画全集》

续表

品类	年代	作品	图片来源
舟舫	西夏	 榆林窟第 3 窟《五十一面千手观音》局部《舟舫图》	来源于《中国石窟·安西榆林窟》 线描稿来源于《榆林窟研究论文集》
踏碓图	金	 山西朔州崇福寺弥陀殿南壁《千手观音》局部《踏碓图》	来源于《中国寺观壁画全集》

续表

品类	年代	作品	图片来源
踏碓图	西夏	 榆林窟第3窟《五十一面千手观音》局部《踏碓图》	来源于《中国石窟·安西榆林窟》 线描稿来源于《榆林窟研究论文集》

　　通过比较可以发现,这一时期的绘画在图像志方面有很大的一致性,宋、辽、金、西夏在文化上相互影响,在物质生活方面相互借鉴。宋代的风俗画风也浸润到辽、金、西夏的艺术之中,佛教艺术也不例外。山西朔州崇福寺弥陀殿千手观音与西夏榆林窟第3窟中的千手观音,观音手持之物都有与社会生活有关的器物和场景,且它们的图像图式基本相同,如舟舫图、踏碓图等。从物质文化史角度看,李嵩的《货郎图》中货郎担上有琳琅

满目的货物,尤以儿童玩具最多。王连海认为李嵩所画的四幅《货郎图》是记录南宋民俗的情境,反映了当时的社会情状。①通过图像志的分析,我们很容易将西夏的五十一面千手观音与宋代风俗画作品《货郎图》联系起来。货郎的担子上挑着日用物品、时蔬酒果、玩具,五十一面观音手执生产工具、动物、植物、乐器等,货郎与五十一面观音居于画面的中心位置,是物品的暂时拥有者。可以这样推测,在宋代画坛风俗画风的流行作用下,西夏的画工们也对此产生了浓厚的兴趣,将他者的图式借鉴、移植、重构,嫁接在佛教仪轨图像中,更大地实现了佛教的世俗化,将千手千眼观音之法力扩大到极致。山西繁峙县岩山寺文殊殿金代壁画,在佛说法图中,画出了推磨的作坊、推车的商贩、织布的妇女、耕作的农夫、玩耍的儿童、酒楼的歌伎、受刑的女子、遇难的商船等场面,同样与这一时期画家关注社会下层、回归现实生活有关。樊波先生认为,佛画中的这种题材与宋代画家热衷风俗题材的绘画是一致的。②

四、文殊变、普贤变:白描画艺术水准的彰显

莫高窟西夏之前的石窟绘画,从绘画语言来讲,色彩表现突出,而线条的作用不太明显。但是到了西夏时期,画匠们改变了这种一贯的做法,白描画出现了逆转,成为这一时期石窟绘画中的一大亮点。

"自晋宋以来,还迄于本朝,其以道释名家者,得四十九人。晋宋则顾、陆、梁、隋则张、展辈,盖一时出乎其类,拔乎其萃者矣。至于有唐,则吴道玄遂称独步,殆将前古无人。五代如曹仲元,亦骎骎度越前辈。"③《宣和画谱》道释叙论勾勒了一个较为明显的道释人物画发展谱系:顾恺之、陆探

---

①王连海《李嵩〈货郎图〉中的民间玩具》,《南京艺术学院学报(美术与设计)》2007 年第 2 期,第 38 页。

②樊波《中国人物画史》,南昌:江西美术出版社,2018 年,第 476 页。

③[宋]佚名,王群栗点校《宣和画谱》,杭州:浙江人民美术出版社,2012 年,第 6 页。

微、张僧繇、展子虔、吴道子、曹仲元基本构成了晋宋至五代的脉络,在其生活的朝代造成了影响。其中"百代画圣"吴道子是一个里程碑式的人物,所谓"殆将前古无人"。吴道子"落笔雄劲,傅彩简淡"[①],对宋代人物画影响极大。宋后期李公麟以白描著称,开宗立派,一变唐五代以来人物画画坛之风,创立宋代人物画颇具文人气息平淡典雅的笔墨形式。"李公麟广泛吸收古代书画的菁华,简化了他所继承的造型手法,将叙事风格转化为一种图书风格。……他没有蹈袭官方的模式,而是以精湛的线描画风格,力图达到个人性的超越。他将绘画高度简化为白描的做法,呈现出一种纯粹主义视像,他既是儒家的,智性的,也是道家的,神秘的。"[②]

> 李公麟,字伯时,号龙眠居士。舒城人,登进士第。博览法书名画,故悟古人用笔意。作书有晋、宋风格。绘事集顾、陆、张、吴及前世名手所善,以为已有专写一家。作画多不设色,独用澄心堂纸为之,惟临摹古画用绢素着色。笔法如云行水流,有起倒。论者谓鞍马逾韩幹佛像追吴道玄,山水似李思训,人物似韩滉,潇洒如王维,当为宋画中第一,照映前古者也。官至朝奉郎。[③]

李公麟本人是宫廷画家,画史可见其艺术成就超群,以画马为了,后"专意于诸佛",且其所绘佛像"每务出奇立异,使世俗惊惑而不失其绝胜处"[④],不施丹粉,超乎一世之上者。郭若虚称赞其画:"今古一人而已,以予

---

① [宋]郭若虚《图画见闻志》,载俞剑华《中国历代画论大观·第二编宋代画论(一、二)》,南京:江苏凤凰美术出版社,2016 年,第 17 页。

② (美)方闻著,李维琨译《超越再现:8 世纪至 14 世纪中国书画》,杭州:浙江大学出版社,2011 年,第 44 页。

③ [元]夏文彦《图绘宝鉴》卷 3,北京:商务印书馆,1934 年,第 33 页。

④ [宋]郭若虚、邓椿撰,米田水译注《图画见闻志·画继》,长沙:湖南美术出版社,2000 年,288 页。

观之,伯时既出,道子讵容独步耶?"①李公麟亦有诸多佛教题材作品名称的记载和传世,如《法海灵山图》《维摩诘像》《莲社图》《白描罗汉图》等。李公麟等辈的线描法,与文人的平淡雅趣相关联,就人物画而言,晋唐以来人物画浓郁的成教化、助人伦的鉴戒功用式微,实乃扭转与改变了一种画风。白描绝对不是西方意义上的素描,因为它不用繁复的立体画法来造型。然而,它却是单色的水墨绘画,以一种起伏酣畅的单根墨线勾勒轮廓,便能完美地把握并且揭示物象的神态。②

武宗元也是北宋有名的人物画家,以白描画著称于世。他所画道教题材作品《朝元仙杖图》无设色(图 3-54),线条遒劲而流畅,人物的衣褶稠密重叠,规整又富有变化,运笔提按富有节奏。画中所绘人物形象神采飞扬,面部用淡墨,飘举的衣裙袍带则用浓墨,画家将八十多人以及他们衣裙飘扬的交叉,安排得非常自然。

图 3-54 武宗元《朝元仙杖图》

---

①[宋]郭若虚、邓椿撰,米田水译注《图画见闻志·画继》,长沙:湖南美术出版社,2000 年,第288 页。

②(美)方闻著,李维琨译《超越再现:8 世纪至 14 世纪中国书画》,杭州:浙江大学出版社,2011 年,第 44 页。

　　这一时期的白描样式,也影响到周边的金及其他北方少数民族。传金代画家马云卿《维摩演教图》(又一说为李公麟所画)(图3-55)画面清新淡雅,是典型的白描画作,从中可以看出宋代白描画的深远影响。张瑀的《文姬归汉图》和宫素然的《明妃出塞图》虽然题材有别,但两幅画中的人物造型、构图、艺术表现技巧以及格调还是比较接近的,敷彩玄淡,既有"吴装"的落笔雄劲,又有李公麟线描表现的韵味,人物以及其他物象通过线条变化描绘得准确生动。

　　正是在宋代绘画的大背景下,地处西北边陲的敦煌石窟画匠们,也跃跃欲试,在石窟绘画中探索出一种成熟的样式——白描画。

图3-55　马云卿/李公麟《维摩演教图》

(一)榆林窟第3窟文殊变、普贤变在"线描"上的突破

1.文殊变与普贤变基本图像特点

　　文殊变与普贤变在佛经中没有特定的经典依据,敦煌研究院贺世哲先生根据莫高窟第192窟的发愿文及伯希和藏敦煌藏经洞出土第3564号文书记载的文殊并侍从、普贤并侍从而定名。[1]文殊与普贤菩萨经常同

---

①贺世哲《莫高窟第192窟〈发愿功德赞文〉重录及有关问题》,《敦煌研究》1993年第2期,第4页。

卢舍那佛一起出现成为胁侍,通常被称为"华严三尊"。这种经变始见于初
唐,是敦煌石窟中最常见的经变画之一。一般文殊变与普贤变对称出现,
文殊是代表般若(智慧)的菩萨,普贤是代表修行(理性)的菩萨。《历代名
画记》记载慈恩寺:"塔内面东西间,尹琳画。西面《菩萨骑狮子》,东面《骑
象》。"①文殊的形象一般是顶结五髻,手持宝剑,表示智慧锐利,能断一切
众生烦恼;文殊多骑坐狮子,象征智慧勇猛,能战胜毒龙猛兽。普贤常坐骑
在六牙白象上,头戴五佛宝冠,面容红润,右手持金刚杵,左手持金刚铃。
根据《敦煌莫高窟内容总录》《榆林窟内容总录》《肃北五个庙内容总录》统
计显示,敦煌地区石窟中大概有130多组文殊变、普贤变,西夏时期也有
不少,具体统计如下(表3–10):

表3–10　西夏石窟文殊变、普贤变统计表

序号	窟号	位置
1	莫高窟第88窟	西壁龛外南侧画文殊变,龛外北侧画普贤变
2	莫高窟第142窟	前室西壁门南画文殊变,门北情况不明
3	莫高窟第153窟	主室南壁画普贤变,北壁画文殊变
4	莫高窟第164窟	主室东壁门南画普贤变,门北画文殊变
5	莫高窟第223窟	主室东壁门南画普贤变,门北画文殊变
6	莫高窟第235窟	前室西壁门南画普贤变,门北画文殊变
7	莫高窟第246窟	前室西壁门南画文殊变,门北画普贤变
8	莫高窟第291窟	主室东壁门南画文殊变,门北画普贤变
9	莫高窟第309窟	前室西壁门南画普贤变,门北画文殊变
10	莫高窟第314窟	前室西壁门南画普贤变,门北画文殊变

---

①[唐]张彦远著,俞剑华注释《历代名画记》卷3,上海:上海人民美术出版社,1964年,第
60页。

续表

序号	窟号	位置
11	莫高窟第 323 窟	前室西壁门南画普贤变,门北画文殊变
12	莫高窟第 327 窟	前室西壁门南画文殊变,门北情况不明
13	莫高窟第 339 窟	前室南壁画文殊变,北壁画普贤变
14	莫高窟第 351 窟	前室西壁门南画文殊变,门北画普贤变
15	莫高窟第 408 窟	主室东壁门南画普贤变,门北画文殊变
16	莫高窟第 418 窟	前室西壁门南画普贤变,门北画文殊变
17	莫高窟第 419 窟	前室西壁门南情况不明,门北画文殊变
18	莫高窟第 460 窟	前室西壁门南画文殊变,门北画普贤变
19	榆林窟第 2 窟	主室东壁中间画文殊变
20	榆林窟第 3 窟	主室西壁门南画普贤变,门北画文殊变
21	东千佛洞第 5 窟	主室南壁南侧画普贤变,北壁南侧画文殊变
22	肃北五个庙第 1 窟	主室南壁门西画普贤变,门东画文殊变
23	肃北五个庙第 4 窟	主室西壁南侧画普贤变,东壁南侧画文殊变

从统计来看,西夏时期的文殊变、普贤变主要出现于窟门两侧,一般门南画普贤变,门北画文殊变,也有不在窟门两侧的,而出现在南北壁面或龛外两侧,且文殊变与普贤变对称出现。根据图像的内容可以看出,文殊变、普贤变的背景中有五台山图,意为文殊菩萨的道场。文殊菩萨、狮子、牵狮昆仑奴、随侍、天王、力士、供养菩萨、大菩萨,普贤菩萨、大象、牵大象者、随侍、天王、力士、供养菩萨、大菩萨,是中唐以来所形成的基本样式的延续。

潘亮文《敦煌唐代的文殊菩萨图像试析》[1]对初唐、盛唐、中唐、晚唐、

---

[1]潘亮文《敦煌唐代的文殊菩萨图像试析》,《敦煌研究》2013 年第 3 期,第 86—102 页。

五代、宋时期文殊的图像发展做了较为详细的梳理,通过对现存作品的观察,总结了其位置、作品的构成以及图像元素的发展情况。一般来说,初唐、盛唐的文殊变、普贤变都与法华经有关,且狮子是最明显的特征,也见有一组后来常见的俗装众随侍、昆仑奴与大菩萨,但未形成固定模式。中唐时,一改前期与法华经变的关系,五台山图像的出现证明其与五台山文殊信仰的关联。晚唐在图式上延续中唐发展。五代宋增加了于阗王牵狮、善财童子,或佛陀波利与大圣老人,依据敦煌写本资料,应是与中原往来密切有关。赵晓星指出西夏统治敦煌时期是敦煌宗教与艺术发生重大变革的一个时期,五台山图发生了很大变化,不再沿用五代宋时期的样本,样式有了创新,以"新样"而呈现,这也可能与西夏在贺兰山修建自己的"北五台山"有关。①西夏的五台山图,大都作为文殊变、普贤变的背景出现,因此从西夏五台山图样式的变化中,可以看到西夏文殊变、普贤变样式改变的一个方面。公维章《西夏时期敦煌的五台山文殊信仰》一文,通过对石窟图像、题记的统计,认为西夏时期敦煌大量文殊变与普贤变的绘制,反映了五台山文殊信仰的兴盛,与《华严经》的广泛流传有很大关系。就图像样式来说,仍然沿袭了自中唐以后的固定化与程式化的表现。②

　　沙武田先生认为敦煌的文殊变自初唐到西夏元,可以划分为两类:一类是传统的文殊变,另一类为"新样"文殊变。以前者为主体,流行于各个时代,一般是文殊、普贤对称出现,相向而行,出现于窟门或者龛外两侧,众随从及其眷属前后簇拥,控狮与牵象者均为昆仑奴。对于第二类"新样"文殊变,敦煌文物研究所认为新样体现在:"第一,文殊为单独出现,而传

　　①赵晓星《西夏时期的敦煌五台山图——敦煌五台山信仰研究之一》,《西夏学》2015 年第 0 期,第 228—234 页。

　　②公维章《西夏时期敦煌的五台山文殊信仰》,《泰山学院学报》2009 年第 2 期,第 14—21 页。

统所见的文殊与普贤必定同时存在;第二,文殊造像中常见的控狮者为昆仑奴,而新样中则改为于阗国王;第三,文殊像为正面像,而常见的则为侧身像。"①沙武田先生通过对比莫高窟第 220 窟、榆林窟第 19 窟和第 32 窟、藏经洞白描画稿 P.4049 以及藏于法国的 EO.3588《五台山图文殊化现图》等,认为文殊新样存在两种样式:"一种即莫高窟第 220 窟和藏经洞版画者,为文殊三尊像,即正面骑狮子的文殊、控狮者于阗国王、参礼的善财童子;另一类是大型文殊变,有传统文殊变的众多随从造像,并出现了五台山,又有文殊五尊像,即正面骑狮的文殊、控狮者于阗国王、参礼的善财童子三尊,加上佛陀波利和文殊老人,此以榆林窟第 19 窟、第 32 窟、第 3 窟和莫高窟第 25 窟、第 149 窟为代表。"②

从以上学者的研究结果来看,他们更多探究的是西夏文殊变、普贤变与法华经、华严经等佛教经典的对应关系,以及他们所反映的五台山信仰问题,同时更多强调图像样式对前期的沿袭。而西夏的文殊变、普贤变却有其自身的创新。

众所周知,瓜州榆林窟第 3 窟主室西壁北侧和南侧的文殊变和普贤变在西夏石窟绘画中是较为典型的两幅经变画。画面中旖旎的山水,居于中央的骑狮文殊、骑象普贤以及随侍帝释天、天王、菩萨、罗汉、童子、世俗老者等人物形象,被置于茫茫云海和峰峦叠嶂、奇石突兀、郁郁葱葱的山水之中,栩栩如生,共同体现着大乘佛教的理想,是探究西夏人物画新图式的重要资料。尤其是满壁风动的白描,是以往不曾多见的,代表着敦煌及西夏人物画发展的新阶段(图 3-56、图 3-57)。

①关友惠等《莫高窟第 220 窟新发现的复壁壁画》,《文物》1978 年第 12 期,第 41—46 页。
②沙武田《归义军时期敦煌石窟考古研究》,兰州:甘肃教育出版社,2017 年,第 193 页。

图 3-56　榆林窟第 3 窟普贤变

图 3-57　榆林窟第 3 窟文殊变

2. 在线描艺术上的突破

对榆林窟第 3 窟文殊变、普贤变等图像的图像志释读,已有学者对它们的具体题材和内容做了详细的考证,并进行了宗教学内涵的分析,在此不再赘述。下文着重分析其艺术风格上的成就。

从榆林窟第 3 窟可见,窟门两侧的文殊普贤与正壁主尊相互呼应,形成了华严信仰体系。[①]南北两壁中部绘《观无量寿经变》亦体现了净土思想。窟内的线描人物画法,无疑受到了李公麟派的影响。唐代敦煌地区的石窟壁画中鲜有线描人物,仅莫高窟第 103 窟的《维摩诘像》是较为明显的线描作品。榆林窟第 3 窟的画工,运用线描描绘对象表现出娴熟的驾驭能力和自由意趣,图中的人物造型、意态极为生动,细节刻画惟妙惟肖,人物姿态的转侧和衣纹的卷折曲叠在线条的勾勒下可谓丝丝入扣,形貌毕现。人物对象的线条灵动通透,似兰叶、似铁线,又若游丝,疏疏朗朗,轻提如举而又与物婉转。[②]这种样式一改前朝之风,摈弃了华丽的色彩和烦琐的细节,白描人物极其突出,与背后的水墨山水既统一,又相区别。在周围环境的描写与烘托下,更能表现这些人物是生活在精神世界的神仙,而不是凡世的俗人。

榆林窟第 3 窟文殊变、普贤变中所绘人物的线描"能分别状貌……画尊卑贵贱,咸有区别"[③]。如普贤菩萨,被塑造成一位女性形象,裸露的肌肤中锋运笔,以铁线勾勒,表现出肌肤富于弹性的质感;衣饰用流畅、遒劲的钉头鼠尾描来勾勒,使得普贤端庄而妩媚。文殊菩萨是一副男性模样,全身线纹坚挺繁密,多用折芦描,富有顿挫,相对于普贤而言,更具阳刚气质。[④]

---

① 贾维维《榆林窟第 3 窟壁画研究》,首都师范大学博士论文,2014 年,第 56 页。
② 樊波《中国人物画史》,南昌:江西美术出版社,2018 年,第 378 页。
③ 陈高华《宋辽金画家史料》,北京:文物出版社,1984 年,第 452 页。
④ 顾颖《西夏时期敦煌壁画的变调与创新——敦煌壁画研究中被忽视的方面》,《文艺研究》2008 年第 10 期,第 121 页。

"画家各有传派，不相混淆，如人物白描有二种：赵松雪出于李龙眠，李龙眠出于顾恺之，此所谓铁线描；马和之、马远则出于吴道子，此所谓兰叶描也。"①榆林窟第3窟的普贤主要用铁线描和钉头鼠尾描（图3-58），与北宋武宗元的《朝元仙仗图》笔法接近，还有兰叶描；而文殊则用折芦描，顿挫有力，这种线描约始于梁楷、李公麟，与阴柔妩媚的普贤相比更具阳刚之气，这种线条，可能也与西夏人用黄羊毛制笔有关。文殊变和普贤变中的云、水也采用线描的样式，而且并不类同。普贤变中的云采用单线勾勒，云纹基本以一种接近圆的方式内卷，并聚集成团状，更具蒸腾弥漫之势；文殊变中的云双线描绘，勾勒出连绵成片的云朵，呈扁平状，双线之内不再添加其他线纹，更具有装饰意味。②梁楷《释迦出山图》和周季常《罗汉出山图》画面的中心人物都运用了一种双波浪线条，或行云流水描，它是"印度—中亚"的衣纹法。

图3-58　榆林窟第3窟普贤变局部线描图

　　榆林窟第3窟的文殊变、普贤变色彩简单，它们的功能性降到了很低的位置，只是在人物头光、背光、服饰、莲座等局部略施淡彩，且色不压线。

①郑午昌《郑午昌中国画学全史》，长春：吉林人民出版社，2013年，第279页。
②顾颖《西夏时期敦煌壁画的变调与创新——敦煌壁画研究中被忽视的方面》，《文艺研究》2008年第10期，第121页。

南北两壁的观无量寿中人物的描绘亦用类似的方法。这种样式确是单色水墨绘画,由于略去了色彩和皴染,用线条来直接交流,传达出一种身体运动的感觉,并体会到与图像和画家的融合。这确实也充分说明了中唐以来吴道子英雄化壁画风格的终结。①西夏壁画中的这种样式,说明了北宋中期以后甚为流行的以线描等表达文人逸趣的画风,也影响到了西夏。而这种影响正是西夏佛教信仰使然,是华严与净土思想的理念,是西夏人有意识的选择结果,二者也是一种完美的契合。黄修复在《益州名画录》中将画品的等级定位为"逸、神、妙、能"②,"逸品"为上,逸为拙规矩于方圆,鄙精研于彩绘,无疑,这种品鉴的标准在西夏绘画中也是适用的。

(二)莫高窟第3窟千手观音的线描成就

敦煌莫高窟第3窟是敦煌石窟的代表洞窟之一,以敦煌研究院编《敦煌莫高窟内容总录》为代表的传统观点,将其划为元代窟。但近年有些学者将其断代为西夏窟,主要有霍熙亮③、关友惠④、谢继胜⑤、沙武田⑥等先生,他们从不同角度进行了论证。其中霍熙亮、关友惠先生从艺术的角度认为莫高窟第3窟壁画的风格更接近于西夏;沙武田先生综合了各家学说,从营建背景、佛教艺术、观音信仰、供养人画像、装饰图案、菩萨画像以

---

①(美)方闻著,李维琨译《超越再现:8世纪至14世纪中国书画》,杭州:浙江大学出版社,2011年,第48页。

②[宋]黄修复《益州名画录》,载俞剑华《中国历代画论大观·第二编宋代画论(一、二)》,南京:江苏凤凰美术出版社,2016年,第168页。

③霍熙亮《莫高窟回鹘和西夏窟的新划分》,载敦煌研究院编《1994年敦煌学国际学术研讨会论文提要》,1994年,第54页。

④关友惠《敦煌宋西夏石窟壁画装饰风格及其相关的问题》,载敦煌研究院编《2004年石窟研究国际学术会议论文集(下)》,上海:上海古籍出版社,2006年,第1110—1141页。相同的观点也反映在关先生专著《敦煌石窟全集:图案卷》的西夏部分,香港:香港商务印书馆,2003年。

⑤谢继胜《莫高窟第465窟壁画绘于西夏考》,《中国藏学》2003年第2期,第74页。

⑥沙武田、李国《敦煌莫高窟第3窟为西夏洞窟考》,《敦煌研究》2013年第4期,第1—11页。

及墨绘竹子等七个方面展开讨论,认定此窟为西夏窟。笔者从艺术史的角度,比对这一时期的白描绘画作品,以及元代石窟绘画和其他作品,从大的绘画背景入手,赞同该窟为"西夏说"的观点。

　　莫高窟第 3 窟南北两壁绘制的千手千眼观音经变,是突出的线描艺术,可谓敦煌艺术中的奇葩(图 3-59)。[1]霍熙亮先生指出该窟壁画的线描技艺精湛,独领风骚,与瓜州东千佛洞第 7 窟的艺术风格十分接近。而在

图 3-59　莫高窟第 3 窟南壁千手千眼观音

---

①沙武田、李国《敦煌莫高窟第 3 窟为西夏洞窟考》,《敦煌研究》2013 年第 4 期,第 1 页。

元代不可能出现复古的线描,因此改为西夏窟较为合适。①长期进行壁画临摹的李月伯先生虽然认为其是元代窟,但对其线描的成就给予了很高的赞誉,其轻施粉色、重线描的艺术表达与文人追求的旨趣是一致的。莫高窟第 3 窟与榆林窟第 3 窟文殊变、普贤变的线描可相媲美,前者的壁画是中国线描的集大成者,在美术史上具有相当高的地位。②

洞窟中的千手观音应与"密教"有关,但并不神秘诡诞,而显得特别优美,线描无论在刻画人物肌肤的质感,还是骨骼的转折方面,都非常到位;线条变化丰富,在运笔上有轻重缓急的不同,其按提顿挫的行笔巧用心思,人物的动态神情并茂,达到了炉火纯青的地步。③该壁画将线条的造型以及传神的功能发挥得惟妙惟肖。菩萨周围绘有飞天、帝释天、婆薮仙、天女、大梵天王、毗那夜迦天和那罗延天等形象。因人物身份和性别的不同,对其个性的表现也并不类同。如北壁观音下的护法金刚,面目狰狞,与观音的安详形成了鲜明的对比,在运笔上更注重线条的曲折婉转与粗细变化;护法金刚凶悍的表情、夸张的动态、毛发、有力的身躯肌肉也被表现得极具个性特点;婆薮仙的运笔也十分讲究,老人面部松弛的皮肤,隆起的肌肉,也通过线条的转折、顿挫等技巧描绘得非常到位。

纵观整窟壁画,画家运用兰叶描和折芦描表现人物的飘带衣裙,用高古游丝描表现头发蓬松的质感,用行云流水描表现火焰、彩云,用界画画格栏。整窟壁画敷色简约,轻淡雅致,只用红、绿、黄及少量的贴金,反映了

---

①霍熙亮《莫高窟回鹘和西夏窟的新划分》,载敦煌研究院编《1994 年敦煌学国际学术研讨会论文提要》,1994 年,第 54 页。

②梁尉英《元代早期显密融汇的艺术——莫高窟四六四诸窟的内容和艺术特色》,载敦煌研究院编《敦煌石窟艺术·莫高窟第四六四、三、九五、一四九窟(元)》,南京:江苏美术出版社,1997年,第 17 页。

③李月伯《从莫高窟第 3 窟壁画看中国画线描的艺术成就》,《敦煌研究》2001 年第 2 期,第39页。

中国文人画对晚期佛教壁画的影响。①

（三）榆林窟第 29 窟人物画线描的特点

中国古代绘画主要运用线描来实现艺术造型。线描与造型在很大程度上承载着时代特征和民族特征的信息，它们反映着时代和民族的社会风尚和审美观念。②榆林窟第 29 窟中的人物形象，还是以线描为主，人物造型具有明显的党项民族特征，由表及里都浸透着西夏民族特征和西夏时代风格。③（图 3-60）他们身材高大，鼻子挺立，小鱼似的眼睛，尤其在某些人物眼睛的表现上，下眼睑遮住了三分之一的眼球，好像在下视，有顿悟之感。骑狮的文殊菩萨居中，服饰华美，周围簇拥着随行的天人，童子欢欣鼓舞，天王威风凛

图 3-60　榆林窟第 29 窟药师变（局部）

①李月伯《从莫高窟第 3 窟壁画看中国画线描的艺术成就》，《敦煌研究》2001 年第 2 期，第 39 页。

②刘玉权《榆林窟第 29 窟考察与研究》，载敦煌研究院编《榆林窟研究论文集（上）》，上海：上海辞书出版社，2011 年，第 376 页。

③刘玉权《榆林窟第 29 窟考察与研究》，载敦煌研究院编《榆林窟研究论文集（上）》，上海：上海辞书出版社，2011 年，第 376 页。

凛,文殊右侧有一戴着帽子的侧面像,穿世俗官服,浓眉、鹰鼻、厚唇、头有圆光,应为随侍的帝释梵天之眷属,这是党项族官吏的形象写照。普贤变与文殊变构图相似,老人和小孩的形象表现极其生动,老人着圆领长袍,足踏芒鞋,拄拐杖而行,秃发童子双手合十,上身穿着戴羽袖的圆领服装,下身赤裸,跳跃向前,回头张望,动态自然且神情充满天真稚气,具有党项民族特点。

榆林窟第29窟壁画在线描上具有较高的造诣,以铁线描和兰叶描为主,人物服饰的衣纹疏密有致,表现出了衣服的体积感和质感。护法神蓬松飞扬的发丝,采用游丝描法,表现出护法神飘逸的发型和奔跑的动感。天王的肌肉结构转折变化丰富,生动地描绘了天王孔武有力的健壮。[1](图3-61)

图3-61　榆林窟第29窟药师变(局部)

(四)文殊山万佛洞布袋和尚的线描

酒泉文殊山万佛洞的布袋和尚笔法遒劲(图3-62),骨力老道,变化丰富,富于创新。在同一人物里运用了铁线描、游丝描、

---

①沈淑萍《谈敦煌壁画临摹过程中的几个重要问题——以榆林第29窟临摹为例》,载敦煌研究院编《榆林窟研究论文集(下)》,上海:上海辞书出版社,2011年,第749—750页。

图 3-62　文殊山万佛洞布袋和尚

折芦描等不同的手法加以表现，能够看到吸收了北宋李公麟笔下"扫去粉黛、淡毫轻墨"一派的白描人物画技法。圆润流畅、挺拔有力的笔法，让人很自然地会想到榆林窟第 2 窟和第 3 窟的壁画，其艺术成就可以和这两窟的水月观音、文殊变、普贤变相媲美，只是因所处地理位置相对偏僻，画幅体量相对偏小，而往往不被人重视。

　　下面我们把西夏的这幅《布袋和尚》与同时代的两幅《布袋图》做一比较。其中一幅是北宋画家崔白的《布袋图》（图3-63），此石碑目前存放于河南辉县百泉的碑廊里，大约创作于 1070 年，画中的

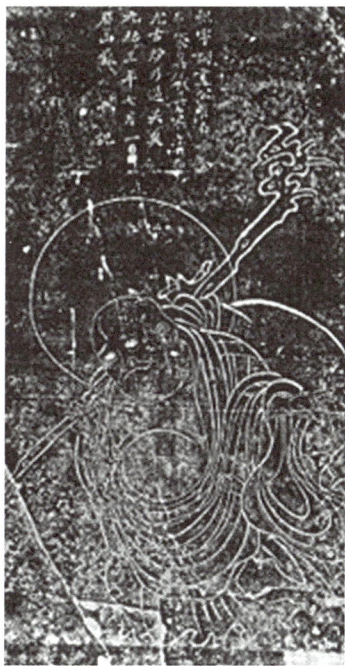

图 3-63　崔白《布袋图》

图 3-64 梁楷《布袋图》

布袋和尚僧袍敞开,祖露胸腹,下身系裙。他头微微下俯,顶有头光,右肩扛有挂着布袋的荷杖,身体前倾,右手扶杖,左手张开,向前踽行。而另一幅是南宋梁楷画的《布袋图》(图3-64),此幅图中的布袋和尚也是宽衣大肚,胸怀祖露,用虬龙一样的荷杖肩挑布袋,光着脚丫,步伐蹒跚,左手搭在杖上,右手向后甩开,五官紧缩,醉意朦胧。为了比较方便,我们将三幅布袋图列表如下(表3-11):

如表所示,早期的布袋和尚有头光,面部没有笑容,没有色彩,尤其是线描及赋彩方面,崔白的画以白描为主,线条相对简单,无顿挫变化;西夏文殊山万佛洞的布袋和尚线条变化丰富,描绘精致,敷彩淡雅;而到南宋

表 3-11　宋夏布袋和尚对比表

	北宋崔白《布袋图》	西夏文殊山万佛洞《布袋图》	南宋梁楷《布袋图》
动态	走	坐	走
笑容	无	无	有
头光	有	有	无
布袋位置	背	放	背
线条	游丝描	铁线描、游丝描、折芦描	折芦描、游丝描
色彩	无	赋彩	墨色

梁楷的布袋图中，布袋和尚细节描写相对减少，趋向于意趣的表现了，尤其是胸前的衣褶没有了流畅工整的线条，取而代之的是墨色的变化与线条的勾勒，头光也消失了。因此在崔白作品中布袋和尚头部光环和狰狞严肃的面目，代表了早期古典、正统佛教艺术所具备的特质在南宋以后皆不复见。①

①转引自林素幸《布袋图在宋代出现的文化意涵与价值》，《上海文博论丛》2010 年第 4 期，第 68 页。Richard Edwards, "Pu-tai Maitreya and a reintroduction to Hang Zhou's Fei-lai-feng," Ars Orientalis 14 (1984), p12.

第五节　黑水城出土人物画与敦煌西夏石窟
人物画之比对

　　作为敦煌艺术之后的转变,黑水城艺术可以和莫高窟、榆林窟的壁画相互印证,指示前者的发展轨迹。①

一、黑水城出土的人物画

　　黑水城出土现藏俄罗斯艾尔米塔什博物馆的众多艺术品中,有汉式绘画,也有藏式唐卡,有花鸟画,更多的是人物画,其中佛教人物画居多,有阿弥陀佛来迎、水月观音、文殊变、普贤变、观音菩萨、大势至菩萨、炽盛光佛、星宿图以及藏式的多闻天、金刚、曼陀罗等,这些题材与敦煌西夏石窟中的绘画几乎都能对应。此外,也有少量非宗教人物画,如贵人像、官员与侍从、听琴图等。这些人物画与敦煌西夏石窟中的人物画无论是粉本样式、题材,还是表现技法以及宗教传承等各方面都有着紧密的联系。值得

---

①俄罗斯艾尔米塔什博物馆、西北民族大学、上海古籍出版社《俄藏黑水城艺术品(Ⅰ)》,上海:上海古籍出版社,2012年,第10页。

关注的是在黑水城出土了一批非宗教人物画，它们从另一层面反映了西夏人物画发展的高度，可与中原人物画相媲美。

《贵人像》（X.2523）在黑水城人物画藏品中极具代表性（图3-65）。画中有一站立的驼背老人，头戴高帽，身着深色圆领长袍，双手握红色腰带。脸部刻画细致，老人眉头紧蹙，鼻梁高挺，胡须花白，似在思考。这一形象与宋画《睢阳五老图》中"王焕"和"杜衍"的形象非常接近，①为四分之三侧像，从形象判断是一汉族官员。与黑水城出土的《面相图》相比对，《面相图》中人脸的形式和这幅《贵人像》非常相似，两者的头部都稍稍侧向一边，面部骨骼结构描绘的细致程度也都近乎相同。而且，《面相图》中人物前额的皱纹、鼻梁、凹陷的双眼、两颊上的褶皱等，线条清晰、准确，无论从整体轮廓还是从局部细处来看，都和《贵人像》极其一致。②《贵人像》是依据《面相图》画成的，可以看出《贵人像》反映了他自己的命运，完全符合中国评论家的古老标准③。

图3-65　《贵人像》

①殷晓蕾《图像的复制、传播与流变：俄藏黑水城出土〈贵人像〉研究》，载罗宏才《十院校美术考古研究文集》，上海：上海大学出版社，2014年，第55页。

②（俄）鲁多娃著，胡鸿雁译《黑水城的汉式绘画》，载景永时《西夏语言与绘画研究论集》，银川：宁夏人民出版社，2008年，第276页。

③俄罗斯艾尔米塔什博物馆、西北民族大学、上海古籍出版社《俄藏黑水城艺术品（Ⅱ）》，上海：上海古籍出版社，2012年，第295页。

图3-66 《官员和侍从》

《官员和侍从》(X.2531)(图3-66)中画有一男子坐在凳子上,头戴黑色高帽,扬眉大耳,髭须稀少,略有俯视,沉着稳重。身着圆领团龙长袍,双手拢于窄袖,脚踩黑色绲边花鞋。身后的随从头梳高髻,扎结发带,着圆领长袍,双手交叉于胸前。右侧桌上的花瓶中插着一株牡丹花,身后背景绘两棵高大的松树,表现着官员的尊贵。可见西夏人也使用象征官位、财富、仕途的东西来祈福,博取吉兆。

此外还有《清凉国师答顺宗皇帝问》(X.2522)、《听琴》(X.2527)等世俗人物画,共同体现着西夏人物画的发展情况。

二、黑水城出土人物画与敦煌西夏石窟人物画的关联

黑水城出土的汉式人物画作品,在构图上与宋代绘画中的背景留白是一致的。《阿弥陀佛来迎图》(X.2415)中佛陀的身材高大,其侍从观世音菩萨和大势至菩萨相对较小,他们均被置于画面的一侧,另一侧大面积留白。《水月观音菩萨》(X.2439)中的观音、岩山、竹子均侧于一边,另一边也是大片留白。还有文殊、普贤以及大势至菩萨等作品中也是背景留白较多,画面构图流畅、舒朗。这种构图上刻意空白的表现,是创作者的有意安排,显然受到了宋画的影响。这种样式,与榆林窟第2窟中水月观音的构图相同。

西夏石窟线描人物画,代表了石窟艺术在西夏的新发展,尤其以榆林窟第3窟的文殊变和普贤变最为经典。在黑水城也出土了一些白描作品,

如《文殊菩萨》(X.2442)、《普贤菩萨》(X.2443)、《阿弥陀佛来迎和孔雀》(X.2533)、《鹿》(X.2525)、《听琴》(X.2527)等,以单色线条描绘于素底之上,亦是典型的"白描画"。这些形式的作品是认识西夏艺术全貌非常重要的例证。

黑水城的人物画在色彩表现方面,除了唐卡颜色浓郁艳丽,对比强烈之外,多数汉式绘画色彩玄淡,如《普贤菩萨》(X.2443)以线描为主,勾勒后施以淡彩,与榆林窟第3窟文殊变、普贤变中的颜色使用方法类同。部分绘画相对淡彩画而言更显浓艳,如《水月观音》(X.2438)、《阿弥陀佛来迎》(X.2417)、《阿弥陀佛来迎》(X.2411)等,大量使用红色,且非常浓重,受藏式唐卡色彩影响明显,与榆林窟第29窟中浓郁的色彩运用相似。

三、西夏人物画所透视出的文化观念和社会风尚

人物画相对于其他题材绘画来说更具有鲜明的教化功能,黑水城出土的人物画给我们提供了解读西夏文化观念的重要视角。在中原传统绘画中,人物画多表现劝谕教化倡导儒家学说,如魏晋时期顾恺之的《女史箴图》是女德的镜鉴,唐阎立本的《步辇图》突出表现一代明君的风范与威仪,是"皇权"的反映。同样,黑水城出土的几幅非宗教人物画非常重要,《贵人像》的写真是对西夏某一汉族功臣的歌颂,为了永久纪念他为其画像,这符合永留忠臣形象的儒家传统①。《西夏皇帝和众侍从》《官员和侍从》等从其图像表征以及构图的安排来看,与《步辇图》中对唐太宗李世民威严的描绘一样,都将皇帝、官员等人置于显赫高位,充分体现出了西夏对儒家思想的尊崇,正如克恰诺夫对斡道冲画像的称颂那样,"所以他们(西夏国居民)要画下这位大官的肖像并规定要给他上供,还在国内的县

---

①俄罗斯艾尔米塔什博物馆、西北民族大学、上海古籍出版社《俄藏黑水城艺术品(Ⅰ)》,上海:上海古籍出版社,2012年,第18页。

和州的学堂里敬上各种供品"①。

　　对儒家的尊崇是西夏文化观念体系的一个方面，而对佛教文化的崇尚也是其另一个重要方面。这一点毋庸置疑，从西夏石窟以及其他佛塔、寺庙、陵墓中出土的各类人物画中可以明显地看到这一思想倾向，而且在意识形态上佛教是起着第一作用的②。当然儒与佛孰重孰轻，并无明显的界限，二者的兼容并蓄应是西夏文化观念中的重要特点，否则对于仁孝皇帝1141年立孔庙，并尊孔子为"文宣帝"之举就很难理解了。

　　黑水城出土的人物画使我们看到了西夏儒佛并举的文化观念。石窟本为宣传佛教思想的空间，但从敦煌西夏石窟中诸多供养人的描绘、龙凤图案的呈现以及类似蜀葵等诸多元素的介入，可以看出儒家文化与佛教思想的结合，反映了西夏的文化观念与社会风尚。

　　西夏人物画中透视出的文化观念和社会风尚，是西夏社会生活的反映与再现。就西夏人物画本身而言，它的整体面貌如何？宏观概览，西夏人物画与同时期的宋代人物画一样，在整个中国人物画史中已经发展到了成熟完备的阶段，人物画体系是完善的。而且，在各个方面不断突破与超越，发展着中国人物画。除了传统的较为工整、设色艳丽的工笔画，线描、减笔画在石窟绘画中开始运用是一很大的创新，这与李公麟、梁楷等宋代人物画家对前代的超越是一致的，也说明了西夏人善于学习的事实。另一方面，藏传绘画的风格样式很自然地影响着西夏人物画，使得西夏人物画兼容并蓄，从内容到形式更加丰富。

---

　　①俄罗斯艾尔米塔什博物馆、西北民族大学、上海古籍出版社《俄藏黑水城艺术品（Ⅰ）》，上海：上海古籍出版社，2012年，第17页。

　　②转引自俄罗斯艾尔米塔什博物馆、西北民族大学、上海古籍出版社《俄藏黑水城艺术品（Ⅰ）》，上海：上海古籍出版社，2012年，第18页。Dunnelll 1996：《白高大国：十一世纪西夏之佛教与立国》，第27—93页。The Great State of White and High.Buddhism and State Formation in Eleventh—century Xia.University of Haiwai'i Press，Honolulu，1996.

第四章

敦煌西夏石窟中的山水画

山水是中国山水画的母题,是山水画表现的主体。自从人类出现,对山水的探索一直没有中断过。原始人穴居于山中,山给予了原始居民赖以生存的基础。在几千年的演进中,山在人们的意识中逐渐发生变化,它不仅成了皇帝权威的象征,而且被神灵化,成为通向西方的天梯。[1]中国古文化特别讲究风水,众所周知,风水主要是观山察水,千百年来,神庙隐于山间,宫殿依山傍水。古代中国对山、水的崇拜,有源头上的敬畏,也有精神上的寄托。宗白华先生说:"晋人向外发现了自然,向内发现了自己的深情。"[2]南朝宗炳在《画山水序》中提到"圣人含道映物,贤者澄怀味象""圣人以神法道""山水以形媚道",他认为作山水画观山水画,是为了观道、体道。中国人对山水有哲学上的思考,对山水的观察非常细致,五代荆浩在《笔法记》中记载:

　　山水之象,气势相生。故尖曰峰,平曰顶,圆曰峦,相连曰岭,有穴曰岫,峻壁曰崖,崖间崖下曰岩,路通山中曰谷,不通曰峪,峪中有水曰溪,山

---

①《礼记·祭法》云:山林川谷丘陵,能出云,为风雨,见怪物,皆曰神。王充《论衡·祭意》云:山出云雨润万物,六宗居六合之间,助天地变化,王者尊而祭之。《山海经·海外西经》云:巫咸国……在登葆山,群巫所从上下也。《淮南子·地形训》云:昆仑之邱,或上倍之,是谓凉风之山,登之而不死;或上倍之,是谓悬圃,登之乃灵,能使风雨;或上倍之,乃维上天,登之乃神,是谓太帝之居。

②宗白华《论〈世说新语〉和晋人的美》,载宗白华《美学散步》,上海:上海人民出版社,1981年,第177页。

夹水曰涧。其上峰峦虽异,其下冈岭相连。掩映林泉,依稀远近。夫画山水无此象亦非也。①

敦煌石窟自开凿以来,就有对山水的描绘,山水多置于佛教本生、佛传、经变画等中,作为装饰和人物活动的背景出现。敦煌石窟的山水画数量众多、描绘精致,跨越了十个朝代,是中国古代山水画发展脉络的再现,彰显了佛教绘画中中国传统山水的审美意识。

---

① [五代]荆浩撰,王伯敏注译《笔法记》,北京:人民美术出版社,2016年,第5页。

第一节　敦煌石窟山水画考察

　　山水画是中国人构建自我的范式，以艺术的方式满足了中国人在精神上、心灵上、情感上对自然的皈依。山水画将个人渺小、有限的生命融入无限、永恒的大自然中，表现了中国人深藏于内心的坚韧、强烈、崇高的求道意志和精神取向。[①]"中国的山水画，出现于战国以前，滋育于东晋，确立于南北朝，兴盛于隋唐。"[②]从汉魏以来山水画作为人物背景，到东晋顾恺之的《庐山图》、戴逵的《吴中溪山邑居图》等，再到南北朝时期宗炳的《画山水序》、王微的《叙画》等山水画论的出现，说明了山水画体系的逐渐完善与确立。至隋代，山水画有了更进一步的发展，现传展子虔的《游春图》，青绿山水，刻画精细，人游于山水，承上启下，具有很大的研究价值。敦煌莫高窟北朝壁画中山水图像主要出现在本生故事中，以三角形为母题的山形贯穿在连环画式的画面中，群山或联排，或交错，有的作为背景，有些

---

①徐晓力《从山水观念到山水图式——山水画的文化解释》，复旦大学博士学位论文，2006年，第15—32页。

②王伯敏《山水画纵横谈》，济南：山东美术出版社，2010年，第1页。

图 4-1 莫高窟西魏第 285 窟山中修行

图 4-2 莫高窟初唐第 321 窟山中耕作

分隔画面，营造出一个个真实空间。这种在今天看来既原始又现代的三角形小山，配上土红、宝石蓝的颜色，把画面装饰得富有节奏感。"人大于山"[1]是这一时期的时代特征(图 4-1)。

唐代山水画迈向繁荣，百花齐放，风格辈出，成就卓越。主要以青绿勾斫为主，也有水墨渲染。根据画史记载，杰出的山水画家有李思训李昭道父子、王维、张璪、毕宏、郑虔、王默、王宰、卢鸿、项容和吴道子等。然存世的山水画作甚少，敦煌唐代石窟绘画中的山水画为其作了极为宝贵的补充。唐代初期，石窟中装饰性的山峦还一直在延续，从莫高窟初唐第 203 窟山峦装饰佛龛中就可以看出早期山的表现手法。但在第 321 窟南壁《宝雨经变》的山水画中(图 4-2)，可以观察到山水画有了一个

①《历代名画记》所述："群峰之势，若钿饰犀栉，或水不容泛，或人大于山，率皆附以树石，映带其地。列植之状，则若伸臂布指。"

新的发展,此经变充分
利用了山水作为背景
来体现故事情节。唐代
出现的大型经变画《涅
槃经变》《观无量寿经
变》《弥勒经变》《法华
经变》等,在众多的故
事情节中,无不使用山
水画来表现营造。整壁
经变画为山水画的发
展提供了介质,同时经
变画绘制显示出画家
对空间处理的高度成
熟,中国式的透视法从

图 4-3 莫高窟盛唐第 217 窟山水

建筑、山、水与树木等中得以完美表现,山峰、沟壑、断崖、河谷、泉水等勾
画有致, 装饰性的山水色彩一改往期色调变成了青绿山水。盛唐第 103
窟、第 217 窟、第 323 窟等堪称青绿山水的代表作(图 4-3),是比较完整
的具有独立意义的山水画。唐中后期,吐蕃、归义军仍然沿用了青绿山水,
也出现了鸿篇巨制《五台山图》(图 4-4),使山水画的发展达到了顶峰。①

　　宋代山水画出现了前所未有的兴旺景象,表现形式与方法更加多样,
五代荆浩"远取其势,近取其质"和宋代沈括"以大观小"的创作方法得到
了充分的掌握和广泛的应用。题材和内容也是丰富多彩的,它不仅探秘自
然山川,更多的是与当时的游乐、行旅、探险、寻幽、访道、山居及渔、樵、

---

①赵声良《试论莫高窟唐代前期的山水画》,《敦煌研究》1987 年第 3 期,第 14—20 页。

图4-4　莫高窟五代第61窟五台山局部

耕、读等诸多社会生活紧密结合，反映社会风貌。宋代山水画家熟悉自然山川，师法造化既丰富又深刻。画家们提出的"欲夺其造化，则莫神于好，莫精于勤，莫大于饱游饫看，历历罗列于胸中，而目不见绢素，手不知笔墨，磊磊落落，杳杳漠漠，莫非吾画"①就是根据上述的种种要求而来的。尽管各人的创作意图不同，但表现的对象

一致。因此，两宋山水画的笔墨与用色出现"米点落茄""淡墨轻岚""水墨苍劲""青绿巧整"及"熔金碧与水墨于一炉"等多种绘画技法，并非偶然，山水画已发展到一个高峰。敦煌宋代洞窟中山水画没有出现与中原绘画同步的表现，主要是这个时期，由于五代以来社会的动荡，偏西北一隅的敦煌与中原交流受阻，石窟绘画还是沿用了前期的风格。一直到西夏晚期，石窟中的山水画才出现了巨大的改变。

①［宋］郭熙《林泉高致·山水训》，载俞剑华《中国历代画论大观·第二编宋代画论（一、二）》，南京：江苏凤凰美术出版社，2016年，第47页。

第二节　水墨山水画在西夏石窟中的表现

一、西夏石窟水墨山水画出现的美学背景

(一)晚唐水墨山水的发轫及五代山水画的成型

水墨山水画肇端于吴道子,但吴道子没有以笔墨写,也不是写山水的地势,而是写胸中的山水,以豪放之气写客观山水与主观情怀融化后的重铸山水。[1]李昭道虽有过水墨渲染,但真正以水墨写山水之人要数王维,张彦远在《历代名画记》中写王维"曾见泼墨山水,笔迹劲爽"[2]。荆浩《笔法记》云:"随类赋彩,自古有能,如水晕墨章,兴吾唐代。"又:"王右丞笔墨宛丽,气韵高清。巧写气成,亦动真思。"王维始创了水墨渲淡法,进而创立了水墨画体系。荆浩对张璪水墨山水画的评价依然极高:"张璪员外树石,气韵俱盛,笔墨积微,真思卓然,不贵五彩,旷古绝今,未之有也。"[3]王维、张

---

①陈传席《中国山水画史》,天津:天津人民美术出版社,2001 年,第 27 页。

②[唐]张彦远著,田村解读《解读历代名画记》,合肥:黄山书社,2012 年,第 326 页。

③[五代]荆浩撰,王伯敏注译《笔法记》,北京:人民美术出版社,2016 年,第 5 页。

璪是荆浩推崇的两位画家,王维以其亦官亦隐的经历、高逸的品性和禅学修养,将水墨渲淡法与文人隐士的审美意趣、文化情怀有机地融合在一起,是中国山水画史上的一次重大变化。而张璪提出的"外师造化,中得心源"命题阐述了山水画意象和意境创造过程的规律,从理论上对山水画的发展起到推动作用。他们对奠定盛唐以后水墨山水画的文化品格和推动其整体发展具有重要意义。①

晚唐画家孙位的《高逸图》(图4-5),其山石画法,用笔简洁,意趣野逸,运用的技法已经露出水墨山水画一般技法的端倪。画中的山石表现多以中锋勾勒,用墨反复皴染,分出明暗向背。墨法有干有湿,飞白皴擦与水墨晕淡结合,凹凸阴阳明显,其写意性的娴熟笔法,与荆浩的《匡庐图》(图4-6)在技法形态上有契合之处。

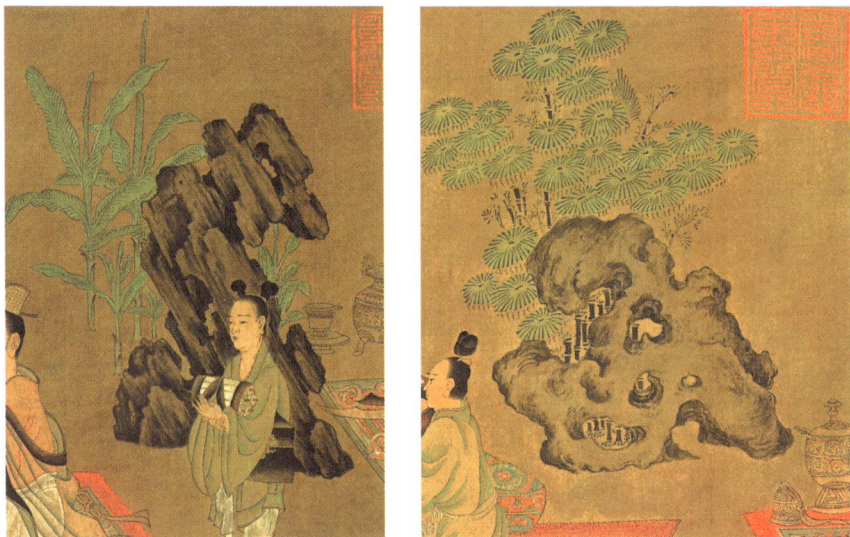

图4-5a、b　孙位《高逸图》(局部)

---

① 李星明《唐代墓室壁画研究》,西安:陕西人民美术出版社,2005年,第349—350页。

荆浩生于晚唐,卒于五代,他是北宋纪念碑式雄伟风格山水画之父,文献中对荆浩多有记载。米芾《画史》:

> 荆浩善为云中山顶,四面峻厚。水际作突兀大石,自此趋劲硬。[1]

《五代名画补遗》记载荆浩赠大愚的画题诗:

> 恣意纵横扫,峰峦次第成。笔尖寒树瘦,墨淡野云轻。岩石喷泉窄,山根到水平。禅房时一展,兼称苦空情。[2]

图 4-6　荆浩《匡庐图》

荆浩流传至今的《匡庐图》《崆峒访道图》《秋山瑞霭图》等,虽然有学者怀疑这些山水画不一定是荆浩的真迹,但我们仍然能够判断其山水画之面貌。《匡庐图》画的是江南庐山,但画家生活基础仍是北方,我们从这幅画石质坚硬、气势雄伟的样式仍然能够看出其具有北方山水的特点。原画是用水墨画在绢上,石法圆中带方,皴染兼备,层次分明,树枝瘦劲。整

---

[1] [宋]米芾《画史》,载俞剑华《中国历代画论大观·第二编宋代画论(一、二)》,南京:江苏凤凰美术出版社,2016年,第189页。

[2] 卢辅圣《中国书画全书(一)》,上海:上海书画出版社,2009年,第462页。

个山势峻拔挺峭,石质感很强。荆浩在太行山崇山峻岭之中长期隐居,体味北方山势,为他的北方山水创作奠定了基础。荆浩在绘画理论方面有很高的成就,他的《笔法记》在继承了宗炳、王微山水画传神理论的基础上,提出了"图真"论,并第一次为山水画提出了"六要"的法则、"神、妙、奇、巧"四个品第以及有形病和无形病的注意要点,无疑对当时和后世的绘画起到了指导作用。五代至宋初,无论是北方的三大家关仝、李成、范宽,还是南方的山水画家董源、巨然,从他们的作品里都能够找到荆浩这位水墨山水画奠基人的影子。荆浩开创了北方山水画派,前无古人,他的山水作品是中国山水画成熟的标志。[①]至此,山水画在五代成型,开启了水墨山水画的新纪元。

(二)两宋水墨山水画的时兴

山水画至宋代,兴旺景象前所未有。水墨山水画在当时的理学观念和文人画影响下取得了绝对的地位,其表现形式更加多样,表现方法也呈现多样化的态势,以水墨为主流的样式体系基本形成。

晚唐时期,对墨法的理解已经达到了一定的程度,张彦远《历代名画记》中提出"运墨而五色具",这标志着"墨分五色"观念的形成,成了水墨画法重要的法式依据。五代至两宋,水墨画的发展达到了兴盛,从画史资料和流传下来的作品中可知,绝大多数山水画家专擅水墨画法,或者主擅水墨画法着少许色。水墨山水的流行,促使画家们对水墨法的研究空前的重视,而"墨分五色"即墨色可以呈现青、赤、黄、白、黑的五种变化,是画家们在长期的观察思考与实践总结的基础上形成的,这种从物象表现分离出来的墨色干湿浓淡的微妙变化,构成了山水表现最重要的技法,也凸显出画家们水墨画的观念,促成了水墨山水画形态的确立。

---

①陈传席《中国山水画史》,天津:天津人民美术出版社,2001年,第69页。

郭熙《林泉高致·画诀》曰：

　　运墨有时而用淡墨，有时而用浓墨，有时而用焦墨，有时而用宿墨，有时而用退墨，有时而用厨中埃墨，有时而取青黛杂墨水而用之。用淡墨六七加而成深，即墨色滋润而不枯燥。用浓墨焦墨欲特然取其限界，非浓与焦则松棱石角不了然。既已了然，然后用青墨水重叠过之，即墨色分明，常如雾露中出也。淡墨重叠旋旋而取之，谓之斡淡，以锐笔横卧重重而取之谓之皴擦，以水墨再三而淋之谓之渲，以水墨滚同而泽之谓之刷，以笔头直往而指之谓之捽，以笔头特下而指之谓之擢。以笔端而注之谓之点，点施于人物，亦施于木叶。以笔引而去之谓之画，画施于楼屋，亦施于松针。雪色用浓淡墨作浓淡，但墨之色不一而染就。烟色就缣素本色，萦拂以淡水而痕之，不可见笔墨迹。风色用黄土或埃墨而得之。土色用淡墨、埃墨而得之。石色用青黛和墨而浅深取之。瀑布用缣素本色，但焦墨作其旁以得之。[1]

　　郭熙对运墨的论断极为精深，首先谈到了墨色的七种形式，即淡墨、浓墨、焦墨、宿墨、退墨、埃墨和青黛杂墨水。其次论述了淡墨、浓墨、焦墨、青墨水等墨的特性及其用法。随后言运墨的八种笔法，斡淡、皴擦、渲、刷、捽、擢、点、画等，这几种笔法已经很全面地反映了山水画的运墨方法。最后又将山水画中常见的景物如雪色、风色、土色、石色、瀑布的用墨法都做了较为详细的交代。正因为宋人对自然物象的细致观察，对笔墨运法的精深思考，才在两宋产生了伟大的水墨山水画作品。关于对墨法的讨论还见

①[宋]郭熙《林泉高致·画诀》，载俞剑华《中国历代画论大观·第二编宋代画论（一、二）》，南京：江苏凤凰美术出版社，2016年，第57—58页。

于郭若虚的《图画见闻志》、韩拙的《山水纯全集》、赵希鹄的《洞天清录》、邓椿的《画继》、黄公望的《写山水诀》等史籍,无论是北方山水画家荆浩、关仝、李成、范宽,还是江南的董源、巨然等,在其作品中都能体会到精妙的用墨方法。始创于米家父子的云烟变灭之景的墨法,创造性地拓展了山水画的水墨样式。两宋的山水画所形成的水墨样式是这个时代的主流,尤其值得关注的是,对周边辽、金、夏以及后世的影响极其深远。

二、西夏石窟水墨山水画的表现

西夏的水墨山水画,如同西夏多元并蓄的文化那样充满着混搭和杂糅。

赵声良先生《榆林窟第 3 窟山水画初探》一文指出,文殊变、普贤变中山水图像在唐代就已出现,而唐代的山水只是一种点缀,而且多为青绿设色。榆林窟第 3 窟文殊变、普贤变中的山水与前期的样式相比发生了很大变化:一是比例变大,占据整个画幅近半;二是非青绿设色,而是设色轻淡,多为墨笔。这种山水样式的转变无疑是传自内地的新兴画法,说明水墨山水在石窟艺术中的兴起。随后他又从这两幅山水画的构图以及亭、草堂、园石等画面物象元素去分析论证,说明了二者与中国文人画在形式与内容上的契合程度。如此成熟的山水画出现在边远瓜沙的佛教壁画中,完全可以说明善于学习的西夏人是在建立自己的水墨山水画。①笔者赞同赵声良先生的观点。榆林窟第 3 窟文殊变和普贤变中的山水图,是水墨在石窟艺术中新发展的例证,同时也反映出中原传统绘画对西夏的影响和西夏画家的文人意识。

西夏石窟绘画中山水画相对较少,但山水画画法达到了一个高峰。主要出现在榆林窟第 3 窟和肃北五个庙第 1 窟文殊变、普贤变背景五台山

---

①赵声良《榆林窟第 3 窟山水画初探》,载敦煌研究院编《榆林窟研究论文集(下)》,上海:上海辞书出版社,2011 年,第 14—20 页。

图中,榆林窟第2窟和第29窟、东千佛洞第2窟、肃北五个庙第1窟、莫高窟第237窟等水月观音中,以配景形式出现。值得注意的是在榆林窟第3窟门上出现了独立的写意性山水画(图4-7)。此外,在榆林窟第4窟和第29窟,东千佛洞第5窟、第7窟都出现了几何形的山。

图4-7　榆林窟第3窟山水画

西夏水月观音图达16铺之多。水月观音通常背靠山石,脚下有流水,营造出一个禅静的环境。把水月观音纳入山水画来论,主要是其画中有湖石及岩石座下的流水小景。榆林窟第2窟门口南北两壁的水月观音均侧坐于岩石宝座上,身后岩山矗立,其造型如宋画里常见的太湖石。白居易《太湖石记》笔下描绘的太湖石千奇百态,盘曲转折、端正庄重、细密润泽、巍然挺立,它们像仙山,像轻云,像高人,像剑像戟,像龙像凤,像鬼怪,千变万化,浓缩了三山五岳、百洞千壑。这样一类代表了自然界百仞高山的石头,也代表了宇宙中的千山。相传米芾对太湖石十分痴迷,他著述《研山铭》将太湖石的特点概括为"瘦、漏、透、皱",这为文人赏石言志提供了一个标准。

榆林窟第2窟两幅水月观音是这一时期的典范之作,它受到了中原文人画的影响,首先从构图上就可以观察到,这种一角、半边的形式,出自南宋画家马远、夏圭。画面上的大片留白,造就了极其清净辽远的禅意空间。尤其是湖石与竹子的结合,是宋代文人画常用的手法,它表现的是士大夫的一种心理状态,和他们对宇宙的一种哲思。在两幅画中,画家勾皴

图 4-8　榆林窟第 2 窟水月观音中的湖石、竹子

兼用,石绿染色,蓝色分出明暗,晕染细致,设色艳丽,表现出了湖石坚硬挺拔的质感(图 4-8)。

　　此外第 2 窟东壁的故事画中,也画有一些水墨山水,如东壁南侧的说法图背景,用墨笔勾勒出山峰的轮廓,再用水墨晕染,表现出雄奇的景色(图 4-9)。

　　"在西夏晚期,敦煌较多地受到了来自中原的影响,特别是两宋以来中国内地流行的水墨山水画影响到了敦煌一带。在榆林窟第 3 窟出现的水墨山水巨制,反映了一种前所未有的新风,是敦煌晚期山水画的杰出代表。"[1]榆林窟第 3 窟文殊变、普贤变是西夏的代表性画作。文殊变位于西壁门北侧,高 3.75 米、宽 2.5 米,整幅画面视点高,通览全画,有近景、中景

_____

　　①赵声良《榆林窟第 3 窟山水画初探》,载敦煌研究院编《榆林窟研究论文集(下)》,上海:上海辞书出版社,2011 年,第 14—20 页。

和远景,右下角近景有石山、楼宇、树木,中景为骑狮的文殊及其眷属等共 18 人乘于云上,背景为宏伟的五台山景致。画面上部的山水占据了画幅的三分之一,中间为雄伟的"品"字形主峰,重檐翘角的寺院大殿矗立其中,庄严肃穆,画面左边虽然有部分剥落,但仍然能看出层峰叠嶂、楼亭相映的壮美景象,突出了宗教的气氛。主峰下方画出两峰,中间自然形成阙口,有一股水向外涌出。

图 4-9　　榆林窟第 2 窟东壁的山

右侧的山下山门虚掩,一束神秘的光线从中射出,给人们诸多神异想象。主峰的右上方现出一道彩虹,7 位带头光的仙人徐徐而上。这些带有神秘色彩的景象都与五台山的各种传说有关。(图 4-10)

与文殊变相对应的普贤变位于窟门南侧,高 3.65 米、宽 2.04 米。同样的高视点将整个场景一

图 4-10　　榆林窟第 3 窟文殊变背景山水

图 4-11　榆林窟第 3 窟普贤殊变背景山水

览无余,普贤菩萨骑白象居中,眷属等一行 12 人乘云环绕周围,左边的平台上唐僧、孙行者师徒二人隔水相望。位于上部的山水背景同样占去画面的三分之一,左边壁立千仞的主峰直插云霄,山间飞瀑直泻,右侧恢宏雄伟的次峰蜿蜒盘曲,山间重檐叠阁错落有致,山下溪流潺潺绿树叠翠。画面最下端的近山绿树相映,最上端的远景虚幻于云雾之中。(图 4-11)

　　整体来说,这两幅鸿篇巨制的五台山图,构图完美,意境深远,虽然山水作为背景出现,但是相对比较完整,独立构成画面。在表现手法上,采用水墨画的形式,皴擦点染、笔墨成熟,"先用长线条勾勒出山体轮廓和山石的形状,短线条皴擦细部结构,再以淡墨晕染"。[①]从绘画形式看,山顶墨色相对较重,山脚变淡,形成了一个明度上的渐变。而远处的丛林,采用留白

---

　　①李月伯《从榆林窟第 3 窟文殊变普贤变看中原文人画对敦煌壁画的影响》,载敦煌研究院编《榆林窟研究论文集(下)》,上海:上海辞书出版社,2011 年,第 702 页。

云雾的处理手法,如江南小景。画面运笔讲究,顿挫变化丰富,行收用力有度,繁而不乱,密而有序,显然是文人水墨画的格调。

图 4-12　肃北五个庙第 1 窟普贤变背景山水

与榆林窟第 3 窟一样,肃北五个庙第 1 窟文殊变和普贤变背景亦为水墨山水,两幅画山水图式基本一致,表现出崇山峻岭的景象,连绵重叠的山形构成了一个统一连续的空间幻觉。画面以线条勾勒出山脉的形

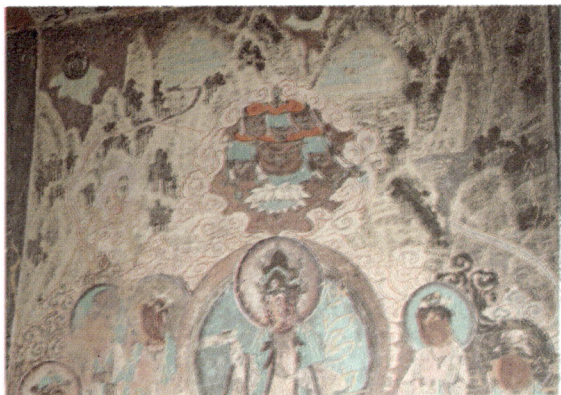

图 4-13　肃北五个庙第 1 窟文殊变背景山水

状走势和纹理,用淡墨渲染出山体的阴阳向背,山顶上的树木采用写意水墨手法,画中表现的依然是北方的地域特点。(图 4-12、图 4-13)

历史就是在诸多片段的缀合中不断完善的。在第二章《敦煌西夏石窟中的花鸟图像》中,已提到独立成幅的西夏花鸟画《禽鸟花卉》,通过分析得知,《禽鸟花卉》的技法运用,大部分类似于意笔,是中原"水墨画"之法,与榆林窟第 3 窟中的山水之法有很大的相似之处。因此,我们可以这样推断:西夏人在学习他人的基础上,也在努力构建自己的水墨绘画系统。

第三节　敦煌西夏石窟山水画的结构及空间

一、北派山水影响下的混合结构形式

方闻先生《超越再现:8 世纪至 14 世纪中国书画》一书中指出中唐以降的三种山水画图式:一为以垂直高耸的大山为主;二为由一系列横向山峦布满全景;三是综合上述两种。[①]

榆林窟第 3 窟的两幅山水画,在结构形式上属于第三种构图形式。在普贤变中,左边拔地而起的纪念碑式山峰,与右边"S"形盘旋而上的山峰形成鲜明的对比,这显然是北宋范宽《溪山行旅图》与郭熙《早春图》山势的组合,左边部分的前景平台、树石、溪流与中景茂密丛林中的石山、殿宇,以及高大的主峰形成一个深远的景象,而右半部分横向延伸的楼阁、草堂与盘旋而上的山峰形成了一个"十"字形构图,与《早春图》在构型上极为相像。特别是居于山间的殿宇、亭阁、茅屋、栅栏以及岸边树丛旁的崎

[①]（美）方闻著,李维琨译《超越再现:8 世纪至 14 世纪中国书画》,杭州:浙江大学出版社,2011 年,第 66 页。

岖小路,表现出山水"可居""可游"①的特点。浑厚的山峰轮廓显现出范宽、郭熙、李成等画家的样式,石头的轮廓形式生动多样,既有郭熙那种对山形变化的夸张表现,又始终用皴法和墨染塑造使山石具有立体感,尤其是山石的边缘发白发亮,似有光线从山石间穿过。《早春图》中没有一个特定的光源,但所有景致都产生阴影,仿佛笼罩在晨曦中,清新和煦,勃发着活力。这种利用微妙的墨法表现明暗关系的手法在榆林窟第3窟中同样得到体现,点乩式的"雨点皴"与应用最广泛的"长披皴"成为榆林窟第3窟笔法的一个特色。总体而言,构图显出范宽和郭熙的混合影响,笔墨有李成与范宽的影子(图4-14、图4-15、图4-16、图4-17)。这两幅绘画作品无论是构图,还是塑造,都果敢有力,那些连绵不绝的轮廓线和勾染点皴的形象,令人想到了10世纪辽代卷轴画上圆柱状雕塑般的山形处理。

图4-14　榆林窟第3窟普贤变山水(局部)

图4-15　范宽《溪山行旅图》

①[宋]郭熙《林泉高致·山川训》:"世之笃论,谓山水有可行者,有可望者,有可游者,有可居者。凡画至此,皆入妙品。"

图 4-16　榆林窟第 3 窟普贤变山水（局部）　　　　图 4-17　郭熙《早春图》

二、留白及墨色的明暗对比与空间表现

在人物画的空间表达的部分内容中，已经提到中国传统绘画的空间
问题，最基本的方式就是用"空白"或"留白"来表达绘画空间，在山水画中
也是如此。西夏石窟中的山水与宋代山水画相似，画面中大量留白以营造
空间。文殊变、普贤变以及肃北五个庙石窟的山水画中，远山背景中大片
的留白，与前景中人、山等物象形成反差，营造空间感。

中国绘画重视水墨意趣，且讲究墨色的浓淡变化。张彦远在《历代名
画记》中指出：

> 夫阴阳陶蒸，万象错布，玄化亡言，神工独运。草木敷荣，不
> 待丹碌之采；云雪飘飏，不待铅粉而白。山不待空青而翠，凤不
> 待五色而綷。是故运墨而五色具，谓之得意。意在五色，则物象

乖矣。[1]

后人在此基础上对"墨分五色"的问题又进行了不同的论述：五色乃黑白干湿浓淡是也,浑然天成,五墨齐备,五墨法,如风行水面,自然成文。

图 4-18　赵佶《瑞鹤图》

凡此种种观点,均将墨色及其变化与老庄之"自然之道""有""无""虚""实"等联系起来。这种富于变化的绘画语言,体现出足够宽广的画面空间感。

宋徽宗《瑞鹤图》中飞鹤、云气的亮色与作为背景的天空的深色相辉映,拉开了距离(图 4-18)。而且瑞鹤本身比较亮,与云气之间又形成了一层空间关系。"高远之色清明,深远之色重晦,平远之色有明有晦。高远之势突兀,深远之意重叠,平远之意冲融而飘飘渺渺",[2]肃北五个庙的两幅山水画,表现的是"深远"的山水画。背景中的天空浓墨渲染,显得杳渺无际,给人以意蕴悠长、深远渺茫的感觉。那些山峦用皴法结合墨染而成,画面右边的山石也用墨的浓淡表现出由近及远的空间,近山淡,远山用墨较浓重。榆林窟第 3 窟中的山水画在墨色浓淡表达空间上与此不同,后者远处的背景天空用墨较清淡,而更多依靠近景中山石树木的浓重来加以区别,拉开空间,因此前者的氛围更加荒凉萧瑟,而后者则更显舒朗。

---

①[唐]张彦远著,田村解读《解读历代名画记》,合肥:黄山书社,2012 年,第 57 页。

②[宋]郭熙《林泉高致·山水训》,载俞剑华《中国历代画论大观·第二编宋代画论(一、二)》,南京:江苏凤凰美术出版社,2016 年,第 51 页。

三、全景式构图以及"三远法"造境

全景式构图在五代时即已成熟,如荆浩、关仝等以大山大水为描绘对象,荆浩《匡庐图》将北方的崇山峻岭以及其他诸多景致共同纳入同一空间中,这种全景式山水在当时比较兴盛。至北宋时期,范宽、李成、郭熙等承袭了这种样式,范宽《溪山行旅图》、郭熙《关山春雪图》《早春图》、李成《晴峦萧寺图》等作品是为经典。郭若虚《图画见闻志》中评范宽的画作"峰峦深厚,势状雄强",韩拙《山水纯全集》评李成的山水"李公家法,墨润而笔精,烟岚轻动,如面对千里,秀气可掬"。可见范、李二人所作均为巨大的山川景象,是全景式山水的代表,其构图饱满、雄大,给人以身临其境的感受,对山水中所表现的阴晴、晨夕、雾霭、四季等形象和空间有一个全面直观的体验,以表示一种"雄强"的空间意境。

全景式山水造境,需要远视,需要一个高的视点来取大势,所谓"远以取势,近以取质",在远望的视角下,山峰主次关系明确,主峰巍然耸立,次峰与之呼应,山川茫茫,宾主清晰。相应的树石、流水、亭台、楼阁都统摄于大的山势之中,既有形又有景。沈括《梦溪笔谈》云:"大都山水之法,盖以大观小,如人观假山耳。"①用这一方式来观看山水,布局空间,才能使观者的视点有大有小,才能造就画境上的开阔,可游可居。

榆林窟第3窟文殊变、普贤变背景中的山水,很好地吸收了北宋山水的全景样式。首先进入观者视点的是菩萨及众眷属,文殊菩萨乘狮,普贤菩萨乘象,与周围的帝释天、菩萨、罗汉、童子等圣众汇聚行进在云霭之上,突出经变的主题。但随着观者视线的变化和上升,人们纵然会发现这是一个不断运动和变幻的景象。在文殊变中,鸟瞰式全景画面使观者身居

---

① [宋]沈括《梦溪笔谈》,载俞剑华《中国历代画论大观·第二编宋代画论(一、二)》,南京:江苏凤凰美术出版社,2016年,第204页。

高处,雄奇山势、茫茫水色一览无余,背景中的五台山,群峰耸立,高大雄伟的主峰吸引着观者视线,三角形的山形环抱佛寺殿宇,半敞开的山门发出的光束似乎是圣众刚从此门离开,随着游走的目光,观者看到的是左面的崇山峻岭,那些露出一角的楼宇告诉人们,此地是一处盛大的道场。普贤变与文殊变一样,全景式画面让观者领略到开阔的意境,首先纪念碑式的主峰令观者震撼,从山脚到山顶,从前景的巨石、平台到巍峨挺拔的巨峰,从左边垂直的山峰到右边盘曲的山脉都展示出了画面的辽阔、壮观与深远,观者经历着全景山水的可游性体验。

　　"远"为山水画造境提供了妙法。"高远、深远、平远"即所谓从山下到山顶、山前到山后、近处到远处的观看方式,是一种时空流动气象生发的过程,在视线往来的过程中,把时间的因素纳入空间的范畴中,增加了山水画的维度与厚度。赵声良先生指出:"若从高远、深远、平远等空间的处理来看,榆林窟的壁画显然还有很多新的手法,如在多重山峰中表现出相互揖让、向背关系,以及从中体现出的深重、繁复的层次,特别是在构成上有意表现高远、深远、平远的作法,不见于范宽的作品,可以看出类似郭熙一派的特征。"[1]赵先生对这两幅山水画的山势构成做了深入论述,他把辽宁法库叶茂台发现的山水挂轴《深山棋会图》以及《溪山行旅图》《雪山萧寺图》等画作进行比较,认为这种强调主峰雄浑与壮阔的高远取景,是类似范宽华北山水画的风格特征,是学习范宽的方法。同时他认为,从全图看这两幅山水的彼岸应为远景,应该画有多个视点,所以画面中体现出的远近关系,是画工打造的"高远""深远""平远"景色的不同特点,这种对三远法的有意识表现,某种程度上有些拼凑之感。[2]的确,按照三远法的定

　　①赵声良《榆林窟第 3 窟山水画初探》,载敦煌研究院编《榆林窟研究论义(下)》,上海:上海辞书出版社,2011 年,第 684—687 页。
　　②赵声良《榆林窟第 3 窟山水画初探》,载敦煌研究院编《榆林窟研究论文(下)》,上海:上海辞书出版社,2011 年,第 684—687 页。

律,普贤变中山水的主峰表现了石山的高远景致,山峰以庞大的比例傲然耸立,与画面其他物象形成了较为悬殊的对比,极大地强化了尺度与距离的印象。近、中、远三景之间的空白作为缓冲地段,任凭观者漫步出入于一个无垠广阔的空间当中。

下面再从"叠加"方面看看西夏石窟山水画的空间表现问题。

韩拙《山水纯全集·卷一　论山》:

> 凡画全景山者,山重叠覆压,咫尺重深,以近次远,或以由下层增叠,分布相辅,以卑次尊,各有顺序。①

与人物画通过重叠与叠加表现空间相类似,韩拙所要说明的是,山水画中尤其是全景山水中,以近次远或由下层的重叠覆压是表现咫尺纵深空间的重要方式。

方闻先生将中国山水画发展分为三个阶段:第一阶段为700—1050年,山水的构图程序由前至后被分为三个断裂层次,个别山和树形之轮廓与其造型都自成一体。第二阶段为1050—1250年,造型与构图的技法更加接近于自然现象,在一个统一的空间延续中安置山水形象。与前期相比对于空间关系的表现有所进步,但是仍然没有描绘地面的真实;山形仍是正的和孤立的;互不相干的山形轮廓线消失在烟云之中。第三阶段为1250—1400年,山水已被作为既整体又具体的环境描绘,并按比例缩小;笔墨有明暗与色调的变化。地面连续后伸,连接了各山水要素。②

从这个分期的特点来看,西夏的山水画更接近于第二个阶段,即北宋

---

①[宋]韩拙《山水纯全集》卷1,载俞剑华《中国历代画论大观·第二编宋代画论(一、二)》,南京:江苏凤凰美术出版社,2016年,第69页。

②(美)方闻著,李维琨译《心印——中国书画风格与结构分析研究》,西安:陕西人民美术出版社,2004年,第21—23页。

时期的山水。这一时期山水画中的人物都基本上是渺小地站在密集的树旁，或穿梭于山间小路，或垂钓于小船，如果不用心找，都很难找到，这种大山与人物之间巨大的落差，也许就是北宋山水画的精华所在，是一种北宋的人文精神。然而在榆林窟第 3 窟文殊普贤变中的山水，把众多的宗教人物绘于山前的大海、祥云上，这种表现与北宋处理人物的手法形成较大的反差。而画面中世俗人物特别微小，在文殊变中画面右下角坐在篷船中的人物与普贤变中站在岸边的唐僧和孙行者，与众多宗教人物和背景中宏伟的山脉相比，甚是渺小，他们与北宋山水画中的人物一样，也是谦卑的。西夏人是虔诚的佛教信仰者，认为只有佛、菩萨等辈才有这种资格凌驾于大山之上，超越大自然，给人们以保护。西夏人与宋人一样，将自我置于天地万物之中，试图达到一种圆融统一的境界。其实，肃北五个庙石窟中山水与人物的布置也有这样的内涵。

再回到叠加与空间问题的探讨。范宽纪念碑式的作品体现出一种崇高感，反映出"察物明理"的新儒学理念。对这位北宋的山水画家来说，画肉眼所见既非理想又不适宜。大约在 1071 年左右，中国早期科学家、作家沈括已注意到，"若同真山之法，以下望上，只合见一重山，岂可重重悉见？兼不应见其嵴谷间事"①。不用肉眼，而以"明理"之心观察事物，范宽就能在独幅构图中，以外加的基础与一个实际变动的视点，组构并展现出同一山水的各种面貌来。西夏画工与范宽一样，想在不断叠加的重重山水中表现出更加真实的山水形象，近景所绘山石较小，而远景中矗立着几座高大的山峰。

郭熙《早春图》作于宋神宗熙宁五年（1072 年），描绘了北方高山大壑的雄伟气势。他观察到山石出现的不同变化，来自阳光普照或阴霾，借用

---

①[宋]沈括《梦溪笔谈》，载俞剑华《中国历代画论大观·第二编宋代画论（一、二）》，南京：江苏凤凰美术出版社，2016 年，第 203 页。

墨染表现这种差异,对于光的处理很独特。这幅画极为复杂,山峰的蜿蜒褶层形成峰峦集群,物像的安排表现出幽远的纵深感,各部分区域组成一个统一合成的空间。郭熙所谓山形"近看如此,远数里看又如此,数十里看又如此,每远每异,所谓山形步步移也"①。榆林窟第3窟普贤变右部山石的处理与郭熙之法极为相似,每块山石的边缘有一道白色,似有光线穿过。而一连串的群山中突起了两个高潮,层层叠加,步步相移。文殊变中的山体虽然大小较为统一,但每个山体井然有序,向前延伸,斜向排列,空间感强烈。

四、雪景的空间表现

敦煌石窟中描绘自然景象和山岳大川者较多,但雪景的描绘极为少见。肃北五个庙第1窟文殊变、普贤变的背景山水中,远处的天空施以较重的墨色,前景中的山岳则显得较为清爽,如唐宋以来的雪景绘画作品,笔者认为,该山水图应为五台山雪景图(图4-19)。

古人常用较浓的墨画天空,有诸多画作作为例证。若天空被施以粉,则多表现雪景。五代南唐徐熙的《雪竹图》(图4-20)背景墨色较浓重,而前景中的竹子和山石则留白较多;五代佚名《雪渔图》背景用较浓墨色涂染,竹子和渔翁的颜色较淡,形成一种反差;宋代范宽的《雪景寒林图》(图4-21)以及活跃于12世纪的金代画家李山的暮

图4-19　肃北五个庙第1窟普贤变背景山水

---

①[宋]郭熙《林泉高致》,载俞剑华《中国历代画论大观·第二编宋代画论(一、二)》,南京:江苏凤凰美术出版社,2016年,第44页。

图 4-20 五代徐熙《雪竹图》   图 4-21 宋代范宽《雪景寒林图》

年之作《风雪松山图》,画面冰峰林立,参天的树木在风雨中傲然屹立,天空用墨染,颜色较深,与山石的明度形成对比。

邓椿《画继》记载:

> 山水家画雪景多俗。尝见营丘所作雪图,峰峦林屋皆以淡墨为之,而水天空处全用粉填,亦一奇也。[1]

他又指出了这种"粉填"之"诟病",称之为"粉刷匠之工作":

> 李成所作雪图,究竟如何,已无以得见,但所谓水天空处全用粉填,亦不知究有何妙处?纸素白色,水天空处,本为白色,何劳再

---

① [宋]邓椿《画继·论远》,载俞剑华《中国历代画论大观·第二编宋代画论(一、二)》,南京:江苏凤凰美术出版社,2016 年,第 155 页。

用粉填乎？且所谓雪者，必于峰峦林屋之上始可见之，欲使峰峦林屋之上有雪，又非将水天空处用色渲染不可。今粉施之水天空处，然则雪尽在水天空处而不在峰峦林屋耶？此法后人侈为美谈，而不知其于画法无当也。宁自甘凡下，亦绝不作此粉刷工作也。[1]

通过分析比对，我们不难看出肃北五个庙西夏石窟中的山水画图式与上述所列五代以来雪景图的相似性，因此可以推断，肃北五个庙石窟中的山水画也是画工在致力描绘雪景。"'木有四十，春英夏荫，秋毛冬骨'。春英者谓叶细而花繁也。夏荫者谓叶密而茂盛也。秋毛者谓叶疏而飘零也。冬骨者谓叶枯而枝槁也"[2]。从树木形态来看，无绿色敷染，与雪景更加匹配，而不同于敦煌石窟中的其他山水画。因此，雪景的出现，有着不同寻常的意义。

《圣立义海·山之名义》记载："夏国有三(座)大山，冬夏降雪，日照不融，永积：贺兰山、积雪山、焉支山。"[3]西夏位于我国西北，境内贺兰山、祁连山(积雪山)、焉支山常年积雪不化，这些雪山是画工们最熟悉不过的，因此，在西夏石窟中描绘雪景是信手拈来的事。西夏谚语"山上积雪，可见其崇高；人有尊严，可见其高尚"，体现了西夏人自尊心强，并以之与高山积雪相比拟。元昊时来自中原的重臣张元，曾赋诗《雪》云："五丁仗剑决云霓，直取银河下帝畿。战死玉龙三十万，败鳞风卷满天飞。"两宋时期雪景山水较为常见，西夏石窟中雪景山水的出现是西夏人学习中原绘画的例证。

---

① 俞剑华《中国历代画论大观·第二编宋代画论(一、二)》，南京：江苏凤凰美术出版社，2016年，第156页。

② [宋]韩拙《山水纯全集·论林木》，载俞剑华《中国历代画论大观·第二编宋代画论(一、二)》，南京：江苏凤凰美术出版社，2016年，第74—75页。

③ (俄)克恰诺夫、李范文、罗矛昆《圣立义海研究》，银川：宁夏人民出版社，1995年，第58页。

第四节　山之仙气：敦煌西夏石窟绘画中
关于圣山的塑造

一、西夏的山与西夏文化中的圣山

西夏雄踞我国西北，地域辽阔，在其统辖范围内不乏名山大河，人们熟知的黑山、贺兰山、祁连山等都被纳入其疆域之内。这些大山，一则为天然屏障，作为防守固国的有利地形，另一方面西夏人也对山水赋予了特殊的意义，据《圣立义海·山之名义》记载：

贺兰山尊：冬夏雪降，有种种林丛、树、果、芜黄及药草。藏有虎、豹、鹿、獐，当风蔽众。五台净宫：众神、菩萨生化，寺显合禅修经，民庶依归处也。寺庙野兽，见人不骇。圣峰恒时：六十圣贤以居，供养甘露未雨，君之神龛显灵守护。兰山中泽：野兽皆集，放牧牲畜，黑山郁郁万种树，民庶尽伐无不觅，溪多泉流不竭也。[祁乌]云旋：神山云凝不散，则处处降雨也。神迹在谷：神峰南方仙人在山谷居住，神行远山，足迹则在山上也。大小沟壑：兽类顽羊、山羊居也。一峰[巴陵]：黑山郁郁溪谷长，生诸种树，熔石炼铁，民庶制器。南边大山：夏国与藏界聚[玛]泽，树草丛生，野兽多居，荒山流泉宜耕。积雪大山：山高，冬夏降雪，雪体不融。南麓化，河水势涨，夏国灌水宜农也。山体宽长：雪山绵长不断，诸国皆至，乃白高河本源。焉支上山：冬夏降雪，炎夏不化。民庶灌耕，地冻，大麦、燕麦九月熟。利养羊马，饮马奶酒也。神化德山：玉体神化身，佛则显，乃民庶之求福处也。西边宝山：淘水有金，熔石炼银、铜。物进国昌，郊产丝宝也。沙州神山：山刻佛像。寺庙、众神居处多有。西高沙山：山密养马，有万种树草，野兽多居。泽山[昔山]：树稠林茂，人尽伐烧炭功利多。野兽多居。北[卧]黑山：黑山植树，野兽多居。豹居山林：黑河山、[笃笃山]、[左哆山]、[道富宁]山、林如山。其山林丛虎、豹、野兽多居。畜有马、牦牛。泉暖，多植树，产软果也。神泉中流：河水神力，截黑山腰。平、青二条水西在山，多利有名，略说所好。水东三山：钻天山，多兽，山长于天。[韩林]残山，见黑山头，同界及边，多生榆树，野兽居也。鹤植宝藏：河石料，文人爱需，广采用文业，刻儒文，取遣用，艺无不需也。东屏广山：银州山，诸树爱需，树果、芜荑、蜂蜜、树癭、青色秋宝、麻布、谷宝，诸物皆出。州城接[白渴]山边，地产细粮也。妙礼贺山：妙高山垂四面，已旱求雨，云起降。粮树山有贝寺庙。黑山坡险，脊梁黑边。[金子]山长：目山、神掌山、齿石[萨茹]黑月口，见黑山头，多榆，出芜荑，山羊、香麝、顽羊野兽多居也。兽选宝山：诸树梢长，尽皆伐。熔石炼铁，民亦制器。三梁。畜鹿岭接黑山边，利养畜。[魁虎]宝山：诸大树集，有种种青草，鹿獐野兽多居，利羊诸畜，殺臛产二次。[播定]高山：生万种树，人需诸种草药皆有。[天都]大山：多树种竹，豹、虎、鹿、獐居，云雾不退。谷间泉水，山下耕灌也。[劈旺]秀山：载种种树，亦有果树。鹿、獐居。接[石门]边，有大佛像殿，民庶供养。[布哈]大山：山高谷深，植树茂,山头雾罩,鹿獐居。河水在东:水东多山,界许要说。山有神宰:山有诸宝,金、银植树,药毒,神护成就也。宿儒山名:高低宽窄白尺高,成高山名。习艺者乃问宿儒,曰:"因智人得名也。"善恶能隐:大山能隐善恶毒药。江河清浊有性,国家愚智混居。君于臣覆:豹虎离山则败,鹿獐离堡则亡。智臣于君背心,则得苦罪也。德勤桥至:难通,常以桥至。意难明,巧智能解。山高障密:山因高,尘该埃增力则大口。君因德,闻言则国泰邦盛。[1]

上述文献所记,除了说明山作为西夏民庶生活之基、鸟兽栖宿之地,还着重描写了山峰的雄伟、奇险、俊美,同时也描绘了西夏人自己心中的佛教圣山。西夏人热爱山,文中指出"夏国山美:夏国大小山出居者,无不同爱也"。文献中记载的山较多,有贺兰山、神化德山、西边宝山、沙州神山、西高沙山、泽山(昔山)、北(卧)黑山、黑河山、笃笃山、左哆山、道富宁山、钻天山、银州山、(白渴)山、目山、神掌山、月口山、(魁虎)宝山、(天都)大山、(布哈)大山等。[2]据李范文先生研究,这些山中就有现在的贺兰山、祁连山、焉支山(武威境内)。[3]

贺兰山在西夏时被尊为"圣山"(又名阿拉善山)。《嘉靖宁夏新志》载:

贺兰山在城西六十里。峰峦苍翠,崖壁险削,延亘五百余里,边防倚以为固。上有颓寺百余所,并元昊故宫遗址,自来为居人

---

①(俄)克恰诺夫、李范文、罗矛昆《圣立义海研究》,银川:宁夏人民出版社,1995 年,第 58—60 页。
②(俄)克恰诺夫、李范文、罗矛昆《圣立义海研究》,银川:宁夏人民出版社,1995 年,第 31 页。
③(俄)克恰诺夫、李范文、罗矛昆《圣立义海研究》,银川:宁夏人民出版社,1995 年,第 33—35 页。

畋猎樵牧之场。[1]

在西夏贺兰山的佛祖院中，僧人李慧月曾组织印、写《华严经》。该僧院所在的贺兰山中有西夏地图上标明的五台山寺（张鉴著《西夏纪事本末》所附《西夏地形图》中的贺兰山内就标记有"五台山寺"）。西夏人历来崇敬五台山，他们依据内地形制在贺兰山中修建五台山寺。[2]贺兰山是西夏人的五台山，它与佛经中描述的文殊道场五台山一致，重峦叠嶂，冬夏降雪，无不是仙境之山。而"颓寺百余所"正是形容西夏北五台山的盛大场景。

西夏时期，反映文殊信仰的经典依据《华严经》在敦煌地区广为流传，也证明了敦煌地区五台山信仰极为兴盛。[3]关于五台山信仰，在西夏建立政权以前就非常流行，据陈玮研究考证，李继迁对文殊信仰非常热衷，甚至把他自己塑造成文殊菩萨的化身，[4]而李德明、李元昊曾经多次派遣使者朝拜五台山。据《宋史》卷485《夏国传》记载："五月，母罔氏薨，除起复镇军大将军、右金吾卫上将军，员外置同正员，余如故。以殿中丞赵积为吊赠兼起复官告使，德明以乐迎至枢前，明日释服，涕泣对使者自陈感恩。及葬，请修供五台山十寺，乃遣阁门祗候袁瑀为致祭使，护送所供物至山。"[5]"宋宝元元年，表遣使诣五台山供佛宝，欲窥河东道路。"[6]1038年，元昊建立大夏后，因宋夏对峙无法正常朝拜，故西夏统治者将山西五台山样式照搬移建至贺兰山拜寺口双塔周围山中，即所谓的北五台山寺。

①[明]胡汝砺纂修，陈明猷校勘《嘉靖宁夏新志》，银川：宁夏人民出版社，1982年，第12页。

②史金波《西夏佛教史略》，银川：宁夏人民出版社，1988年，第156页。

③公维章《西夏时期敦煌的五台山文殊信仰》，《泰山学院学报》2009年第2期，第14—21页。

④陈玮《西夏佛王传统研究》，《中央民族大学学报（哲学社会科学版）》2016年第4期，第90—97页。

⑤[元]脱脱《宋史》卷485《夏国传》，北京：中华书局，1977年，第13990页。

⑥[元]脱脱《宋史》卷485《夏国传》，北京：中华书局，1977年，第13995页。

为什么西夏这么热衷文殊五台山信仰？这有可能与其具有的护国、护王功能有关。[1]赵晓星认为西夏时期是敦煌宗教和艺术产生变革的一个时期，她通过对西夏之前的13幅五台山图和1幅敦煌绢画文殊变背景中五台山图的研究表明，莫高窟的这一背景题材非常程式化，但榆林窟第3窟的图像就完全不同，它注重在绘制背景山水时采用唐宋以来日渐兴起的水墨画来表现，并采用非常写实的手法绘制了寺院和殿宇。西夏石窟绘画中文殊变的五台山背景以多种全新样式呈现，贺兰山修建的北五台山内容传到敦煌，并与敦煌五台山信仰相互影响。[2]

西夏人对于山河的认识不仅仅局限于这些，《圣立义海》记载：

> 至高无上的神圣的噁山，当天地尚未形成时，神圣的可兰石就已成长，后来就成为噁山。[3]

从以上文献资料判断，大石可兰是苍天大地的来源，"噁山"就是可兰石生成的。在西夏人的《大诗》（月月乐诗）中也讲到，大石变成了山，还要归功于白仙鹤的力量，它创造了苍天，借助于它的努力出现了第一座祥云缭绕的高山。这里提到的"噁山"，不仅是西夏的圣山，在西夏的佛经手稿署名题款的姓氏中也出现过。在李范文先生看来，"噁山"就是《圣立义海》中提到的苏默鲁山，也就是唐古特人心目中的圣山。

诚然，在中国古代对大山的崇拜和神化由来已久，王充《论衡·祭意》云：

---

[1]杨富学《西夏五台山信仰斟议》，《西夏研究》2010年第1期，第14—22页。

[2]赵晓星《西夏时期的敦煌五台山图——敦煌五台山信仰研究之一》，《西夏学》2015年第0期，第228—234页。

[3]（俄）克恰诺夫、李范文、罗矛昆《圣立义海研究》，银川：宁夏人民出版社，1995年，第33页。

　　山出云雨润万物,六宗居六合之间,助天地变化。王者尊而
祭之。故曰六宗。①

　　不仅中国如此,在世界上的其他神话中,都把山认为是宇宙中心。乌
拉尔—阿尔泰人心中的苏米罗山,印度人尊崇的须弥山,埃达人的希米伯
格山,老挝人的齐那罗山,与中国人崇拜的昆仑山一样,虽然各个国家文
化有差异,但在宗教信仰和神话传说中,它们都被看作是宇宙山。②我们在
党项人那里似乎也能够看到这样的情况。山顶是神灵的住处,圣灵们在那
里聚会。印度神话中,默鲁山有三个顶峰——金顶、银顶和铁顶,在这些
顶峰上住着梵天、毗湿和湿婆。在世界神话学中也都盛行把山分为白山
和黑山,党项人也是这样认为的。嘎山"成长起来了"。在其他民族传说中
的山脉"也成长起来了"。山是轴心,是世界的中心。作为宇宙象征的世界
轴心,它可以"变成一座山,一所宫殿或是一座城市,一棵树或是一株葡
萄藤的样子。但主要的不在于这一点。作为宇宙的中心它是连接着天和
地的东西"③。

　　西夏文字典《文海》87·152中,关于"山"字的解释为:

　　山　(仙)头　　　此者山也山
　　(则宜)下　　　也高峰之谓④

<hr>

①[东汉]王充《论衡·祭意》,丛书集成初编本,第273页。
②徐晓力《从山水观念到山水图式——山水画的文化解释》,复旦大学博士论文,2006年,第
19页。
③(俄)捷尔克·波德捷《古代中国神话》(《古代世界神话学》),莫斯科:科学出版社,1977年,
俄文版第388页。
④史金波、白滨、黄振华《文海研究》,北京:中国社会科学出版社,1983年,第523页。

《文海》中，"山"字上头是"仙"，可见在西夏人的意识中，山与仙有不解之源。

在中国，道教兴起和佛教传入后，道观和寺庙大多建于山上，名山和古刹相依相存，所谓"山不在高，有仙则灵"，而"仙"是一人一山，可意会为山中之人。至此可见，虽然山岳崇拜并非中国古代所独有，但是自古以来，山一直被视为宇宙中心，是帝王、神仙、道士、僧人、高人、隐士们探访、居留、向往的圣地，是中国文化的特性，也是中国山水画中深深埋藏的文化母题。

二、西夏石窟绘画中对圣山的塑造

雷德侯认为在中国传统艺术发展中，真正意义上的山水画是从宗教艺术山水画中升华演变而来的，他说："在这个复杂的渐变过程中，宗教价值逐渐转变成美学价值，但前者并没有完全消失。宗教概念和含义仍然存在，在不同程度上持续影响美学的感知。"[1]

榆林窟第3窟普贤变中上部的山水画，在构图上是以一座高耸挺拔的奇峰为主体，与右边的次峰形成揖让之势，这幅画以俯视的视角，使人从山脚到峰峦一览无余。作为观画者，面对这堂堂的大山与交错纵横的林泉瀑布，他的印象会随着自己的观想而发生变化，使得展现在他面前的不仅仅是一座山峰，而是一个包罗万象、高深莫测的宇宙。文殊变和普贤变中的两幅山水都以高远的山景表现主题，幽僻的山谷，只有神仙才配居住这样的宏丽宫院。中央的山峰与汉代的博山炉盖饰很相似，表现仙山琼

---

[1] Lothar Ledderose "The Earthly Paradise：Religious Elements in Chinese Landscape Art," in Bush and Murck ed., Theoris of the Arts in Chinam, pp.165—183. 引文见 P.165. 转引自（美）巫鸿著，梅枚、肖铁、施杰等译《时空中的美术——巫鸿中国美术史文编二集》，北京：生活·读书·新知三联书店，2009 年，第 141 页。

岛。多层山峦围绕主山聚集,微皴的阴影、茂密的树丛、渐次的变化,表现出一种幽深的神秘感。

巫鸿先生认为,郭熙的《早春图》蕴含着一个严格的等级结构,主峰和其他图像之间存在着主从关系,主峰象征着"宗主",周边的形态与其相对照。①他的这一观点敏锐地指出了《早春图》的结构特点。此外,对于构图的要旨,郭熙也是用力较多,他的"山形步步移""山形面面看""四时之景不同""朝暮之变态不同"②的创作技法在他的画里得到集中体现,他在塑造着自己心中"一山而兼数十百山之意态"。③这种将视觉经验和心中感悟结合在一起的山水观,在普贤变的山水中也同样能够找到;远近、正侧、向背、季节、朝暮以及阴晴等郭熙式技法在这里也同样得到表现。这种从不同的角度、距离、时间观察山水的意识,创造了一个创作者和观画者心中的"活"山,使其在形态上和精神上都得到了极大的升华。这种万物有灵的观念,在石窟佛教图像中更是呈现"灵气""仙气"最有效的表达。写实性的草堂、楼宇、亭台,虚掩的门舍与排列有序的木栅栏,幽深曲折的山路,郁郁葱葱点缀山体的树木都被融合在广阔的氛围中。主峰如同一条升腾的飞龙,在整个画面中充满动感;虚化手法处理的烟云,营造了一种虚幻无穷的意境,使整个画面充满神秘感。

另一方面,山水中的神仙人物,与其身后的山水有着一种形态上的配置,这种人物、山水、林木与寺院建筑等结构的形成,都关涉在某种仪轨意涵之下。人物全都安置在前景山脚下海面上的祥云中,居高临下。而背景

---

① (美)巫鸿著,梅枚、肖铁、施杰等译《时空中的美术——巫鸿中国美术史文编二集》,北京:生活·读书·新知三联书店,2009 年,第 142 页。

② [宋]郭熙《林泉高致》,载俞剑华《中国历代画论大观·第二编宋代画论(一、二)》,南京:江苏凤凰美术出版社,2016 年,第 44 页。

③ [宋]郭熙《林泉高致》,载俞剑华《中国历代画论大观·第二编宋代画论(一、二)》,南京:江苏凤凰美术出版社,2016 年,第 44 页。

中拔地而起的崇山峻岭,无人能够攀登,这种高大的山峰,唯有信众的心灵才得以遨游其上。

显然,西夏时期宗教与艺术的变革,使得画工不再将传统的图式表现作为普遍性信仰的载体,而是在绘画中注入了画工们的个人经验,将表现圣山的艺术与当时流行的水墨山水绘画风格联系起来,创造出了一种全新的文殊变背景——五台山图样。榆林窟第 3 窟山水画中纪念碑式的主峰,群山环绕的若隐若现的寺院、亭堂、大石和枯树,都充满了绘画者的想象力,描绘了圣山五台山的种种奇观和传奇。我们从绘画中能够明显地看到画工用极富变化的浓淡墨将圣山图像描绘得活灵活现,再现了贺兰山北五台山的传奇风采。同样,在贺兰山山嘴沟石窟中的写意性的绘画风格,正是圣山神异缥缈景致的最好表达。

三、西夏"圣山"的隐喻

班宗华先生在《公元 1085 年前后的中国山水画》一文中认为,北宋早中期的山水画如《早春图》等,"此类山水画是道德和政治的象征。长松亭亭代表王子或君子,大山堂堂为君主皇帝。在大山和长松强有力而充满德行荫庇下的是冈阜林壑、藤萝草木。这些具有建筑性形式的大山水构图可以解读为一个帝国之结构:主客或君臣等级关系作为构图的组织原则,充满整个画面;道路、阡陌、桥梁、水道的描绘无不清晰可见,有系统性,符合逻辑;从出发点到目的地,具有如同地图一般的可读性。所有的一切都是井井有条,尊卑有序,安详宁静,尽善尽美"[1]。

至此,我们来重新审视榆林窟第 3 窟文殊变与普贤变中的山水画,如

---

①(美)班宗华著,白谦慎编,刘晞仪等译《行到水穷处——班宗华画史论集》,北京:生活·读书·新知三联书店,2018 年,第 147—148 页。

同北宋范宽《溪山行旅图》、郭熙《早春图》之类的山水画,除了尽显文殊、普贤的道场之外,有没有影射象征道德和政治?该窟被学界断代为西夏晚期的石窟,这一时期,西夏政治上相对稳定,统治者佞佛,仅在莫高窟、榆林窟、东千佛洞等地开凿、妆銮了大量的洞窟,尤其是部分洞窟运用了沥粉堆金、描金的画法,这一举措一方面显示了佛国的庄严,另一方面也反映出这些洞窟很有可能出自皇家。我们顺着这个思路大胆设想,西夏石窟大量出现在藻井等位置的龙凤纹样,在某种程度上是对政治与皇权的一种影射。那么,尤其是在供养人近乎消失的时期,皇室贵胄如何巧妙地隐喻政治? 在山水画高度发展的时代,通过大山刻画无疑是一种最好的表达。仔细研读第3窟的山水画,我们对其传达的庞大的信息而叹服,空间、次序、路径、界限、等级、仪轨等构建了一个多元的佛国世界与现实世界。正如班宗华先生评价郭熙的那样,"郭熙的这类山水画是宋代的王朝艺术,充满民族主义精神,充满骄傲,充满气势,是神圣国度的颂歌"①。显然,第3窟的两幅山水画中纪念碑式与品字式大山的结构,是西夏皇室的江山观。

---

① (美)班宗华著,白谦慎编,刘晞仪等译《行到水穷处——班宗华画史论集》,北京:生活·读书·新知三联书店,2018年,第148页。

第五节　水之灵气：敦煌西夏石窟绘画中水的图式变化

一、"水"与"水图"

在山水画中，山与水是重点表现的物象，且"山以水为血脉，以草木为毛发，以烟云为神彩；故山得水而活，得草木而华，得烟云而秀媚。水以山为面，以亭榭为眉目，以渔钓为精神；故水得山而媚，得亭榭而明快，得渔钓而旷落。此山水之布置也"[1]。在中国文人画中，山与水也是内在人格的再现，所谓"仁者乐山，智者乐水"。《论语·雍也篇》：

> 子曰：知者乐水，仁者乐山；知者动，仁者静；知者乐，仁者寿。[2]

孔子旨在说明，聪慧的人喜爱水，因其懂得变；通仁义的人喜爱山，因

---

[1] [宋]郭若虚《林泉高致·山水训》，载俞剑华《中国历代画论大观·第二编宋代画论（一、二）》，南京：江苏凤凰美术出版社，2016年，第51页。

[2] [春秋]孔子著，张燕婴译注《论语》，北京：中华书局，2006年，第80页。

其心境平和。智慧的人快乐,仁义的人长寿。

至此之后,世人常借孔子之语表达对智与仁的颂扬。到了宋代,随着人物对内在品藻张扬的滥觞,关于智与仁、水与山的讨论鳞次栉比。

《云林石谱》:

> 圣人尝曰,仁者乐山,好古乃乐山之意,盖所谓静而寿者,有得于此。①

《方舆胜览》:

> 其于山水饫闻而厌见也。今其意乃若不足,传曰:智者乐水,仁者乐山,弘中之德,与其所好可谓协矣。智以谋之,仁以居之,吾知其去是而羽仪于天朝也,不远矣。②

可见,水因其"动"而被古人赋予智者善于变通的精神品格。在道家思想中,水也有类似的特点,水因其流动和变化与"道"最为相似。老子说:

> 上善若水,水利万物而不争,处众人之所恶,故几于道。③

在古代绘画中,水也是画家们着力描绘的对象。画史上,郭熙《林泉高致》中,描述了水的多种形态:

> 水,活物也,其形欲深静,欲柔滑,欲汪洋,欲回环,欲肥腻,

---

①[宋]杜绾《云林石谱》,北京:中华书局,1985 年,第 1 页。
②[宋]祝穆著,施和金点校《方舆胜览》卷 70,中华书局,2003 年,第 898—899 页。
③[春秋]老子著,李若水译评《道德经》,北京:中国华侨出版社,2014 年,第 27 页。

欲喷薄,欲激射,欲多泉,欲远流,欲瀑布插天,欲溅扑入地,欲渔钓怡怡,欲草木欣欣,欲挟烟云而秀媚,欲照溪谷而光辉,此水之活体也。①

《广川画跋》卷二书写孙白画《水图》:

> 唐人孙位画水,必杂山石为惊涛怒浪,盖失水之本性,而求假于物,以发其湍瀑,是不足于水也。往时曲阳庙壁有画水,世传为异。盖水文平漫,隐起若流动,混混不息。其后有梯升而索者,知壁为隆洼高下,随势为水,以是衒于世俗,而人初未识其伪也。
>
> 近世孙白始创意,作潭滔浚原,平波细流,停为激滟,引为决泄,盖出前人意外,别为新规胜概。不假山石为激跃,而自成迅流;不借滩濑为湍溅,而自为冲波。使夫萦纡回直,随流荡漾,自然长文细络,有序不乱,此真水也。②

《广川画跋》卷四书蒲永昇画《水》后:

> 画水欲得平漫,若如擘絮断绵,便是风卷皱文,又欲迅快,不知放荡泻下流,往往翻成沸汤,要之,自缓急不若是也。古人论水,谓下笔多狂文者,不知水脉者也。若无片浪高低,便不成水,是坎水汇潴而停者尔。今之画工能无此患哉!桂德孺出蒲永昇画水,并东坡所评,请证余说。然此公所许,无得而议者。试举为活

---

① [宋]郭熙《林泉高致·山水训》,载俞剑华《中国历代画论大观·第二编宋代画论(一、二)》,南京:江苏凤凰美术出版社,2016年,第49页。

② [宋]董逌撰,何立民点校《广川画跋》,杭州:浙江人民美术出版社,2016年,第18页。

水处,寻其经流回溯,而求其脉络相寻而萦系而下者,子有见于此乎?①

《广川画跋》卷六孙知微画《水图》:

> 观水有术,必观其澜。则汗池潢潦,淳潗涓溜,果可胜而寄心赏邪?孙生为此图,甚哉状观者也。初为平漫横洑,汪洋汀潋依山占石,鱼龙出没。至于傍挟大山,前直冲飚,卒风暴雨,横发水势,波落而陇起。②

孙位之画水,杂山石而为惊涛,而孙白"不假山石为激跃"。蒲永升、孙知微画水各有其术。有传世的宋代马远画《十二水图》(图4-22),杨妹子题

图4-22　马远《十二水图》之一

---

① [宋]董逌撰,何立民点校《广川画跋》,杭州:浙江人民美术出版社,2016年,第56页。
② [宋]董逌撰,何立民点校《广川画跋》,杭州:浙江人民美术出版社,2016年,第89页。

字"赐大两府"。马远所画水图,表现了水的多种态势,有层波叠浪、云生沧海、长江万顷、湖光潋滟、晚日烘山、寒塘清浅、波蹙金风、云舒浪卷、秋水回波、洞庭风细、黄河逆流、细浪漂漂。世人对其的评价,可窥见其技艺的超绝。

长沙李东阳:

> 马远画水十二幅,状态各不同,而江水尤奇绝,出笔墨蹊径之外,真活水也。子不格,直以害法断之。①

王世贞识:

> 右马河中远画水,马不以水名,而所画曲尽其情状,吾不知于吴道子、李思谓、孙知微若何,能自昆仑西来,至弱水之沼,中间变态非一,无复遗致矣。画凡十二幅,幅幅各有题字,如"云生沧海""层波叠浪"之类,虽极柔媚而有韵,下书"赐两府"三字。②

画上还有"杨娃"印章。"杨娃者,皇后妹也。以艺文供奉内庭,凡远画进御,及颁赐贵戚,皆命娃题署云。"据考,这个杨妹子应是宁宗后杨氏承恩的妹妹。我们可以想象,马远的画上有皇后妹妹的题字,足见其水平!

除此之外,董源的《溪岸图》、刘道士山水巨幅、南唐画院赵幹的《江行初雪图》、李唐的《江山小景》中都有大量水图,以线条勾勒为主。到了元明以后,用线条者甚少,大多画出帆影点点,或以空白示水。③

---

①[清]厉鹗辑,胡小罕、胡易知校笺《南宋院画录校释图笺》,杭州:浙江人民美术出版社,2015年,第228页。
②[清]厉鹗辑,胡小罕、胡易知校笺《南宋院画录校释图笺》,杭州:浙江人民美术出版社,2015年,第228页。
③陆俨少《山水画中的云水画法》,《新美术》1982年第3期,第102页。

二、西夏石窟绘画中的水

西夏石窟绘画中也出现了非常成熟的山水画，其中对水的表现也在画工描绘的范围之内。通过考察，我们发现西夏石窟绘画中对水进行描绘的石窟主要出现在榆林窟第2窟西壁的水月观音以及东壁的观音救八难中，榆林窟第3窟文殊变、普贤变、观无量寿经变中，东千佛洞第2窟后甬道水月观音中，东千佛洞窟第7窟前室东方药师变中，肃北五个庙石窟第1窟水月观音、文殊变和普贤变中，榆林窟第29窟的水月观音中。列表如下（表4-1）：

表4-1 西夏"水图"列表

榆林窟第2窟西壁南侧水月观音中的水	榆林窟第3窟南壁观无量寿经变中的水	榆林窟第3窟西壁南侧的水（1）
榆林窟第3窟西壁南侧的水（2）	榆林窟第3窟西壁南侧的水（3）	榆林窟第3窟西壁南侧的水（4）

续表

榆林窟第 3 窟西壁北侧 的水（1）	榆林窟第 3 窟西壁北侧 的水（2）	榆林窟第 29 窟 水月观音中的水
东千佛洞第 2 窟后甬道 水月观音中的水（1）	东千佛洞第 2 窟后甬道 水月观音中的水（2）	东千佛洞第 7 窟前室 东方药师变中的水
肃北五个庙第 1 窟 普贤变中的水	肃北五个庙第 1 窟 水月观音中的水（1）	肃北五个庙第 1 窟 水月观音中的水（2）

　　通过梳理，可将西夏石窟绘画中的水分为两大类，一类为写意味道较浓、装饰性较强的，一类是相对工整，较为写实的。

　　肃北五个庙第 1 窟水月观音中绘有不少水纹,为线描单勾,每一组水波样式非常类同,只是组合方向不同而已,且其排列较为整齐,水面的前后安排也较为平面,装饰性强。浪花的墨点更是随意挥洒,一笔成型,轻松自由,每一个墨点可以看出明显的浓淡变化。这种表现方式,与肃北五个庙第 3 窟药师变中的人物、花鸟绘制方法如出一辙,更加凸显了西夏绘画中玄淡简约的风韵。榆林窟第 29 窟的水纹,虽然整体颇具装饰风,但每一组水纹较肃北五个庙的水纹样式,显得工整了几许。

　　榆林窟第 2 窟和第 3 窟中水的样式,与上述所绘明显有别,曲折有致、流畅圆润,更显工整细致。第 3 窟南壁观无量寿经变中楼台下方的水流,因楼台柱子的阻挡,水纹显得较为激荡,有大量的浪花产生。对于是否"求假于物"暂且不论,单就这种"长文细络,有序不乱"的水纹而言,可谓"此真水也"。

　　如上表所列,榆林窟第 3 窟西壁北侧的水(2)、西壁南侧的水(1)(2),描绘出了水面浩渺的三维空间感,与宋代绘画尤其马远的水图很相似。古人所谓"远水无波",在这里可找到最好的例证。西壁北侧的水(2)图在方寸之间,水的样式就有好多变化,"有咫尺千里之势",长波、短波、弧线波、折线波、弧度较大的波、弧度较小的波……"方圆曲折,交流会合,用笔轻重,自分浅深"。[1]西夏画工所画之水可谓"曲尽其情状""得其性"也。我们在西壁南侧水图中也可看到这种丰富而细微的变化。

　　宋代郭熙评近世画工"不淳熟之病",云:

　　　　近世画工,画山则峰不过三五峰,画水则波不过三五波,此不淳熟之病也。盖画山,高者、下者、大者、小者,盖眸向背,颠顶

---

①[宋]韩拙《山水纯全集·论水》,载俞剑华《中国历代画论大观·第二编宋代画论(一、二)》,南京:江苏凤凰美术出版社,2016 年,第 70 页。

朝揖,其体浑然相应,则山之美意足矣。画水,齐者、汩者、卷而飞激者、引而舒长者,其状宛然自足,则水态富赡也。①

以郭熙的观点而论,榆林窟第3窟的水图无"不淳熟之病",绘制此窟的应是一位画技高超的画工。西壁北侧的水(1)图,窄峡中的水瀑倾泻而出,且粗细变化非常微妙,水流如注,与范宽《溪山行旅图》中的水瀑基本相同。榆林窟第2窟水月观音中的水为深绿色,据《林泉高致·画诀》"水色:春绿、夏碧、秋青、冬黑"来看,应为夏季的水。

三、西夏文化中"水"的内涵

西夏第五代皇帝仁宗仁孝,曾于乾祐七年(1176年)在甘州黑水河边立了一块碑,名为《黑水建桥敕碑》,碑文记载皇帝敕告黑水河上下一切水土之主、山神、水神、龙神、树神、土地诸神,希望他们重加神力,密运神威,使水患永熄,桥道久长。敕文如下:

　　敕镇夷郡境内黑水河上下,所有隐显一切水土之主,山神、水神、龙神、树神、土地诸神等,咸听朕命。昔贤觉圣光菩萨哀悯此河年年暴涨,漂荡人畜,故(发)大慈悲,兴建此桥,普令一切往返有情咸免徒涉之患,皆沾安济之福。斯诚利国便民之大端也。朕昔已曾亲临此桥,嘉美贤觉兴造之功,仍馨虔恳,躬祭汝诸神等。自是之后,水患顿息。固知诸神冥歆朕意,阴加拥护之所致也。今朕载启神虔,幸冀汝等诸多灵神,廓慈悲之心,恢济渡之德,重加神力,密运威灵,庶几水患永息,桥道久长。令此诸方有

---

① [宋]郭熙《林泉高致·山水训》,载俞剑华《中国历代画论大观·第二编宋代画论(一、二)》,南京:江苏凤凰美术出版社,2016年,第47页。

情,俱蒙利益,祐我邦家,则岂惟上契十方诸圣之心,抑亦可副朕
之弘愿也。诸神鉴之,毋替朕命。①

对水神等的告示,反映出西夏人的原始自然崇拜,同时也说明他们对
山、水等自然现象的敬畏。

《西夏书事》卷7载李继迁葬其祖:

寻葬其祖于红石峡,障水北流,凿石为穴,既葬,引水其上,
后人莫知其处。②

西夏人也实行水葬,"凿石为穴",然后引水掩盖洞穴。这里除了深藏
隐秘之意外,汤开建先生怀疑此举可能与拓跋鲜卑的石室祭祀有关。

随着佛教信仰的深化和中原儒道思想的影响,西夏人早期的这种自
然宗教崇拜被冲淡。因此,虽然西夏帝王曾经祭过山神、水神和其他诸神,
但是在以上所述的佛教绘画中,其中对于水的表现已经与此相去甚远。

在佛教的修行禅定中有一观想"水观",又称"水定""水想",意在通过
对水的一心观想而澄怀,达到一种自在的状态。《楞严经》中记载了月光菩
萨修行水观的故事,月光童子在修习的过程中,修炼了身心,使得自己达
到心如止水、了无尘染的境界。

前文已述,不论是儒家思想的"比德说",还是道家思想中的"上善若
水",水与道同,他们都将水的内涵上升到性情高雅、品藻好恶的高度。在
西夏文献中,我们也可以看到西夏人将《札记·大学》和《荀子·君道》的仪

---

①陈炳应《西夏文物研究》,银川:宁夏人民出版社,1985年,第139页。
②[清]吴广成撰,龚世俊等校证《西夏书事校证》卷7,兰州:甘肃文化出版社,1995年,第
69页。

礼引入自己的"德行集",对水也进行了类似的比拟：

> 古时欲天下明明德时,先治国也。欲治国时,先齐家也。欲齐
> 家时,先修身也。欲修身时,先正心也。故心正而后身修,身修而
> 后家齐,家齐而后国治,国治而后天下平也。人或问治国,答曰：
> "闻修身者而已,未尝闻治国。"君者,身也,身正则影正。君者,盘
> 也,盘圆则水圆。君者,盂也,盂方则水方。君者,源也,源清则流
> 清,源浊则流浊。善者,行之本也。[①]

可见,佛教中的"水观"与儒、道思想中水的精神内涵是很接近的。虽
然西夏石窟绘画中所描绘的水并未出现在"十六观"中,而是更多作为配
景出现在水月观音、文殊变、普贤变等题材中,但这种样式的存在,更多体
现的是儒释道思想影响下的一种自然观。

---

① 聂鸿音《西夏文德行集研究》,兰州:甘肃文化出版社,2002年,第137页。

第五章

敦煌西夏石窟中的建筑画

自从有了人类,人们就一直不停地追求居住环境的改变,而作为居住环境的建筑形态虽然出现较早,文献中也有较系统的记载,但绘画作品中完整的建筑形态出现在五代。《历代名画记》载,自北朝以降,有很多善于描绘楼台殿宇的画家,如隋朝展子虔、董伯仁、杨契丹,唐朝阎立德兄弟、李思训等,但流传于世的作品寥寥无几。展子虔作为隋代大画家,"触物留情、备皆妙绝、尤善台阁"①,从后人对他的评价中,我们可以看出他善画建筑台阁。而同一时期的董伯仁似乎在建筑画方面更胜一筹,"董有展之车马,展无董之台阁"②。评董伯仁的界画,"楼台人物,旷绝古今"③。然而比较遗憾的是,他们的建筑画作品都没有留存下来,只能通过展子虔流传于世的《游春图》中的亭台廊桥管窥一二。位于陕西乾县乾陵东南的唐懿德太子墓墓道西壁绘制的《阙楼图》,是一幅唐朝的大型建筑画。此外,李思训的《九成官纨扇图》《官苑图》等在建筑画方面都有很高成就。晚唐五代是建筑画发展的重要时期,宋朝郭若虚在《图画见闻志》记载这一时期的画家有91人,界画家与山水画家(包括兼善者)各11人,比较突出的画家有尹继昭、卫贤、赵忠义、赵德义等人,他们的建筑画已经发展到非常精

①[唐]张彦远著,田村解读《解读历代名画记》,合肥:黄山书社,2012年,第265页。
②[唐]张彦远著,田村解读《解读历代名画记》,合肥:黄山书社,2012年,第271页。
③[唐]张彦远著,田村解读《解读历代名画记》,合肥:黄山书社,2012年,第271页。

确的程度。文献记载,有一天蜀后主命画院画师赵忠义画《关将军起玉泉寺图》,赵忠义下笔似有神助,随即叠拱下昂,植柱构梁。画完后蜀后主下令由专门的工匠校验画中建筑结构是否精准,工匠进行了反复检验后,答道:"画中建筑如同真的一般,毫厘不差。"①由此可以看出画家的一丝不苟和界画的美学时尚。

在古代绘画中,建筑图像一般称为"屋木""台榭""台阁""宫阁""宫室"和"建筑画"等,至宋代,建筑画被称为"界画"。郭若虚《图画见闻志》中就有"界画"一词,该词也出现在宋代李诫编修的《营造法式》中。也就是说,从宋代起,界画既被当作中国画的一种技法,同时也成了一个独立的门类。界画是借用了建筑中"界划"之意,即借助直尺用界划的方法绘制的建筑画。当然,作为建筑图,要求所画的对象必须细致入微、准确如真。

其实,早在唐代建筑画就有论略,张彦远在《历代名画记》中说道:"顾恺之在《魏晋胜流画赞》论画曰:凡画,人最难,次山水,次狗马。台榭一定器耳,难成而易好,不待迁想妙得也。此以巧历,不能差其品也。"②从记述来看,顾恺之认为建筑画(台榭)品第较低,因是"器"物而不需灵妙运思,不似人物和山水,中透气韵和精神。至宋代这种情况发生了很大的变化,由于统治阶级对于界画的参与与喜好,其地位一跃而上,《宣和画谱》就曾列界画"屋木"为诸画种中第三位。界画画家的地位也不低,《宋史·选举志》中明确规定,界画家也能够迁升到"待诏"一职,足见对其的重视。众所周知,宋徽宗赵佶的《瑞鹤图》不仅有20只姿态各异、栩栩如生的白鹤,庄严巍峨的屋顶也描绘得精致细微、画栋飞甍。一个皇帝对界画的技法如此熟练,自宋以来,可想画家有多么追捧此类画作。因此,邓椿在《画继》中

---

①许万里、梁爽《琼楼览胜:名画中的建筑》,北京:文化艺术出版社,2010年,第4页。

②[唐]张彦远著,田村解读《解读历代名画记》,合肥:黄山书社,2012年,第182页。

所说"画院界作最工,专以新意相尚"①绝非虚言。宋代有郭忠恕、李嵩、吕拙、赵伯驹、王士元等一批著名的界画家,尤其是郭忠恕画楼阁"画之为屋木,犹书之有篆籀,盖一定之体,必在端谨详备,然后为最。忠恕俱为当时第一,岂其二者之法相近而然邪? 可列神品"②。郭忠恕实属界画之高手,他的名作《雪霁江行图》(图 5-1)与《唐明皇避暑宫图》(图 5-2)繁而不乱,工而不板,清秀俊逸。张择端的《清明上河图》可谓是无人不知,画中对北宋都城卞梁的街景建筑描绘细致入微,尤其是对屋顶悬山式与歇山式的表现,与敦煌西夏壁画中的建筑屋顶可谓异曲同工。

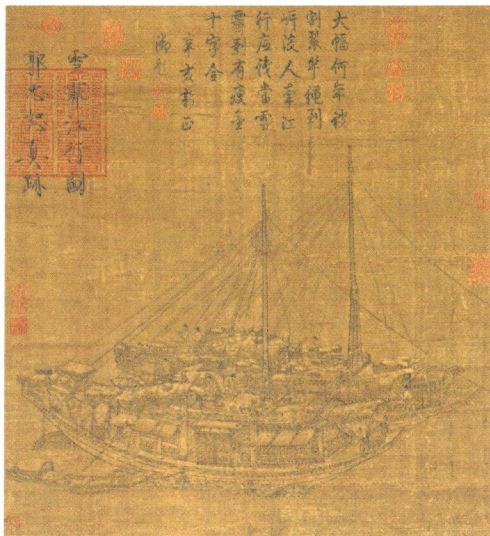

图 5-1　郭忠恕《雪霁江行图》　　　　图 5-2　郭忠恕《唐明皇避暑宫图》

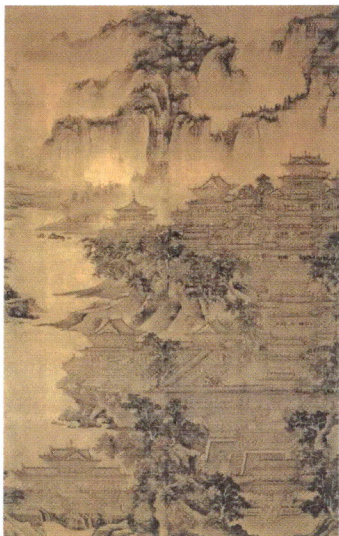

①[宋]邓椿《画继》,载俞剑华《中国历代画论大观(第二编·宋代画论)》,南京:江苏凤凰美术出版社,2016 年,第 162 页。
②[宋]刘道醇《圣朝名画评》,载俞剑华《中国历代画论大观(第二编·宋代画论)》,南京:江苏凤凰美术出版社,2016 年,第 152 页。

第一节　敦煌石窟中的建筑画考察

　　敦煌壁画中所画的建筑是目前建筑画遗存中规模最大、数量最多的，它是我国建筑资料的宝库。中国建筑虽然历史悠久，但由于木结构建筑易于损坏，千百年来，改朝换代，加之战乱不断，历史上的一座座名城都被岁月所湮灭，留存至今的实物少之又少。隋代的木结构建筑尚未发现，唐代的也是凤毛麟角，而莫高窟则保存了上至北朝下至元代的大量建筑物图像，实乃是一大幸事。敦煌建筑画以它们丰富的内涵、相对准确的造型，使历史记载中模糊的建筑形象清晰起来，为研究我国古代建筑和认识古代中国人的生存环境提供了难得的资料。

　　在很长的一个时期，敦煌壁画里的建筑形态都是作为佛经故事画或经变画中佛、菩萨等圣众的背景出现的。随着佛教艺术的发展，壁画形式也在各朝代发生着变化，尤其是到了隋唐时期，随着经变画的流行，建筑画被推上了高峰，千姿百态的单体建筑和群体组合，让我们看到盛世王朝的恢宏气势，无论是建筑画的平面布局还是空间组合，都凸显了建筑上的辉煌成就。大到城市、宫殿、寺院、民居以及殿堂、楼阁、廊庑、城墙、城楼、城门、角楼、三门、台榭、单层塔、多层塔、门阙、桥梁等，小到屋顶、脊饰、屋檐、斗拱、柱枋、门窗、勾栏、平座、须弥座、台阶、台基、散水等各个建筑构件的描绘，都反映着一个时代辉煌的建筑史和这个时代画师独具匠心的蓝图。

北朝是敦煌壁画的初创时期，其绘画技法相对稚拙、粗犷，受外来影响明显，但汉魏以来的殿堂、坞壁、佛塔、民居形象乃是建筑画的主体。莫高窟第 257 窟南壁的悬山顶双阙殿堂是最早的建筑形态（图 5-3）。第 285 窟南壁，在"五百强盗成佛图"故事画中，宫殿由殿堂、门楼及宫墙组成，歇山顶宫殿及四阿顶门楼，是西魏时期建筑画的代表（图 5-4）。

图 5-3　莫高窟第 257 窟南壁殿堂

隋代统治阶级重视佛教发展，隋文帝曾昭告天下"有僧行处，皆为立寺"[①]，全国新建寺院达三千八百所。因此，在短短的三十多年中，敦煌开凿近百个洞窟，随之经变画兴起，为建筑画提供了极好

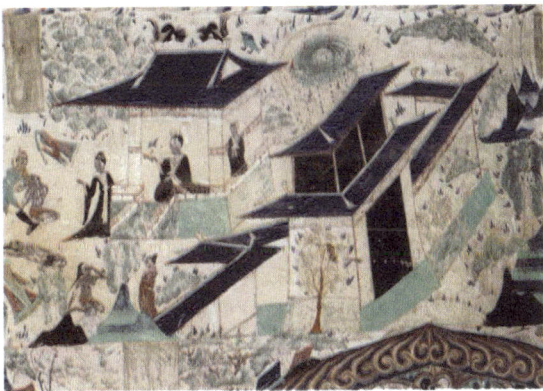

图 5-4　莫高窟第 285 窟南壁殿堂

①［唐］释道宣《续高僧传》卷 15，见《大正藏》第 2060 号，第 50 册，第 549 页。

图 5-5　莫高窟第 419 窟西顶大殿

图 5-6　莫高窟第 420 窟东披堂

的空间，如法华经变、阿弥陀经变、弥勒经变、观无量寿经变、药师净土变。特别是后两种经变，众多的楼台殿阁、回廊、平台、飞梁、水池，组合成布局严谨、场面壮阔的"佛国世界"。莫高窟第 419 窟西顶的大殿与四层双楼（图 5-5），一斗三升的斗拱和人字拱相间排列，造型独特。第 420 窟东披的三重檐的堂也是隋朝最具代表性的建筑类型（图 5-6）。

大唐帝国极度繁荣，在精神和气度上极大开阔，政治稳定，经济充裕，佛教兴盛，中国古代建筑也进入了成熟期。初唐时期佛教净土思想广泛传播，阿弥陀经变、弥勒经变及东方药师经变流行，它们以一整壁来表现内容，画面开阔，增强了建筑画的空间感。同时寺院组合建筑形式兴起，楼阁、殿堂等单体建筑或发散分布在经变里，或三个一组组成简单的"凹"字形平面或"山"字形平面，继承了隋代寺院布局的基本形式。这一时期在表现方法上有很大改变，注重了细节的刻画，建筑上的斗拱结构、脊头瓦以及照壁等都清晰可见。莫高窟初唐开凿洞窟以第 71 窟、第 220 窟、第 321 窟、第 323 窟、第 329 窟、第 331 窟、第 338 窟等最具代表性。第 338 窟兜率天宫的"山"字组合，显示出四阿顶大殿和歇

山式堂顶的组合建筑，
表现出建筑的等级关系
（图5-7、图5-8）。第321
窟北壁"凸"字形并列相
连的三阁，是初唐的另
一种建筑布局形式，同
一壁面的阁楼与斜廊在
水中立柱网平坐，青瓦
红柱绿檐，楼台栏杆细
部都描画得非常细致，
富丽而辉煌（图5-9）。
总的来说，初唐对建筑
物的写实描绘、细腻刻
画一直影响着后代。

　　盛唐继承了初唐经
变画的绘制形式，该时
期仍然是以无量寿、阿
弥陀、药师经变为主表
现大型寺院建筑群，在
整壁壁面上画一铺经
变，不仅视野开阔，如此
大幅的画面，还突出了
寺院建筑群的恢宏和壮
丽。寺院中多重殿宇、楼
阁、回廊、角楼等单体建
筑的组合，井然有序，形

图 5-7　莫高窟第 338 窟兜率天宫

图 5-8　莫高窟第 338 窟兜率天宫线稿推想图

图 5-9　莫高窟第 321 窟北壁阁楼

图 5-10　莫高窟第 217 窟北壁净土寺院

成了壮阔而深远的建筑空间。中心部分画大小不等、高低不同的露台，是佛及菩萨、天人、伎乐歌舞的活动场所。大殿的上部与两旁，在蓝天彩云的衬托下，造型优美的钟台、经藏、碑阁错落分布在庭院之中，虹桥飞跨于楼群之间，飞天穿梭在台阁之上，渲染出一派热烈而祥和的西方净土极乐景象。莫高窟第 217 窟北壁的净土寺院建筑，正中是楼台、莲池，前后殿居于中轴线上，前佛殿两侧分布有楼、阁、台与碑阁，后佛殿回廊环绕，呈"凸"字形布局（图 5-10）。莫高窟第 172 窟北壁也是大型的净土寺院殿宇，寺院正中的大殿及其后部的两重殿宇，均为四阿顶。顶上的斜脊弧线舒展，正脊两端有鸱尾。在回廊转角的屋顶上出平坐栏杆，平坐上建歇山顶殿屋，檐柱一周，柱间完全开敞，显得空灵通透，下面为双通道回廊（图 5-11）。盛唐的代表性洞窟还有第 320 窟、第 45 窟、第 148 窟等，画家们通过熟练的技法，把中国盛唐的建筑表现得气势恢宏、异彩纷呈。满壁殿、

阁、楼、台,回廊环绕,多
进院落的布局,开阔严谨
的庭院, 巍峨有序的殿
阁,尤其是画师对建筑物
正侧俯仰、阴阳向背的描
绘,能够非常准确地反映
出物体的立体感,把一个
庞大的建筑群,浓缩在一

图 5-11　莫高窟第 172 窟北壁角楼与回廊

幅画面中,这是典型的散点透视之法。特别是对群体建筑高低变化、远近
层次规律的表现,营造了深邃的空间。

　　中晚唐时期,莫高窟开凿了许多大型洞窟,建筑画扩大了规模,加入
了城与城楼的形象。建筑形象及其装饰反映出一定的吐蕃风格。壁画中为
了表示寺院的壮观大气,把寺院的山门、钟楼、经楼、歌台等画在寺院最前
面,架楼叠屋,层层密密,充满画幅,使建筑群拥挤繁复。虽然中唐时在吐
蕃的影响下画面细腻、技艺精湛,但到唐晚期佛教艺术逐渐衰落,走向低
谷,画风凝滞,建筑画开始走向程序化的倾向,盛世大唐的气度和创造精
神一去不返了。榆林窟第 25 窟南壁净土寺院的建筑继承了盛唐风格,殿、
阁、廊、台布局舒朗,空间层次表现明显,是中唐的代表性建筑画面(图
5-12)。此外中唐的代表洞窟有第 158 窟、第 159 窟、第 361 窟、第 231 窟
等。晚唐莫高窟第 138 窟北壁宫城式天宫及五门道城楼,城中一座三门佛
殿,城的四面有门,四角建角楼,正门设五个门道,两侧的偏院,四面廊上
有门,院中有两层佛殿,是这一时期的一个特例(图 5-13)。

　　到五代、宋时期,曹氏政权仍然沿用了晚唐的绘画风格,建筑画几乎
没有新的发展,程序化表现加重,但这一时期开凿的石窟较大,一般在南
北两壁壁面上画四五幅经变。经变画中大型寺院仍然保持着中轴线对称,
两边布置着种类繁多的单体建筑, 各种楼阁回廊形成了气势恢宏的建筑

图 5-12 榆林窟第 25 窟南壁净土寺院

图 5-13 莫高窟第 138 窟北壁宫城式天宫

群。莫高窟第 61 窟北壁净土寺院面积达 46 平方米,鸿篇巨制,图中画了几十座大小寺院,采用中轴线对称的形式,前后由多进院落组成,用概括的手法表现出大型寺院的平面布局及其建筑形象,是五代建筑画的杰作。这种以廊院为基本组合单元的形式,还适用于宫廷、衙署以及宅舍。该窟北壁上的药师经变画幅也非常巨大,寺院的前廊上有山门、钟楼、经藏等一列七座楼,内院中轴线上有两层大佛殿,殿的造型是一座佛塔,殿前是宝池和露台,殿两侧及后面是一片建筑群,有楼阁、回廊,重重叠叠、高低错落,极其壮观(图5-14)。孙儒僩认为,壁画中出现很多楼阁,与当时的时尚有关。[①]这种楼阁林立、密密麻麻的建筑群形式也是曹氏时期的一大特点,相比盛唐就没有那么舒朗开阔了。

图5-14 莫高窟第61窟北壁净土寺院

---

①敦煌研究院主编《敦煌石窟全集·建筑画卷》,北京:商务印书馆,2001年,第239页。

第二节 西夏建筑画的两种形态

西夏相对于隋唐时期建筑画偏少，早期经变画中建筑沿用了后部正殿与左右配殿的形式，基本上是二层重檐楼阁的正殿与左右配殿回廊相连的模式，这是五代宋建筑画的直接继承与延续。到了西夏晚期，建筑画出现了逆袭，山水画中建筑画和整幅建筑画的绘制，在一个游牧民族的疆域内表现得如此突出，确实值得探讨。

图 5-15 莫高窟第 400 窟北壁药师经变

敦煌西夏石窟中的建筑画主要分布在莫高窟西夏早期重绘的洞窟净土变中，如第400窟（图 5-15）等，晚期的主要在瓜州榆林窟第 3 窟南、北壁中间的观无量寿经变中，西壁南、北两侧的普贤变、文殊变背景中，第

29窟东壁北侧的药师经变中,东千佛洞第7窟的净土变中,以及肃南县
文殊山万佛洞弥勒上生经变、贤愚经变中,肃北五个庙第1窟文殊变、普
贤变中,第3窟弥勒上生等经变中。

一、山水画中的建筑

在古代山水画中,尤其是两宋以来,由于文人们对建筑画的追捧热
爱,他们将建筑置于山水画中作为一种意境来表现,有建筑就意味着有
人,从而使人与自然达到一种精神上的契合。侯幼彬将中国传统建筑意境
的构成方式分为三种:观景式、组景式和点景式。①这三种形式在中国传统
的山水画中也同样适合。

对于观景式建筑,我们从观景的"观"字来理解。此类建筑位置较高,
要居于一个有利的地形上,视野比较开阔,宋画中多有描绘,如马远的《雕
台望云图》、李嵩的《夜潮图》等,我们以建筑为视角,放眼望去,景致一览
无余。在榆林窟第3窟的文殊变中,左上角的歇山顶建筑,基本位于群山
之巅,山下较为开阔,无论对主峰还是大海都尽收眼底,可谓是观景式建
筑的一种形式。这也体现出我国传统建筑与山水画独特的空间意境表达。

组景式建筑是建筑与周围山水环境组合的一种意境形式。在组景式建
筑中,建筑成为意境空间的基本构成元素,而其他的景致如山水等元素在
建筑的外部空间中烘托了建筑的内涵。组景式建筑在宋代建筑中出现较
广,赵伯驹的《宫苑图》、李嵩的《汉宫乞巧图》等都是典型的代表。仍以榆林
窟第3窟文殊变中的主峰与正殿为例,主峰置于中央,正殿位于主峰包围
之中,正面向下,歇山顶双层重檐建筑显得庄严雄伟,这样一组气势恢宏的
建筑殿宇建于山灵水秀的群山中,自然和谐。在这里,梁柱、斗拱、门窗等木
质构件,灵动别致,观感十足。雄伟的斜坡大屋顶铺满整齐的瓦片,屋脊上

---

①侯幼彬《中国建筑美学》,哈尔滨:黑龙江科学技术出版社,1997年,第262—274页。

两翼的鸱吻彰显着西夏建筑的灵气，建筑的方正与群山的柔和达到一种完美的和谐，正如李约瑟博士在他的著作《中国建筑精神》一书中所说："人不能离开自然。"这就是中国建筑文化中始终贯穿着的一种人文精神。

　　点景式建筑是山水画中最常见、最突出的一种形式，建筑作为山水自然景观的亮点出现，似有画龙点睛的作用，中国传统的山水画大多能体现这一特点。点景式建筑突出了山水景致的文化内涵和造型特征，注重人作为主体与山水的互动，强化了山水的主题和意旨，给山水自然景物抹上了一层人文色彩。宋代著名画家郭熙的《晴峦萧寺图》（图 5-16）和《山庄高逸图》（图 5-17）中的点景式建筑是最好的体现。榆林窟第 3 窟文殊变、普贤变中的背景，虽然描绘的是大型的五台山道场，众多寺庙殿宇置于山

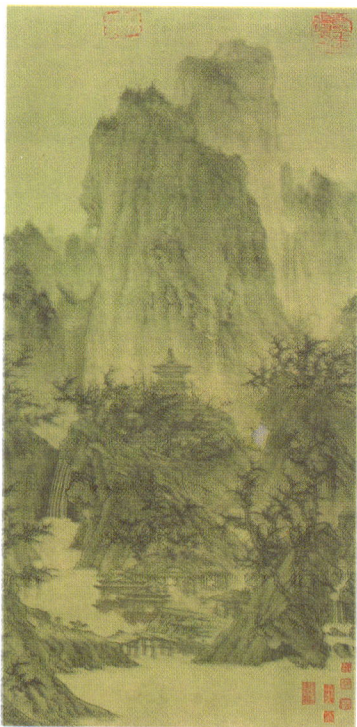

图 5-16　郭熙《晴峦萧寺图》

图 5-17　郭熙《山庄高逸图》

中,但是我们观察到的这些建筑都是画工们的精心安排,画中点景式建筑坐落于山间密林中,数量相对较多,分散在左边山中,有序依山形排列,营造了一种可居、可游的景致。山势由近及远,层层叠叠,建筑也由大及小,由下向上,给人一种深远的空间感,是典型的散点式点景类型。在西夏山水建筑画中,点景的建筑寺庙群时隐时现,藏露有度,正如明代的唐志契在《绘事微言·丘壑藏露》中写的那样:"画叠嶂层崖,其路径村落寺宇。苟能分得隐见明白,则不但远近之理了然,且趣味无尽。更能藏处多于露处。趣味愈无尽。盖一层之上,更有一层,层之中复藏一层。善藏者未始不露,善露者未始不藏。"①群山、流水、树木、殿落及亭廊之间遥相呼应,含蓄内敛,显示出建筑与自然融为一体的审美意韵。

此外,榆林窟第 3 窟山水画中还出现了一些草堂、亭榭等建筑,这在宋代莫高窟之前都不曾出现,随着两宋山水画的发展,以及文人画的时兴,草堂、亭榭等在宋元时期日渐增多。②

二、经变画中的建筑

(一)榆林窟第 3 窟南、北两壁中央观无量寿经变③中的建筑画

榆林窟第 3 窟的观无量寿经变画于南、北两壁中央,相向而对,构图

---

① [明]唐志契《绘事微言》卷 1,北京:人民美术出版社,1984 年,第 15 页。

② 赵声良《榆林窟第 3 窟壁画中的亭、草堂、园石》,《敦煌研究》2004 年第 1 期,第 7—19 页;又载敦煌研究院编《榆林窟研究论文集(下)》,上海:上海辞书出版社,2011 年,第 708—727 页。

③ 敦煌研究院编《中国石窟·安西榆林窟》把北壁的这幅壁画定为净土变(敦煌研究院编《中国石窟·安西榆林窟》,文物出版社,2014 年,第 244 页);贾维维提出了两种可能性,或为"无量寿经变",或为"药师经变"(贾维维《榆林窟第 3 窟壁画研究》,首都师范大学博士学位论文,2014 年,第 115—120 页);邢耀龙、沙武田研究认为此幅净土变也为观无量寿经变(邢耀龙、沙武田《瓜州榆林窟第 3 窟二铺净土变考释——数字敦煌对石窟图像研究意义之一例》,2018 年 10 月 26—31 日"观念·技术 视野·视角——敦煌石窟研究方法论国际学术研讨会"会上发表的论文,未载入论文集)。笔者赞同后者观点。

相似,场面宏大,画面非常精细,描绘了西方极乐世界中的无限美妙与庄
严(图 5-18)。以南壁的观无量寿经变为例,整个画面为庞大的庭院建筑
群,多进制廊院布局。后部正中建重檐歇山顶三开间大殿,绿色琉璃瓦盖
顶,正脊两端饰鸱尾,殿左右接后廊,殿前庭院左右是重檐歇山顶的两

图 5-18　榆林窟第 3 窟观无量寿经变

层楼阁,建筑四面各接出一龟头屋,错落有致,气派壮丽。庭院呈"X"形分布,宽阔平坦,绿草茵茵,殿前有七宝莲池。前廊上有歇山顶殿宇式山门,两侧长回廊连接院中楼阁,众多殿宇楼阁由回廊合成一个封闭的院落。这种整壁闭合式有前山门的建筑画出现相对较晚,大约到了晚唐五代时期,它成了莫高窟晚期建筑画的一大特点。

从壁画中可以看到,整幅壁画描绘了天宫楼阁,如前门后殿、楼阁回廊、宝池水榭等精美的建筑景物,楼阁殿宇雄伟,斗拱出挑,飞檐翘起,琉璃瓦盖顶。在细节的表现上特别细腻,曲栏绘制特别,柱头雕花精美,纹样描绘丰富,材质表现真实。石栏、木柱、琉璃砖、龟背纹等绘制一丝不苟。整个建筑群透视清楚,细部表现十分清晰,飞檐比翼,碧瓦横空,雕梁画栋,十字脊、龟头屋、曲栏、平座,处处精描细绘,表现得富丽堂皇,雄伟精美,是具有中原传统风格的古典建筑群。[①]这种建筑布局及形式,与宋代建筑河北省正定隆兴寺十分接近,是西夏与内地文化交往在建筑上的反映。[②]

(二)东千佛洞第 7 窟前室东方药师变中的建筑画

东千佛洞第 7 窟前室南壁绘有药师经变画,画中描绘的是药师佛讲经说法的法会场景(图 5-19、图 5-20)。药师世界是极乐国,药师经对药师世界大加赞美。《佛说药师如来本愿经》:

> 药师琉璃光如来所有诸愿,及彼佛土功德庄严,乃至穷劫说不可尽。彼佛国土一向清净,无女人形,离诸欲恶,亦无一切恶道苦声,琉璃为地,城阙、垣墙、门窗、堂阁、柱梁、斗拱、周匝罗网,皆七宝成,如极乐国,净琉璃界庄严如是。[③]

---

① 陈育宁、汤晓芳、雷润泽《西夏建筑研究》,北京:社会科学文献出版社,2016 年,第 14 页。
② 敦煌研究院编《中国石窟·安西榆林窟》,北京:文物出版社,2014 年,第 244 页。
③ [隋]天竺三藏达摩笈多译《佛说药师如来本愿经》,见《大藏经》第 0449 号,第 14 册,第 402 页。

图 5-19　东千佛洞第 7 窟东方药师变　　　图 5-20　东千佛洞第 7 窟药师变线描稿

　　法会在一个全封闭的宫殿式建筑庭院中进行，绘画形式沿用莫高窟一直以来的佛、菩萨居于院内建筑作为背景，这与榆林窟第 3 窟观无量寿经变画的样式略有区别，不过建筑形制和回廊院落基本一致。在这幅建筑画中，主殿居于后正中，为重檐歇山顶楼阁式建筑，屋顶鸱吻相对，正脊居中有宝瓶；屋顶筒瓦覆盖，屋面檐角上翘，曲线优美；门楼与长廊连接着左右角楼。前后排列有序，左右布局对称，前有高耸的门楼，后有巍峨的重檐歇山顶大殿，左面连接着悬挂金钟的钟楼，右面连接着开启门扇的经楼，中有左右配殿列于两侧。前院是一加护着栏杆的极为庄严的七宝莲池，池上架设着两座桥。大殿前广场上，端坐的药师佛手托药钵，弟子、菩萨、眷属、天王、神将等天国人物也来参加法会，其中位于他左侧的弟子手中托着蓝色的琉璃药钵，整齐有序的布满广场，延伸到廊檐里各就其位。张宝玺先生认为："这里虽然表现的是佛教天国世界，但它的建筑布局及建筑形式却采自人间的现实生活。实际上它宛若一座理想中的西夏佛寺，或西夏宫殿建筑，只不过将它换成了佛国人物。殿堂楼阁均作歇山顶或攒尖顶，中脊突起饰以宝瓶，鸱吻异常高大，屋檐两角明显翘起，不仅增加了建筑本身的优美感,且明显具有宋式建筑的传承。宫殿建筑周围都配以熊熊烈火,增加了几分虚幻色彩和神秘感。"①

在该窟药师变对面也绘有一大型建筑画,画面漫漶不清,但根据对应关系,诸多专家认为是西方净土变,建筑形制与药师变大同小异。

(三)文殊山万佛洞东壁弥勒经变中的建筑画

佛教将世界分为欲界、色界、无色界三界。欲界有六天,自下而上依次为:四天王天、三十三天、焰摩天、兜率天、化乐天、他化自在天。兜率天里摩尼宝珠光芒闪耀,琼楼玉宇金碧辉煌,莲花盛开,仙乐奏鸣,更有天女围绕、宫娥曼舞。文殊山万佛洞弥勒经变建筑正体现了兜率天宫中的美好世界。该经变中整个建筑群视点较高,为两进式庭院风格。建筑顶部均为歇山顶,覆盖蓝色琉璃瓦,屋脊两端都饰有龙头鱼尾的鸱吻,高大凶猛,龙首形的兽嘴咬正脊,鱼形尾高翘,庄严神圣;屋顶还装点着一些小的神兽。后两间主殿屋脊中间有宝瓶。建筑斗拱明显,有五到七组,显示出不同殿宇的规格等级。从山门到主殿前后共三层,中轴线对称:第一层为三座长廊相连的歇山顶门楼,门楼均为三开间,中间敞开,两边窗格式装饰紧闭;第二层为五开间正殿,殿前有七宝池,两边重檐式阁楼建于水上,莲池上十字形桥将各楼阁殿宇连接,桥上围栏雕花讲究,豪华气派;第三层为三开间大殿,形制如同第二层正殿,只是规格略有降低。

文殊山万佛洞弥勒经变(图5-21)中,值得关注的是,在错综复杂的殿宇、楼阁、亭、台、水榭、回廊、曲栏上,画工饰以精美逼真的装饰,窗棂有"X"形和外方内圆形装饰格子两种。第二层的大殿回廊挂上了波浪式织物帷幔,立体式围栏雕上了同心圆、菱形等各种纹饰。据陈育宁先生研究,屋脊蹲兽构件是宋代《营造法式》对官式建筑中宫殿垂脊和戗脊程式的规定,在西夏大型经变版画俄藏《大方广佛华严经变相》中也有戗脊神兽装

---

① 张宝玺《瓜州东干佛洞西夏石窟艺术》,北京:学苑出版社,2012年,第33页。

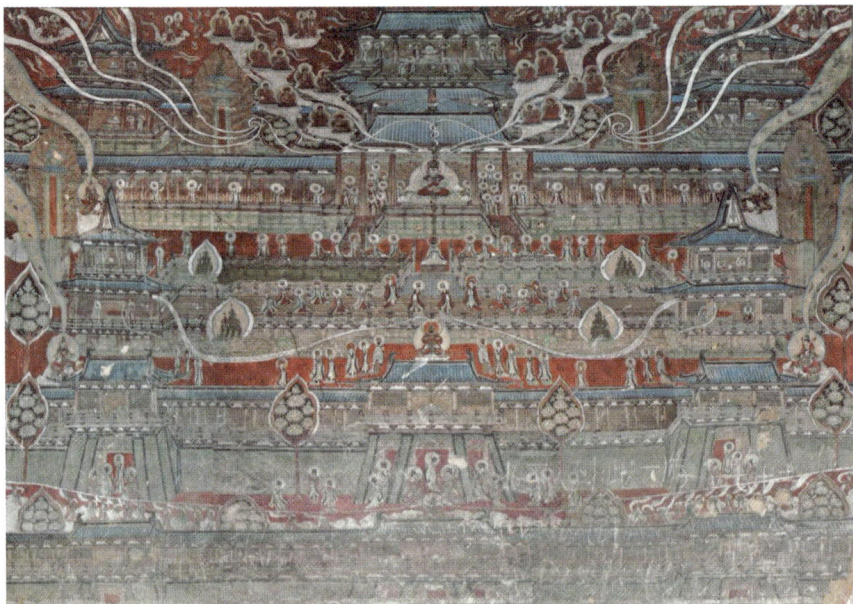

图 5-21　文殊山万佛洞弥勒经变

饰的展示,同样在佛宫屋顶建筑布列了许多神兽。[1]

综上所述,西夏建筑画的特点可总结如下:

第一,从莫高窟建筑画发展的总体看,西夏时期的建筑画早期依然承袭了五代宋的建筑画形制,正殿的倒三角形样式是其显著的特征。晚期建筑画在榆林窟、东千佛洞、文殊山等地的卓越表现又掀起了建筑画的一个小高潮。

第二,建筑画采用了鸟瞰的构图,视角较高,众多人物体量缩小,与建筑比例协调,把佛、菩萨以及各圣众人物安置在建筑中,不再是人大于建筑,而是更接近于现实生活。

第三,完整的庭院式建筑,使经变画中前廊、门楼都得到完整的表现,

---

[1] 陈育宁、汤晓芳、雷润泽《西夏建筑研究》,北京:社会科学文献出版社,2016 年,第 22 页。

这与隋唐时期只有大殿和殿前七宝池的形制形成了根本性的改变。

　　第四,建筑画受宋画的影响,描绘更像宋画中的"界画",注重细节,重檐攒尖顶方亭、龟头屋、重檐歇山顶殿堂、廊庑等描绘精致,与前期经变画不同。这一时期突出了建筑画的细部特征,殿宇楼台更加精美,装饰更加华丽。

　　第五,山水画中建筑的出现,是受中原文人画的影响,西夏画工吸收这一形式,推进了敦煌石窟建筑画的发展。

第三节　文献资料对西夏建筑的勾描

因历史战乱和时代变迁等原因,西夏建筑保留下来的甚少,我们今天能见到为数不多的佛塔寺庙,也是几经维修后的样貌,原貌所剩无几,如今只能依靠出土建筑构件、文献资料和建筑画等来了解西夏的建筑情况。

西夏的都城兴庆府,有宫城和外城两重形制,这显然是来自中原王朝的结构。宫城位于兴庆府的西北部[①],据明代《弘治宁夏新志》记载:"兴庆府城周长十八里,其规划布局、建筑特点,处处仿照唐都长安、宋都开封在城内扩建的宫城、营建的殿宇。"明代另一部地方志《嘉靖宁夏新志》也记载"周回一十八里,东西倍于南北"[②]。兴庆府外城四面置城门,呈长方形,城门上有门楼,《天盛改旧新定律令》中提到的门主要有 "南怀门""北怀

---

①[明]胡汝砺编,管律重修《嘉靖宁夏新志》卷2载:"元昊宫,新城内,洪武初尚存遗址,今为清宁观矣。"见陈明猷校勘本第174页,银川:宁夏人民出版社,1985年版。这里的"新城"指如今银川市老城的西半部。又"清宁观在振武门内",振武门《嘉靖宁夏新志》"宁夏城图"上标在宁夏城北城墙西部,由这些记载推测西夏宫城位于兴庆府的西北部。

②[明]胡汝砺编,管律重修,陈明猷校勘《嘉靖宁夏新志》卷1,银川:宁夏人民出版社,1985年,第9页。

门""广寒门""摄智门"和"车门"①。另外,兴庆府内还有元昊军营、戒坛寺、承天寺、避暑宫、仓库、民舍等②。

西夏文辞书《文海》解释"宫"为"宫殿也,内宫也,天子住处宫城之谓也"③。宫殿是都城的心脏,也是各王朝最宏大、最高级的建筑,它代表了当时建筑艺术的最高水平。西夏最初的宫殿建筑充满了各种供人欣赏的精细美术作品,极力追求重轩镂槛、雕梁画栋。党项政权在夏州统治时期,就"修复寝庙,抚绥宗党"④,建馆舍曰"承恩""迎晖"⑤,来礼遇宋朝使臣。兴庆府的皇宫建筑则更为考究。元昊曾"广宫城,营殿宇,其名号悉仿中国故事"⑥;后又于城内"作避暑宫,逶迤数里,亭榭台池,并极其胜"⑦。

德明时"役民夫数万于鏊子山,大起宫室,绵亘二十余里,颇极壮丽"⑧。李元昊时期的建筑种类繁多,有帝陵、离宫、佛寺、府库、官舍、高台、楼阁、佛塔等。《西夏书事》记载元昊多次修建佛寺和离宫,于天授礼法延祚五年(1042 年)在天都山建南牟宫,"内建七殿,府库、官舍皆备",绵延十余里,主体建筑依山而建,格调天成;后又于天授礼法延祚十年(1047

①史金波等译注《天盛改旧新定律令》卷 12《内宫待命等头项门》,北京:法律出版社,2000年,第 424—425 页。

②[清]吴广成撰,龚世俊等校证《西夏书事校证》卷 18—36,兰州:甘肃文化出版社,1995年,第 210—418 页。

③史金波等《文海研究》,北京:中国社会科学出版社,1983 年,第 504 页。

④[清]吴广成撰,龚世俊等校证《西夏书事校证》卷 7,兰州:甘肃文化出版社,1995 年,第85 页。

⑤[清]吴广成撰,龚世俊等校证《西夏书事校证》卷 9,兰州:甘肃文化出版社,1995 年,第103 页。

⑥[清]吴广成撰,龚世俊等校证《西夏书事校证》卷 11,兰州:甘肃文化出版社,1995 年,第133 页。

⑦[清]吴广成撰,龚世俊等校证《西夏书事校证》卷 18,兰州:甘肃文化出版社,1995 年,第210 页。

⑧[清]吴广成撰,龚世俊等校证《西夏书事校证》卷 9,兰州:甘肃文化出版社,1995 年,第109 页。

年）在贺兰山之东修筑楼阁，建离宫；"于兴庆府东一十五里役民夫建高台寺及诸浮屠，俱高数十丈，贮中国所赐《大藏经》，广延回鹘僧居之，演绎经文，易为蕃字"。[①]西夏的离宫有贺兰山东麓大水沟口的离宫[②]、镇木关口的避暑宫[③]，以及未明详址的卫国殿和木栅行宫等[④]。从文献记载和现存遗址可以看出西夏具有较高的宫殿建筑水平和建筑艺术。

在西夏中后期编撰的童蒙识字读本《杂字》的《屋舍部第十二》记载了许多与建筑有关的词语：

> 正堂、灰栅、夹舍、散舍、房子、厨舍、横廊、基阶、门楼、亭子、摄集、草舍、客厅、草庵、园林、砲舍、碓场、城郭、库舍、檐栿、材值、阔狭、椽檩、柱脚、斗拱、栏板、板寸、框档、地架、构栏、舍脊、极榻、上梁等等[⑤]。

《番汉合时掌中珠》中也有类似的记载：

> 畜养家宅，修造舍屋……回廊、重栿、平五栿、檐栿、栀栿、椽榫、檩、栏栀、柱脚、提木、石顶、斗拱、墙圈、泥舍、和泥、运土等等[⑥]。

①[清]吴广成撰，龚世俊等校证《西夏书事校证》卷8、卷9、卷18。

②史金波《西夏文化》，长春：吉林教育出版社，1986年，第168页。

③《嘉靖宁夏新志》卷二载："避暑宫，贺兰山拜寺口南山之巅，伪夏元昊建此避暑宫，遗址尚存。"拜寺口南山之巅，即今镇木关口。见陈明猷校勘本，银川：宁夏人民出版社，1985年，第174页。

④[清]张鉴《西夏纪事本末》卷首下"西夏地形图"在贺兰山中标有"木栅行宫""卫国殿"，见龚世俊等校注本，兰州：甘肃文化出版社，1998年，第12—13页所夹插图。

⑤史金波《西夏汉文本〈杂字〉初探》，载白滨等《中国民族史研究（第2辑）》，北京：中央民族学院出版社，1989年，第167—168页。

⑥[西夏]骨勒茂才著，黄振华等整理《番汉合时掌中珠》，银川：宁夏人民出版社，1989年，第44—46页。

《西夏纪事本末》记载,在"蕃汉杂居"的麟州府:

> 廨舍庙宇,覆之以瓦;民居用土,止若栅焉。架险就中,重复
> 不定,上引瓦为沟,虽大澍亦不浸润。其梁、柱、榱题,颇甚华丽,
> 城邑之外,穿庐窟室而已。①

可见中华人民共和国成立后的西夏人民包括大量的汉人在内,主要
以定居为主。民居往往比较简陋,不易保留,所以,到目前为止在考古中还
很难发现。

而佛教寺庙建筑往往富丽堂皇、高大庄严,内部千姿百态的佛、菩萨
造型,使信众产生敬畏感和对佛的崇拜。西夏时期修建了大量的寺庙,塔
寺林立,到了明代,仅贺兰山中还遗留有百余所西夏颓寺。②从文献和考
古资料可知,西夏有两大主要的佛寺建筑分布中心,即京畿地区的兴庆
府—贺兰山一线和河西走廊沿线地区。前者主要有承天寺、高台寺、大度
民寺、五台山寺、贺兰山佛祖院、安庆寺、田州塔寺、慈恩寺、大延寿寺等,
后者主要有卧佛寺、护国寺、崇圣寺、圣容寺、诱生寺、崇庆寺、白塔寺和禅
定寺等。③

西夏法律文献《天盛改旧新定律令》规定:

> 佛殿、星宫、神庙、内宫等外,官民屋舍上除花外,不允装饰

---

① [清]张鉴撰,龚世俊等校注《西夏纪事本末》卷10,兰州:甘肃文化出版社,1998年,第
68页。

② [明]胡汝砺编,管律重修,陈明猷校勘《嘉靖宁夏新志》卷1,银川:宁夏人民出版社,1985
年,第12页。

③ 史金波《西夏佛教史略》,银川:宁夏人民出版社,1988年,第117—121页;王元林《武威
发掘白塔寺遗址》,《中国文物报》2000年5月24日第1版。

　　大朱、大青、大绿。旧有亦当毁掉。若违律，新装饰，不毁旧有时，
当罚五缗钱，给举告者，将所饰做毁掉。

　　　前述敕禁有用金玉衣、鞶鞍、枪刀、冠子等，装饰屋舍时用金
饰等，匠人有官罚马一，庶人十三杖。①

　　从以上西夏法律条文可见，西夏建筑形制的伦理通过高度程式化的
各种规定来落实，单体建筑的开间数和细部装饰，院落组群建筑的布局，
都有固定的技术要求，营造工艺也很规范。中国古代建筑有严格的尊卑贵
贱等级之分，并且有明确的典章制度规定。西夏延续了唐以来的这种等级
制度，对不同等级的官署及其宅第的形制规模都做了详细的规定，并用法
律的手段加以控制。②

---

①史金波、聂鸿音、白滨译注《天盛改旧新定律令》，北京：法律出版社，2000年，第283页。
②陈育宁、汤晓芳、雷润泽《西夏建筑研究》，北京：社会科学文献出版社，2016年，第14页。

第四节　西夏与金代岩山寺文殊殿建筑画比较

　　西夏与金是北方并峙的两个少数民族政权,一西一东,从1115年金建立到1227年西夏灭亡,前后约112年。这期间两个王朝有过激烈的战争,也有过友好的交往,在政治、经济、文化等方面相互有广泛的影响。

　　金与西夏一样,统治者佞佛。金太宗在灭辽之后,认识到佛教在安邦固国方面的巨大作用,一改之前"僧献佛骨,却之"[①]的态度,在山西境内建起了佛寺。到金熙宗时期,佛教兴盛起来,兴建或重修了很多寺院,山西境内有大同的华严寺、善化寺、繁峙县岩山寺、五台山佛光寺,辽宁境内有义县奉国寺,山东境内有济南灵岩寺,以及上京储庆寺、燕京谭拓寺等。此外,在陕北延安地区还开凿了大量的佛教石窟。

　　岩山寺是金代留存的集绘画、雕塑为一体的建筑,位丁山西五台山北麓繁峙县城东南约36公里的天岩村。寺内建筑多有修葺,唯文殊殿虽也在元代时揭顶重修过,但四周壁画仍保留了金代的原貌。

---

①[元]脱脱等《金史》卷3,北京:中华书局,1975年,第48页。

《繁峙灵岩院水陆记碑》(碑阳)载:

> 窃夫水陆是大因缘,昔者阿难见其面口,免生恶趣;梁武梦
> 僧告作水陆,救拔幽明;志公劝帝广寻经典,亲制仪文。……梁武
> 梦僧志公劝帝亲制仪文,始建道场,设祭事,舍金山寺,兹教法行
> 于诸处,所致有干戈,是匿不传。至唐英公禅师异人告指仪文,求
> 度群迷于义济躬阐鸿教, 然后布行天下。太宗为经战阵之所立
> 寺,荐救阵亡之士,何况此邦乃平昔用武争战之地,暴骨郊原,沉
> 魂滞魄,久幽泉壤,无所凭依。男观女睹,嗟泪垂弹,岂不伤哉!极
> 感厚人矜闵,一方相乱,命工图像,凡绘水陆一会,故以斯缘留意
> 资拔极乐弥陁一念,洪明各灭罪恒沙,约其费施,上助善提之因,
> 下拔沉轮之苦。[1]

据文献所述,岩山寺所在地为古战场之一,金太宗在此建寺是为了超
度死去的亡灵。另据寺内西壁南端上方的画工题记,此画为金大定七年
(1167 年)由宫廷画师王逵和王道等人所作。

文殊殿的壁画保存较好, 是金代壁画之佳作, 殿内四壁绘满佛教壁
画:东壁中间绘释迦牟尼说法图,两侧绘鬼子母本生故事和须阇提太子本
生故事;西壁绘佛传故事,描绘释迦牟尼自"投胎""降生"到"成佛"的事
迹;南壁漫漶,描绘有殿宇楼阁和一排供养人;北壁描绘五百商人航海时
遇难的故事和一组塔寺。壁画内容丰富,形象生动,笔力刚劲,技法纯熟,
设色浑厚,风格精细秀丽,与北宋院体画风非常接近。

西夏洞窟与岩山寺文殊殿的建筑画, 都描绘的是一幅幅完整的宫城

---

①柴泽俊、张丑良《繁峙岩山寺》,北京:文物出版社,1990 年,第 214—215 页。

和殿宇,它们的绘画表现精度非常高,甚至可以据此描绘出一幅平面
图来。

在文殊殿东壁释迦说法图左侧,画一组建筑群落宫殿,整个建筑外有
城墙,正面有城门,顶上建一单檐庑殿顶、面阔三间的门楼,门楼两侧的斜
廊连接着两边的朵楼,朵楼两侧的回廊亦连接单檐的角楼,角楼向后转
向。主殿是重檐歇山顶,面阔三间,左右有配殿。无论是大殿还是城门、台
阙,其屋顶在正脊上均配用鸱尾。斗拱上挑,一杪二昂或一杪一昂,殿前月
台边缘有钩阑。与西夏壁画中的建筑相比,其基本结构和造型样式一致,
但这组建筑显然规模略小一些。榆林窟第3窟观无量寿中的建筑画场面
博大,气势恢宏,主要为庞大的庭院式建筑群,主殿也是重檐歇山顶三开
间大殿,殿左右接后廊,殿前庭院左右是重檐歇山顶的两层楼阁,四面各
接出一龟头屋,错落有致。正前方建有三开间的重檐歇山顶三门,中间回
廊相连。总结这两者之间的相同点,主要体现在庭院式建筑、重檐歇山顶、
屋顶相望鸱尾、主殿面阔三间、四周回廊相连、山门矗立前方等部分;从结
构及其形制上看,它们只是相同建构的不同组合形式而已。

文殊殿西壁的宫殿建筑,根据佛经故事得出是净饭王的皇宫。宫殿绕
有回廊,四面设门,正中建主殿(图5-22)。主殿由前殿和后殿组成,前后
相连,前殿是三开间,重檐歇山式屋顶,殿前有台阶,阶前有月台,四周勾
栏环绕,檐下斗拱出挑,殿顶鸱尾相望,琉璃瓦排列整齐。文殊山万佛洞弥

图5-22　山西繁峙县岩山寺文殊殿西壁金代壁画中的建筑

勒经变中的建筑在布局上与其基本相似,主殿设有前后殿,殿前左右两边是两层楼阁,正前方是三座门楼,四周有回廊连接。而它们的区别主要体现在后者屋顶为单檐式,殿前有水榭和双层楼阁,四面没有设置城门,这种寺庙建筑在功能上与皇宫的设置有很大的区别。

傅熹年先生认为,王逵作为金代御前承应画匠肯定到过金中都,所创作的文殊殿壁画是对金代中都宫殿的反映,他把关于记载金中都宫殿的南宋人楼钥的《北行日录》、范成大的《揽辔录》和周焯的《北辕录》中的描述绘制成一幅示意图,发现与文殊殿壁画所绘的宫殿在布局和造型上有很多相似之处。①

"十"字形宫殿是宋代建筑的一大特色。河北正定隆兴寺宋代建筑摩尼殿(图5-23)始建于仁宗皇祐四年(1052年),建筑面宽五间,进深五间,为重檐歇山顶,其平面呈"十"字形,是国内现存早期建筑中保存至今的特例。西夏榆林窟第3窟主殿前左右两边各有一重檐双层楼阁(图5-24),

图5-23　河北正定隆兴寺摩尼殿

---

① 傅熹年《山西省繁峙县岩山寺南殿金代壁画中所绘建筑的初步分析》,载傅熹年《名家专题精讲·中国古代建筑十论》,上海:复旦大学出版社,2004年,第84页。

楼阁四面有龟头殿,呈现出"十"字形的平面佛殿,与金代岩山寺文殊殿东壁鬼子母本生故事之宫中宴乐中重檐十字歇山顶楼阁基本相似(图5-25)。这种样式的建筑,应出自宋代建筑绘画粉本。它与隆兴寺现存宋代建筑基本相同,是宋、金、夏在建筑上的一个显著特征。

岩山寺文殊殿金代壁画场面宏大,可谓辉煌巨制,有金代宫廷壁画之风貌。有研究者称其出自北宋入金的宫廷画师之手,其建筑画如同金中都和北宋汴梁的宫殿寺

图5-24 榆林窟第3窟观无量寿经变

图5-25 山西岩山寺文殊殿壁画中的建筑

观一样,气派恢宏,反映了北宋建筑文化在周边地区的传播与发展,是宋金时期建筑和绘画相互交流的重要例证。虽然画中所画的这些建筑是佛教理想境地的反映,但是佛经中没有明确规定,因此,画师在艺术表现上参照的是现实中的样式,与当时的生活紧密相关。无论是宋、金,还是西夏,画师们在绘制上都是从生活实践中观察所得,显示出了这一时期木构建筑的巍峨壮丽和艺术特色①。

敦煌西夏石窟建筑画是西夏汲取中华传统建筑文化尤其是唐宋营养之后在建筑艺术上的表现和升华。这些建筑画是不可多得的描绘西夏建筑的图像资料,可以弥补西夏在建筑史上的空缺,也比较真实地反映了当时的社会生活。正如梁思成先生所论:"敦煌壁画中从北魏至元数以千计的,或大或小的,各型各类各式各样的建筑图,无异为中国建筑史填补了空白的一章。它们是次于实物的最好的、最忠实的、最可贵的资料。"②此外,西夏美轮美奂的建筑画反映了画工们对生活观察、体验、模拟、感悟以及想象后的艺术表达。无论在门窗、柱枋、斗拱、屋顶和背饰,还是在台基、台阶、勾栏、城垣,以及内壁、院墙等上面都有精彩的装饰性的描绘表现,突出地表现了当时建筑文化唯美的社会风尚,饱含画工浓烈的主观情绪、艺术理想、宗教色彩和精湛技艺,因而富有形神兼备的创造精神。

西夏建筑画表现出与宋辽金建筑画的相似性。中原高度发达的汉文化,对周边各民族文化影响至深,无论是建筑布局,还是建筑构件、装饰彩画等都不例外。敦煌西夏的建筑画将中国传统建筑艺术推上了一个高峰,建筑艺术与壁画艺术融为一体,相得益彰,互添光彩,成为彰显着深厚文化内涵的艺术图像。

通过前文研究可以看出,西夏的文献和图像资料中,对西夏的建筑有

---

①孙昌盛《西夏建筑的艺术特性》,《宁夏社会科学》2000 年第 1 期,第 89 页。

②梁思成《梁思成谈建筑》,北京:当代世界出版社,2006 年,第 107 页。

较为清晰的勾描和再现,西夏人在不断地学习借鉴中向前发展,试图从原始的游牧部落走向较为发达的封建社会。由此笔者认为:

首先,从榆林窟第3窟、东千佛洞第2窟等石窟绘画中的建筑画来看,其粉本来源应是宋代。宋代市民文化的兴起、建筑业的繁荣等促进了建筑画的发展,宋代的界画达到了前代未有的高度,众多的界画也很自然地成为西夏人竞相学习的范本。

其次,西夏建筑画规模宏大,样式繁多,反映出西夏画工精湛的技艺。西夏的手工业较为发达,政府中央就设置有各类手工院和司,包括各类工匠,成为石窟绘制、建筑实施的重要力量。如此宏大精致的建筑画,也体现出西夏绘画的高度写实主义,是西夏绘画史上浓墨重彩的一笔。

再次,党项羌作为少数民族,其自身的文化较之中原王朝落后很多,他们在很大程度上有一种文化自卑感,为了消除这种自卑心理,除了武力上的征战,对先进中原文化的学习以补足差异便是最好的选择。西夏建国前主要以畜牧、狩猎为生,过着"逐水草牧畜,无定居""衣皮毛,事畜牧"的原始游牧生活,对中原建筑艺术样式的借鉴与学习,是他们主动向先进文化靠近的表现。

第六章

敦煌西夏石窟中的装饰图案

第一节 敦煌石窟装饰图案考察

北朝初期，敦煌石窟装饰图案以西域样式为主。北魏时期由于都城的东移、南移，外来图案与中原样式相结合，形式更加多样，尤其是北朝洞窟人字披的窟顶仿椽式建筑，一条条分区间绘制的西域式缠枝莲荷纹、天人持莲纹（图 6-1）等，成了这一时期的一大装饰特点。平棋绘制（图 6-2）也非常丰富，多绘制于窟顶后部，占据了大部分位置，以套斗方井为主，如同殿堂的顶

图 6-1 莫高窟北魏第 254 窟天人持莲纹

图6-2　莫高窟北周第428窟平棋

部。北朝流行的图案还有云气纹、几何纹、忍冬纹等。

隋唐时期,政治稳定,经济繁荣,石窟装饰图案的发展达到了高峰。初唐石窟装饰丰富、新样繁多,最具特色的是具有西域韵味的葡萄纹、石榴纹藻井,主流纹样是桃形瓣莲花藻井和缠枝卷草纹边饰。盛唐时期石窟装饰发展到极盛,以莲花团花藻井、石榴卷草纹边饰为代表,色彩绚丽宝气,结构严谨完美。吐蕃统治河西以后,石窟装饰图案出现了明显的变化,风格上从繁缛浓艳变得雅致秀丽。中唐的石窟装饰以窟顶藻井、龛顶平棋、边饰、佛菩萨背光和头光为主,图案数量有所减少,形成了地方特征。到了晚唐,图案多承袭中唐旧样,逐渐程式化、简易化,只有凤鸟、狮子、芝草纹样新颖,并影响了五代。此外,晚唐大量女供养人的服饰纹样,成为这一时期图案的新气象。五代装饰纹样在前期基础上继续向着简洁、程式化演变,但画院画师们没有安于守旧,新的装饰样式应运而出,以团龙为主题的新图案创造出属于那个时代特有的形式,象征着皇权的至高无上,同时狮凤花草纹、凤鸟花卉纹边饰得到应用。宋初石窟图案仍然尚存五代遗风,藻井边饰大多绘制垂幔,窟顶及四披多为平棋团花,佛龛口沿上多绘

有团花纹、山花蕉叶或卷草、团花纹边饰。（图6-3、图6-4）

西夏早期洞窟多以重绘前代为主，装饰图案基本上沿袭了五代宋样式。到了中晚期，出现了新的中原纹样和藏传密教装饰纹样，这对于整个敦煌石窟来说，装饰图案的发展又出现了一个小高潮，图案在洞窟中所占的面积之大、样式之多，在历代洞窟装饰中少见。西夏的装饰图案主要分布在窟顶藻井、覆斗顶的四披、人字披、盝形龛龛顶及甬道顶等，此外各种边饰、龛楣、莲花座、佛背光、服饰等中也有出现。总的来说，一般在洞窟中较高的位置以及说法

图 6-3　莫高窟隋第 407 窟三兔莲花纹藻井

图 6-4　莫高窟盛唐第 103 窟桃形瓣莲花纹藻井

图、经变画四周龛楣等边沿都配置了各种装饰图案。这些图案有龙纹、凤纹、交杵纹、几何纹、禽鸟花草纹、垂幔纹及坛城图等，它们无论是在组织

结构还是色彩配置方面,都表现出比较鲜明的中原、吐蕃以及西域等地的特点。敦煌研究院关友惠先生指出:"西夏文化深受中原汉文化影响,佛教深受吐蕃藏传密教影响,因此西夏石窟图案明显地呈现着多种文化成分的特征。"①

　　研究西夏图案的主要有敦煌研究院关友惠先生和刘玉权先生,他们对敦煌装饰绘画的研究影响深远。关先生编纂的《敦煌石窟全集14·图案卷(上、下)》②和撰写的论文《敦煌宋西夏石窟壁画装饰风格及其相关的问题》③等,对宋、西夏装饰图案进行详尽梳理后,认为莫高窟"那些'西夏前期壁画'是北宋曹氏瓜、沙地方风格,'后期石窟'壁画是中原两宋与西夏那个大时代的风格。而最能代表这两种风格的是石窟内的装饰纹样,不同地域风格的装饰纹样自然是合并不拢的"④。他把属于曹氏瓜、沙地方风格的"西夏前期"石窟装饰纹样时代统改为宋;同时,又把那些属于"西夏后期"风格的元代石窟装饰纹样时代改为了西夏。这样一来,他认为西夏的装饰纹样主要集中在榆林窟第2窟、第3窟、第10窟、第29窟,东千佛洞第2窟、第4窟、第7窟。关先生的这一划分是依据图案的风格类型确定的,对研究莫高窟图案历史发展和图案的演变具有重要的意义。然而这一论断带来了一些无法解释的问题,即西夏在莫高窟有没有重绘过壁画?诸多学者研究表明,西夏在莫高窟无疑是重绘过洞窟的。如果是重绘,那么曹氏画院画师们对莫高窟绘画的延续性应该在西夏控制沙州后一直存

---

①敦煌研究院主编《敦煌石窟艺术全集·图案卷(下)》,上海:同济大学出版社,2016年,第219页。

②敦煌研究院主编《敦煌石窟全集·图案卷》,北京:商务印书馆,2001年。

③关友惠《敦煌宋西夏石窟壁画装饰风格及其相关问题》,载敦煌研究院编《2004年石窟研究国际学术会议论文集(下)》,上海:上海古籍出版社,2006年。

④关友惠《敦煌宋西夏石窟壁画装饰风格及其相关问题》,载敦煌研究院编《2004年石窟研究国际学术会议论文集(下)》,上海:上海古籍出版社,2006年,第1110页。

在,所以在西夏重绘的洞窟中出现五代宋样式也不足为奇。因此,西夏早期重绘的洞窟装饰图案理应成为西夏装饰图案的研究范畴。

刘玉权先生在《敦煌莫高窟、安西榆林窟西夏洞窟分期》①一文中运用风格类型学的方法,选择了"主要壁画题材""佛、菩萨面部造型"和"主要装饰图案"三个内容作为类型分析对象和分期的主要依据,在该文中刘先生把装饰图案分为早中晚三期,并按其作用及分布之不同,又分为藻井心、平棋、团花、边饰、帷幔五大类,边饰一类按组织结构不同又分为团花纹边饰、几何纹边饰和连续波状纹边饰。文章图文并茂,按期按类进行详细对比,从考古学的角度分析了西夏装饰图案的图式结构和发展演变过程。但遗憾的是文章没有涉及东千佛洞的西夏图案。

以上两位学者的研究成果对西夏装饰图案的贡献有目共睹,但毕竟西夏石窟艺术的研究才刚刚起步,进一步探讨的空间很大。本章在梳理西夏时期洞窟装饰纹样类型和内容的基础上,将西夏典型的榆林窟窟顶装饰图案放入一个系统之中进行研究,认为这一新样式与墓葬艺术有一定的联系。此外,对西夏装饰图案中的葡萄云纹、火焰云纹和铺满式底纹的特征作一探讨。

---

①刘玉权《敦煌莫高窟、安西榆林窟西夏洞窟分期》,载敦煌研究院编《榆林窟研究论文集(下)》,上海:上海辞书出版社,2011年,第239—262页。

第二节　敦煌西夏石窟装饰图案的类型和内容分析

一、藻井井心

(一)龙、凤纹井心

龙作为祥瑞是中华民族传统文化的一部分，它的形象在汉代前就已经形成。在敦煌自北朝起洞窟绘塑中就有龙的表现，五代宋敦煌石窟的龙纹藻井盛行，宋代郭若虚《图画见闻志》叙论专列"论画龙体要"[①]，还总结出画龙"三停九似"的妙诀，西夏继承了前代曹氏画院的传统，在龙凤纹样应用与表现上得以加强，不仅造型十分精美，而且数量增多。据《敦煌莫高窟内容总录》统计，莫高窟西夏重绘的洞窟中龙、凤藻井达 32 窟之多，其中龙纹藻井图案有 29 幅，凤纹藻井图案有 2 幅，龙、凤合璧者 1 幅。[②]榆林

---

①[宋]郭若虚《图画见闻志》叙论，载俞剑华《中国历代画论大观·第二编宋代画论(一、二)》，南京：江苏凤凰美术出版社，2016 年，第 23—26 页。

②敦煌文物研究所编《敦煌莫高窟内容总录》，北京：文物出版社，1982 年。

窟西夏洞窟龙纹藻井
1 幅，甬道顶凤纹 1
幅。[1]东千佛洞甬道顶
龙、凤装饰图案 1 幅。[2]

　　西夏龙纹以单龙
为主，也有双龙、四龙、
五龙以及龙凤的结合，
可谓形式多样。其造型
多为团龙，组合形式有
团龙鹦鹉、二龙戏珠、
团龙莲花与云纹，多用
于藻井位置和甬道顶。

　　莫高窟第 16 窟藻
井井心是一浮塑描金
展翅飞翔的凤凰，凤尾
绕圆成一环状，装饰感
强烈，团凤的外围卷瓣
莲花环绕，长方形的四
角同样为浮塑描金状

图 6-5　莫高窟第 16 窟藻井

图 6-6　莫高窟第 234 窟藻井

的四条飞龙，它们首尾相接，龙飞凤舞，典雅庄重，动感强烈（图6-5）。第
234 窟的方形藻井（图 6-6）也是一浮塑描金的戏珠蟠龙，石绿底色，蟠龙
龙身纤细修长，与宝珠相映成趣。外环的莲花瓣镶嵌宝珠，与四角的蟠龙

---

　　①霍熙亮《榆林窟、西千佛洞内容总录》，载敦煌研究院编《榆林窟研究论文集（上）》，上海：
上海辞书出版社，2011 年，第 131—159 页。
　　②王惠民《安西东千佛洞内容总录》，《敦煌研究》1994 年第 1 期，第 127 页。

图 6-7　榆林窟第 2 窟藻井

图 6-8　莫高窟第 245 窟窟顶藻井

形成了戏珠样式,整个藻井盘旋飞腾,动静结合,尤为壮观。榆林窟第 2 窟藻井是西夏晚期最为经典的藻井之一,井心飞龙盘旋环绕,龙头高昂,四爪挥舞,尤其是龙的外圈以黑、白、红、绿等色绘成具有急速旋转动势的环状图案,给人以强烈的视觉艺术感受(图 6-7)。莫高窟第 245 窟窟顶藻井盘龙的描绘虚实结合,具有立体感(图 6-8)。

西夏龙、凤藻井洞窟占西夏洞窟将近一半,其造型奇特新颖,绘制水平精湛。在绘制过程中使用了大量的沥粉贴金与描金,使得整个洞窟金碧辉煌、高贵富华,这只有皇室才有实力打造。正如西夏法典中规定的那样,任何官民不准以龙、凤做装饰,只有皇帝才有法律化的特权。

(二)交杵纹井心

交杵纹是由金刚杵垂

直相交而成的十字形装饰图案。金刚杵本是古代印度的一种兵器，后来被佛教借用成为降服恶魔的法器。这种纹样，在北宋和西夏早期的石窟中绘制较多。

西夏时期的交杵纹井心主要出现在莫高窟第30窟、第281窟、第382窟等窟，而第87窟为交杵团花井心，第291窟、第326窟、第328窟为交杵卷瓣莲花井心，第206窟主室窟顶藻井为莲花杵井心。其中第87窟的交杵团花井心，中心是浮塑描金的交杵纹，在其周围有宝珠卷云纹式的花朵组成一圈大团花，方井四周有半团花纹、联珠纹、回纹、卷草纹等边饰（图6-9）。第326窟窟顶中心同样是双头三股叉的交杵纹，外绘卷瓣莲花，四角绘云头纹角花（图6-10）。

图6-9　莫高窟第87窟窟顶交杵纹藻井

图6-10　莫高窟第326窟窟顶交杵纹藻井

（三）团花纹井心

莫高窟西夏石窟团花纹藻井较多，主要在第27窟、第37窟、第88

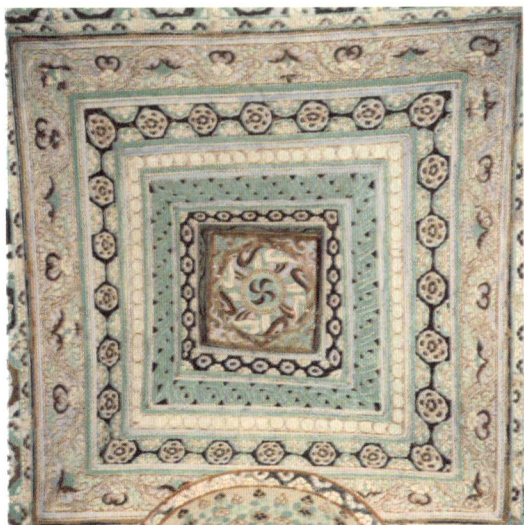

图 6-11　莫高窟第 27 窟卷瓣莲花纹藻井

图 6-12　莫高窟第 330 窟团花藻井

窟、第 151 窟、第 164 窟、第 224 窟、第 324 窟、第 327 窟、第 330 窟、第 348 窟、第 349 窟、第 350 窟、第 352 窟、第 354 窟、第 356 窟、第 399 窟等窟顶藻井团花井心，其中第 27 窟、第 37 窟、第 88 窟、第 164 窟为卷瓣莲花井心，第 327 窟主室窟顶藻井为浮塑团花莲花井心。第 27 窟藻井的莲花形象简洁，莲瓣用深浅两色交错涂饰，花心为反向叶片形，视觉上整体呈现旋转的动态（图 6-11）。第 330 窟井心为八瓣团花，花瓣以白、石绿色相间，深底色，方井外为卷曲云头和宝珠火焰结合的一种品字形的赭红线白描连续纹样（图 6-12）。

（四）六字真言莲座纹井心

榆林窟第 29 窟藻井井心为六字真言莲座纹（图 6-13），在该窟的覆斗顶藻井井心上有莲花，花瓣上书写了六字梵文真言。此藻井现残一半。刘玉权先生认为："西夏人把六字真言安置在窟顶中心莲花瓣上，其宗教含义是在祈求佛力加持,驱邪恶,得福祉;免除地狱之苦,得享天堂之乐。"①他也指出,这种形式是极其罕见的,也是极具创意的,把宗教语言同艺术形式通过构思设计融为一体,创造出了既有宗教内涵又有审美价值的宗教艺术品。同样,莫高窟第95窟前室盝形龛顶也出现了六字真言(图6-14)。

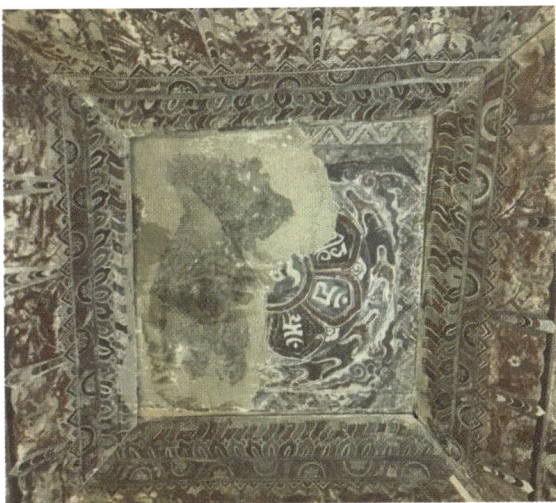

图6-13　榆林窟第29窟窟顶藻井

(五)坛城图井心

西夏中后期,吐蕃藏传佛教的传入为西夏装饰图案带来了新内容,出现了以密宗坛城图(曼荼罗)为窟顶藻井井心的装饰图案。

图6-14　莫高窟第95窟前室盝形龛顶

榆林窟第3窟窟顶中心为圆形坛城,向内一层方坛,一层圆坛,坛内绘佛、菩萨、金刚等像。大坛外周有数层边饰(图6-15)。这种窟顶图案,是西夏

①刘玉权《榆林窟第29窟考察研究》,载敦煌研究院编《榆林窟研究论文集(上)》,上海:上海辞书出版社,2011年,第372页。

图6-15　榆林窟第3窟窟顶藻井

图6-16　榆林窟第10窟窟顶藻井

时期的初创。第10窟窟顶所绘的八叶莲花九尊佛藻井井心，同样具有曼荼罗的图像特点，整个井心内圆外方。方形内为同心圆，中心圆绘一坐佛，与外圆内的八尊坐佛形成了阿弥陀九品曼荼罗，八尊坐佛的背光在形式上似莲花的八瓣，由此组成了八叶九尊佛（图6-16）。画师在结构设计上巧妙独特，别具一格。从上述两窟的窟顶可以看出，西夏人吸收了吐蕃佛教文化，形成了自己特有的装饰样式，这是西夏装饰图案非常显著的特点。

二、平棋

莫高窟第408窟人字披形窟顶遍布棋格团花图案，此图为窟顶东披南侧的一部分，半团花纹枋条组成棋格方井，井心分别绘方瓣、圆瓣两种不同的八瓣莲花，内圆绿地花心绘四瓣花，叉角各绘一云纹（图6-17）。由于两种不同的团花图案和不同色相的地色，上下左右交替，四方连续伸展,显得庄重而富丽。第 130 窟、第 165 窟、第 234 窟窟顶造型大致相同,都是在四披上画棋格团花(图 6-18)。

图 6-17　莫高窟第 408 窟窟顶平棋

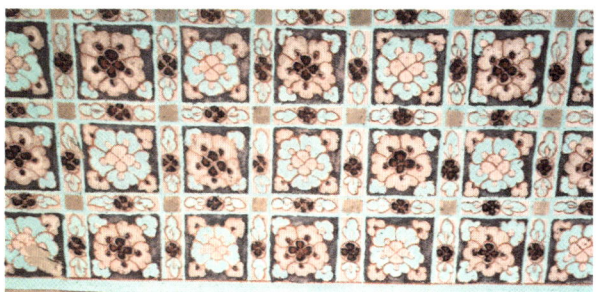

图 6-18　莫高窟第 165 窟窟顶平棋

三、边饰

(一)几何纹边饰

西夏的几何纹有联珠纹、回纹、龟甲纹、菱形纹等,这些纹样基本上都能在宋代李诫的《营造法式》卷三十三"彩画作制度图样"中找到粉本。

1. 联珠纹。联珠纹广泛流行于中亚地区,是最能代表该地区特色的图案之一。其造型由同样大小的圆圈或圆珠连续排列组成，大量用于编织物、瓷器、宫廷建筑等各种物品上。联珠纹从北朝时期传入我国，在敦煌石窟各个朝代的洞窟中都有绘制（表 6-1）。

表 6-1　西夏石窟中的联珠纹边饰列表

类型	窟号及位置	边饰图案
联珠纹	莫高窟第 27 窟窟顶藻井	
	莫高窟第 165 窟窟顶藻井	
	莫高窟第 376 窟窟顶藻井	
	榆林窟第 2 窟窟顶藻井	
	榆林窟第 2 窟窟顶藻井	
	榆林窟第 2 窟窟顶藻井	
	榆林窟第 10 窟窟顶藻井	
	榆林窟第 10 窟窟顶藻井	
	东千佛洞第 7 窟后甬道顶	

2. 回纹。敦煌石窟中回纹主要流行于中晚唐至西夏，图案样式主要有"天"字、"工"字、"香印"纹等，它们与《营造法式》中的完全相同，有的像汉字"王"、有的像"工""天"字，都是以汉字形象命名的。"香印"又称"香篆"

"印香""篆香"，是古代把香末按照编排成篆字的形象点燃来计算时间，这种富贵不断头纹样表示吉祥。西夏的藻井边饰中大多出现一层或两三层回纹，基本上模仿的是中原木构建筑彩画。西夏敦煌石窟中的回纹源于唐，后不断发展，逐渐变得丰富、华丽，到五代宋西夏时期形成了百年未变的固定样式（表6-2）。

表6-2　西夏石窟中的回纹边饰列表

类型	窟号及位置	边饰图案
回纹	莫高窟第165窟窟顶藻井	
	莫高窟第376窟窟顶藻井	
	榆林窟第2窟窟顶藻井	
	榆林窟第2窟窟顶藻井	
	榆林窟第3窟窟顶藻井	
	榆林窟第10窟窟顶藻井	

3. 龟甲纹。《营造法式》中记载，龟甲纹有四出龟纹与六出龟纹，这是一种以圆环、龟甲、支干等重叠交错、相互套联的四方连续纹样。榆林窟第3窟窟顶边饰中有一圈六出龟纹，纹样主要以六边形为基本造型，各环成同心状，六出支干成发射形贯穿到六边同类造型中，内心为"人"字状，以群青蓝、石绿、赭红、深褐、白色相间。此外，榆林窟第10窟窟顶绘有四出龟甲和交脚龟纹，每个单元纹样间相互套联，叠次有致，色彩基本上与榆林窟第3窟六出龟纹相同（表6-3）。

表6-3   西夏石窟中的龟甲纹边饰列表

类型	窟号及位置	边饰图案
龟甲纹	榆林窟第3窟窟顶藻井	
	榆林窟第10窟窟顶藻井	
	榆林窟第10窟窟顶藻井	

4.菱形、三角形纹。榆林窟第2窟的藻井是西夏的代表图案之一,从藻井井心到四边边饰依次是回纹、联珠纹、缠枝花草纹、联珠纹、菱形花草叶、回纹、联珠纹、菱格纹、联珠纹、团花纹、回纹、垂幔纹等,其中菱形纹如同《营造法式》中的柿带纹一样,都是以菱格为一个单元格来装饰的,但榆林窟第2窟格内纹样为新创的样式(表6-4)。

表6-4   西夏石窟中的菱形、三角形纹边饰列表

类型	窟号及位置	边饰图案
菱形、三角形纹	莫高窟第223窟窟顶藻井	
	莫高窟第224窟窟顶藻井	

续表

类型	窟号及位置	边饰图案
菱形、三角形纹	榆林窟第 2 窟窟顶藻井	
	榆林窟第 2 窟窟顶藻井	
	东千佛洞第 2 窟前甬道顶	
	榆林窟第 29 窟窟顶藻井	

5. 圆环套联纹。圆环套联纹亦称联泉纹,《营造法式》称为"球璐纹",即以一大圆为一个单元,向上下左右四周循环发展,各圆相套相连,形成四方连续纹样,圆内常以花卉、鸟兽或几何形组成主题图案,它是唐代联珠纹和团花图案发展的变革。西夏榆林窟第 3 窟窟顶藻井边饰第一圈为圆环套联纹,圆环上下套叠,左右相联,圆内成四角形,内画四叶纹。另外,莫高窟第 61 窟甬道顶中部画圆环套联纹,圆内为六叶花卉,红绿相间;榆林窟第 10 窟甬道顶绘制了双凤圆环套联纹,中心圆中双凤展翅盘旋飞翔,圆外环环相套,十分精美(表 6–5)。

表 6–5　西夏石窟中的圆环套联纹边饰列表

类型	窟号及位置	边饰图案
圆环套联纹	榆林窟第 3 窟窟顶藻井	

续表

类型	窟号及位置	边饰图案
圆环套联纹	莫高窟第 61 窟甬道顶	
	榆林窟第 10 窟甬道顶	

(二)团花纹边饰

团花是图案装饰中常见的纹样,在敦煌石窟中应用非常广泛。它外形为圆,把花卉变形处理于一个圆内,多绘在藻井、平棋、圆光、边饰中,花瓣枝叶层层环绕,聚集一团。

西夏时期团花以早期石窟居多,基本上延续了前代的装饰形式。团花边饰有团花与半团花两种,莫高窟第 27 窟、第 165 窟、第 207 窟等窟以及榆林窟、东千佛洞都有团花边饰图案。此外,团花也多出现在窟顶藻井和平棋中(表 6-6)。

表 6-6　西夏石窟中的团花纹边饰列表

类型	窟号及位置	边饰图案
团花纹	莫高窟第 27 窟窟顶藻井	
	莫高窟第 165 窟窟顶藻井	

续表

类型	窟号及位置	边饰图案
团花纹	莫高窟第 207 窟龛楣	
	莫高窟第 400 窟窟顶藻井	
	榆林窟第 2 窟窟顶藻井	
	榆林窟第 29 窟窟顶藻井	
	东千佛洞第 5 窟后甬道顶	

（三）波状卷草纹边饰

禽兽花草纹是西夏石窟中出现较多的装饰图案，主要在藻井边饰和甬道顶上，表现形式为花草纹中搭配禽兽纹。

禽兽纹以榆林窟第 3 窟、第 10 窟藻井边饰和东千佛洞第 2 窟、第 7 窟甬道顶为代表，它们都是西夏装饰艺术的杰作。榆林窟第 3 窟坛城藻井边饰波状禽兽花草纹，在缠枝和花草间的白色云朵上浮现着多种祥禽和瑞兽，有天马、麒麟、孔雀、虎、羚羊、牛、大象和狮子等，它们刻画生动，从舞动、飞翔、奔跑等形态中，透出一种灵气，从飘扬的装饰彩带中显出一种瑞祥。榆林窟第 10 窟的藻井边饰中有 3 条禽鸟花草纹，这些纹饰极具创意，花草与禽鸟相间，烦琐有序，动静结合，有行象、奔狮、飞马、游龙、翔凤、鹦鹉、麒麟等，它们生动活泼、动态夸张，手法独特，用色明快。白马开翼俯冲,雄狮腾空疾驰,尤其是大象飘带绕身顿见轻捷,足以表现出画师们高超的技艺。东千佛洞第2窟窟门甬道顶画龙凤牡丹纹,石榴牡丹纹满地铺展,凤鸟、飞龙相映成趣,形象非常生动;东千佛洞第7窟后甬道顶画双鸾牡丹纹,牡丹纹、石榴与莲荷叶纹自由连接,圆心凤凰旋转飞翔等,都是西夏流行的装饰纹样(表6-7)。

表6-7　西夏石窟中的波状卷草纹边饰列表

类型	窟号及位置	边饰图案
波状卷草纹	莫高窟第16窟窟顶藻井	
	莫高窟第27窟窟顶藻井	
	莫高窟第130窟窟顶藻井	
	莫高窟第164窟窟顶藻井	
	莫高窟第165窟窟顶藻井	
	莫高窟第223窟窟顶藻井	
	榆林窟第2窟窟顶藻井	

续表

类型	窟号及位置	边饰图案
波状卷草纹	榆林窟第 3 窟窟顶藻井	
	榆林窟第 3 窟窟顶藻井	
	榆林窟第 10 窟窟顶藻井	
	榆林窟第 10 窟窟顶藻井	
	榆林窟第 10 窟窟顶藻井	
	东千佛洞第 2 窟窟顶藻井	
	东千佛洞第 2 窟窟顶藻井	

　　西夏花草纹的花形主要有两类,即莲花和牡丹。这些花形在创作的过程中,有的是单独一种连续,也有的是几种掺杂。在纹样生成的方法上,往往在二方连续边饰中以一枝条把每一单元纹样进行串联,而在甬道顶等面积较大的地方,画工们则以花朵、枝蔓、叶径等组成单元,以四方连续形式向四周扩展,形成繁花似锦的装饰感。这在《营造法式》中都能够找到对应的粉本样式。

　　莲花纹的花瓣以流畅的弧线勾成,花中有莲蓬,花形近于写生,它与唐代莲花花形有明显的承袭关系,并延续到明清。牡丹纹在西夏的各类装饰中大量出现,是应用最多的花形之一,在瓷器、织锦、金属器等工艺品中被广泛应用,与同时期宋、辽、金都非常相像,大概是与牡丹纹象征富贵吉祥的寓意有关。在众多变化丰富的牡丹纹中,关友惠先生将其总结为三类:"一种类似菊花,瓣片放射状,花中画一大石榴。第二种花瓣多裂卷曲状,花中亦画有石榴。这两种花饰应是石榴牡丹或海石榴。第三种花形多似团状,瓣片多裂,花中一般不绘物象,或有若似莲花、石榴的物形,以后演变成明清时的'宝相花',即花中有吉祥宝物。"①榆林窟第3窟坛城藻井由内向外有七条边饰,第三条边饰所绘缠枝牡丹纹,红色的花瓣与绿色的叶子相互衬托,意趣盎然,每一波浪是一个花繁叶茂的装饰单元,向左右两边延续,如行云流水,这是卷草纹发展的新样式。第六条缠枝牡丹纹是第三条的变式,在缠枝串联中是以花朵和瑞兽为一个单元左右连续的,都寓意了富贵吉祥。榆林窟第10窟八叶九佛图藻井边饰中同样绘制了类似的缠枝石榴牡丹纹。东千佛洞第2窟窟门甬道顶和第7窟甬道顶都是石榴牡丹纹满地铺展,凤鸟、龙等装饰其中,独特新颖。

(四)其他边饰

　　鱼鳞旗角纹多用于建筑彩画。清华大学李路珂在《甘肃安西榆林窟西夏后期石窟装饰及其与宋〈营造法式〉之关系初探(上)》中,将榆林窟第2窟南北壁分割经变画的边饰认为是仿木构建筑空间中柱子的彩画,其将壁面分割成"三间","从这几道竖向边饰的位置看,相当于木构建筑中的'柱',而其装饰纹样,也与《营造法式》中规定的柱子纹样吻合,因此可以视作装饰纹样对'柱'的模仿"②。这种仿柱子的彩画与《营造法式》中柱子

①关友惠《解读敦煌:敦煌装饰图案》,上海:华东师范大学出版社,2016年,第213页。
②李路珂《甘肃安西榆林窟西夏后期石窟装饰及其与宋〈营造法式〉之关系初探(上)》,《敦煌研究》2008年第3期,第7—8页。

绘画基本一样，下方红、绿、黑相间的鱼鳞旗角纹长叶状整齐向上排列，其装饰在敦煌石窟中为新纹样（图6–19）。

四、帷幔

帷幔纹是石窟在装饰中仿织物帷幔的图案，敦煌石窟中的帷幔纹最早见于北朝。西夏帷幔纹较之宋代有所创新，主要绘于藻井四边，窟内四壁上端，以布幔、五彩垂带、璎珞串珠纹组成，幔上端画有三角纹、如意云头纹，有单层与双层两种帷幔。榆林窟第3窟藻井边饰中帷幔纹的五彩带以石绿、赭红、石青三色相

图6–19　榆林窟第2窟、东千佛洞第5窟鱼鳞旗角纹

间，铃铛下垂，墨色勾线，"V"字形串珠连接彩带，赭石色帷幔自然下垂，形成褶纹。榆林窟第10窟窟顶帷幔纹，上端画双重卷云勾联如意纹，下端画密集的帷幔，五彩带间有璎珞串珠，帷幔织物褶纹表现出一种华贵感。莫高窟第61窟甬道顶垂幔为双层处理，彩带色彩丰富，上下贯通，璎珞青绿结合，珠光宝气，两头连接于彩带上端，上层赭石色垂幔褶皱处用石青色勾线，下层相接石绿色，绘制精美，是典型的西夏垂幔装饰纹样（表6–8）。

表6–8　西夏石窟中的帷幔纹边饰列表

类型	窟号及位置	边饰图案
帷幔纹	莫高窟第165窟窟顶藻井	

续表

类型	窟号及位置	边饰图案
帷幔纹	莫高窟第 207 窟窟顶藻井	
	莫高窟第 61 窟甬道上	
	榆林窟第 2 窟窟顶藻井	
	榆林窟第 3 窟窟顶藻井	
	榆林窟第 29 窟窟顶藻井	
	榆林窟第 10 窟窟顶藻井	
	东千佛洞第 5 窟窟顶	
	东千佛洞第 5 窟后甬道顶	

五、其他图案

西夏装饰图案不仅仅限于上述几类,在佛的华盖、莲座、佛床、建筑、器物、衣帽等处也绘有大量的装饰纹样,这些装饰纹不但实现了其功能上的意义,也在美学上得到了升华。莫高窟第 306 窟的华盖,倒立悬挂在菩萨头顶上,华盖上绘牡丹、芍药、菊花,云纹环绕,徐徐升起,熠熠生辉。莫高窟第 327 窟壶门图案,画工将壶门之形描绘于敦煌佛座、佛坛之内。图中有一身弹古筝的奏乐菩萨,菩萨半侧身,坐于壶门内,弹奏古筝。古筝横放于菩萨胸前,弹琴的手指清晰可见。菩萨头饰珠宝冠,发髻高耸,双眼平视,若有所思,嘴微张开,饰耳铛,脖颈上悬挂着项链、珠串,双手巧妙地拨弄着琴弦,斜披衣巾,露脚坐于圆形的地毯上。菩萨身上的飘带,将壶门的空间填满,飘带对称飘飞,将奏乐菩萨衬托得庄严和谐。莫高窟第 330 窟覆斗顶四斜披上,以土红色勾描填绘火焰、卷云等纹饰,组成桃形的单位纹样,作“品”字形四方连续,形成较大面积犹如团花的图案。除地色外,不施任何颜色。这种装饰图案,是敦煌石窟中的孤例。莫高窟第 409 窟西夏皇帝供养像,黑色长袍绘有团龙纹,皇后供养人头戴的桃形冠绘有云纹状羽毛的凤凰纹。三珠火焰纹是西夏常用的纹样,其基本造型是三个宝珠外有火焰燃起状的纹样,这种火焰纹始于回鹘时期的莫高窟第 235 窟,[①]在西夏时期得到了广泛的应用,贯通了敦煌西夏早、中、晚期石窟。

---

①刘玉权《沙州回鹘石窟艺术》,载敦煌研究院编《中国石窟·安西榆林窟》,北京:文物出版社,2014 年,第 225 页。

第三节　敦煌西夏石窟装饰图案新样及相关问题探讨

　　西夏时期的石窟装饰图案出现了一个小高峰,除了榆林窟第2窟、第3窟、第10窟等窟满窟顶蔚为壮观的藻井及边饰垂幔图案外,西夏石窟装饰图案在细节上也有诸多创新,如榆林窟第3窟,东千佛洞第2窟、第7窟以及黑水城出土绘画中的火焰风尘云(图6-20、图6-21),东千佛洞第5窟、榆林窟第29窟的生姜虎掌云,以及东千佛洞第5窟、第7窟和榆林窟第29窟,黑水城出土卷轴画中装饰味道浓厚的山石纹及岩山,这些都是敦煌石窟中前所未有的创新样式。

一、云纹的创新

　　明代邹德中《绘事指蒙》有关于云纹的记载:

　　　　云有一十二等。
　　　　云要涌起,势如飞动。
　　　　……
　　　　功德上有拥起生姜虎掌云,如前衬,或土朱,或土黄干淡。

威猛神上
用火焰风尘
云，如前法衬，
或土朱，或黄
干淡。

……

雷神大将
用墨烘云。①

文献中记录了各种
神祇所用云纹的名称、
类型和绘制的颜色。西
夏时期的云纹样式较
多，它们大都承袭了前
代洞窟的图形样式，晚
期开凿的洞窟主要受到
藏传风格影响，云纹的
造型也有诸多创新。东

图 6-20　东千佛洞第 2 窟门南侧

图 6-21　东千佛洞第 7 窟东方药师变

千佛洞第 2 窟、榆林窟第 3 窟以及黑水城出土的绘画中，有一种云纹较为
特殊，所画诸神祇脚下踩云朵，身后又有如背光式的火苗，有的脚下无云
朵，整个神祇全部处于火苗状的云中。它们一般都是对称出现，经过比对，
这种云与上述文献中描绘的"火焰风尘云"一致，为表现威猛神时惯用的
一种形式。《大妙金刚大甘露军拏利焰鬘炽盛佛顶经》中关于威猛神的描
述，云：

①［明］邹德中《绘事指蒙》，北京：北京书局，1959 年。

图 6-22　岩山寺文殊殿金代壁画飞天

图 6-23　山西稷山青龙寺哼哈二将

尔时世尊大日遍照如来。以威猛神通焰鬘光。手於虚空自顶上右旋九匝。如罥索环势。尽摄虚空中诸佛悉入光中。尔时九度旋转光明不绝。出现九殑誐沙俱胝佛刹。各坐白莲华。而自围绕放无量宝光。[1]

　　这种样式的图案在宋、夏、元、明时期的寺观中也时有出现,山西繁峙县岩山寺文殊殿金代壁画飞天所乘之云(图 6-22),稷山县青龙寺中元代壁画中的哼哈二将脚下的云朵与身后火焰(图 6-23)都类似于这种样式。

　　令人困惑的是,除榆林窟第 3 窟八塔变上部有六臂威猛神外,在同一

---

①[唐]达磨栖那译《大妙金刚大甘露军拏利焰鬘炽盛佛顶经》,见《大正藏》第 19 册,第 339 页。

窟南北两壁净土变上部的十方佛、东千佛洞第2窟水月观音超度往生中的四组人物中均绘制同类的云。那么，西夏这种云纹样不仅使用在威猛神中，而且还与其他内容结合表达他义，但目前仍没有查找到更充分的能解释这一现象的资料。西夏人似乎特别青睐火焰纹，东千佛洞第7窟北壁的东方药师变，巨大的建筑处在雾霭之中，屋顶边缘所绘的云雾似火焰状，具有流动感，把东方净土世界的宫殿渲染得更加奇妙，这应是西夏人表现祥云的一种独特样式。同一时期的岩山寺文殊殿东壁金代壁画鬼子母本生故事中的建筑，同样被火焰状的祥云环绕（图6-24）。

图6-24　岩山寺文殊殿金代壁画鬼子母本生故事

图6-25　山西稷山青龙寺壁画

　　此外，东千佛洞第5窟的祥云绘制亦较为特殊，多用线来表现。右壁普贤变中云的描绘更是独特，云朵全部用小小的圆勾勒组合而成，这种云纹在榆林窟第29窟普贤变中也有绘制，十分规则，与现实中的云朵相去甚远,是一种高度图案化的符号。对照《绘事指蒙》可以发现,这种样式的云类似文献中提到的"生姜虎掌云"。山西稷山青龙寺一比丘身后画有同样的云朵(图6-25)。可以推断,在宋夏及以后,石窟、寺观中大量运用了这种云纹,是为造型上的一种新样(表6-9)。

表6-9　西夏火焰风尘云和生姜虎掌云统计表

名称	朝代	图像代表	来源
火焰风尘云	东千佛洞第2窟右甬道水月观音局部		图片来源于《瓜州东千佛洞西夏石窟艺术》
	东千佛洞第2窟左甬道水月观音局部		图片来源于《瓜州东千佛洞西夏石窟艺术》
	东千佛洞第2窟门北侧　局部		图片来源于《瓜州东千佛洞西夏石窟艺术》
	东千佛洞第2窟门南壁东　局部		图片来源于《瓜州东千佛洞西夏石窟艺术》
	东千佛洞第2窟门南壁东　局部		图片来源于《瓜州东千佛洞西夏石窟艺术》

续表

名称	朝代	图像代表	来源
火焰风尘云	东千佛洞第7窟 右甬道内侧西壁 十一面观音　局部		图片来源于《瓜州东千佛洞西夏石窟艺术》
	榆林窟第3窟 东壁中上　局部		图片来源于敦煌研究院
	榆林窟第3窟 南壁中上部　局部		图片来源于敦煌研究院
	榆林窟第3窟 北壁下　局部		图片来源于敦煌研究院
	黑水城出土 《持国天曼荼罗》 局部		图片来源于《俄藏黑水艺术品》
	黑水城出土 《普贤菩萨》　局部		图片来源于《俄藏黑水艺术品》
生姜虎掌云	东千佛洞第5窟 前室左壁		图片来源于《瓜州东千佛洞西夏石窟艺术》

续表

名称	朝代	图像代表	来源
生姜虎掌云	榆林窟第29窟《普贤变》西壁局部		图片来源于敦煌研究院
	榆林窟第29窟《普贤变》西壁局部		图片来源于敦煌研究院

二、岩山及山石纹

西夏绘画中出现了高度图案化的山，这种山没有自然山形的面貌，而是由不规则的几何形竖着排列在一起，并且在一些几何形内有圆形的装饰，它们主要作为山、石的背景或出现在金刚座下。谢继胜先生将这种样式的山称为"岩山"①。在敦煌西夏石窟绘画中，图案化的岩山也是前期洞窟中未曾见到的，黑水城出土的吐蕃风格的唐卡中，可以看到多处类似的样式，如同岩山一样。西夏石窟也出现了一种岩山形装饰带，在壁画的周边或者四壁的交界处，是一种立柱式的装饰，刘玉权先生称之为"山石纹"②（表6-10、图6-26、6-27）。

①谢继胜《西夏藏传绘画：黑水城出土西夏唐卡研究》，石家庄：河北教育出版社，2002年，第200—278页。
②刘玉权《榆林窟第29窟考察与研究》，载敦煌研究院编《榆林窟研究论文集（上）》，上海：上海辞书出版社，2011年，第382页。

表 6-10　西夏岩山纹列表

名称	图像	来源
东千佛洞第 5 窟		图片来源于《瓜州东千佛洞西夏石窟艺术》
东千佛洞第 7 窟		图片来源于《瓜州东千佛洞西夏石窟艺术》
榆林窟第 29 窟《文殊变》背景岩山		图片来源于敦煌研究院
黑水城出土《绿度母》局部		图片来源于《俄藏黑水艺术品》
黑水城出土《成就者和明妃》局部		图片来源于《俄藏黑水艺术品》

续表

名称	图像	来源
黑水城出土 《山景中的阿弥陀佛》 局部		图片来源于《俄藏黑水艺术品》
黑水城出土 《金光明经变》 局部		图片来源于《俄藏黑水艺术品》
榆林窟第 4 窟北壁 西侧绿度母　局部		图片来源于《中国石窟·安西榆林窟》

　　刘玉权先生根据敦煌石窟中的岩山与黑水城出土唐卡中岩山二者的相似性,认为这种特殊的装饰样式来自藏传佛教绘画的影响。[①]谢继胜先生认为这种岩山图案兴起于 10 至 11 世纪,在 13 至 14 世纪这种母题在西藏得到了发展,是具有藏传绘画标志性特征的图案。[②]王艳云与二位先生的观点基本相同,认为西夏绘画中的岩山等形象出现了图案化趋向,这

---

　　①刘玉权《榆林窟第 29 窟考察与研究》,载敦煌研究院编《榆林窟研究论文集(上)》,上海:上海辞书出版社,2011 年,第 379 页。
　　②谢继胜《西夏藏传绘画:黑水城出土西夏唐卡研究》,石家庄:河北教育出版社,2002 年,第200—278 页。

种图案式的艺术处理手
法，在同期的藏传绘画中
出现的比较多，有可能是
西夏晚期受其影响的结
果。①这种独特的风格样
式，是在外来文化的影响
下西夏人对自然景物的抽
象理解，他们在绘画中同
时交替使用两种截然不同
的山的样式，即高度写实
写真与高度图案化，表现
出西夏画师们的高超技艺
和聪慧才智，也反映了西
夏的多元文化特性。

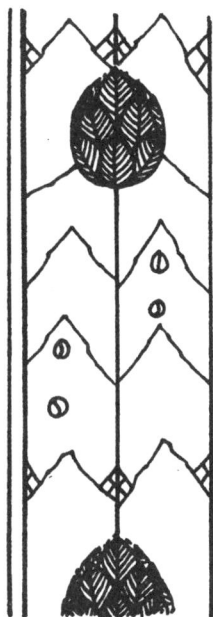

图 6-26　榆林窟第 29 窟
山石纹

图 6-27　肃北五个庙
第 4 窟山石纹

三、铺满式底纹

西夏石窟绘画一方面学习中原传统绘画，大面积留白，另一方面又出
现铺满式底纹的装饰，这是受吐蕃和回鹘绘画的影响，其应来源于中亚。
铺满式底纹主要出现在东千佛洞第 2 窟、第 5 窟（图 6-28）与第 7 窟。第 2
窟前甬道顶石榴牡丹纹满地铺展（图 6-29），上绘龙凤牡丹纹，前端画展
翅凤凰，另一端两侧各画一龙，形象生动，绘饰精美；后甬道顶同样是铺满
式布置，画缠枝石榴牡丹纹，牡丹纹中分段画坐佛像。第 7 窟后甬道顶牡
丹纹满地布饰，花饰较小，牡丹纹中分段画双鸾。尤其值得关注的是，东千

①王艳云《西夏晚期七大经变画探析》，首都师范大学博士论文，2003 年，第 7 页。

图 6-28 东千佛洞第 5 窟窟门北侧

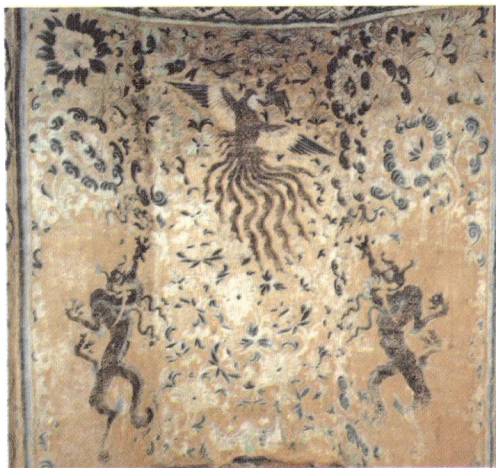

图 6-29 东千佛洞第 2 窟前甬道顶

佛洞第 5 窟东壁窟门北侧、北壁八塔变、后甬道南壁四臂文殊、金刚萨埵等素地背景中，墨线满画缠枝西番莲花纹，别具一格。西夏的卷涡纹应用比较广泛，经常出现在藻井、佛背光等地方，这种以卷涡为基本造型的图案连续出现形成"满地锦"，如榆林窟第 3 窟藻井坛城最外层圆形外四角金刚杵周围绘有卷涡纹，石青打底，石绿描纹，云卷云舒，纹样精美。

"东千佛洞的西夏藏传壁画要比榆林窟的作品更加贴近卫藏绘画，事实也确实如此。我们在榆林窟第 29 窟和第 3 窟的莲座及边饰中没有见到卫藏绘画中典型的五色对卷莲叶，但在东千佛洞第 2 窟画面的分割框出现了黑水城唐卡画面边框使用的五色莲瓣框线。"①东千佛洞的这种铺满式底纹样式同样与藏传绘画关系密切。黑水城出土的西夏卷轴画中也有与此类似的装饰，编号为 X.2421、X.2419 的两幅《阿弥陀佛

----

① 谢继胜《西夏藏传绘画：黑水城出土西夏唐卡研究》，石家庄：河北教育出版社，2002 年，第 263 页。

净土世界》，下方铺满金色的莲花花纹，呈现出吐蕃唐卡中常有的"S"形，其中 X.2421 地面部分装饰有金色的卷花图案。编号为 X.2386 的《咕噜咕咧佛母》背景上画满了莲花的金色枝蔓，整个唐卡用以填充空白的花卉图案似乎是一种变形卷草纹①。编号为 X.2374、X.2375 的唐卡《不动明王》和编号为 X.2371 的《胜乐金刚》背景都画满了莲花枝蔓，非常细致。

　　谢继胜先生在《西夏藏传绘画：黑水城出土西夏唐卡研究》中这样认为，由于佛教造像、画面佛像或神灵受佛教仪轨的严格限制，在唐卡的创作中对其背景的描绘才是彰显个性之处，即藏人用了一种现成的艺术形式来容纳现成的佛教内容，而并非由于佛教内容对应形成一种新的艺术样式。②上述几幅唐卡中，佛教形象及其内容无疑都是佛经的规定，铺满式的底纹正是藏人进行创新的新样式。那么，这种新样式从何而来？从图像的来源来看，这种装饰味道浓厚的卷草植物纹样具有"中亚"艺术特色。

　　西藏扎塘寺第 4 铺壁画的佛莲花座下，也有花叶枝蔓状的植物，繁密的枝叶、花卉的图案化特征具有十分浓厚的"中亚"特色（图6-30）③。伯孜克里克地区高昌石窟壁画中的图案风格也有类似的特点，如七康湖石窟第 15 窟北甬道顶部宝相花纹图案，甬道和甬道顶部用石绿、红、白色绘制有莲花和云头等母体组合而成的宝相花纹图案，空隙处以流云填充，富有动感，顶部和侧壁交界处绘一条横幅垂幔纹图案。

---

　　①谢继胜《西夏藏传绘画：黑水城出土西夏唐卡研究》，石家庄：河北教育出版社，2002 年，第 91 页。

　　②谢继胜《西夏藏传绘画：黑水城出土西夏唐卡研究》，石家庄：河北教育出版社，2002 年，第 302 页。

　　③张亚莎《11 世纪西藏的佛教艺术——从扎塘寺壁画研究出发》，北京：中国藏学出版社，2008 年，第 82—83 页。

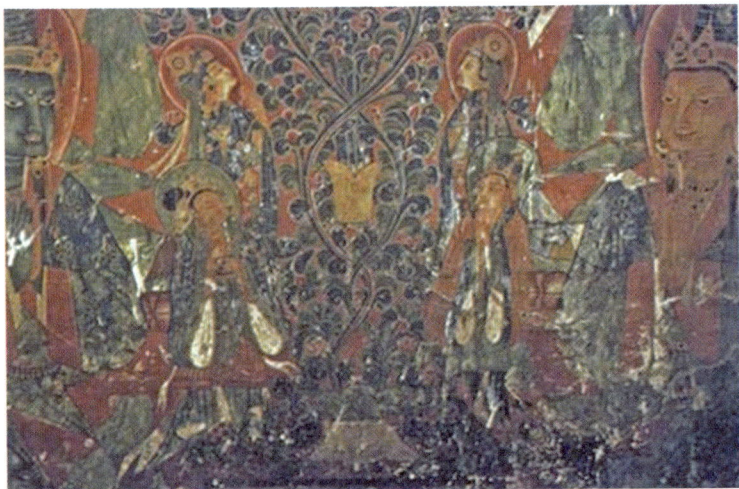

图 6-30　西藏扎塘寺壁画

四、榆林窟西夏石窟窟顶装饰图案的组合关系及其意义探讨

被称为"装饰"的图案,长期被用于表现支撑古代与中国人理解世界的观念体系,比如服章上的日、鸟、波涛和群山等各种图案并不是随机组合的构图,而是精心设计的图样,以使他们的拥有者与作为一个整体的宇宙关联起来。[1]艺术与装饰中相互关联的主题,都与社会的架构方式、表现方式,以及人们所居住的宇宙构成一个整体。[2]对于西夏石窟中的装饰图案而言,无不反映出画工们的有意经营以及时人宇宙观在其中的再现。

受杰西卡·罗森、巫鸿等先生艺术研究方法的启发,笔者将西夏石窟内部的装饰图案放入一个整体的系统之内进行宏观研究,认为这些图案是构建西夏人心目中完整的宇宙观框架体系不可缺少的部分。在这一框架内的图像都不是静止的,而是具有艺术造型上的动态感和时间的流动

---

[1]（英）杰西卡·罗森《祖先与永恒》,北京:生活·读书·新知三联书店,2017 年,第 342 页。
[2]（英）杰西卡·罗森《祖先与永恒》,北京:生活·读书·新知三联书店,2017 年,第 343 页。

性,空间与时间相结合,是富于智慧的艺术表达。首先,它们反映了中国传统图案样式在西夏时期的一种延续和发展;其次,它们组成了一套完整的叙事图像系列,①又集中展示了西夏的宇宙文化观念,体现了空间的时间化,即西夏人在石窟中对于天、地二界的观念再现,以及这种图像与当时习俗、观念的联系和用何种艺术方式进行表现的问题。

西夏时期尤其到了晚期,佛教的实用性更加明显,从窟形的设计、图像的布局与图案的组合,都表现出了世俗化和实用主义倾向。西夏晚期的石窟图像多有表现亡灵的超度与转世,并通过佛的接引而到达净土世界。郭静在《石窟与墓葬图像在功能上的关联——瓜州榆林窟第3窟窟顶边饰祥禽瑞兽图像探析》一文中,从祥禽瑞兽图像的定名、流变、洞窟图像布局和主题思想以及祥禽瑞兽图与墓葬升天意象的关联性等几个方面,指出河西墓葬中的升天意象与敦煌地区佛教石窟远继汉墓传统的渊源关系,启示我们该窟奔跑状的祥禽瑞兽是对墓葬升天思想的移用。加之洞窟各壁绘画内容共同体现的净土主题, 西夏时期金刚界曼荼罗在瑜伽施食坛仪中的运用以及祥瑞物象的隐喻传递, 所影射的思想功能都指向了传统汉族升天升仙思想与佛教往生观念的融合, 祥禽瑞兽图在其中也可能担当了护国护法的双重作用。②

墓葬看上去只不过是生活本身的镜像。③地下墓室的形制、装饰与构思等都与生活本身有千丝万缕的联系。中国中古时期的石窟壁画与墓室壁画之间具有极大的关联性,"佛教艺术题材,整体上说,很难全面影响墓葬艺术,传统儒学思想、神仙道教学说和外来的佛教相互交融的同时,常

①(美)巫鸿《礼仪中的美术》,北京:生活·读书·新知三联书店,2005年,第212页。
②郭静《石窟与墓葬图像在功能上的关联——瓜州榆林窟第3窟窟顶边饰祥禽瑞兽图像探析》,载《观念·技术　视野·视角——敦煌石窟研究方法论国际学术研讨会论文集》,2018年,第536页。
③(美)巫鸿《礼仪中的美术》,北京:生活·读书·新知三联书店,2005年,第209页。

常又占据社会生活的不同空间和层面"[①],佛教石窟窟顶等的祥瑞所表达的佛国净土往生思想和墓葬中的升天升仙思想在功能上是统一的。笔者的《庆城县西夏墓出土砖雕图像组合研究》[②]一文对甘肃省庆阳市庆城西夏墓出土的 16 块墓室墙壁砖雕 "飞天纹""莲花化生""莲花纹""牡丹纹""羊衔莲枝""鹿衔莲枝""鹿衔草枝""凤鸟纹"等组合进行研究,认为它们构成了一个从人间到天上具有时间流动感的有意义的图像序列。与此图像序列相似,笔者同样认为敦煌西夏石窟尤其是以榆林窟为代表的窟顶图案,与前期的窟顶装饰样式不同,主要是为了隐喻佛国净土世界,营造一个灵魂所居的彼岸世界以及以何种方式到达彼岸的艺术象征语言体系,与窟内其他内容相结合,构成了一幅有意义的场景,也为我们构建了一个具有时间流动性的图像序列,表达洞窟净土思想之功用,将西夏人的世界观体现在有限的石窟空间之内。

　　在西夏石窟窟顶图案中, 金刚界的曼荼罗和八瓣莲花九佛图曼荼罗等图像构成了"天界"。榆林窟第 3 窟窟顶绘有金刚界曼荼罗,这一坛城是佛菩萨集会之所,在"金刚界曼荼罗的基本形式构成中,以外方格为主,内部由大小有规律的圆组成。'方'与'圆'构成更多的意义为建筑、坛城,构成圆满的时与空的世界,又体现了佛教的六道轮回的思想"[③]。曼荼罗图可谓是简略地表现了佛家理想境界中的宫殿或道场。

　　值得注意的是,古代中国用图绘天象来表达一种象征性的空间,采用不同的图像如西王母和东王公等把墓室空间转化为仙境或天堂, 而佛教的传入以一种新的符号来表现天堂。例如若干座高句丽墓都在墙上饰有

　　①郑岩《魏晋南北朝壁画墓研究(增订版)》,北京:文物出版社,2016 年,第 152 页。

　　②王胜泽《庆城县西夏墓出土砖雕图像组合研究》,《宁夏社会科学》2018 年第 5 期,第 215—220 页。

　　③王承昊《藏密曼荼罗观想图像的精神意义探析》,《新美术》2009 年第 5 期,第 49 页。

图 6-31 榆林窟第 10 窟窟顶

莲花,反映了希望死者魂灵往生于西方净土的佛教信仰的影响。[①]榆林窟
第 10 窟窟顶中央为八瓣莲花九佛曼荼罗图(图 6-31),藻井中央为八瓣
莲花,每一瓣中间有一坐佛,加之最中间的一个坐佛共有九佛,代表九品
往生,[②]在窟顶还穿插绘有多处莲花。莲花纹是中国传统植物纹样之一,也
是具有明显佛教内涵的图像,佛教中的净土世界有"莲邦"之称。"飞天"作
为佛教艺术造型之一,其形象来源于古老的印度神话,是歌舞神紧那罗和
娱乐神乾闼婆的复合体,国内最早见于东魏的《洛阳伽蓝记》:"有金像辇,
去地三尺,施宝盖,四面垂金玲七宝珠,飞天伎乐,望之云表。"[③]天,一般指
天国、天宫;飞天,一般指天宫中的供养天人和礼佛、乐舞的天人。榆林窟
第 10 窟窟顶的伎乐手中持有笙、筝、拍板、琵琶、凤首箜篌、扁鼓、横笛、竖

---

①魏存成《高句丽遗迹》,北京:文物出版社,2002 年,第 172—203 页。

②敦煌研究院编《中国石窟艺术·榆林窟》,南京:江苏美术出版社,2014 年,第 166 页。

③[北魏]杨衒之撰,范祥雍校注《洛阳伽蓝记校注》,上海:上海古籍出版社,2011 年,第
53 页。

图 6-32　榆林窟第 10 窟窟顶伎乐飞天

笛、鼗鼓等,南北披垂帐下方绘许多宝珠、宝花、珊瑚、琉璃、象牙等宝物,
还有一些不鼓自鸣的乐器。伎乐飞天独具风采(图 6-32),圆脸、直鼻、大
眼,党项人的形象特征明显。因此,从八瓣九佛、莲花以及伎乐飞天等图像
的内涵可判断,这些都是佛国世界的表征,西夏画师在此窟中用这些图像
来表现"天界"。

　　佛教信徒如何到达净土世界、天宫或道场?由于人们相信上天通过祥
瑞与地上的人交通,祥瑞的出现就构成了这一环节。[1]榆林窟西夏石窟窟
顶装饰中有奔龙、天马、凤、凰、孔雀、鹦鹉、蓝鹊、狮子、羚羊、白象、龙首鱼
身摩羯鱼、迦陵频伽等十余种祥瑞,有研究认为这些动物形象的出现可以
看作是护法灵兽集结的变体展现[2],它们与净土主题相结合,是墓葬升天
意象的移用和转化。[3]笔者认为这些动物纹样更具有祥瑞的内涵,即糅合

---

① (美)巫鸿《礼仪中的美术(上)》,北京:生活·读书·新知三联书店,2005 年,第 147 页。

② 郭静《石窟与墓葬图像在功能上的关联——瓜州榆林窟第 3 窟窟顶边饰祥禽瑞兽图像探
析》,载《观念·技术　视野·视角——敦煌石窟研究方法论国际学术研讨会论文集》,2018 年,第
529 页。

③ 郭静《石窟与墓葬图像在功能上的关联——瓜州榆林窟第 3 窟窟顶边饰祥禽瑞兽图像探
析》,载《观念·技术　视野·视角——敦煌石窟研究方法论国际学术研讨会论文集》,2018 年,第
529 页。

了墓葬空间中祥瑞动物的意义所指。云纹,也属于祥瑞图像之一,与祥瑞动物同时出现,意即死者可随云飞升上天。[①]西夏石窟窟顶的动物被绘于云中,乘云驾雾,应该也有这层含义。

　　总之,西夏石窟窟顶的曼荼罗、飞天等构成了天界系统,各种祥瑞动物与云纹的组合是信众借以到达净土世界的方式,与四壁其他内容所展示修行方式的组合共同实现往生的愿望。这些图像也反映出了西夏多元文化混合共呈一室,秦汉以来"升天"的道家思想与神仙信仰在佛教石窟中得以延续的特殊形式。通过研读这些图像的组合,我们也可以发现一个很重要的现象,这一系列形象的排列非静态结构,纹饰中的曼荼罗、飞天、动物、植物、云等构成了一个动态的序列,体现了西夏人的宇宙观。上文已述,西夏石窟窟顶图案主要构成了祥瑞与天界,对于信徒而言,面对石窟进行观瞻礼拜时,他所生活的现世、天界与祥瑞,其实也体现了一个时间的概念,期盼来世可依托于"祥瑞"图像的神奇力量到达死前所期盼的理想境界"仙境""天宫"或"净土世界",这也是死后灵魂的归宿。可见,空间中的图像不是静止的零星碎片,而是一个有机组合的流动时间序列,其中所描绘的宇宙也可以被看作是动态时间的空间化[②]。

　　墓室是为死者设计的一个空间,这些图像"藏"[③]于地下陪伴死者,而石窟图像主要用于在世信众前来观瞻礼拜之用,这在某种程度上说是观者与图像的一种互动,从而达到净土往生的目的。榆林窟窟顶图案的组合正是体现了这一思想。

---

　　①王伯敏《中国绘画史》,北京:文化艺术出版社,2009年,第436页。

　　②(美)巫鸿《时空中的美术》,北京:生活·读书·新知三联书店,2009年,第168页。

　　③(美)巫鸿《时空中的美术》,北京:生活·读书·新知三联书店,2009年,第162页。巫鸿先生引用《吕氏春秋》中的《礼记》"葬者,藏也,欲人之不得见也"的观点,认为这种埋入地下的墓葬图像,在功能上讲为"藏"。

第七章

敦煌西夏石窟绘画的材料与工艺

敦煌地区众多的西夏石窟绘画是西夏工匠创造的辉煌人类文化遗产,各类石窟绘画凝聚着工匠们的辛勤劳动、高超技艺和虔诚信仰。西夏石窟绘画的制作既承袭前人之法,又有所创新,对西夏石窟绘画的制作流程、工艺技法、色彩风格等的探讨也是西夏石窟绘画研究中必不可少的内容。

第一节　西夏石窟绘画的制作者与制作流程

一、西夏石窟绘画的制作者

中国古代各个行业的工匠按其技术一般可分为都料、博士、师、匠、生等。敦煌的工匠基本也包括这些种类，他们的分工各不相同，如下表（表7-1）：

表7-1　西夏工匠类型列表

类别	别称	职责
都料	都匠、都师	具有高级技术的师傅，能够从事本行业规划与组织实施，具备负责行内事务的能力。
博士	把式	具有专业本领的高级工匠，能够从事高难度技术，具备独立承担本行业所有技术任务的能力。
师	先生	从事塑、画行业的人，具备能够教带徒工的博士级的能力。
匠		具备独立从事本行业技术能力的劳动者。这类是工匠中的主力。
生	人、人夫	能够在匠、师的带领下进行绘画劳动，也能够从事独立的绘画劳动。

西夏时期的手工业分工明确,李元昊时期建立的文思院是中央手工业机构,"掌造金银犀玉,金彩素绘,以供舆辇册宝之用"①。《天盛律令》中也有工院的相关记载:北院工院、京师工院、肃州工院和南院工院,属于官府所设的综合手工业生产部门。《司序行文门》还列有很多手工业部门,如刻字司、织绢院、铁工院、木工院、纸工院、砖瓦院等。②

杜建录、吴毅先生在《西夏手工工匠考》一文中,对西夏的工匠进行了较为详细的梳理考辨。③为方便研究,现将西夏的工匠种类统计如下表(表7-2):

表 7-2　西夏工匠种类统计表

序号	种类	文献出处	是否与石窟有关
1	金匠	《杂字》	否
2	银匠	《杂字》	否
3	铁匠	《杂字》	否
4	销金匠	《杂字》	否
5	针匠	《杂字》	否
6	扎匠	《杂字》	否
7	鞘鞴匠	《杂字》	否
8	鞴辔匠	《杂字》	否
9	鞍匠	《杂字》	否
10	甲匠	《杂字》	否

①[清]吴广成撰,龚世俊等校证《西夏书事校证》卷11,兰州:甘肃文化出版社,1995年,第136页。

②李范文《西夏通史》,银川:宁夏人民出版社,2005年,第472页。

③杜建录、吴毅《西夏手工工匠考》,《宁夏大学学报(人文社会科学版)》2003年第4期,第14—15页。

续表

序号	种类	文献出处	是否与石窟有关
11	弓箭匠	《杂字》	否
12	镞匠	《杂字》	否
13	镞剪	《杂字》	否
14	雕剋	《杂字》	是
15	剜刀	《杂字》	是
16	石匠	《杂字》	是
17	木匠	《杂字》	是
18	泥匠	《杂字》	是
19	砌垒	《杂字》	否
20	塑匠	《杂字》	是
21	画匠	《杂字》	是
22	油漆匠	《杂字》	否
23	结瓦匠	《杂字》	是
24	垩匠	《杂字》	是
25	绯白匠	《杂字》	是
26	桶匠	《杂字》	否
27	笔匠	《杂字》	否
28	纸匠	《杂字》	否
29	索匠	《杂字》	否
30	结绾	《杂字》	否
31	结丝匠	《杂字》	否
32	缫丝	《物离库门》	否
33	剋丝匠	《物离库门》	否

续表

序号	种类	文献出处	是否与石窟有关
34	纺绢线匠	《物离库门》	否
35	纺线匠	《物离库门》	否
36	染匠	《物离库门》	否
37	织罗帛匠	《物离库门》	否
38	织毛锦匠	《物离库门》	否
39	毡匠	《物离库门》	否

从以上列表可见,西夏工匠种类齐全,分工细致。石匠、塑匠、画匠等成为西夏石窟塑绘的主要力量。

二、西夏石窟绘画的制作流程

石窟绘画是绘于石窟内壁面的绘画,敦煌西夏石窟绘画的制作基本上与前期各个朝代的壁画制作流程别无二致。敦煌文书《营窟稿》:

1.营窟稿

2.创兹灵窟,缔构初成。选上胜之幽

3.岩,募良工而镌錾。檐楹眺望,以

4.月路(露)而辉鲜;门枕清流,共林花(而)发

5.彩。龛中塑像,模仪以毫相同真;

6.侍从龙天,亦威光而恒赫。往来瞻仰,

7.炉烟生百和之香;童野仙花,时见

8.祇园之萼。既虔诚而建窟,乃福

9.荐于千龄;长幼阖家,必寿延于南岳。

10.请僧设供,庆赞于兹,长将松柏以

　　11.齐眉,用比丘山而保寿。①

　　《营窟稿》告诉我们石窟营造先要选址,即"选上胜之幽岩""门枕清流,共林花(而)发彩";其次"募良工而镌錾";最后灵窟建成后还要进行庆赞仪式,主要说明开窟的重要意义。在窟稿所述的内容中,省略了镌錾之后的壁画绘制和彩塑的制作程序。②下面将敦煌壁画制作过程作一说明。

　　(一)地仗制作

　　敦煌石窟在酒泉系砾岩上开凿,这种地质层粗糙且容易风化疏松,壁面不平整,壁面上不能直接作画,需要制作"壁画地仗"。地仗有三层:第一层为粗草泥层,使用粉质沙土与麦秸草掺杂搅和制成草泥,抹在砾石岩面上;第二层为细泥层,使用敦煌的澄板土掺加麻筋,然后搅拌成泥,涂抹于第一层的粗草泥层上;第三层为白粉层,将高岭土、石膏或石灰调制成的细粉涂抹在细泥层上,即完成了地仗层的制作。③

　　(二)壁画的绘制

　　壁画的绘制主要有五个步骤,首先是起稿,一般使用土红颜料直接勾画,将墙壁进行分块划分,起线打形;其次是按比例放稿,把事先画好的小稿按比例放大;第三为粉本刺孔,在墨线稿上刺孔,加描粉笔,扑入缣素,以粉痕起形;第四为着色,即起形完成后,由师傅标上色标,弟子工匠完成涂色;最后为勾线,这是壁画绘制的最后一道工序,描线成形,也称为"定形线"。

---

①马德《敦煌古代工匠研究》,北京:文物出版社,2018年,第146—149页。
②马德《敦煌古代工匠研究》,北京:文物出版社,2018年,第149页。
③赵林毅等《丝绸之路石窟壁画地仗制作材料及工艺分析》,《敦煌研究》2005年第4期,第75—82页。

第二节　西夏石窟绘画的工艺技法

　　西夏石窟绘画的工艺技法,与中国传统绘画的技法相似,有勾线、皴擦、点染,还有描金、沥粉堆金等。下面主要就西夏石窟绘画中几种重要的技法作一介绍。

一、线描

　　以线造型是中国画的特点,石窟绘画中承袭着中国画的线描表现,尤其进入唐后期,敷色追随吴道子之法,变得淡雅。到了西夏时期,已经形成了非常成熟的白描画法。西夏石窟绘画中运用了高古游丝描、兰叶描、折芦描、铁线描、行云流水描等多种描法。

　　高古游丝描又被称为"春蚕吐丝描",由顾恺之首创,其后曹仲达、陆探微、张僧繇均有师承。张彦远《历代名画记·论顾陆张吴用笔》:

　　　　顾恺之之迹,紧劲连绵,循环超忽。调格逸易,风趋电疾。意存笔先,画尽意在,所以全神气也。①

汤垕《画鉴》:

> 顾恺之画如春蚕吐丝,初见甚平易,且形似有时有失,细视之,方法兼备,有不可以语言文字形容者。……其笔意如春云浮空,流水行地,皆出自然。②

榆林窟第 3 窟、第 29 窟中人物的头发、胡须,狮子的鬃毛多用这种描法,以表现出质感。

兰叶描是唐代"画圣"吴道子所创,后期出现的"柳叶描""莼菜条"与此相类似。张彦远云:

> 国朝吴道玄,古今独步。前不见顾、陆,后亦无来者。授笔法于张旭,此又知书画用笔同矣。张既号"书颠",吴宜为"画圣"。神假天造,英灵不穷。众皆谨于眇际,我则离披其点画;众皆谨于像似,我则脱落其凡俗。弯弧挺刃,植柱构梁,不假界笔直尺。虬须云鬓,数尺飞动;毛根出肉,力健有余。尝有口诀,人莫得知。数仞之画,或自臂起,或从足先,巨壮诡怪,肤脉连结,过于僧繇矣。③

吴道子所创人物画表现形式被称为"吴带当风",该描法继承并发展了南北朝时期的人物白描画法,主要因人物画线条的使用,中锋用笔,顿

---

①[唐]张彦远著,田村解读《解读历代名画记》,合肥:黄山书社,2012 年,第 49 页。
②潘运告主编,云告译注《元代书画论》,长沙:湖南美术出版社,2002 年,第 337 页。
③[唐]张彦远著,田村解读《解读历代名画记》,合肥:黄山书社,2012 年,第 51 页。

挫有力,富于变化,犹如兰叶,使得人物衣纹若随风飘举之势。榆林窟第3窟中的普贤多用兰叶描,描绘了其柔和的女性阴柔之美。

折芦描流行于宋元以后,为南宋梁楷所创,即画衣褶时在其转折处有意识地顿挫,形成似芦苇急折的样子,榆林窟第3窟以及莫高窟第3窟人物画法中有不少这种描法。另外钉头鼠尾描,在这两个石窟绘画中也有使用。

二、减笔人物画

在西夏石窟绘画中,肃北五个庙石窟中的简笔人物画值得关注,这类绘画与晋唐以来流传的工笔画有明显差异,但二者共同描绘俗世与佛道,丰富了中国佛教绘画的样式。

孙位为晚唐画家,画史记载:

> 鹰犬之类,皆三五笔而成。弓弦斧柄之属,并掇笔而描,如从绳而正矣。其有龙拏水汹,千状万态,势欲飞动。松石墨竹,笔精墨妙,雄壮气象,莫可记述。非天纵其能,情高格逸,其孰能与于此邪……[1]

由此可见其富于疏野、高逸的性格特征和"三五笔而成"的意笔风范。宋初石恪亦属于此类,被称为中国简笔画的开山鼻祖,《宣和画谱》称其:

> 喜滑稽,尚谈辩。工画道释、人物。初师张南本,技进,益综逸不守绳墨,气韵思致过南本远甚。然好画古僻人物,诡形殊状,格虽高古,意务新奇,故不能不近乎谲怪。[2]

---

① [宋]黄休复撰,何韫若、林孔益注《益州名画录》,成都:四川人民出版社,1982年,第10—11页。
② [宋]佚名,王群栗点校《宣和画谱》,杭州:浙江人民美术出版社,2012年,第70—71页。

石恪的《二祖调心图》,画面左下角尾题"乾德改元八月八日西蜀石恪写"(963年)。其后,贾师古亦善画道释人物。贾师古的高足梁楷善画人物、道释鬼神,承此法,帝赐金带而不受,传于世的作品草草而被称为"减笔",文献中亦有非常明晰的记载:

> 梁楷,东平相义之后。善画人物山水,道释鬼神,师贾师古,描写飘逸,青过于蓝。嘉泰年画院待诏,赐金带,楷不受,挂于院内。嗜酒自乐,号曰梁风子。院人见其精妙之笔,无不敬状,但传于世者皆草草,谓之减笔。[1]
>
> 马蝗描,马和之、顾兴裔之类;撅头描,秃笔也,马远、夏珪;折芦描,如梁楷尖笔细长撇纳也;减笔,马远、梁楷之类。[2]

而他们的减笔法多以禅宗人物为题材内容,应是"教外别传,不立文字,直指心性,即心即佛""随顺自然、一切皆真"的禅家思想影响了宋代"减笔画"的出现。西夏境内修禅之风盛行,各类西夏文、汉文文献典籍和其他出土文物是最好的例证。[3]这类作品的人物面部和衣纹的线条描绘,在微妙的粗细浓淡的变化中婉转流畅,具有优美的韵律感。[4]此画法有天然运用之妙,无刻画拘板之劳,且笔简形具,得之自然,莫可楷模,出于意表。

肃北五个庙石窟第3窟中药师净土变以及榆林窟第2窟东壁的商人

---

①[清]厉鹗辑,胡小罕、胡易知校笺《南宋院画录校释图笺》,杭州:浙江人民美术出版社,2015年,第169页。

②[清]厉鹗辑,胡小罕、胡易知校笺《南宋院画录校释图笺》,杭州:浙江人民美术出版社,2015年,第10页。

③崔红芬《西夏河西佛教研究》,北京:民族出版社,2010年,第246—259页。

④樊波《中国人物画史》,南昌:江西美术出版社,2018年,第412页。

遇盗图等，与传统道释曼妙庄严之风不同，更加显示出一种简率的造型和淡逸的笔墨之感。

三、晕染与平涂

晕染法是一种西域传入的画法，又称"凹凸法"，吴焯《克孜尔石窟壁画画法综考——兼谈西域文化的性质》一文对西域凹凸法的步骤概括为：先用肉色平涂，之后以赭石色沿着身体的轮廓线一圈一圈向内晕染，越里越浅，越接近平涂的肉色，基本上为同色叠晕。[①]晕染法随着绘画的发展，也在不断地创新，逐渐形成了一种中原的晕染法，即在形体上的突出部分如眼睑、鼻梁和两颊渲染以胭脂或赭红，着重表现肌肤的色泽。李其琼认为，隋代对晕染形式不断探索，形成了一种新的晕染方式，她总结出四种形式：一是沿用凹凸法叠染并结合中原传统形式；二是变中原传统晕染法结合西域式叠晕，多次渲染；三是用中原的晕染法，人物面部仅染上眼睑、两颊及下巴，略施赭红表现为肤色，具有立体感；四是素面不施晕染。隋代最常见的是第二、三种手法，这一晕染形式的出现，与中原的艺术传统有深厚的渊源。[②]

《画鉴》记载：

> 尉迟乙僧外国人，作佛像甚佳，用色沉着，堆起绢素，而不隐指。[③]

---

①吴焯《克孜尔石窟壁画画法综考——兼谈西域文化的性质》，《文物》1984年第12期，第16—18页。

②李其琼《隋代的莫高窟艺术》，载敦煌研究院编《中国石窟·敦煌莫高窟（二）》，北京：文物出版社，1984年，第169页。

③[元]李衎、汤厔撰，吕东超、李斌强点校《竹谱详录·画鉴》，北京：北京师范大学出版社，2016年，第327页。

《太平广记》记载：

> 乙僧今慈恩寺塔前面中间功德，又凹垤花，西面中间千手千
> 眼菩萨，精妙之极。光宅寺七宝台后面画降魔像，千怪万状，实奇
> 踪也。然其画功德、人物、花草，皆是外国之象，无中华礼乐威仪
> 之德。①

《建康实录》记载：

> 一承寺，梁邵陵王王纶造，寺门遍画凹凸花，称张僧繇手迹。
> 其花乃天竺遗法，朱及青绿所造，远望眼晕如凹凸，近视则平，世
> 咸异之，乃名凹凸寺云。②

很明显，这种画法与中国传统绘画重线明显不同，不用线条勾勒，用
色彩直接层层堆积而成，体现出光影和体积的厚度。这种注重立体晕染的
画法对中国画影响很大。与其体稠叠、衣服紧窄受犍陀罗衣纹样式影响的
"曹家样"一样，张僧繇也将外来样式与中国传统样式相结合，创造了亦晕
亦线的"张家样"，在后世不断承袭。《天形道貌》载：

> 面貌要有骨肉，须发不宜排列整齐，却在不失体制，活相为
> 难，须见有根生苗之意。亦在密处密，疏处疏，疏密自有一种妙

---

① [宋]李昉《太平广记》卷210，载陈高华《隋唐五代画家史料（增补本）》，北京：中国书店，2015年，第14页。
② [唐]许嵩《建康实录》卷17。四库全书本，第623页。

处。夫描者,骨也;着色者,肉也。有骨肉方妙。学画者,要知其描
法,如学写字先楷面后草也。有重大而调畅者,有缜密而劲健者。
勾绰纵掣,理无妄下,以状高深倾斜卷摺飘举之势。①

可见,面部的染色在于"肉"的表现,"张得其肉"也正来于此。魏晋南
北朝佛教人物画的语言,强化了色彩的审美性功能,用平涂和凹凸法将大
块色彩铺陈,线条几乎被色彩覆盖。这种处理方式以色彩为主,将色彩置
于线条之上,线条的功能则被弱化,甚至有的线条干脆以色代线,有的则
成为色彩的一种装饰手段,进而突出了色彩的体块、大小变化以及节奏韵
律。②北朝、隋唐时期的石窟壁画中,这种画法的笔迹随处可见,此不赘述。
　　西夏绘画在晕染方面以中原传统的平涂染法为主,并结合西域凹凸
法,与前期相比,色彩比较清淡,重点突出了线描的主导作用。此外,有时
颜色边界清晰,颇具装饰效果。莫高窟第97窟北壁"诺矩罗大阿罗汉"中
之女侍从像和"宾度罗跋啰堕阇大阿罗汉"中之男侍从像的肉体部分用淡
赭红晕染,面部是中原式与西域式之混合,而身体部分则基本采用西域式
晕染法。③榆林窟第10窟窟顶藻井中的蓝鹊、飞鸽、飞狮、飞马等的腹部、
颈部就用晕染的方法,富有变化,而其他地方则更多用平涂,这种较为厚
重的平涂着色,与整个西域壁画所采用的方式较为相似。西千佛洞第4窟
的飞天为典型的凹凸法,飞天和她周围的飘带、祥云、花朵均无线条勾勒,
直接用浓淡不同的色彩进行晕染,飞天身体裸露的部分最为明显,能感觉
到飞天的肌肉和身体的体积厚度。

①俞剑华《中国古代画论类编》,北京:人民美术出版社,1998年,第494页。
②樊波《中国人物画史》,南昌:江西美术出版社,2018年,第217页。
③刘玉权《瓜、沙西夏石窟概论》,载敦煌研究院编《中国石窟·敦煌莫高窟(五)》,北京:文物
出版社,2013年,第181页。

平涂就是将颜色调好之后，均匀无变化地涂抹于壁面。西夏石窟绘画中的藻井图案多用平涂，装饰味道浓厚。榆林窟第2窟的说法图色彩较为浓烈，且多用平涂，能明显看到藏传佛教艺术的渗透与影响。

四、贴金、涂金与沥粉堆金

西夏石窟绘画中用金较多，可谓不惜重金打造佛窟。这可能与前面所说的西夏人的风俗习惯有很大关系。宁夏同心县康济寺塔内出土的一批佛教和道教造像，几乎全部贴金。

涂金是佛教绘画的设色方法之一，也有以涂刷泥金为画面底色的，榆林窟第2窟水月观音的面容和身体肌肤就使用了大量的泥金设色。莫高窟第29窟窟顶斜坡平棋方格（现已被剥离）、莫高窟第16窟整壁都使用了涂金。

沥粉堆金这种方法与"影塑"有异曲同工之妙，能突出画面的立体感，在敦煌壁画中始于唐初，五代、宋与西夏多用于供养人的首饰上。①此法主要分两步：（1）"沥粉"亦即"主粉"，一般用较好的石灰、白垩或高岭土，以桃胶或固胶调和，盛入专制的皮袋中，袋口上接一只细管，用时挤压皮袋，顺事先勾描好的线挤绘出凸出平面的线条，富有装饰感；（2）在沥粉线上或图案纹样上涂以调配好的泥金，即成沥粉堆金。

西夏时期装饰图案多用施金法，藻井中的龙、凤，平棋团花，边饰，以及人物的臂钗、璎珞、手镯与耳环等，都采用浮塑贴金、描金或沥粉堆金，这是西夏装饰图案的一个重要特点。莫高窟第16窟、第366窟、第367窟等窟内藻井用浮塑贴金法，简洁明快、鲜艳夺目。此外，莫高窟第65窟窟顶藻井中央的龙，第223窟菩萨的头饰、璎珞、莲花、华盖、藻井上也有大面积的堆金。

---

①马德《敦煌古代工匠研究》，北京：文物出版社，2018年，第170页。

第三节　西夏的色彩

一、文献中所见到的西夏色彩

色彩,是绘画语言之一,中国南齐谢赫在《古画品论》中提出了"六法",其中的"随类赋彩"即与色彩有关。中国古代石窟绘画的创作过程,多以师傅为主,起稿线定好以后,师傅将每一处的色彩安排用色标表示,如红色——"工",石青——"主",黄色——"艹",石绿——"彐"等。西夏石窟绘画的填色应不出此法。从石窟的历史演变来看,每个时代绘画的色彩是有差异的。

西夏汉文本《杂字》①颜色部第十六:

29.6　紫皂　苏木　槐子　橡子　皂矾

29.7　莄花　青靛　蓝蓬　菠芭　绯红

---

①史金波《西夏文化研究》,北京:中国社会科学出版社,2015年,第78页。

30.1　碧绿　淡黄　梅红　柿红　铜青

30.2　鹅黄　鸭绿　鸦青　银褐　银泥

30.3　大青　大绿　大硃　石青　沙青

30.4　粉碧　缕金　贴金　新样　雄黄

30.5　雌黄　南粉　烟脂　黑绿　卯色

30.6　杏黄　铜绿

《文海研究》①中的颜色统计如下：

青 9.272　此者青玄之谓

黄白 12.262　此者黄白也灰也色容颜之谓也

灰色 13.261　此者黄白也灰也色容颜之谓也

黑 57.142　此者黑也暗也浊也秽也不净之谓也

红 14.222　此者红艳艳也比红色甚光也

白 14.231　此者白列列也比白色甚之谓

青玄 27.251　此者青玄色也玄也草青之谓也

白 61.151　此者白生生也白也色也容颜之谓也

花白 36.152　此者□□也马颜色中颈上有花斑面足白等
之谓也

黄色 54.163　此者黄色也色黄也如金色

黄 60.232　此者族姓地名又颜色之谓也

玄 64.163　此者深黑也黑也黑之名是也

黄(美、多)87.172　此者黄色也黄黄也如金色也

---

①史金波、白滨、黄振华《文海研究》，北京：中国社会科学出版社，1983 年，第 406—523 页。

以上文献可见,西夏的颜色是丰富多彩的,西夏石窟绘画以及各类出土文物的色彩便是例证。西夏的色彩与中原的色彩一样,有文化的意涵,与此同时, 在色彩的使用过程中总是伴随着等级与地位的权利赋予。在《天盛改旧新定律令》的"敕禁门"有如下规定:

> 节亲主、诸大小官员、僧人、道士等一律敕禁男女穿戴鸟足黄(汉语石黄)、鸟足赤(汉语石红)、杏黄(汉语杏黄)、绣花、饰金、有日月,及原已纺织中有一色花身,有日月,及杂色等上有一团身龙(汉语团身龙),官民女人冠子(汉语冠子)上插以真金之凤凰龙样一齐使用。倘若违律时,徒二年,举告赏当给十缗现钱,其中当允许女人穿红、黄各种衣服。又和尚中住家者及服法依另穿法:袈裟、裙等当是黄色。出家者袈裟等当为黄色,大小不是一种黄,当按另外颜色穿,若违律穿纯黄衣时,依律实行,前述衣服、髻冠等诸人所有应毁当毁,欲卖,当于应卖何处自愿去卖。佛殿、星宫、神庙、内宫等以外,官民屋舍上除□花外,不允装饰大朱、大青、大绿。旧有亦当毁掉。若违律,新装饰,不毁旧有时,当罚五缗钱,给举告者,将所饰做毁掉。[1]

从这些规定可以看出,御用服饰的颜色、图案,官民士庶不得冒用,黄色、大朱、大青、大绿一般供地位等级较高的人使用,显然与宋代的"民庶青绿"不同。西夏关于"金"的使用也是一大亮点,在下文专门论述。

西夏色彩中的"黑"与"白"值得关注。西夏文献有多处记载,如"白上国""大白上国""白上大夏国"等。发迹于白河之上的党项羌自称为"猕猴

---

[1] 史金波、聂鸿音、白滨《天盛改旧新定律令》,北京:法律出版社,2000 年,第 282—283 页。

种",这里的"白上"应理解为白水之上,因此有"白上国"之称;另一方面,西夏人"以白为好"的习俗被释为"尚白国",即"白上国","上"通"尚"。此外,"白鹤"也是党项人的图腾①。《宋史·夏国传》记载:元昊继位时"衣白窄衫,毡冠红里,冠顶后垂红结绶"②,表示异番众,而其"少时好衣长袖绯衣,冠黑冠,佩弓矢"。③可见,李元昊甚喜白色。白色在西夏有特殊的意义,西夏国王常以白色作为礼服的颜色。莫高窟第 409 窟南侧西夏王子供养像,王子头戴白色毡帽,身着黑色团龙袍;东千佛洞第 4 窟龛内的国师戴着白色的帽子;黑水城出土现已佚失的《西夏国王肖像》,中心身着白衣的国王被众人簇拥着;而另外一幅《官员与侍从》,官员同样身着绘有团龙的白衣。西夏白衣也许是统治者在正式场合的着装,具有庄严的宗教或仪式上的意义④。白在五行中代表西方,西方属金,且为五行之首,而西夏正好在宋的西边,因此这一"尚白"的风俗正好适应了西夏立国的政治需求,体现着色彩的哲学观念和等级思想。笔者统计西夏赞诗《月月乐诗》里关于白、黑的称谓有 26 处之多,⑤足见西夏人对白色和黑色的崇尚心理。

西夏的工艺美术品中白色和黑色为主色的较多,瓷器就是例证。西夏的瓷瓶、瓷盆、瓷罐上多为单色釉,黑、白瓷约占出土瓷器的半数以上。西夏官窑灵武窑产的白瓷,白色釉上托起剔刻花,花纹突起,清新淡雅。西夏陵区发掘中也出土了不少白瓷板瓦。

---

①汤开建《党项源流新证》,北京:商务印书馆,1991 年,第 43 页。

②[元]脱脱等《宋史·夏国传》,北京:中华书局,1985 年,第 13993 页。

③[元]脱脱等《宋史·夏国传》,北京:中华书局,1985 年,第 13993 页。

④(俄)米哈依·彼奥特洛夫斯基著,许洋主译《丝路上消失的王国——西夏黑水城的佛教艺术》,台北:国立历史博物馆,1996 年,第 86 页。

⑤(俄)克恰诺夫、李范文、罗矛昆《圣立义海研究》,银川:宁夏人民出版社,1995 年。

二、石窟绘画中的色彩

关于西夏石窟绘画的色彩,陈炳应认为西夏壁画多用石绿、土红、黑色,土红勾线与石绿敷底为西夏壁画用色的特点。[1]韩小忙认为西夏壁面在敷彩方面,颇具特点:其一,壁画多以石绿、发淡紫的蓝色作地,使画面呈现出一种冷色调,也即所谓的西夏"绿壁画";其二,壁面的装饰多用金。第二阶段的敷色仍以石绿或红、淡紫蓝作地,但在色彩与线描的搭配上有所变化。一种与第一阶段相似,以线描为主,色彩为辅;另一种敷色厚重,色彩与线描并重,形成一种朦胧的神秘气氛,为典型的藏传佛教绘画特点。[2]刘玉权也认为西夏壁画在敷彩方面有自己的特点,早中期为"绿壁画",尤其在魏、隋洞窟常用的极其珍贵的"青金石",在西夏也得到应用。[3]

通过梳理西夏的石窟绘画,以上学者已很全面地总结了色彩特征,它们构成了西夏石窟绘画色彩的两大系统。

"绿壁画"主要因使用石绿和发淡紫的青金石(东千佛洞第 7 窟的背景、佛的头发,榆林窟第 3 窟坛城图的背景,使用大量的青金石)而得名,而这两种颜料在当时是很贵重的。上文已述,"黄色、大朱、大青、大绿"即所谓的皇家色彩,这些颜色的广泛使用,充分体现了西夏统治者作为石窟的出资人,对佛教的重视程度。

西夏后期的另一种壁画样式敷色厚重,色彩与线描并重,具有朦胧的神秘气氛,有藏传佛教壁画的绘画特点。该样式抽象元素和诡异色彩[4]相

①陈炳应《西夏文物研究》,银川:宁夏人民出版社,1985 年,第 37 页。

②韩小忙、孙昌盛、陈悦新《西夏美术史》,北京:文物出版社,2001 年,第 30—35 页。

③刘玉权《瓜、沙西夏石窟概论》,载敦煌研究院编《中国石窟·敦煌莫高窟(五)》,北京:文物出版社,2013 年,第 181 页。

④顾颖《西夏时期敦煌壁画的变调与创新——敦煌壁画研究中被忽视的方面》,《文艺研究》2008 年第 10 期,第 116 页。

得益彰,以红色为主基调的浓烈艳丽的色彩和早期的"绿壁画"形成鲜明的对比。

三、西夏的"金"与石窟绘画中的用"金"

西夏文字典《文海》关于"金"(头"有",下"真")解释为:"此者金子也,石中出,与铁同类也。"[①]"银"解释为:"此者银也,矿物中出也。"[②]西夏文百科全书《圣立义海》记载:"西边宝山,淘水有金,熔石炼银、铜。"[③]

《天盛律令》卷17《物离库门》中有关于金、银锻铸方面的记载:

> 金耗减法:
>
> 生熔铸:生金末一两耗减一字。生金有碎石圆珠一两耗减二字。
>
> 熟再熔一番为熟板金时:上等一两耗减二字。次等一两耗减三字。
>
> 熟打为器:百两中耗减二钱。
>
> 银耗减法:
>
> 上等、次等者,一律百两中可耗减五钱。中等、下等所至,一律百两中可耗减一两。[④]

从以上文献中可以看出,西夏人对于金、银的认识以及金属冶炼的操

---

①史金波、白滨、黄振华《文海研究》,北京:中国社会科学出版社,1983年,第502页。

②史金波、白滨、黄振华《文海研究》,北京:中国社会科学出版社,1983年,第410页。

③(俄)克恰诺夫、李范文、罗矛昆《圣立义海研究》,银川:宁夏人民出版社,1995年,第59页。

④史金波、聂鸿音、白滨《天盛改旧新定律令》,北京:法律出版社,2000年,第548页。

作情况。西夏矿藏资源稀少,尤其是金、银特别有限,主要依靠周边地区来解决。《宋史·夏国传》记载:"德明自归顺以来,每岁旦、圣节、冬至皆遣牙校来献不绝,而每加恩赐官告,则又以袭衣五,金荔支带副之。"①中原宋、金特别是宋朝经常有大量金银器币的赐赠。②

关于"金"的具体使用,也有很多记载:"武职则冠金贴起云镂冠、银贴间金镂冠、黑漆冠,衣紫旋襕,金涂银束带,垂蹀躞。"③其中"金贴起云镂冠、银贴间金镂冠"是西夏王朝特有的冠式,以金银片锤制而成,冠体周身镂刻纹样,外表鎏金、涂银或施以镶贴。④

《天盛改旧新定律令》"敕门令"中也有很多与使用"金"有关的规定:

> 节亲主、诸大小官员、僧人、道士等一律敕禁男女穿戴乌足黄(石黄)、乌足赤(石红)、杏黄、绣花、饰金、有日月,及原已纺织中有一色花身,有日月,及杂色等上有一团龙,官民女人冠子上插以真金之凤凰龙样一齐使用。倘若违律时,徒二年。
>
> 诸大小官员、僧人、道士诸人等敕令:不允有金刀、金剑、金枪,以金骑鞍全盖全□,并以真玉为骑鞍。其中节亲、宰相及经略、内宫骑马、驸马,及往边地为军将等人允许镶金,停止为军将则不允再持用,若违律时,徒一年,举告赏给十缗钱。
>
> 诸人为屋舍装饰时,不许用金饰。若违律用金饰时,依前述做金枪、剑、辔鞍等罪状告赏法判断,所装饰当毁掉。
>
> 全国内诸人鎏金、绣金线等朝廷杂物以外,一人许节亲主、

①[元]脱脱《宋史》卷485,北京:中华书局,1985年,第13981页。
②杜建录《西夏经济史》,北京:中国社会科学出版社,2002年,第153—155页。
③[元]脱脱《宋史》卷485,北京:中华书局,1985年,第13993页。
④陈育宁、汤晓芳《西夏艺术史》,上海:上海三联书店,2010年,第179页。

夫人、女、媳，宰相本人、夫人，及经略、内宫骑马、驸马妻子等穿，
不允此外人穿。①

从西夏法典中可以看出，一般臣民不得穿杏黄、石黄、石红色衣服，也不能穿有饰金、绣花、饰日月与团龙等金缕纹饰的"冕服"。只有皇族命妇、三品官以上的女眷才有资格穿鎏金、绣金线装饰的衣服。关于金刀、金剑、金枪、金骑鞍、房屋等，大小官员、僧人、道士诸人等禁止使用。金冠是皇帝和王子服饰的基本形制，只有三品以上的命妇才可以戴缀有花钗的冠子，而饰有金缕的龙凤冠则是西夏王妃的专用品。

《西夏艺术研究》服饰篇中有关于"金"的使用记录："和西夏人所处的地理环境有关，因为西北地区幅员辽阔，人与人之间的生活距离相对较远，服饰上采用对比色或镶嵌金色，可提升色彩的明度，产生鲜艳夺目的视觉效果。"②但笔者更倾向于这样一种观点：从《天盛律令》对"金"的使用的相关法律规定，可以看出"金"与其使用者的等级地位联系在一起，具有较强的阶级性。

西夏"其俗，衣白窄衫，……其冠用金缕贴，间起云，银指贴，绯衣，金涂银带……"③，西夏用金银去制作衣冠，如外交使节"戴金冠"，有的贵人"人马皆金衣"，还有"金佛""金涂银带""金饰头冠""金镀黑银花鞍鞯"等。出土的金银器有莲花形金盏托、镂雕人物金耳坠、双鱼纹金剔指、银盒、碗、钵、葡萄纹金头饰、鎏金铜牛、鎏金甲片、嵌绿松石镏金菱形莲花状银饰、金银泥书写佛经等，诸多领域反映出西夏人对金的使用情况。

浮塑贴金和沥粉堆金之法虽然过去早已有之，但广泛使用大约从北

---

①史金波、聂鸿音、白滨《天盛改旧新定律令》，北京：法律出版社，2000年，第282—283页。
②陈育宁、汤晓芳《西夏艺术史》，上海：上海三联书店，2010年，第197页。
③韩荫晟《党项与西夏历史资料汇编（上）》，银川：宁夏人民出版社，1983年，第117页。

宋初期开始,这种"昂贵"的艺术表现之法在西夏时相当盛行。西夏石窟壁画也是西夏用金的一块重地。此外,甘肃省张掖市宝觉寺内的《金身卧佛》为国内最大的室内卧佛,身长 34.5 米,肩宽 7.5 米,为释迦牟尼涅槃像,木胎泥塑,金装彩绘。

　　西夏时期石窟绘画中,对"金"的使用较多。《文海》中"黄"的构成为"美、多",意为"黄色也黄黄也如金色也"。上述论述已说明西夏的用金与使用者地位等级有关,甚至是皇权的一种象征,故石窟绘画中的使用也有同样的内涵。从西夏统治者对金色的使用规定可以看出,金色在西夏与佛教和权利有关,统治者不惜一切代价将金用于石窟绘画,以及他们的生活装饰,充分显示出佛教在西夏的崇高地位,突出了皇权的至高无上。另外,石窟中的金色使用也与藏传佛教的影响密不可分。[①]

---

①崔红芬《汉文〈杂字〉所反映的西夏社会问题探析》,《西夏学》2010 年第 6 辑,第 131—140 页。

第八章

敦煌西夏石窟绘画在美术史上的地位

　　我国是一个多民族国家,美术的发展包括历史上各个民族的贡献。过去由于资料缺乏,中国美术史常常局限在较狭窄的范围内,对少数民族的美术介绍不多。敦煌自古是多民族聚居地,又是东西交通的枢纽,它的文化遗存呈现了异常丰富的多民族特色,是汉、鲜卑、吐蕃、回鹘、党项、蒙古等民族的共同创造。敦煌的不同民族,常在政治与宗教相结合的条件下,发展了一些不同的艺术样式,这就为我们探索某些少数民族的古代遗产,提供了具体材料。①西夏政权建立以后,为了稳固其地位,在扩大政治规模的同时大力发展文化,在同宋、辽、金、吐蕃和回鹘的交往中,学习并发展了自己的文化,创造了独特的西夏文字。就绘画而言,西夏人在石窟绘画、卷轴画、唐卡、木板画、版画等多个领域创造了大量的艺术品,为中华文明的传承与发展做出了贡献。但在传统画史中,西夏美术只是作为极其微小的一部分被提及,并未深入展开,对西夏画家的记载也是寥若晨星,凤毛麟角。究其原因,一方面蒙古建立元政权以后,鉴于民族的偏见,没有给西夏修史,只是在《宋史》《辽史》《金史》等"外国传"中做了简单介绍;另一方面,敦煌虽然有较多西夏开凿、重绘的石窟,但长期以来,研究者以早中期石窟研究为主,对西夏石窟多有忽视,西夏与宋、回鹘、元等石窟断代又非常模糊,加之西夏的代表性洞窟榆林窟、东千佛洞位置偏远,美术史家了解和获取资料的渠道有限。此外,虽然黑水城出上了大量的西夏绘画,但20世纪初大部分被俄罗斯探险家柯兹洛夫掠走,藏于艾尔米塔什博物馆,一直未公开,直到20世纪八九十年代才陆续有图片公开发

①金维诺《敦煌艺术在美术史研究上的地位》,载敦煌研究院编《中国石窟·敦煌莫高窟(五)》,北京:文物出版社,2013年,第193页。

表,但至今仍没有全部公之于众,国内的美术史家也很少能利用到这些资料。

由上可知,西夏美术史中虽然有不少艺术品,但由于众多原因一直未能在中国美术史中占有一席之地。本章在前文论述的基础上,探讨西夏美术在中国美术史上的地位,论述西夏美术(西夏石窟绘画)是中国美术史中不容忽视的重要内容。

一、拓宽了中国美术史的题材与内容

敦煌西夏石窟绘画题材广泛,内容丰富,有尊像画、经变画、史迹画、供养人像、装饰图案等,它们在反映宗教思想的同时,也反映着这个时代画工们的创作水平和高超技艺。尊像画画面简洁,主体形象突出,西夏的药师佛、炽盛光佛在形象表现方面突出了民族特色;经变画是一个时代信息容量较大的绘画题材,是人物画、山水画、花鸟画和建筑画的组合,同时还结合了诸多社会生产生活场景;史迹画和供养人像画,是世俗社会人物的镜像,在记载历史事件的过程中,为我们透露出那个时代的审美标准。诸如此类丰富多彩的西夏石窟绘画,是我们全面认识中国美术史不能缺少的资料,同时也是认识西夏社会、研究中国历史文化极为重要的图像资料。

(一)花鸟画方面

处在"唐宋变革"背景下的西夏石窟花鸟画,经常作为佛教艺术配景出现,但我们也能够明显地看出敦煌石窟花鸟画的变化与演进以及充满文人意趣的绘画本真。尤其是黑水城西夏花鸟画《禽鸟花卉》的出土,改变了以往西夏没有完整花鸟画的历史,具有非常重要的意义。西北边陲小镇瓜沙一带石窟绘画中出现的中原样式花鸟画,使人们清楚地认识到中原花鸟画以及宋代院体画、文人画对边塞地区的影响。

两宋时期花鸟画盛极一时,甚至超过了人物画的发展。西夏石窟绘画中的花鸟图像,如湖石、竹子、芙蓉、芭蕉以及野逸的萱草等,都是中原文人画影响下的绘画元素。这是对中原花鸟画的学习,是将花鸟与佛教题材内容结合,创造的游牧民族极具装饰感的花鸟图式,体现了其对中原画风的发展与创新。蜀葵是西夏石窟绘画中一种独特的花卉元素,整壁或大面积出现在石窟的西壁龛内或龛外两侧,有些甚至出现在南北两壁。这一形式是敦煌石窟花鸟图像发展以来所形成的一种较为完备的花鸟画图式,与宋代绘画蜀葵题材的流行有密切关系。在中国传统文化中,蜀葵与佛教华严经结合,被赋予"辟邪""忠心""玄谈"等内涵,在佛教美术中具有重要意义。

(二)人物画方面

人物画在西夏的发展,是敦煌石窟发展历程中又一个高峰。尽管西夏前期承袭了晚唐五代宋的石窟风貌,但中晚期一改早期风格,在榆林窟、东千佛洞等开凿的洞窟中, 每一窟都彰显出西夏人高超的艺术水平和兼收并蓄、"圆融"的佛教思想。石窟绘画的内容大多数都是佛教仪轨的表现,但西夏画师们在规矩中寻找创新,在常理中蕴含变化,五湖绝技皆为己用。比如西夏药师佛、童子、国师、供养人等人物形象的创作明显地具有鲜明的党项特征,其绘画特征显然与黑水城出土的西夏《面相图》有极大的关联性,"冬瓜脸"、身材高大、面相饱满,凸显着西夏人对于美的认识和态度。布袋和尚的形象在西夏境内流播, 他不是一个遥不可及的超人形象,而是一个实实在在的人间圣贤。在其形象的创作方面,西夏人也是煞费心机,有站立的,有卧坐的,尤其是文殊山万佛洞窟门上方憨态可掬的布袋和尚形象,是宋夏时期的典型代表,具有极高的艺术水平。莫高窟第3窟的千手观音与榆林窟第3窟的文殊变和普贤变,一直在美术史上享誉盛名。另一方面,榆林窟第3窟五十一面千手观音与诸多社会生活场景结合,是宋代风俗画与佛画相结合的一种新图式。

西夏除了佛教人物画的大量绘制,世俗人物也进入了佛教殿堂。据现有资料,研究者们认为唐僧取经图最早出现在西夏石窟,唐僧、孙行者与

"白龙马"的搭配,对我国历史名著《西游记》中人物形象的创作具有深远的意义。黑水城出土的《贵人像》《西夏皇帝与侍从》代表了西夏工笔人物画的最高水平,其中《贵人像》与宋代肖像画《睢阳五老图》,无论从构图、技法还是人物形象上都如出一辙,具有同等重要的价值。

(三)山水画方面

西夏的山水画结合了宋代北方山水纪念碑式的高大与南方小景别致的秀气,以榆林窟第3窟的两幅山水画为代表,形成了以北派山水影响为主的混合结构形式,其娴熟的水墨皴擦表现,是敦煌石窟山水画发展的一个新高点。从另一个角度讲,也是党项人在构建自己的水墨山水画系统的同时,对山水文化的自我体现。肃北五个庙墨染背景、山体留白的雪景图,在敦煌石窟中首次出现,是石窟艺术史上的一种创新。此外,西夏石窟绘画中绘制了形式多样、变化多端的水图,与马远的"水图"有异曲同工之妙。

(四)建筑画方面

西夏建筑画是敦煌建筑画的继承与延续,是构建宋夏时期建筑史资料的有力补充。西夏中晚期的建筑画有别于早期晚唐五代宋敦煌建筑画的程式化风格,其建筑高大雄伟,人物与建筑比例协调,使建筑回到了其本身,而并非只是作为人物或山水的点缀出现。如榆林窟第3窟观无量寿经变、文殊山万佛洞弥勒经变中的建筑,中轴对称,前有山门、阁楼,后有殿宇、歇山顶重檐式建筑、十字形楼宇,整体建筑风格与河北正定隆兴寺宋代建筑以及山西繁峙县岩山寺金代壁画中的建筑一脉相承,在建筑史上具有同等重要的地位。西夏石窟中建筑画的另一大特点是与山水画的结合,亭台楼榭跃然山水之中,颇具文人气息。

(五)装饰图案方面

西夏的装饰图案气势恢宏,尤其是晚期榆林窟的装饰图案,是继隋唐以后的又一个小高潮,其形式多样,色彩华丽,整个窟顶的装饰犹如一个巨大的华盖,统摄全窟。如榆林窟第10窟窟顶藻井、边饰多达十多条,在莫高窟的装饰中甚为罕见。卷波花卉纹与禽兽结合,是西夏装饰图案的一次巨大变革。西夏画工们将山水背景图案化处理,装饰味道浓厚,别具一格,山石纹作为柱状装饰条,也是岩山风格的再现。同时,西夏时期的装饰图案也受到了藏传绘画铺满式底纹的影响,为石窟装饰注入了新鲜血液。如坛城图作为藻井出现,是汉、藏艺术发展的一大创新。另外,火焰风尘云和生姜虎掌云的独特表现,也丰富了敦煌的装饰纹样。

二、发展了中国传统绘画的技艺

宋代绘画在中国美术史上有很高的地位,尤其是在山水画和花鸟画方面创造出了极大的辉煌。在宋夏交流极为频繁的情况下,宋人的思想理念以及人物、山水与花鸟画方面精深的造诣,很自然地融合在了西夏佛教艺术的表现中,西夏石窟绘画就是最好的例证。李公麟、武宗元等辈色彩玄淡的白描画是文人平淡雅趣的一种表达。西夏石窟绘画中的白描人物画在敦煌石窟绘画史上达到了顶峰,中原传统人物画的诸种描法,在莫高窟第3窟、榆林窟第3窟和第29窟人物中体现得淋漓尽致。正是在宋代绘画的大背景下,地处西北边陲的敦煌石窟画工们也跃跃欲试,在石窟绘画中探索出了一种成熟的样式——白描画,这也是得益于西夏画工表达净土思想的佛教需求所致。

肃北五个庙石窟最为典型突出的意笔人物画值得关注,这类绘画与晋唐以来流传的工笔画有明显差异,但其共同描绘俗山与佛道,丰富着中国绘画的样式,继承和发展了中原的“减笔画”。随着文人学士绘画潮流的兴起,宋代工笔重彩的写实性花鸟达到历史高峰的同时,水墨写意花鸟开始被重视。西夏石窟绘画中有不少花鸟图像,采用类似于文人画的技法,表现画家所追崇的文人风骨。这足以说明西夏人也向往自然,熟悉身边的花鸟草虫,在极力学习宋人绘画的过程中,掌握了花鸟绘画的技法,也同样有通过对花鸟的描述来歌颂王朝,表达画家美好愿望的倾向。

三、丰富了中国传统绘画的构图样式

西夏晚期石窟绘画受藏传佛教影响,构图饱满而少留白,这主要体现在藏密与汉密绘画上。与满置的构图相反,西夏榆林窟第 2 窟的两幅水月观音在构图上呈现出了南宋画家马圭、夏远"一角半边"的构图模式,对角空置留白,用色清新淡薄不失雅趣,意境幽静深邃,是中国画留白构图在石窟中的表现,这在前期石窟中未曾见到。

满壁的花卉布置是西夏人创造的一种新的石窟绘画构图风格。莫高窟第 97 窟、第 140 窟、第 324 窟、第 325 窟、第 328 窟等,整壁绘有花卉,构图样式排列整齐,中心对称,少有留白,显得有些呆板,但装饰性强。西夏《禽鸟花卉》就经营位置而言与宋画有别,画面花草掩映的半包围 C 型河塘与最前面的横向兰石形成穿插的态势,右下的母鸡与左上的公鸡、荷塘中的两只水鸭,分别相向而视,连成两条交叉的动态线,芦苇、慈姑的动势走向与雄雌鸭的开合关系节奏分明。

四、彰显了民族艺术交融的成就

10 世纪后半期至 13 世纪前半期佛教艺术发生了重构, 它构成了西夏石窟绘画发展变化的主要"厚背景",[①]这对佛教石窟艺术有着重要影响,具体表现为北宋、辽、西夏、南宋、金以及高昌回鹘、青唐地区的唃厮罗政权和处在青藏高原的几个政权对佛教的大力推行, 以及他们之间的相互学习与影响。"西夏人摄取了吐蕃、沙洲、西凉的佛法,学习北宋画家的

---

①沙武田《读图的厚背景和被表象误导的历史图像——重新认识敦煌西夏石窟艺术史之面貌及其内涵》,载《观念·技术　视野·视角——敦煌石窟研究方法论国际学术研讨会论文集》,2018 年,第 268 页。

人物造型,辽朝的笔墨构图,回鹘人的色彩装饰,兼收并蓄,融化贯通,成为我国美术史上一个新风格——西夏美术"①。陈育宁先生认为,西夏石窟绘画无论是内容还是形式,都丰富多彩,西夏艺术的形成是多民族艺术交流融合的结果。②

(一)藏传佛教绘画的传入与"汉藏艺术"的形成

藏传佛教艺术的风格,是指源于印度、尼泊尔、克什米尔等地区的佛教造像样式与藏地艺术趣味结合之后逐渐形成的佛教造像风格。吐蕃、党项长期杂居,水乳交融,你中有我,我中有你。③宋人认为"党项、吐蕃风俗相类"④,吐蕃文化对西夏的影响是深远的。在文化互动交流的过程中,西夏人也汲取了藏传佛教中的诸多仪式和与密教修行相关的内容,十臂如意轮观音、四臂观音、四臂文殊菩萨、三面八臂观音、绿度母、愤怒金刚、上乐金刚、金刚亥母、上师、顶髻尊胜佛母曼荼罗、摩利支天曼荼罗、金刚界曼荼罗、恶趣清净曼荼罗、毗沙门天王八大夜叉坛城、释迦降魔相、八塔变相等各类题材内容在西夏石窟中频频出现。黑水城等地的卷轴画和唐卡也表现出非常明显的藏传特点。这类藏传绘画的风格一般表现为构图上趋于程式化,强调对造像仪轨的尊崇,画面色彩大多单色平涂,冷暖色调之间对比强烈,色彩胜于对线条的使用,形成鲜艳夺目的效果,颇具神奇诡秘之感。

当然,敦煌西夏石窟中的藏传风格绘画与黑水城的唐卡相比,绘画诡异之感已被淡化很多。沙武田先生认为,西夏洞窟中的藏传图像,其内核

---

①史苇湘《莫高窟榆林窟唐五代宋西夏元的壁画艺术》,载史苇湘《敦煌历史与莫高窟艺术研究》,兰州:甘肃教育出版社,2002 年,第 327 页。

②陈育宁、汤晓芳《西夏艺术史》,上海:上海三联书店,2010 年,第 6 页。

③杜建录《西夏与周边民族关系史》,兰州:甘肃文化出版社,1995 年,第 139 页。

④[元]脱脱《宋史》卷 264《宋琪传》。

仍然是汉传的思想和体系。换句话说,认识瓜沙西夏洞窟中的藏传图像,要更多地思考其是西夏"圆融"的结果,要尽量考虑汉传图像的思想和体系,最终要体会到图像中的"西夏"特色。[1]在粉本样式上,藏传绘画对西夏石窟绘画的影响较大,但在具体的表现上更多受到中原传统艺术的影响,使得西夏石窟绘画彰显出自己独特的风采,学者们将其称为"西夏藏传风格"的绘画,赋予其强烈的西夏特色,[2]形成了一种全新的艺术——"汉藏艺术"。主要表现在三个方面:一是绘画线条,二是色调,三是汉化形象。榆林窟第 29 窟东壁南侧的金刚、榆林窟第 3 窟东壁南侧五十一面千手观音变左下的八臂金刚与黑水城藏传风格浓郁的胜乐金刚相比,风格差异较大,就后者来说,金刚的身后是平涂的红色烈火曼荼罗,与金刚的蓝色形成鲜明的对比,色彩浓烈。而榆林窟中的金刚,则更加突出了线条的运用,勾线之后,再施以淡彩。第 29 窟的金刚,只有腰间围着的虎皮和束带、头发、头光颜色较浓重,身体的其他部分仅用极为清淡的色彩涂染;第 3 窟的金刚使用遒劲有力的线条,通过粗细的变化以及穿插来表现他的孔武有力,尤其是肌肉的表达。第 29 窟金刚全身的色彩较之第 3 窟更显厚重,但总体而言并非平涂,而是采用富有变化的多层晕染,强化了金刚的特性,其头发采用高古游丝描,不施色粉,蓬松飘逸。榆林窟第 29 窟的不动明王,以及东千佛洞西夏石窟中的绘画,虽然大多数形象以及构图延续藏式,但是从整个画面的色调来说,变得清冷了许多,与西夏早期石窟绘画的色调有几分相似。

---

① 沙武田《读图的厚背景和被表象误导的历史图像——重新认识敦煌西夏石窟艺术史之面貌及其内涵》,载《观念·技术 视野·视角——敦煌石窟研究方法论国际学术研讨会论文集》,2018 年,第 285 页。

② 沙武田《读图的厚背景和被表象误导的历史图像——重新认识敦煌西夏石窟艺术史之面貌及其内涵》,载《观念·技术 视野·视角——敦煌石窟研究方法论国际学术研讨会论文集》,2018 年,第 276 页。

学界关于"汉藏艺术"概念的提出,为我们研究西夏石窟绘画的精神内涵提供了很好的借鉴。通过比对不难发现,敦煌西夏石窟绘画中的藏传风格绘画,往往与汉传风格绘画共呈一窟,榆林窟第3窟内有汉传风格的普贤变、文殊变、观无量寿经变,汉密风格的十一面和五十一面千手观音,以及藏传风格的各种曼荼罗、八塔变、降魔变等,这些图像被西夏画工很自然地绘制在一起,"圆融"而不割裂。

"藏传艺术在西夏的传播是西藏艺术真正意义上的东传。这次传播在藏传绘画乃至整个中国美术史上都有十分重要的意义, 正是西夏人凭借他们对儒家文化的领悟和对汉地文明的精深见解, 对佛教艺术的高度虔诚,将藏传美术与汉地艺术水乳交融地联系在一起,从而架起西藏艺术进入中原的桥梁,拉开了汉藏艺术空前规模交流的序幕。"[1]谢继胜先生总结了藏传绘画风格流传的四个阶段,其中第三次是在元代。蒙古人虽然灭了西夏,但对西夏的佛教全盘继承,元发展壮大了汉藏美术,使这一艺术在内地传播开来。留存于世的杭州飞来峰藏传风格佛教造像、居庸关石刻造像以及瓜州榆林窟元代壁画就是其代表作品。[2]

(二)回鹘、辽、金与西夏石窟绘画的交融

历史记载,西夏与回鹘也多时处在征战之中,且西夏占于优势,但回鹘文化在自觉与不自觉中悄无声息地对西夏进行了浸染。1047年,西夏在兴庆府东建成的皇家寺院高台寺,延纳众多回鹘僧人在此讲经说法。文献可考的有回鹘僧人白法信、白智光,二人在西夏地位很高,这显示了西夏对回鹘佛教的重视以及两个政权之间广泛的交流, 同时佛教艺术的交融也是显而易见的。

---

①谢继胜《藏传佛教艺术发展史》,上海:上海书画出版社,2010年,第5页。

②谢继胜《西夏藏传绘画:黑水城出土西夏唐卡研究》,石家庄:河北教育出版社,2002年,第417页。

西夏的石窟绘画多用石青和石绿等底色,画风基调清冷,是受到回鹘艺术风格的影响。[1]但西夏有时又出现大红底色的暖色调绘画,无疑也继承了回鹘手法。西夏时期装饰图案盛极一时,这一繁荣现象的背后,除了西夏人自身的创造之外,也吸收了不少回鹘艺术的营养。西夏的团龙、团凤是对宋、回鹘的继承与发扬,龟背纹、火焰纹、古钱纹、连环纹、万字纹、编织纹等也有回鹘纹样的影子。而丰富多彩的边饰忍冬、莲荷、牡丹、石榴、团球和波状卷草纹、双重八瓣莲花纹等样式也能够在回鹘石窟中找到。这些图案的勾线、敷色、描绘的手法以及编排方式,在新疆吐鲁番柏孜克里克、吐峪沟石窟以及木头沟、吉木萨尔佛寺等地的壁画中都能窥其原貌。[2]

受汉文化影响,辽、金等少数民族政权的统治者对于绘画艺术也显现出极大的热情。辽代统治者圣宗耶律隆绪、兴宗耶律宗真、贵族耶律倍、耶律题子、耶律袅履、萧瀜均好绘画,兴宗耶律宗真以御画《千角鹿图》作为与宋朝交好的礼品。辽亦设翰林院,其中虽无正式的画院机构,但能画者不少,如陈升便是圣宗朝的翰林待诏,曾奉旨画《南征得胜图》。金灭北宋后,将汴京内府收藏的大批书画文物掠为己有,又仿照宋制,着手宫廷画院的建设。据《金史·百官志》卷五十六记载,其内廷机构,在秘书监下设"书画局",又在少府监下设"图画署""掌图画缕金匠"。在"裁造署"内也有"画绘之事"。金的帝王贵族中,爱好绘画者极多,如显宗完颜允恭能画獐鹿、人马墨竹,学李公麟;海陵王完颜亮尝作墨戏,喜画竹;密国公完颜璹工诗文书画,富收藏,擅作道释人物和墨竹;章宗完颜璟,书画皆仿宋徽

---

①张宝玺《东千佛洞西夏石窟艺术》,《文物》1992年第2期,第94页。

②敦煌文物研究所编《中国石窟·敦煌莫高窟(五)》,北京:文物出版社,1987年;敦煌研究院编《中国石窟·安西榆林窟》,文物出版社、平凡社,1997年;贾应逸《高昌回鹘壁画艺术特色》,《新疆艺术》1989年第1期;张宝玺《东千佛洞西夏石窟艺术》,《文物》1992年第2期等。

宗,几乎达到乱真。①文献记载西夏与辽金的政治经济文化交往非常密切,在绘画上也相互交流借鉴。辽代绘画《竹雀双兔图》与西夏花鸟画《禽鸟花卉》意趣相投,是北方游牧民族对中原花鸟画借鉴之后的一种创造。叶茂台辽墓出土的《深山会棋图》与西夏榆林窟第3窟的山水画,从构图、笔法上看非常接近,都属于北派山水一脉。西夏石窟绘画中的建筑画与山西繁峙县岩山寺文殊殿金代所绘壁画中的建筑画,无论在布局、造型还是建筑装饰构建上都有很大的相似之处。

(三)印度、尼泊尔及中亚因素

西夏重视丝绸之路的经营,丝路的畅通为佛教的交流带来了便利,宋代范成大的《吴船录》记载了这一时期新一轮求法热潮的兴起,推断出诸多图像由此传入中土。西夏控制着丝绸之路的中段,西连西域、印度,东接中原,在这条悠久的大路上,佛教交流你来我往。西夏不仅有印度高僧前来讲经说法、翻经译文,还做了西夏的僧官,现存资料记载有印度僧人波罗显胜、捺也阿难捺。西夏的僧人燕丹国师也求道天竺,至跋提之境②。另有佛学大德捺弥译师相加思葛剌思巴也曾赴天竺学法,成就巨大。③正如《大夏国葬舍利碣铭》所记载的那样"东土名流,西天达士"④。

东千佛洞和榆林窟西夏时期的壁画受印度影响较大,张宝玺先生认为:"西夏的燕丹国师曾去印度求法,到过释迦涅槃的跋提河,所以东千佛洞某些属于'天竺遗法'的图像,很可能是由求法僧人直接携回的。"⑤东千

---

①徐书城、徐建荣《中国美术史·宋代卷(上)》,北京:北京师范大学出版社,2011年,第37页。

②钟赓起著,张志纯等校点《甘州府志》,兰州:甘肃文化出版社,1995年,第518页。

③陈爱峰、忱富宁《西夏印度佛教关系考》,《宁夏社会科学》2009年第2期,第105—106页。

④[明]胡汝砺编,管律重修,陈明猷校勘《嘉靖宁夏新志》,银川:宁夏人民出版社,1985年,第153页。

⑤[明]张宝玺《东千佛洞西夏石窟艺术》,载敦煌研究院编《榆林窟研究论文集》,上海:上海辞书出版社,2011年,第650页。

佛洞第 2 窟中心塔柱南、北两侧各有一身菩萨,这两身菩萨看起来比较独特,头戴饰有小花楔形叶冠,上身穿紧身短袖,下身裹贴体短裙,小腹外露,戴宝冠、项圈、耳珰、臂钏、腕钏,整个身体左右扭动呈 S 型,婀娜多姿(图 8-1)。从其服饰、动势、掌心施色以及绘画风格来看,显然受到了印度波罗艺术的影响。①此外,榆林窟第 3 窟北壁西侧的乐舞菩萨,上手攀树枝,下手施与愿印,身体扭动成三折姿,也是印度—尼泊尔风格类型(图8-2)。②出土于马图拉康卡利蒂拉的贵霜时期药叉女三屈式夸张扭摆,身体扭动呈 S 型弯曲状,裸露较多(图 8-3)。贝什纳加尔一座笈多神庙门口

图 8-1　东千佛洞第 2 窟菩萨

①常红红《论瓜州东千佛洞第二窟施宝度母图像源流及相关问题》,《故宫博物院院刊》2014年第 2 期,第 73 页。

②韩小忙、孙昌盛、陈悦新《西夏美术史》,北京:文物出版社,2001 年,第 376—379 页。

的一尊女神雕像比贵霜药叉女刻
画得更逼真，身体弯曲成三折，妖
娆站立（图 8-4）。这是西夏石窟
"三屈式"菩萨图像来源之所在。

　　综上所述，西夏石窟绘画中
体现出的多元性特征，既吸收借
鉴了周边诸多民族文化艺术，又
将本民族特有的文化浸注其中，
创作出了一种独特的"浓郁的混
合风格"①，丰富了中国美术史。

图 8-2　榆林窟第 3 窟菩萨

图 8-3　印度马图拉康卡利蒂拉
　　　　贵霜时期药叉女

图 8-4　印度贝什纳加尔笈多时期的女神

①韩小忙、孙昌盛、陈悦新《西夏美术史》，北京：文物出版社，2001 年，第 17 页。

参考文献

一、典籍文献

[1]《大正新修大藏经》,台北:新文丰出版有限公司,1983 年。

[2][唐]张彦远著,俞剑华注释《历代名画记》,上海:上海人民美术出版社,1964 年。

[3][五代]荆浩撰,王伯敏注译《笔法记》,北京:人民美术出版社,2016 年。

[4][宋]赞宁撰,范祥雍点校《宋高僧传》,北京:中华书局,1987 年。

[5][宋]薛居正等撰《旧五代史》,北京:中华书局,1976 年。

[6][宋]欧阳修撰《新五代史》,北京:中华书局,1974 年。

[7][宋]司马光编著,胡三省音注《资治通鉴》,北京:中华书局,1976 年。

[8][宋]沈括撰,张富祥译注《梦溪笔谈》,北京:中华书局,2009 年。

[9][宋]李焘《续资治通鉴长编》,北京:中华书局,2004 年。

[10][宋]叶隆礼《契丹国志》,上海:上海古籍出版社,1985 年。

[11][宋]佚名,王群栗点校《宣和画谱》卷 15,杭州:浙江人民美术出版社,2012 年。

[12][宋]李昉《太平广记》,北京:中华书局,1961 年。

[13][宋]道原著,张华释译《景德传灯录》,北京:东方出版社,2017年。

[14][宋]孟元老《东京梦华录》,郑州:中州古籍出版社,2010年。

[15][宋]董逌撰,赵伟校注《广川画跋》,太原:山西教育出版社,2015年。

[16][西夏]骨勒茂才著,黄振华等整理《番汉合时掌中珠》,银川:宁夏人民出版社,1989年。

[17][元]脱脱《宋史》,北京:中华书局,1977年。

[18][元]脱脱《辽史》,北京:中华书局,1974年。

[19][元]脱脱《金史》,北京:中华书局,1975年。

[20][元]汤垕《画鉴》,北京:人民美术出版社,1963年。

[21][元]夏文彦《图绘宝鉴》,上海:上海人民美术出版社,1963年。

[22][明]邹德中《绘事指蒙》,北京:北京书局,1959年。

[23][明]唐志契《绘事微言》,北京:人民美术出版社,1984年。

[24][明]王绂《书画传习录》,上海:上海书画出版社,1992年。

[25][明]胡汝砺纂修,陈明猷校勘《嘉靖宁夏新志》,银川:宁夏人民出版社,1982年。

[26][清]纪昀《四库全书》,上海:上海古籍出版社,1987年。

[27][清]吴广成《西夏书事》,《续修四库全书》编纂委员会编《续修四库全书》,上海:上海古籍出版社,2013年。

[28][清]佚名,胡玉冰校证《西夏志略》,兰州:甘肃文化出版社,1998年。

[29][清]周春著,胡玉冰校补《西夏书校补》,北京:中华书局,2014年。

[30][清]戴锡章著,罗矛昆点校《西夏纪》,银川:宁夏人民出版社,1988年。

[31][清]张鉴撰,龚世俊等校注《西夏纪事本末》,兰州:甘肃文化出版社,1998年。

[32][清]厉鹗辑,胡小罕、胡易知校笺《南宋院画录校释图笺》,杭州:

浙江人民美术出版社,2015 年。

二、出土西夏文献

[1]宁夏社会科学院编《中国国家图书馆藏西夏文献(1—4 册)》,上海:上海古籍出版社,2005 年。

[2]史金波、魏同贤、(俄)E.N.克恰诺夫《俄罗斯科学院东方研究所圣彼得堡分所藏黑水城文献》(汉文部分6 册),上海:上海古籍出版社,1996–2000 年。

[3]史金波、陈育宁《中国藏西夏文献(1—20)》,兰州:敦煌文艺出版社;兰州:甘肃人民出版社,2005 年。

[4]俄罗斯科学院东方研究所圣彼得堡分所编《俄藏黑水城文献(1—25)》,上海:上海古籍出版社,2011 年。

[5](俄)孟列夫著,王克孝译《黑水城出土汉文遗书叙录》,银川:宁夏人民出版社,1994 年。

[6]武宇林、荒川慎太郎《日本藏西夏文文献(上下册)》,北京:中华书局,2011 年。

[7]西北第二民族学院、上海古籍出版社、法国国家图书馆编《法藏敦煌西夏文文献》,上海:上海古籍出版社,2007 年。

[8]杜建录《中国藏西夏文献研究》,上海:上海古籍出版社,2012 年。

[9]杜建录、史金波《西夏社会文书研究》,上海:上海古籍出版社,2010 年。

[10]杜建录《中国藏黑水城汉文文献整理研究》,北京:人民出版社,2016 年。

[11]崔红芬《西夏汉传密教文献研究》,北京:社会科学文献出版社,2015 年。

[12]李逸友《黑城出土文书(汉文文书卷)》,北京:科学出版社,1991 年。

[13]林世田《国家图书馆藏西夏文献中汉文文献释录》,北京:北京图书馆出版社,2005年。

[14]梁继红《武威出土西夏文献研究》,北京:社会科学文献出版社,2015年。

[15]孙继民等《考古发现西夏汉文非佛教文献整理与研究》,北京:社会科学文献出版社,2014年。

[16]孙继民等《英藏及俄藏黑水城汉文文献整理(上、下)》,天津:天津古籍出版社,2015年。

[17]孙伯君《西夏文献丛考》,上海:上海古籍出版社,2015年。

[18]束锡红《黑水城西夏文献研究》,北京:商务印书馆,2013年。

[19]塔拉、杜建录、高国祥《中国藏黑水城汉文文献》,北京:北京图书馆出版社,2008年。

三、相关图像资料

[1]史苇湘等《中国美术全集·绘画编·敦煌壁画》,北京:人民美术出版社,1985年。

[2]敦煌文物研究所编《中国石窟·敦煌莫高窟(全五册)》,北京、东京:文物出版社、平凡社,1987年。

[3]敦煌研究院编《中国石窟·安西榆林窟》,北京、东京:文物出版社、日本平凡社,1997年。

[4]敦煌研究院编《敦煌石窟艺术(全22册)》,南京:江苏美术出版社,1995年。

[5]敦煌研究院编《敦煌石窟全集(全26册)》,上海:上海人民出版社,2001年。

[6]敦煌研究院编《中国石窟艺术·榆林窟》,南京:江苏美术出版社,2014年。

［7］段文杰等《中国敦煌壁画全集·敦煌西夏元》，天津：天津人民美术出版社，1996 年。

［8］俄罗斯艾尔米塔什博物馆、西北民族大学、上海古籍出版社《俄藏黑水城艺术品（ⅠⅡ）》，山海：上海古籍出版社，2012 年。

［9］（俄）米哈依·彼奥特洛夫斯基著，许洋主译《丝路上消失的王国——西夏黑水城的佛教艺术》，台北：国立历史博物馆，1996 年。

［10］宁夏文物考古研究所编《山嘴沟西夏石窟（上、下）》，北京：文物出版社，2007 年。

［11］金墨《宋画大系：花鸟卷、山水卷、人物卷》（全 3 卷 8 册），北京：中信出版社，2016 年。

［12］中国寺观壁画全集编辑委员会编《中国寺观壁画全集（一）·早期寺观壁画》，广州：广东教育出版社，2011 年。

四、研究论著

（一）国外

［1］（日）田中公明《敦煌密教の美术》，法藏馆，2000 年。

［2］（日）小川裕充《中国花鸟画の时空——花鸟画から花卉杂画へ》，载户田祯佑等《花鸟画の世界·第十卷·中国の花鸟画と日本》，东京：学习研究社，1983 年。

［3］（俄）萨玛秀克《西夏艺术》，国立历史博物馆，1997 年。

［4］（俄）捷尔克·波德捷《古代中国神话》（《古代世界神话学》），臭斯科：科学出版社，1977 年，俄文版。

［5］（俄）克恰诺夫、李范文、罗矛昆《圣立义海研究》，银川：宁夏人民出版社，1995 年。

［6］（法）伯希和著，耿昇、唐健宾译《伯希和敦煌石窟笔记》，兰州：甘肃人民出版社，1993 年。

［7］（法）海瑟·噶尔美著，熊文彬译《早期汉藏艺术》，北京：中国藏学出版社，1994 年。

［8］（美）巫鸿著，柳杨、岑河译《武梁祠：中国古代画像艺术的思想性》，北京：生活·读书·新知三联书店，2015 年。

［9］（美）巫鸿著，钱文逸译《"空间"的美术史》，上海：上海人民出版社，2018 年。

［10］（美）巫鸿著，郑岩等译《礼仪中的美术（上、下）》，北京：生活·读书·新知三联书店，2013 年。

［11］（美）巫鸿著，梅枚、肖铁、施杰等译《时空中的美术——巫鸿中国美术史文编二集》，北京：生活·读书·新知三联书店，2009 年。

［12］（美）班宗华著，白谦慎编，刘晞仪等译《行到水穷处——班宗华画史论集》，北京：生活·读书·新知三联书店，2018 年。

［13］（美）方闻著，李维琨译《超越再现：8 世纪至 14 世纪中国书画》，杭州：浙江大学出版社，2011 年。

［14］（英）杰西卡·罗森著，邓菲等译《祖先与永恒》，北京：生活·读书·新知三联书店，2017 年。

（二）国内

［1］白滨《党项史研究》，长春：吉林教育出版社，1989 年。

［2］白巍《宋辽金西夏绘画史》，福州：海风出版社，2004 年。

［3］曹颖僧《西夏文史荟存》（抄本），宁夏图书馆藏，1959 年。

［4］柴泽俊、张丑良《繁峙岩山寺》，北京：文物出版社，1990 年。

［5］陈炳应《西夏文物研究》，银川：宁夏人民出版社，1985 年。

［6］陈炳应《西夏探古》，兰州：甘肃文化出版社，2002 年。

［7］陈育宁、汤晓芳《西夏艺术史》，上海：上海三联书店，2010 年。

［8］陈育宁、汤晓芳、雷润泽《西夏建筑研究》，北京：社会科学文献出版社，2016 年。

［9］陈传席《中国山水画史》，天津：天津人民美术出版社，2001 年。

［10］陈庆英《西夏与藏族的历史、文化、宗教关系初探》，拉萨：西藏人民出版社，1993 年。

［11］陈高华《隋唐五代画家史料（增补本）》，北京：中国书店，2015 年。

［12］陈高华《宋辽金画家史料》，北京：文物出版社，1984 年。

［13］陈振《中国通史·第七卷·中古时代五代辽宋夏金时期（第 11、12 册）》，上海：上海人民出版社，1999 年。

［14］崔红芬《西夏河西佛教研究》，北京：民族出版社，2010 年。

［15］崔红芬《文化融合与延续：11—13 世纪藏传佛教在西夏的传播与发展》，北京：民族出版社，2014 年。

［16］崔红芬《西夏汉传密教文献研究》，北京：社会科学文献出版社，2015 年。

［17］敦煌文物研究所编《敦煌研究文集》，兰州：甘肃人民出版社，1982 年。

［18］段文杰《敦煌石窟艺术研究》，兰州：甘肃人民出版社，2007 年。

［19］段文杰《敦煌石窟艺术论集》，兰州：甘肃人民出版社，1988 年。

［20］段文杰《1990 年敦煌学国际研讨会文集·石窟考古编》，沈阳：辽宁美术出版社，1995 年。

［21］杜建录《西夏与周边民族关系史》，兰州：甘肃文化出版社，1995 年。

［22］杜建录《西夏经济史研究》，兰州：甘肃文化出版社，1998 年。

［23］杜建录《西夏经济史》，北京：中国社会科学出版社，2002 年。

［24］杜建录《西夏学（第 1—11 辑）》，银川：宁夏人民出版社，2006 年。

［25］杜建录《西夏学论集》，上海：上海古籍出版社，2012 年。

［26］杜建录《西夏史论集》，上海：上海古籍出版社，2016 年。

［27］敦煌文物研究所编《敦煌莫高窟内容总录》，北京：文物出版社，

1982 年。

　　[28]敦煌研究院编《敦煌石窟内容总录》,北京:文物出版社,1996 年。

　　[29]敦煌研究院编《敦煌莫高窟供养人题记》,北京:文物出版社,
1986 年。

　　[30]敦煌研究院编《2000 年敦煌学国际学术讨论会文集——纪念敦
煌藏经洞发现暨敦煌学百年》,兰州:甘肃民族出版社,2003 年。

　　[31]敦煌研究院编《2004 年石窟研究国际学术会议论文集(上、
下)》,上海:上海古籍出版社,2006 年。

　　[32]敦煌研究院编《中国敦煌学百年文库》,兰州:甘肃文化出版社,
1999 年。

　　[33]敦煌研究院编《榆林窟研究论文集(上、下)》,上海:上海辞书出
版社,2011 年。

　　[34]樊波《中国人物画史》,南昌:江西美术出版社,2018 年。

　　[35]高春明《西夏艺术研究》,上海:上海古籍出版社,2009 年。

　　[36]郭志猛《中国全史·中国宋辽金夏科技史》(第 57 卷),北京:人民
出版社,1994 年。

　　[37]关友惠《解读敦煌:敦煌装饰图案》,上海:华东师范大学出版社,
2000 年。

　　[38]韩荫晟《党项与西夏历史资料汇编(上、中、下)》,银川:宁夏人民
出版社,2000 年。

　　[39]韩刚、黄凌子《中国古代物质文化史:绘画·卷轴画(宋)》,北京:
开明出版社,2013 年。

　　[40]韩小忙《西夏道教初探》,兰州:甘肃文化出版社,1998 年。

　　[41]韩小忙、孙昌盛、陈悦新《西夏美术史》,北京:文物出版社,
2001 年。

　　[42]胡之、张宝玺《甘肃安西东千佛洞石窟壁画》,重庆:重庆出版社,

2000 年。

　　[43]胡开儒《安西榆林窟》,乌鲁木齐:新疆大学出版社,1997 年。

　　[44]胡玉冰《汉文西夏文献丛考》,兰州:甘肃文化出版社,2002 年。

　　[45]胡玉冰《传统典籍中汉文西夏文献研究》,北京:中国社会科学出版社,2007 年。

　　[46]胡进杉《西夏佛典探微》,上海:上海古籍出版社,2015 年。

　　[47]季羡林《敦煌学大辞典》,上海:上海辞书出版社,1998 年。

　　[48]景永时《西夏语言与绘画研究论集》,银川:宁夏人民出版社,2008 年。

　　[49]李蔚《简明西夏史》,北京:人民出版社,1997 年。

　　[50]李华瑞《宋夏关系史》,石家庄:河北人民出版社,1998 年。

　　[51]李锡厚、白滨《辽金西夏史》,上海:上海人民出版社,2003 年。

　　[52]李范文《西夏通史》,银川:宁夏人民出版社,2005 年。

　　[53]李星明《唐代墓室壁画研究》,西安:陕西人民美术出版社,2005 年。

　　[54]李杰《中国美术考古学的风格谱系研究——以中古时期平面图像为中心》,北京:科学出版社,2017 年。

　　[55]卢辅圣《中国书画全书》,上海:上海书画出版社,1998 年。

　　[56]雷润泽等《西夏佛塔》,北京:文物出版社,1995 年。

　　[57]刘玉权《莫高窟壁画艺术·西夏》,兰州:甘肃人民出版社,1986 年。

　　[58]刘凤翥、李锡厚、白滨《辽史·金史·西夏史》,上海古籍出版社,1998 年。

　　[59]刘晓路《中华艺术通史:五代两宋辽西夏金卷(下编)》,北京:北京师范大学出版社,2006 年。

　　[60]梁松涛《西夏文〈宫廷诗集〉整理与研究》,上海:上海古籍出版社,2018 年。

[61]廖奔《中华艺术通史：五代两宋辽西夏金卷（上）》，北京：北京师范大学出版社，2006年。

[62]马德《敦煌古代工匠研究》，北京：文物出版社，2018年。

[63]聂鸿音《西夏文德行集研究》，兰州：甘肃文化出版社，2002年。

[64]牛达生《西夏遗迹》，北京：文物出版社，2007年。

[65]牛达生《西夏考古论稿》，上海：上海古籍出版社，2013年。

[66]宁夏文物考古研究所编《拜寺沟西夏方塔》，文物出版社，2005年。

[67]宁夏文物考古研究所编《山嘴沟西夏石窟（上、下）》，北京：文物出版社，2007年。

[68]欧阳琳《敦煌图案解析》，兰州：甘肃文化出版社，2007年。

[69]彭金章、王建军《敦煌莫高窟北区石窟》，北京：文物出版社，2000年。

[70]荣新江《归义军史研究——唐宋时代敦煌历史考索》，上海：上海古籍出版社，2015年。

[71]史苇湘《敦煌历史与莫高窟艺术研究》，兰州：甘肃教育出版社，2002年。

[72]史金波、白滨、黄振华《文海研究》，北京：中国社会科学出版社，1983年。

[73]史金波《西夏文化》，长春：吉林教育出版社，1986年。

[74]史金波《西夏佛教史略》，银川：宁夏人民出版，1988年。

[75]史金波等译注《天盛改旧新定律令》，北京：法律出版社，2000年。

[76]史金波《西夏社会》（上、下），上海：上海人民出版社，2007年。

[77]史金波《西夏文化研究》，北京：中国社会科学出版社，2015年。

[78]史金波《西夏文珍贵典籍史话》，北京：国家图书馆出版社，2015年。

[79]孙星群《西夏辽金音乐史稿》，北京：中国青年出版社，1998年。

[80]孙伯君《国外早期西夏学论集(1、2)》,北京:民族出版社,2005 年。

[81]孙伯君《西夏新译佛经陀罗尼的对音研究》,北京:中国社会科学出版社,2010 年。

[82]孙晓岗《文殊菩萨图像学研究》,兰州:甘肃人民美术出版社,2007 年。

[83]沈卫荣《文本中的历史:藏传佛教在西域和中原的传播》,北京:中国藏学出版社,2012 年。

[84]沈卫荣《汉藏佛学研究:文本、人物、图像和历史》,北京:中国藏学出版社,2013 年。

[85]沙武田《敦煌画稿研究》,北京:中央编译出版社,2007 年。

[86]沙武田《吐蕃统治时期敦煌石窟研究》,北京:中国社会科学出版社,2013 年。

[87]沙武田《归义军时期敦煌石窟考古研究》,兰州:甘肃教育出版社,2017 年。

[88]汤开建《党项西夏史探微》,北京:商务印书馆,2013 年。

[89]吴天墀《西夏史稿》,北京:商务印书馆,2010 年。

[90]王惠民《敦煌净土图像研究》,台北:佛光山文教基金会,2003 年。

[91]王德忠《西夏对外政策研究》,长春:吉林人民出版社,2005。

[92]王培培《西夏文〈维摩诘经〉整理研究》,北京:社会科学文献出版社,2015 年。

[93]王伯敏《中国绘画通史(上、下)》,北京:生活·读书·新知三联书店,2008 年。

[94]王伯敏《山水画纵横谈》,济南:山东美术出版社,2010 年。

[95]王森《西藏佛教发展史略》,北京:中国社会科学出版社,1987 年。

[96]魏淑霞《湮没的神秘王国——西夏》,银川:宁夏人民出版社,2008年。

[97]魏存成《高句丽遗迹》,北京:文物出版社,2002年。

[98]西夏博物馆编《西夏艺术》,银川:宁夏人民出版社,2003年。

[99]项楚《敦煌变文选注(增订本)》,北京:中华书局,2006年。

[100]萧默《敦煌建筑研究》,北京:机械工业出版社,2003年。

[101]谢稚柳《敦煌艺术叙录》,上海:上海出版公司,1955年。

[102]谢继胜《西夏藏传绘画:黑水城出土西夏唐卡研究》,石家庄:河北教育出版社,2002年。

[103]谢继胜《藏传佛教艺术发展史》,上海:上海书画出版社,2010年。

[104]谢继胜、沈卫荣、廖旸《汉藏佛教艺术研究》,北京:中国藏学出版社,2006年。

[105]徐书城、徐建融《中国美术史宋代卷(上)》,北京:北京师范大学出版社,2011年。

[106]徐自强、张永强、陈晶《敦煌莫高窟供养人题记》,北京:文物出版社,1986年。

[107]许万里《名画中的建筑》,北京:文化艺术出版社,2014年。

[108]杨树森、穆鸿利《辽宋夏金元史》,沈阳:辽宁教育出版社,1986年。

[109]杨振国《海外藏中国历代名画第4卷·辽金西夏元》,长沙:湖南美术出版社,1998年。

[110]杨福《甘肃武威西夏二号墓木板画》,重庆:重庆出版社,2000年。

[111]杨蕤《西夏地理研究》,北京:人民出版社,2008年。

[112]杨富学、陈爱峰《西夏与周边关系研究》,兰州:甘肃民族出版社,2012年。

［113］于君方《观音：菩萨中国化的演变》，北京：商务印书馆，2012 年。

［114］俞剑华《中国绘画史》，南京：东南大学出版社，2009 年。

［115］俞剑华《中国历代画论大观·第二编宋代画论（一、二）》，南京：江苏凤凰美术出版社，2016 年。

［116］颜娟英、石守谦《艺术史中的汉晋与唐宋之变》，北京：北京大学出版社，2016 年。

［117］钟侃、吴峰云、李范文《西夏简史》，银川：宁夏人民出版社，1979 年。

［118］钟庚起著，张志纯等校点《甘州府志》，兰州：甘肃文化出版社，1995 年。

［119］张伯元《安西榆林窟》，成都：四川教育出版社，1995 年。

［120］张宝玺《甘肃石窟艺术壁画编》，兰州：甘肃人民美术出版社，1997 年。

［121］张宝玺《武威西夏木板画》，兰州：甘肃人民美术出版社，2001 年。

［122］张宝玺《瓜州东千佛洞西夏石窟艺术》，北京：学苑出版社，2012 年。

［123］张亚莎《11 世纪西藏的佛教艺术——从扎塘寺壁画研究出发》，北京：中国藏学出版社，2008 年。

［124］郑炳林、沙武田《敦煌石窟艺术概论》，兰州：甘肃文化出版社，2005 年。

［125］郑炳林《敦煌碑铭赞辑释》，兰州：甘肃教育出版社，1992 年。

［126］宗白华《美学散步》，上海：上海人民出版社，1981 年。

［127］扎雅著，谢继胜译《西藏宗教艺术》，拉萨：西藏人民出版社，1997 年。

五、学术论文

(一)国外

[1](日)泷朝子《西夏时代敦煌の水月观音研究》,《鹿岛美术研究》年报第 23 号别册,2006 年。

[2](俄)叶·伊·克恰诺夫著,崔红芬译《俄藏黑水城西夏文佛经文献叙录·绪论》,《西夏研究》,2011 年第 1 期。

[3](美)邓如萍著,聂鸿音、彭玉兰译《党项王朝的佛教及其元代遗存——帝师制度起源于西夏说》,《宁夏社会科学》1992 年第 5 期。

[4](俄)鲁多娃《黑城出土的两件版画》,《艾尔米塔什珍藏(第 36 卷)》,1969 年。

[5](俄)列昂诺夫《艾尔米塔什博物馆的西藏艺术品》,《东方艺术(第 3 卷)》1993 年第 3 期。

[6](美)范德康著,陈小强、乔天碧译《捛也阿难捛:十二世纪唐古忒的喀什米尔国师》,载王尧《国外藏学研究译文集(第 14 辑)》,拉萨:西藏人民出版社,1998 年。

[7](美)葛雾莲著,杨富学译《榆林窟回鹘画像及回鹘萧氏对辽朝佛教艺术的影响》,《赤峰学院学报(汉文哲学社会科学版)》,1995 年第 1 期。

[8](俄)克平著,彭向前译《西夏版画中的吐蕃和印度法师肖像》,《西夏研究》2011 年第 3 期。

[9](俄)索罗宁《西夏佛教"华严信仰"的一个侧面初探》,《文献研究》2012 年第 3 辑。

[10](日)松泽博《敦煌出土西夏语佛典研究序说——天理图书馆所藏西夏语佛典(1)》,《东洋史苑》36 号,1990 年。

[11](日)松泽博《敦煌出土西夏语佛典研究序说——天理图书馆所藏西夏语佛典(2)》,《龙谷史坛》,103、104 号,1994 年。

［12］（俄）索罗宁《西夏佛教之"系统性"初探》，《世界宗教研究》2013年第4期。

［13］（俄）索罗宁《一行慧觉及其〈大方广佛华严经海印道场十重行愿常遍礼忏仪〉》，《台大佛学研究》2012年第23期。

［14］（俄）萨玛秀克著，王帼艳译《黑水城出土文献中十二世纪时期的"星魔圈"》，《宁夏社会科学》2003年第6期。

［15］（俄）萨玛秀克著，马宝妮译《黑城出土西夏绘画中的供养人的含义和职能》，载景永时《西夏语言和绘画研究论集》，银川：宁夏人民出版社，2008年。

［16］（俄）萨玛秀克《西夏艺术作品中的肖像研究及史实》，《国家图书馆学刊·西夏研究专号》（增刊），2002年。

［17］（俄）萨玛秀克著，崔红芬译《俄罗斯国立艾尔米塔什博物馆东方部馆藏黑城文物记述》，《宁夏社会科学》2002年第6期。

［18］（俄）萨玛秀克著，季一坤译《俄藏黑水城艺术品叙录》，载俄罗斯艾尔米塔什博物馆、西北民族大学、上海古籍出版社编《俄藏黑水城艺术品Ⅱ》，上海：上海古籍出版社，2012年。

［19］（俄）萨玛秀克著，谢继胜译《西夏王国的星宿崇拜——圣彼得堡艾尔米塔什博物馆黑水城藏品分析》，《敦煌研究》，2004年第4期。

［20］（俄）萨玛秀克著，郑国穆译《黑水城遗址出土12世纪"恒星巫术圈"》，载段文杰《敦煌学与中国史研究论集：纪念孙修身先生逝世一周年》，兰州：甘肃人民出版社，2001年。

［21］（俄）鲁多娃著，张惠明译《观音菩萨在敦煌》，《敦煌研究》1993年第1期。

［22］（俄）鲁多娃著，张惠明译《艾尔米塔什国家博物馆的敦煌莫高窟供养人绘画收藏品》，《敦煌研究》，1993年第3期。

［23］（日）森安孝夫著，高然译《回鹘与敦煌》，日文版载《讲座敦煌

(2)》,东京:大东出版社,译文载《西北史地》1984 年第 1 期。

[24](日)森安孝夫著,梁晓鹏译《沙州回鹘与西回鹘国》,《敦煌学辑刊》2000 年第 2 期。

[25]Ellen Johnston Liang,"Auspicious Motifs in Ninth-to Thirteeth-Century Chinese Tombs,"Ars Orientalis 33(2003).

[26]L.Bachhofer,"Die Raumdarstellung in der Chinesischen Malerei des ersten Jahrtausends n Chr. ",Munchner Jahrbuch der bildenden Kunst,Band VIll, 1931. Trans. Harold Joachim, manuscript in the Rubel Library,Harvard University.

[27]Lothar Ledderose"The Earthly Paradise:Religious Elements in Chinese Landscape Art,"in Bush and Murck ed.,Theoris of the Arts in Chinam.

(二)国内

[1]敖特根《敦煌莫高窟第 465 窟断代研究综述》,《敦煌研究》2003 年第 5 期。

[2]敖特根《西夏沙州守将昔里钤部》,《敦煌学辑刊》2004 年第 1 期。

[3]白滨、史金波《莫高窟、榆林窟西夏资料概述》,《敦煌学辑刊》1980 年第 0 期。

[4]白雪《西夏罗后与佛教政治》,《敦煌学辑刊》2007 年第 3 期。

[5]陈爱峰、杨富学《西夏与辽金间的佛教关系》,载杜建录《西夏学(第 1 辑)》,银川:宁夏人民出版社,2006 年。

[6]陈爱峰、杨富学《西夏印度佛教关系考》,《宁夏社会科学》2009 年第 2 期。

[7]陈爱峰、杨富学《西夏印度佛教关系考》,《宁夏社会科学》2009 年第 2 期。

[8]陈庆英《简论藏文史籍关于西夏的记载》,《中国藏学》1996 年第 1 期。

［9］陈庆英《〈大乘要道密集〉与西夏王朝的藏传佛教》,《中国藏学》2003 年第 3 期。

［10］陈庆英《大乘玄密帝师考》,《佛学研究》2000 年第 0 期。

［11］陈永革《论辽代佛教的华严思想》,《西夏研究》2013 年第 3 期。

［12］陈望衡《〈华严经〉对中华审美意识建构的意义》,《西北师大学报（社会科学版）》2016 年第 3 期。

［13］陈光文《敦煌莫高窟第 297 窟甬道南壁西夏文题记译释——兼论西夏统治敦煌的时间问题》,《敦煌学辑刊》2014 年第 2 期。

［14］陈振旺、佟艳《中唐早期莫高窟藻井图案研究》,《敦煌学辑刊》2017 年第 4 期。

［15］陈炳应《莫高窟、榆林窟西夏专题考察述论》,《丝绸之路》2011 年第 18 期。

［16］陈光文《西夏时期敦煌史研究述评》,《西夏研究》2014 年第 2 期。

［17］陈玮《西夏佛王传统研究》,《中央民族大学学报（哲学社会科学版）》,2016 年第 4 期。

［18］陈玮《西夏天王信仰研究》,《西夏学》2013 年第 1 辑。

［19］常红红《论瓜州东千佛洞第二窟施宝度母图像源流及相关问题》,《故宫博物院院刊》2014 年第 2 期。

［20］常红红《甘肃瓜州东千佛洞第五窟研究》,首都师范大学硕士学位论文,2011 年。

［21］崔红芬《僧人"慧觉"考略——兼谈西夏的华严信仰》,《世界宗教研究》2010 年第 4 期。

［22］崔红芬《汉文〈杂字〉所反映的西夏社会问题探析》,《西夏学（第 6 辑）》2010 年。

［23］崔红芬《西夏观音绘画考略》,《平顶山学院学报》2017 年第 4 期。

［24］崔红芬《浅析西夏河西佛教兴盛的原因》,《敦煌学辑刊》2005 年

第 2 期。

[25]崔星、王东《晚唐五代党项与灵州道关系考述》,《西夏研究》2013年第 2 期。

[26]段文杰《榆林窟党项蒙古政权时期的壁画艺术》,《敦煌研究》1989 年第 4 期。

[27]段文杰《玄奘取经图研究》,载段文杰等编《1990 年敦煌学国际研讨会文集·石窟艺术编》,沈阳:辽宁美术出版社,1995 年。

[28]段文杰《榆林窟的壁画艺术》,载段文杰《敦煌石窟艺术研究》,兰州:甘肃人民出版社,2007 年。

[29]段文杰《唐代前期的莫高窟艺术》,载敦煌研究院编《中国石窟·敦煌莫高窟(三)》,北京:文物出版社,2011 年。

[30]杜建录《中国藏西夏文献叙录》,《西夏学》2008 年第 0 期。

[31]杜建录、吴毅《西夏手工工匠考》,《宁夏大学学报(人文社会科学版)》2003 年第 4 期。

[32]方广锠《宁夏西夏方塔出土汉文佛典叙录》,《藏外佛教文献》,2000 年第 0 期。

[33]樊丽沙《汉传佛教在西夏的传播和影响》,西北民族大学硕士学位论文,2009 年。

[34]樊保良《回鹘与吐蕃及西夏在丝路上的关系》,《民族研究》1987年载第 4 期。

[35]傅熹年《山西省繁峙县岩山寺南殿金代壁画中所绘建筑的初步分析》,载傅熹年《名家专题精讲·中国古代建筑十论》,上海:复旦大学出版社,2004 年。

[36]关友惠《敦煌宋西夏石窟壁画装饰风格及其相关问题》,载敦煌研究院编《2004 年石窟研究国际学术会议论文集(下)》,上海:上海古籍出版社,2006 年。

［37］关友惠、施萍婷、段文杰《莫高窟第 220 窟新发现的复壁壁画》，《文物》1978 年第 12 期。

［38］公维章《西夏时期敦煌的五台山文殊信仰》，《泰山学院学报》，2009 年第 2 期。

［39］高美庆《敦煌唐代花卉画初探》，《敦煌研究》1988 年第 2 期。

［40］高自厚《甘州回鹘与西夏》，《甘肃民族研究》1989 年第 1 期。

［41］甘肃省博物馆《甘肃武威发现一批西夏遗物》，《考古》1974 年第 3 期。

［42］郭静《榆林窟第 3 窟五十一面千手观音经变中的西夏物质文化影像》，《丝绸之路上的敦煌与长安国际学术研讨会论文集（下）》，2017 年 7 月。

［43］郭静《石窟与墓葬图像在功能上的关联——瓜州榆林窟第 3 窟窟顶边饰祥禽瑞兽图像探析》，载《观念·技术　视野·视角——敦煌石窟研究方法论国际学术研讨会论文集》，2018 年。

［44］顾颖《西夏时期敦煌壁画的变调与创新——敦煌壁画研究中被忽视的方面》，《文艺研究》2008 年第 10 期。

［45］霍熙亮《安西榆林窟内容总录》，载敦煌研究院编《敦煌石窟内容总录》，北京：文物出版社，1996 年。

［46］霍熙亮《莫高窟回鹘和西夏窟的新划分》，载敦煌研究院编《1994 年敦煌学国际学术研讨会论文提要》，1994 年。

［47］霍熙亮《榆林窟、西千佛洞内容总录》，载敦煌研究院编《榆林窟研究论文集（上）》，上海：上海辞书出版社，2011 年。

［48］贺世哲《莫高窟第 192 窟（发愿功德赞文）重录及有关问题》，《敦煌研究》1993 年第 2 期。

［49］黄英杰《从藏传佛教看敦煌莫高窟第 465 窟佛教艺术》，载樊锦诗《敦煌吐蕃统治时期石窟与藏传佛教艺术研究》，兰州：甘肃教育出版

社,2012 年。

[50]何旭佳《两夏水月观音图像研究》,兰州大学硕士学位论文,2012 年。

[51]何卯平、宁强《孙悟空形象与西夏民族渊源初探》,《敦煌学辑刊》2018 年第 4 期。

[52]惠怡安、曹红、郑炳林《唐玄奘西行取经瓜州停留寺院考》,《敦煌学辑刊》2010 年第 2 期。

[53]金维诺《早期花鸟画的发展》,《美术研究》1983 年第 1 期。

[54]金维诺《吐蕃佛教图像与敦煌的藏传绘画遗存》,《艺术史研究》2000 年第 2 辑。

[55]金维诺《敦煌艺术在美术史研究上的地位》,载敦煌研究院编《中国石窟·敦煌莫高窟(五)》,北京:文物出版社,2013 年。

[56]景永时、王荣飞《未刊布的西夏文刻本〈碎金〉考论》,《敦煌学辑刊》2017 年第 4 期。

[57]贾应逸《莫高窟第 409 窟与高昌回鹘供养人像比较研究》,载敦煌研究院编《敦煌壁画艺术继承与创新国际学术研讨会论文集》,上海:上海辞书出版社,2008 年。

[58]勘措吉《莫高窟第 465 窟藏文题记再释读》,载樊锦诗《敦煌吐蕃统治时期石窟与藏传佛教艺术研究》,兰州:甘肃教育出版社,2012 年。

[59]刘玉权《敦煌莫高窟、安西榆林窟西夏洞窟分期》,载敦煌文物研究所编《敦煌研究文集》,兰州:甘肃人民出版社,1982 年。

[60]刘玉权《榆林窟第 3 窟〈千手经变〉研究》,《敦煌研究》1987 年第 4 期。

[61]刘玉权《瓜、沙西夏石窟概论》,载敦煌文物研究所编《中国石窟·敦煌莫高窟(五)》,北京:文物出版社、日本平凡社,1987 年。

[62]刘玉权《略论西夏壁画艺术》,载史金波等《西夏文物》,北京:文

物出版社,1988 年。

　　[63]刘玉权《关于沙州回鹘洞窟的划分》,载敦煌研究院编《1987 年敦煌石窟研究国际讨论会文集·石窟考古编》,沈阳:辽宁美术出版社,1990 年。

　　[64]刘玉权《榆林窟第 29 窟考察与研究》,载敦煌研究院编《榆林窟研究论文集(上)》,上海:上海辞书出版社,2011 年。

　　[65]刘玉权《榆林窟第 29 窟窟主及其营建年代考论》,载敦煌研究院编《段文杰敦煌研究五十年纪念文集》,北京:世界图书出版公司,1996 年。

　　[66]刘玉权《敦煌西夏洞窟分期再议》,《敦煌研究》1998 年第 3 期。

　　[67]刘玉权《敦煌莫高窟、安西榆林窟西夏洞窟分期》,载敦煌研究院编《敦煌研究文集·敦煌石窟考古篇》,兰州:甘肃民族出版社,2000 年。

　　[68]刘玉权《榆林窟第 29 窟水月观音图部分内容新析》,《敦煌研究》2009 年第 2 期。

　　[69]林素幸《布袋图在宋代出现的文化意涵与价值》,《上海文博论丛》2010 年第 4 期。

　　[70]李正宇《悄然湮没的王国——沙州回鹘国》,载敦煌研究院编《1990 年敦煌学国际研讨会文集:石窟史地、语文编》,沈阳:辽宁美术出版社,1995 年。

　　[71]李月伯《从榆林窟第 3 窟文殊变普贤变看中原文人画对敦煌壁画的影响》,载敦煌研究院编《2000 年敦煌学国际学术讨论会文集·石窟艺术卷》,兰州:甘肃民族出版社,2003 年。

　　[72]李月伯《从莫高窟第 3 窟壁画看中国画线描的艺术成就》,《敦煌研究》2001 年第 2 期。

　　[73]李月伯《谈安西榆林窟东千佛洞西夏晚期的藏密图像——以榆林窟第 3、29 窟为中心》,载敦煌研究院编《敦煌壁画艺术继承与创新——

国际学术研讨会论文集》,上海:上海辞书出版社,2008 年。

[74]李其琼《隋代的莫高窟艺术》,载敦煌文物研究所编《中国石窟·敦煌莫高窟(二)》,北京:文物出版社,1984 年。

[75]李翎《"玄奘画像"解读——特别关注其密教图像元素》,《故宫博物院院刊》2012 年第 4 期。

[76]李路珂《甘肃安西榆林窟西夏后期石窟装饰及其与宋〈营造法式〉之关系初探(上、下)》,《敦煌研究》2008 年第 3、4 期。

[77]刘永增《安西东千佛洞第 5 窟毗沙门天王与八大夜叉曼荼罗解说》,《敦煌研究》2006 年第 3 期。

[78]刘永增《瓜州榆林窟第 3 窟恶趣清净曼荼罗及相关问题》,载樊锦诗主编《敦煌吐蕃统治时期石窟与藏传佛教艺术研究》,兰州:甘肃教育出版社,2012 年。

[79]刘永增《敦煌石窟尊胜佛母曼荼罗图像解说》,《故宫博物院院刊》2013 年第 4 期。

[80]刘永增《敦煌石窟摩利支天曼荼罗图像解说》,《敦煌研究》2013 年第 5 期。

[81]刘永增《瓜州榆林窟第 3 窟的年代问题》,《艺术设计研究》2014 年第 4 期。

[82]柳立言《何谓"唐宋变革"?》,《中华文史论丛》2006 年第 1 期。

[83]林怡蕙《敦煌莫高窟第 465 窟图像结构之分析》,载樊锦诗《敦煌吐蕃统治时期石窟与藏传佛教艺术研究》,兰州:甘肃教育出版社,2012 年。

[84]赵林毅等《丝绸之路石窟壁画地仗制作材料及工艺分析》,《敦煌研究》2005 年第 4 期。

[85]梁尉英《元代早期显密融汇的艺术——莫高窟四六四诸窟的内容和艺术特色》,载敦煌研究院编《敦煌石窟艺术——莫高窟第四六四、三、九五、一四九窟(元)》,南京:江苏美术出版社,1997 年。

［86］梁松涛《"圣明皇帝"为西夏仁宗考》,《敦煌学辑刊》2008 年第 1 期。

［87］梁松涛、田晓霈《西夏"权官"问题初探》,《敦煌学辑刊》2016 年第 4 期。

［88］陆俨少《山水画中的云水画法》,《新美术》1982 年第 3 期。

［89］马雅伦、郑炳林《西夏文〈相面图〉研究》,载李范文《首届西夏学国际研讨会论文集》,银川:宁夏人民出版社,1998 年。

［90］孟嗣徽《炽盛光佛变相图图像研究》,载香港中华文化促进中心编《敦煌吐鲁番研究(第 2 卷)》,北京:北京大学出版社,1997 年。

［91］孟嗣徽《炽盛光佛信仰与变相》,《紫禁城》1998 年第 2 期。

［92］牛达生《西夏石窟艺术浅述》,《宁夏社会科学》2007 年第 2 期。

［93］宁强、何卯平《西夏佛教艺术中的"家窟"与"公共窟"——瓜州榆林窟第 29 窟供养人的构成再探》,《敦煌学辑刊》2017 年第 3 期。

［94］彭向前《辽宋西夏金时期西北民族关系研究》,河北大学博士学位论文,2004 年。

［95］潘亮文《敦煌唐代的文殊菩萨图像试析》,《敦煌研究》2013 年第 3 期。

［96］曲小萌《榆林窟第 29 窟西夏武官服饰考》,《敦煌研究》2011 年第 3 期。

［97］阮丽《敦煌石窟曼荼罗图像研究》,中央美术学院博士学位论文,2012 年。

［98］阮丽《莫高窟第 465 窟曼荼罗再考》,《故宫博物院院刊》2013 年第 4 期。

［99］宿白《敦煌莫高窟密教遗迹札记(下)》,《文物》1989 年第 10 期。

［100］史金波、白滨《莫高窟、榆林窟西夏文题记研究》,《考古学报》1982 年第 3 期。

［101］史金波《〈西夏译经图〉解》《西夏文〈过去庄严劫千佛名经〉发愿文译证》，载白滨《西夏史论文集》，银川：宁夏人民出版社，1984年。

［102］史金波《西夏汉文本〈杂字〉初探》，载白滨等《中国民族史研究（第2辑）》，北京：中央民族学院出版社，1989年。

［103］史金波《整理拍摄俄国所藏黑水城文献记》，《中国典籍与文化》1996年第1期。

［104］史金波《敦煌莫高窟北区出土西夏文文献初探》，《敦煌研究》2000年第3期。

［105］史金波《西夏皇室和敦煌莫高窟刍议》，载杜建录《西夏学（第4辑）》，银川：宁夏人民出版社，2009年。

［106］史金波、白滨《莫高窟榆林窟西夏文题记研究》，《考古学报》1982年第3期。

［107］孙修身《西夏占据沙州时间之我具》，《敦煌学辑刊》1991年第2期。

［108］孙昌盛《西夏建筑的艺术特性》，《宁夏社会科学》2000年第1期。

［109］沈卫荣《〈大乘要道密集〉与西夏、元朝所传西藏密法》，《中华佛学学报》2007年第20期。

［110］沈卫荣《重构十一至十四世纪的西域佛教史——基于俄藏黑水城汉文佛教文书的探讨》，《历史研究》，2006年第5期。

［111］孙昌盛《黑水城出土顶髻尊胜佛母曼荼罗木板画考》，《敦煌研究》2001年第2期。

［112］沙武田《莫高窟第61窟甬道壁画绘于西夏时代考》，《西北第二民族学院学报（哲学社会科学版）》2006年第3期。

［113］沙武田《敦煌西夏石窟分期研究之思考》，《西夏研究》2011年第2期。

［114］沙武田《千佛及其造像艺术》，《法音》2011年第7期。

［115］沙武田、李国《敦煌莫高窟第 3 窟为西夏洞窟考》，《敦煌研究》2013 年第 4 期。

［116］沙武田《敦煌西夏石窟营建史构建》，《西夏研究》2018 年第 1 期。

［117］沙武田《读图的厚背景和被表象误导的历史图像——重新认识敦煌西夏石窟艺术史之面貌及其内涵》，《观念·技术　视野·视角——敦煌石窟研究方法论国际学术研讨会论文集（上）》，2018 年 10 月。

［118］沙武田、李批批《佛教花供养在唐五代敦煌地区的表现》，《敦煌学辑刊》2018 年第 3 期。

［119］沈淑萍《谈敦煌壁画临摹过程中的几个重要问题——以榆林窟第 29 窟临摹为例》，载敦煌研究院编《榆林窟研究论文集（下）》，上海：上海辞书出版社，2011 年。

［120］施爱民《文殊山石窟万佛洞西夏壁画》，《文物世界》2003 年第 1 期。

［121］尚世东、郑春生《试论西夏官服制度及其对外来文化因素的整合》，《宁夏社会科学》2000 年第 3 期。

［122］石建刚《宋金西夏时期陕北与敦煌布袋和尚图像比较研究——兼谈陕北宋金石窟对敦煌西夏石窟研究的价值和意义》，载《观念·技术　视野·视角——敦煌石窟研究方法论国际学术研讨会论文集（下）》，2018 年 10 月。

［123］石宪《日本佛教绘画〈布袋和尚〉》，《东方收藏》2012 年第 2 期。

［124］汤开建、罗矛昆《西夏史料概述》，《宁夏社科通讯》1985 年第 6 期。

［125］汤开建《党项源流新证》，《西北民族研究》1995 年第 2 期。

［126］王静如《敦煌莫高窟和安西榆林窟中的西夏壁画》，《文物》1980 年第 9 期。

［127］王静如《新见西夏文石刻和敦煌安西洞窟夏汉文题记考释》，

载吴泽《王国维学术研究论集（第一辑）》，上海：华东师范大学出版社，1983 年。

[128]王静如《甘肃武威发现的西夏文考释》，《考古》1974 年第 3 期。

[129]万庚育《莫高窟、榆林窟的西夏艺术》，载敦煌文物研究所编《敦煌研究文集》，兰州：甘肃人民出版社，1982 年。

[130]王尧《西夏黑水桥碑考补》，《中央民族学院学报》1978 年第 1 期。

[131]王胜泽《庆城县西夏墓出土砖雕图像组合研究》，《宁夏社会科学》2018 年第 5 期。

[132]王胜泽《西夏丝绸"婴戏莲印花绢"纹样探析》，《民族艺林》2014 年第 3 期。

[133]王胜泽《西夏佛教图像中的皇权意识》，《敦煌学辑刊》2018 年第 1 期。

[134]王承昊《藏密曼荼罗观想图像的精神意义探析》，《新美术》2009 年第 5 期。

[135]王惠民《安西东千佛洞内容总录》，《敦煌研究》1994 年第 1 期。

[136]王惠民《敦煌水月观音像》，《敦煌研究》1987 年第 1 期。

[137]王惠民《敦煌写本〈水月观音经〉研究》，《敦煌研究》1992 年第 3 期。

[138]王惠民《敦煌西夏洞窟分期及存在的问题》，《西夏研究》2011 年第 1 期。

[139]王惠民《敦煌写本〈水月观音经〉研究》，《敦煌研究》1992 年第 3 期。

[140]王静如《甘肃武威发现的西夏文考释》，《考古》1974 年第 3 期。

[141]王艳云《西夏晚期七大经变画探析》，首都师范大学博士学位论文，2013 年。

[142]王艳云《西夏壁画中的药师经变与药师佛形象》，《宁夏大学学报（人文社会科学版）》2003 年第 1 期。

［143］王艳云《河西石窟西夏壁画中的弥勒经变》,《宁夏大学学报（人文社会科学版）》2003 年第 4 期。

［144］王艳云《河西石窟西夏壁画中的界画》,《宁夏社会科学》2007 年第 1 期。

［145］王艳云《河西石窟西夏壁画中的涅槃经变》,《敦煌学辑刊》2007 年第 1 期。

［146］王艳云《西夏石窟壁画中水月观音的传承与流变》,载谢继胜、罗文华、景安宁《汉藏佛教美术研究》,上海：上海古籍出版社,2009 年。

［147］王军涛《西夏时期藏传佛教在河西地区的传播与发展》,西北民族大学硕士学位论文,2008 年。

［148］王中旭《故宫博物院藏〈维摩演教图〉的图本样式研究》,《故宫博物院院刊》2013 年第 1 期。

［149］王晓玲《西夏晚期石窟壁画艺术特色探析》,西北师范大学硕士学位论文,2007 年。

［150］王连海《李嵩〈货郎图〉中的民间玩具》,《南京艺术学院学报（美术与设计）》2007 年第 2 期。

［151］魏文《11—12 世纪上乐教法在西藏和西夏的传播——以两篇西夏汉译密教文书和藏文教法史为中心》, 中国人民大学博士学位论文,2013 年。

［152］邢耀龙、沙武田《瓜州榆林窟第 3 窟二铺净土变考释——数字敦煌对石窟图像研究意义之一例》,载《观念·技术　视野·视角——敦煌石窟研究方法论国际学术研讨会论文集（下）》,2018 年 10 月。

［153］谢继胜《山嘴沟石窟壁画及其相关的几个问题》,载宁夏文物考古研究所编《山嘴沟西夏石窟（上）》,北京：文物出版社,2007 年。

［154］谢继胜、常红红《莫高窟 76 窟〈八塔变〉及相关的几个问题——11 至 13 世纪中国多民族美术关系史研究》,载李清泉《艺术史研究（第 13

辑)》,广州:中山大学出版社,2011 年。

[155]谢继胜《伏虎罗汉、行脚僧、宝胜如来与达摩多罗——11 至 13 世纪中国多民族美术关系史个案分析》,《故宫博物院院刊》2009 年 第 1 期。

[156]谢继胜《一件极为珍贵的唐卡——武威市博物馆藏亥母洞出土 唐卡分析》,载《宿白先生八秩华诞纪念文集》编辑委员会编《宿白先生八 秩华诞纪念文集》,北京:文物出版社,2002 年。

[157]谢继胜《关于敦煌第 465 窟断代的几个问题》,《中国藏学》2000 年第 3 期。

[158]谢继胜《关于敦煌第 465 窟断代的几个问题(续)》,《中国藏学》 2000 年第 4 期。

[159]谢继胜《敦煌莫高窟第 465 窟壁画双身图像辨识》,《敦煌研究》 2001 年第 3 期。

[160]谢继胜《莫高窟第 465 窟壁画绘于西夏考》,《中国藏学》2003 年第 2 期。

[161]谢继胜、高贺福《杭州飞来峰藏传石刻造像的风格渊源与历史 文化价值》,《西藏研究》2003 年第 2 期。

[162]谢保国《西夏人的审美倾向》,《宁夏大学学报(社会科学版)》 1996 年第 1 期。

[163]谢静《敦煌石窟中西夏供养人服饰研究》,《敦煌研究》2007 年 第 3 期。

[164]谢静《敦煌石窟中回鹘天公主服饰研究》,《西北民族研究》2007 年第 3 期。

[165]谢静、谢生保《敦煌石窟中回鹘、西夏供养人服饰辨析》,《敦煌 研究》2007 年第 4 期。

[166]谢静《敦煌石窟中的西夏服饰研究之二——中原汉族服饰对西

夏服饰的影响》,《艺术设计研究》2009 年第 3 期。

[167]谢静《西夏服饰研究之三——北方各少数民族对西夏服饰的影响》,《艺术设计研究》2010 年第 1 期。

[168]谢涛、谢静《敦煌图像服饰上的联珠纹初探》,《敦煌学辑刊》2016 年第 2 期。

[169]徐晓力《从山水观念到山水图式——山水画的文化解释》,复旦大学博士学位论文,2006 年。

[170]阎文儒《安西榆林窟调查报告》,《沈阳博物馆专刊·历史与考古》1946 年第 1 期。

[171]杨国学《河西走廊三处取经图画与〈西游记〉故事演变的关系》,《西北师大学报(社会科学版)》2000 年第 4 期。

[172]杨国学《安西东千佛洞取经壁画新探》,《南亚研究》2002 年第 2 期。

[173]杨富学《西夏与回鹘势力在敦煌的兴替》,载李范文《西夏研究(第 3 辑)》,北京:中国社会科学出版社,2006 年。

[174]杨富学《论回鹘文化对西夏的影响》,载姜锡东、李华瑞《宋史研究论丛(第 5 辑)》,保定:河北大学出版社,2003 年。

[175]杨富学《再论沙州回鹘国的成立》,载樊锦诗、荣新江、林世田主编《敦煌文献、考古、艺术综合研究——纪念向达教授诞辰 110 周年国际学术研讨会论文集》,北京:中华书局,2011 年。

[176]杨富学《沙州回鹘及其政权组织》,载敦煌研究院编《1990 年敦煌学国际研讨会文集·石窟史地、语文编》,沈阳:辽宁美术出版社,1995 年。

[177]杨富学《少数民族对古代敦煌文化的贡献》,《敦煌学辑刊》2005 年第 2 期。

[178]杨富学、樊丽莎《西夏弥勒信仰及相关问题》,《内蒙古社会科学

(汉文版)》2013 年第 5 期。

[179]杨富学《西夏五台山信仰斠议》,《西夏研究》2010 年第 1 期。

[180]杨森《漫谈西夏家具》,载郑炳林、樊锦诗、杨富学《丝绸之路民族古文字与文化学术讨论会文集》,西安:三秦出版社,2007 年。

[181]杨雄《莫高窟壁画中的化生童子》,《敦煌研究》1988 年第 3 期。

[182]杨秀清《敦煌石窟壁画中的古代儿童生活研究(一)》,《敦煌学辑刊》2013 年第 1 期。

[183]杨秀清《敦煌石窟壁画中的古代儿童生活(二)》,《敦煌学辑刊》2013 年第 2 期。

[184]杨秀清《敦煌石窟壁画中的古代儿童生活(三)》,《敦煌学辑刊》2013 年第 3 期。

[185]杨冰华《莫高窟第 61 窟甬道北壁西夏重修供养人像蠡探》,《敦煌学辑刊》2017 年第 4 期。

[186]袁志伟《〈圣立义海〉与西夏"佛儒融合"的哲学思想》,《宁夏大学学报(人文社会科学版)》2015 年第 3 期。

[187]岳键《敦煌西夏石窟断代的新证据——三珠火焰纹和阴阳珠火焰纹》,《西夏学》2011 年第 1 期。

[188]殷晓蕾《图像的复制、传播与流变:俄藏黑水城出土〈贵人像〉研究》,载罗宏才《十院校美术考古研究文集》,上海:上海大学出版社,2014 年。

[189]尹敏璨《中韩水月观音图像比较研究》,南京艺术学院博士学位论文,2013 年。

[190]于向东《北魏至隋代敦煌中心柱窟图像布局的演变》,《南京艺术学院学报(美术与设计)》2016 年第 3 期。

[191]于宗仁《敦煌石窟元代壁画制作材料及工艺分析研究》,兰州大学硕士学位论文,2009 年。

[192]于硕《山西青龙寺取经壁画与榆林窟取经图像关系的初步分析》,《艺术设计研究》2010 年第 3 期;又载樊锦诗《敦煌吐蕃统治时期石窟与藏传佛教艺术研究》,兰州:甘肃教育出版社,2012 年。

[193]于硕《唐僧取经图像研究——以寺窟图像为中心》,首都师范大学博士学位论文,2011 年。

[194]于博《辽代七佛造像研究——以辽宁义县奉国寺大雄殿七佛为中心》,首都师范大学硕士学位论文,2013 年。

[195]张伯元《西夏·佛教·皇权》,《西藏民族学院学报(哲学社会科学版)》1992 年第 2 期。

[196]张伯元《莫高窟 465 窟藏传佛教壁画浅识》,《西藏研究》1993 年第 1 期。

[197]张宝玺《东千佛洞西夏石窟艺术》,《文物》1992 年第 2 期。

[198]张宝玺《阿尔寨石窟第 31 窟十一面千手观音及观音救难图》,《敦煌学辑刊》2009 年第 1 期。

[199]张先堂《瓜州东千佛洞第 2 窟供养人身份新探》,《敦煌学辑刊》2006 年第 4 期。

[200]张先堂《莫高窟供养人画像的发展演变——以佛教史考察为中心》,《敦煌学辑刊》2008 年第 4 期。

[201]张先堂《瓜州东千佛洞第 5 窟西夏供养人初探》,《敦煌学辑刊》2011 年第 4 期。

[202]张先堂《敦煌莫高窟第 148 窟西夏供养人图像新探——以佛教史考察为核心》,《西夏学(第 11 辑)》2015 年。

[203]郑怡楠《瓜州石窟群唐玄奘取经图研究》,《敦煌学辑刊》2009 年第 4 期。

[204]郑怡楠《俄藏黑城出土西夏水月观音图像研究》,《敦煌学辑刊》2011 年第 2 期。

［205］郑炳林《敦煌写本邈真赞所见真堂及其相关问题研究——关于莫高窟供养人画像研究之一》，《敦煌研究》2006 年第 6 期。

［206］郑炳林《敦煌写本相书理论与敦煌石窟供养人画像——关于敦煌莫高窟供养人画像研究之二》，《敦煌学辑刊》2006 年第 4 期。

［207］郑炳林、曹红《唐玄奘西行路线与瓜州伊吾道有关问题考察》，《敦煌学辑刊》2010 年第 3 期。

［208］郑阿财《从敦煌佛教文献、壁画论佛经绘图形式与功能之发展》，《敦煌学辑刊》2017 年第 1 期。

［209］郑汝中《榆林第 3 窟千手观音经变乐器图》，载段文杰等《1990 年敦煌学国际研讨会文集·石窟艺术编》，沈阳：辽宁美术出版社，1995 年。

［210］张小刚《敦煌摩利支天经像》，载敦煌研究院编《2004 年石窟研究国际学术会议论文集》，上海：上海古籍出版社，2006 年。

［211］张小刚、郭俊叶《文殊山石窟西夏〈水月观音图〉与〈摩利支天图〉考释》，《敦煌研究》2016 年第 2 期。

［212］张景峰《敦煌莫高窟的影窟及影像——由新发现的第 476 窟谈起》，《敦煌学辑刊》2006 年第 3 期。

［213］张广达《内藤湖南的唐宋变革说及其影响》，载邓小南、荣新江《唐研究（第十一卷）》，北京：北京大学出版社，2005 年。

［214］章辉《南宋休闲文化及其美学意义》，浙江大学博士学位论文，2013 年。

［215］赵声良《榆林窟第 3 窟山水画初探》，载中山大学艺术学研究中心编《艺术史研究（第 1 辑）》，广州：中山大学出版社，1999 年。

［216］赵声良《榆林窟第 3 窟壁画中的亭、草堂、园石》，《敦煌研究》2004 年第 1 期。

［217］赵声良《试论莫高窟唐代前期的山水画》，《敦煌研究》1987 年

第 3 期。

　　［218］赵声良《十六国北朝的敦煌石窟艺术（一）》,《艺术品》2015 年第 11 期。

　　［219］赵声良《十六国北朝的敦煌石窟艺术（四）》,《艺术品》2016 年第 2 期。

　　［220］赵声良《莫高窟第 61 窟炽盛光佛图》,《西域研究》1993 年第 4 期。

　　［221］赵媛《莫高窟、榆林窟西夏元壁画蒙古供养人图像研究》,首都师范大学硕士学位论文,2011 年。

　　［222］赵晓星《莫高窟第 465 窟八十四大成就者图像考释》,载谢继胜、罗文华、石岩刚主编《汉藏佛教美术研究:第四届西藏考古与艺术国际学术讨论会论文集》,上海:上海古籍出版社,2014 年。

　　［223］赵晓星《西夏时期的敦煌五台山图——敦煌五台山信仰研究之一》,《西夏学》2015 年第 0 期。

　　［224］左丽笋《宋人花鸟画中的植物图像辨识》,淮北师范大学硕士学位论文,2016 年。

　　［225］朱生云《西夏时期重修莫高窟第 61 窟原因分析》,《敦煌学辑刊》2016 年第 3 期。

　　［226］庄壮《西夏的胡琴与花盆鼓》,《敦煌研究》1997 年第 4 期。

图版目录

第一章

第二章

图 2-1 莫高窟北魏—西魏第 435 窟莲池白鹅纹 来源于《中国石窟·敦煌莫高窟》

图 2-2 莫高窟北魏第 254 窟天人持莲纹 来源于《中国石窟·敦煌莫高窟》

图 2-3 莫高窟西魏第 288 窟莲花摩尼宝凤鸟纹 来源于《中国石窟·敦煌莫高窟》

图 2-4 莫高窟隋第 427 窟莲花卷草纹 来源于《中国石窟·敦煌莫高窟》

图 2-5 莫高窟隋第 420 窟西壁花鸟图 来源于《中国石窟·敦煌莫高窟》

图 2-6 莫高窟初唐第 334 窟芭蕉 来源于《中国石窟·敦煌莫高窟》

图 2-7 莫高窟晚唐第 9 窟竹子 来源于《中国石窟·敦煌莫高窟》

图 2-8 莫高窟盛唐第 79 窟莲花 来源于《中国石窟·敦煌莫高窟》

图 2-9 苏轼《潇湘竹石图》 来源于《中国美术全集》

图 2-10 肃北五个庙第 1 窟竹子 肃北县文管所提供

图 2-11 榆林窟第 29 窟中牡丹 笔者摄于敦煌研究院临摹窟

图 2-12 黑水城出土《水月观音菩萨》(X.2439)中牡丹 来源于《俄藏黑水城艺术品》

图 2-13 莫高窟第 324 窟龛内整壁花卉 敦煌研究院提供

图 2-14 莫高窟第 325 窟龛内整壁花卉 敦煌研究院提供

图 2-15 东千佛洞第 5 窟折枝花 瓜州县文管所提供

图 2-16 榆林窟第 2 窟西壁水月观音 来源于《敦煌壁画艺术精品高校公益巡展图录》

图 2-17 莫高窟第 16 窟甬道北壁供养菩萨 来源于《中国石窟·敦

林窟》

第八章

后 记

　　从 2014 年开始接触敦煌艺术方面的书籍到后来攻读博士，至今已经整整十个年头，在这漫长而又短暂的研究旅程中，我尽情探索着敦煌西夏石窟艺术的丰富内涵，尝试还原历史的画卷，感悟敦煌文化的深厚积淀。这本著作是我博士论文的修订版，它是我对这一古老文明的致敬，同时也是自身学术历程的一个阶段性的总结。我深感敦煌文化艺术的力量，尤其是敦煌西夏石窟绘画所蕴含的精神内涵。那一幅幅精美的石窟绘画、一尊尊惟妙惟肖的雕塑无不述说着一个个古老的故事，走进洞窟观看每一幅壁画如同阅读那封尘已久的历史书信，让我仿佛穿越时光，亲临历史。我尝试从花鸟画、人物画、山水画、建筑画、装饰图案等多个角度解读敦煌西夏石窟绘画的艺术特色以及在中国美术史上的地位，并通过对历史文献的梳理，力图对西夏多元文化进行深入地剖析。我深信，通过对西夏绘画的深入挖掘，让我们能够更好地理解中华文明的博大精深，以及西夏石窟绘画在其中所扮演的独特角色。

　　在整个研究过程中得到了很多老师、同学的帮助与支持，在此表示深深的感谢。首先要特别感谢我的导师樊锦诗研究员和郑炳林教授。樊锦诗先生扎根大漠半个多世纪，潜心石窟考古研究和保护工作，把人生最美好的时光献给敦煌莫高窟，其精神值得晚辈们学习，正是有樊先生这样老一辈人"择一事、终一生"的执着坚守和开拓创新，敦煌学才有今天成为国际显学的辉煌;在我四年的学习生活中,郑炳林先生给予了我莫大的关怀与指导,先生学识渊博,侃侃而谈,无论是课上还是课下,都面带微笑,和蔼可亲,每次找老师请教问题,稍不留神几个小时就过去了,从学术问题到生活工作杂事,都能够在交谈中得到启发,以至于一段时间见不到老师会觉得不踏实。其实从老师那里学到的不仅仅是知识,更受影响的是老师的大思维,他总能高瞻远瞩,总体布局,让学术成为体系,让资源成为平台,从而让更多的人受益。还记得最初接触敦煌学是从老师的《敦煌碑铭赞辑释》开始的,虽然起初由于我的知识背景原因看得不太懂,但我坚持每天出声朗读,从开始结结巴巴,到后来体会到碑文的优美,都是老师至深的解读引导我步入敦煌学的大舞台。正是受导师的悉心指导和严谨治学影响,我的博士论文获得了甘肃省优秀博士论文。师恩之情不能轻言一个谢字,作为学生做好学问才能报答先生的栽培之心。

在读博士期间,代课老师马德研究员、魏文斌教授、王晶波教授、杨富学研究员等老师治学有方、无私教导,不仅传授知识,还带我们进行学术考察,参加学术会议,是一生难得的学习机会,受益匪浅,需要特别的铭记和感谢!

陕西师范大学沙武田教授是开启我敦煌学之路的引路人,感激之情无以言表。四年来,得到沙老师的多次指导帮助,每次都能茅塞顿开、豁然开朗。沙老师亦师亦友,还经常邀请我参加他主办的学术会议,并参与他主持的国家重大课题,尤其是 2017 年 10 月举办的"敦煌西夏石窟研习营",半个月的学习考察,使我有了研究这一课题的系统认识和基础素材,才保证了我博士论文的顺利开展,再次深表谢意!

感谢敦煌研究院的张先堂研究员、张小刚研究员、李国研究员、赵晓星研究员、吴军研究员、夏生平研究员、朱生云副研究员、姚志薇副研究员等,在敦煌考察、学术会议和研修班学习中给我提供了诸多的指导和帮助,在此致谢! 2017 年在去成都的航班上与张先堂研究员一路同行,张先生平易近人,在交谈中得到他的指导和勉励,记忆尤深,非常感谢!

感谢陈育宁教授和汤晓芳教授。陈老师不仅满腹经纶、雄才大略,还奖掖后学,承蒙陈老师抬举,2017年我承担了他主持的教育部重大委托项目的子课题;汤老师随和热情、治学严谨。二位先生经常亲自指导课题的研究,并带领我们考察和开展学术交流。四年的课题研究如同再读了一个博士学位,也为本书的完成提供了更广阔的思路和资源,真是受益良多,常怀感恩!

感谢杜建录教授,杜老师作为西夏学领域的专家和宁夏大学民族学一流学科的负责人,给予了我在研究领域的大力支持和帮助,为我研究西夏艺术提供了良好的学术资源,并将我纳入民族学一流学科团队群,使我有了学术发挥的平台,嘉惠学人,恩泽铭记!

感谢我所在单位的领导和同事,给我提供了求学深造的机会和环境,让我能够安心完成学业!

感谢兰州大学敦煌学研究所的魏迎春、张善庆、吴炯炯、刘全波、杜海、陈光文等老师;感谢求学路上张泽宁、姬慧、张田芳、李甜、李晓燕、唐尚书、郑骥、韩树伟等同学的陪伴,与大家一起度过了艰难而快乐的时光。

感谢甘肃教育出版社的孙宝岩副社长,正是有了他的大力支持才保证了本书的顺利出版。

最后感谢我的家人,为了学业,耄耋之年的父母拖着吃力的脚步为我们照顾孩子,并随我一同转到兰州。2017年8月,由于疏忽,长期服药的父亲药剂过量,住进重症监护室多天才抢救过来,看着病床上的父亲,顿时亏欠、愧疚和自责涌上心头,父母之情今生无法补偿。感谢岳父岳母多年的默默支持,感谢妻子在我求学过程中承担了大量的家务和教育女儿的工作,并在我撰写论文期间为我查找资料、校对文稿,时常一起探讨至深夜,是我论文的第一位读者,这些年辛苦了!女儿的成长给我艰辛的学术之路带来了无限的快乐,使单调的生活充满了乐趣,她是我面对一切的原动力。

　　本书的出版让我的研究暂时告一段落，但对敦煌和西夏文化艺术的独特追求和更深入的探讨将伴随我一生。愿我的研究能够为学界提供一些有益的参考，促进更多人对敦煌西夏石窟艺术的深入关注与研究，同时也希望西夏绘画能够走进中国美术史让更多人了解。